CW01669833

UN DEMI-SIÈCLE
A HOLLYWOOD

RAOUL WALSH

UN DEMI-SIÈCLE A HOLLYWOOD

Mémoires d'un cinéaste

Traduit de l'américain par
CLAUDINE O'HAGAN et CATHERINE FESTY

CALMANN-LÉVY

Titre original de l'ouvrage
EACH MAN IN HIS TIME

ISBN 2-7021-0114-3

© 1974 *by* RAOUL WALSH
© CALMANN-LÉVY 1976
Imprimé en France

Ce livre est dédié à mon grand ami

JOHN TWIST

Débuts dans la vie

L'UN de mes plus anciens souvenirs : la tristesse du visage d'Edwin Booth quand il rendit visite à mon père, dans notre demeure de la 48ᵉ Rue, à New York.

« Pourquoi M. Booth a-t-il l'air si malheureux », demandai-je à ma mère, ajoutant avec tout l'étonnement de mes six ans : « N'a-t-il pas bien dîné? »

Ma mère tâcha de m'expliquer avec tact que le frère de notre tragique invité, John Wilkes Booth, était l'homme qui avait tiré sur le président Lincoln. Elle hocha la tête : « Pauvre Edwin! Ce n'est tout de même pas juste qu'on s'en prenne à *lui.* »

Le fait que nous recevions le parent d'un assassin ne m'alarma guère; au contraire, le prestige de l'acteur redoubla à mes yeux d'enfant. Ecoutant aux portes lorsque mes parents parlaient de l'hostilité du public, autrefois enthousiaste, à l'égard de Booth, tant d'années encore après la mort de Lincoln, je plaignais l'acteur et même, dans une certaine mesure, m'identifiais à lui. Après tout, le monde ne nous avait-il pas tous deux rejetés, lui pour avoir osé être le frère de John Wilkes, et moi pour avoir coupé les pieds des chaises du salon avec la scie de mon coffre à outils? Notre différence d'âge n'avait aucune importance pour moi : il me suffisait que nous soyons tous les deux malheureux. M. Booth, malgré son visage lugubre, était mon ami.

Vers la fin des années 1870, Thomas Walsh, mon père, émigra avec trois frères, de son Irlande natale vers l'Amérique, en passant par l'Espagne. Ce détour s'avéra nécessaire car tous quatre avaient mis au point l'évasion de mon grand-père que les Anglais avaient incarcéré à Dublin pour activités subversives; seul un bateau espagnol se trouva disponible pour ce départ forcé du pays. Comme le racontait mon oncle Matthew, grand-père était le rebelle, et ses fils, après un échange de coups de feu avec les gardiens, l'avaient sorti de la prison dans une camionnette de blanchisserie volée. Il fut blessé au cours de l'évasion et mourut en mer avant que le bateau n'atteignît l'Espagne. Je me souviens avoir eu du chagrin à l'idée que mon pauvre grand-père n'avait pas vécu assez pour jouir de sa liberté. Toujours d'après Oncle Matthew, le capitaine espagnol du bateau, Don Raül Almendariz, avait pris mon père en sympathie, et mon prénom (curieusement avec un « o » en plus) fut l'un des résultats de cette heureuse amitié.

Les quatre frères se cachèrent en Espagne, fréquentant des Irlandais expatriés que les Espagnols étaient toujours prêts à protéger de la vengeance des Anglais. « Y'avait bien la moitié de Dublin là-bas, se souvenait mon oncle, à fourrer leur vilain nez dans les affaires les uns des autres et à raconter aux Espagnols comment, à leur retour, ils remettraient le feu aux poudres. »

Quand ils se jugèrent hors de danger, les quatre hommes partirent subrepticement pour les Etats-Unis où ils décidèrent de se séparer pour le cas où il y aurait des représailles. Thomas, mon père, resta à New York. Oncle Matthew se rendit à Baltimore et se lança dans le commerce extérieur avec Cuba et l'Amérique latine, pour finir capitaine de sa propre goélette : l' *Enniskillen.* Oncle Kevin s'aventura plus loin et finit par se fixer au Dakota, où il conçut une vive sympathie pour les Indiens des réserves. Il écrivait souvent à mon père en dénonçant la façon dont des agents malhonnêtes du Gouvernement traitaient les Sioux et autres tribus. Le quatrième frère, Oncle Patrick, de qui j'étais supposé avoir hérité un précoce esprit d'aventure, disparut après un séjour au Canada. Pendant plusieurs années, nous ne sûmes où il se trouvait que par les lettres fascinantes qu'il nous envoyait. Dans nombre d'entre elles je déchiffrais des noms excitants tels que Damas, Bagdad ou Samarcande. Le bruit courait qu'Oncle Patrick suivait les traces de Marco Polo, essayant de retrouver la route de Venise à Cathay, ce qui me sidéra jusqu'à ce que j'apprenne qu'il s'agissait de la Chine. J'aurais aimé connaître Oncle Patrick, parce que moi aussi je suis devenu un grand voyageur et que nous avions beaucoup en commun. Dans sa dernière lettre de

Pékin, il envisageait d'aller en Australie. « C'est un pays neuf, comme les Etats-Unis, écrivait-il, où un homme doit pouvoir respirer. » Et il y a probablement respiré pour la dernière fois, Dieu garde son âme vagabonde.

Je n'ai jamais su combien d'argent les frères avaient apporté avec eux, mais ils devaient avoir des fonds car ils ne furent pas obligés, comme certains immigrants, d'accepter le premier travail venu pour survivre. Les Walsh eurent de la chance : ils ne durent pas peiner pour construire des voies ferrées, ni se transformer en camelots, ni se briser les reins dans les docks, alors que des nouveaux venus moins heureux devaient trimer pour se nourrir et trouver un toit. De n'avoir, à leur arrivée, ni femmes ni enfants à nourrir les aida beaucoup. Mon père, qui avait été chez nous un excellent dessinateur de vêtements pour hommes, reprit ses activités à New York, s'efforçant de devenir peu à peu le premier coupeur dans des maisons telles que Brooks Brothers et Rogers Peet. Il gagnait bien sa vie lorsqu'il rencontra la ravissante jeune femme moitié Irlandaise moitié Espagnole aux cheveux auburn et aux yeux bleus qui allait devenir ma mère. Elle était plus américaine que mon père chez qui l'accent du pays était encore prononcé. Sa famille s'était installée à New York avant la Révolution et sa mère était une « D.A.R. * » convaincue. Ils se marièrent à Saint-Patrick, dans la 5e Avenue, et eurent quatre enfants, deux garçons et deux filles : Elizabeth, l'aînée, puis moi, suivi de mon frère George et d'Alice, le bébé.

Nous étions une famille heureuse dans la demeure à deux étages du 128 de la 48e Rue Est, à deux pas de l'effervescence de la 5e Avenue. Nous adorions tous notre mère et bien qu'impressionnés par la stature de ce père d'1,93 mètre et par ses éclats de colère irlandaise, nous lui portions tous un amour mêlé de vrai respect. Je m'en souviens comme d'une personne généreuse et très humaine. Quand il mourut à l'âge de quatre-vingt-dix ans, je perdis un ami de toujours.

Oncle Matthew me raconta l'histoire suivante pour me montrer l'intérêt que mon père portait à son prochain. Quand j'avais six ans, Oncle Kevin vint chez nous et lorsqu'il repartit dans le Dakota du Sud, mon père l'accompagna pour voir son

* « D.A.R. » : fille de la Révolution américaine. (*N.d.T.*).

ranch et visiter la réserve des Sioux près de Rosebud. Ils parlèrent ensemble aux Indiens et écoutèrent leurs griefs. Mon père, qui était doué en dessin, fit des esquisses de femmes et d'enfants frissonnants autour de maigres feux et d'hommes aux ventres creux, accroupis et désespérés, quémandant, les mains tendues, un peu de nourriture. Certaines de ces esquisses furent plus tard encadrées et accrochées aux murs de notre salon. Après avoir rencontré Sitting Bull, le célèbre auteur du massacre de Custer, mon père emporta ses dessins à Washington. Là, il se servit de toute son éloquence d'Irlandais passionné jusqu'à ce qu'il obtienne des grands pontes du Département de l'Intérieur et du Bureau des Affaires indiennes la promesse de nourrir et de vêtir les Sioux faméliques. L'année précédente, mon père s'était associé avec Carl Lange, un juif allemand, et ils avaient monté ensemble un magasin de prêt-à-porter en gros, au 596 de Broadway. Lorsque survint le problème de vêtements pour les Indiens, il s'offrit pour faire expédier le nécessaire au prix coûtant, d'un commun accord avec Lange. Le Bureau accepta l'offre, mon père reçut des félicitations officielles et se fit quelques grands amis en défendant énergiquement la cause des Indiens. « Il les a tous mis dans sa poche », disait mon oncle Matthew. « Ah! L'éloquence de cet homme! »

L'affaire de prêt-à-porter prospéra si bien que Walsh et Lange engagèrent des vendeurs pour faire le tour des maisons de gros dans plusieurs villes. Une fois de plus mon père, toujours le cœur sur la main, prouva le souci qu'il avait des autres. Il aida Lange à faire passer des familles juives du Canada aux Etats-Unis. A cette époque, il n'y avait aucun contingent d'immigration et il s'agissait de leur donner de l'argent et de leur trouver du travail. Walsh et Lange avaient aidé de nombreux immigrants pauvres à trouver un emploi à New York. J'ai gardé de ces actes une médaille d'or portant la croix de David qui fut offerte à mon père en reconnaissance de ses services. Aussi loin qu'il m'en souvienne, je vois toujours notre maison remplie de domestiques qui allaient et venaient. Toutes des femmes et toutes très timides. Elles étaient menées à la baguette par notre gouvernante d'intérieur, Bridget O'Connell, une Irlandaise bourrue, trésor que ma mère avait hérité d'un membre de sa famille. Sous ses allures rudes, Bridget avait le cœur tendre, et, enfants, nous lui portions presque le même respect qu'à nos parents. Elle avait une manière bien à elle de nous administrer de superbes claques, pour ensuite en rire et nous proposer des bonbons ou nous laisser racler les plats à gâteaux. Un des devoirs qu'elle s'imposait consistait à faire de fréquentes descentes à Castel Garden où les bateaux d'immigrants accostaient, et de rabattre des jeunes filles irlandaises pour travailler chez nous. Elle transforma littéralement notre sous-sol en une école pour domestiques, et je l'entends encore crier : « Ah! te v'là encore à te trémousser comme un jeune chiot, Molly O'Toole. » « Alors t'es quoi, Kathleen? une bonne ou une Irlandaise juste capable de ramasser des pommes de terre? »

Un jour, je surpris une conversation entre elle et mon père : « Vous pouvez les payer 30 dollars par mois à présent, disait-elle, elles les méritent, et au moins les souteneurs n'en feront pas des protestantes, de ces pauvres petites! » Dans son esprit simple de catholique, protestante était pratiquement synonyme de prostituée.

On m'envoya dans une école primaire située dans un quartier mal famé du centre où George me rejoignit l'année suivante, tandis que mes sœurs étaient prises en mains par les religieuses du Sacré-Cœur. La majorité des élèves étaient Irlandais, ensuite venaient les Italiens, puis les Juifs et une poignée d'Allemands. La seule chose qui me plaisait dans cette école, c'était le moment où j'arrivais à déjeuner en paix après m'être battu pour qu'on me laisse tranquille. La plupart du temps, je rentrais à la maison avec un œil au beurre noir; ma mère était alors aux petits soins pour moi tandis que mon père hochait la tête et riait sous cape. Telle une éponge, George se mit à s'imbiber de connaissances. Lui, c'était l'intellectuel et je ne pus jamais l'emmener jouer au hockey ou nager dans l'East River avec moi et les quelques autres rebelles. Cependant George prenait toujours ma défense. Ainsi, quand un jour, mon père, après avoir attentivement examiné mon corps bronzé, soupçonna que je n'avais pas attrapé ces couleurs en lisant mon livre d'histoire, mon frère sut tenir sa langue alors qu'il aurait pu me trahir. Je cessai de me baigner dans la rivière après que deux de mes amis se furent noyés dans un courant de retour.

Ce qui m'attirait aussi hors de l'école, c'était la forge de

Patsy Sullivan située sur les quais. J'adorais flâner dans cet endroit fantastique et regarder jaillir les étincelles quand Patsy activait les soufflets et que je pouvais admirer le jeu de ses muscles. Parfois il me laissait les soufflets pendant qu'il martelait les fers des chevaux sur l'enclume qui tintait. « Tu devrais plutôt retourner à tes livres », disait-il, et il me chassait. J'aimais aussi aider son frère, Cyril, à amener les chevaux des proches écuries de louage jusqu'à la forge. Nous les montions côte à côte, chacun d'entre nous en conduisant trois ou quatre, sourds aux menaces et aux injures des piétons new-yorkais pressés de traverser la rue.

A part Edwin Booth, d'autres personnages venaient à la maison, et parmi eux, des comédiens que mon père avait rencontrés lorsque Booth l'avait introduit au « Players », un club de Gammercy Park que l'acteur avait fondé et auquel il avait fait don de sa superbe demeure. L'un était le célèbre acteur Maurice Barrymore, le père d'Ethel et de mes futurs amis, Lionel et John. Je me souviens aussi, parmi nos invités, du maire, du prêtre de la paroisse, du cardinal de Saint-Patrick et de toutes sortes d'artistes ou de politiciens qui aimaient passer à la maison prendre un verre et bavarder. Mon père n'était jamais aussi heureux que lorsqu'il pouvait s'entourer d'amis et faire quelque chose pour les aider. Je me rappelle Edwin Booth lui demandant s'il lui plairait de dessiner les costumes pour une prochaine mise en scène de *Hamlet*.

Quand je vis les croquis, je m'écriai d'une petite voix aiguë : « Est-ce qu'il va porter ces habits-là dans la rue? »

Le tragédien me répondit sur un ton lugubre : « Non, mon garçon, les gens auront à payer pour les voir. »

A l'époque, je ne pouvais imaginer, et qui l'aurait pu, que quelques dizaines d'années plus tard, j'interpréterais le rôle de John Wilkes Booth et que je jouerais la scène de l'assassinat du président Lincoln dans un film célèbre. Le cinéma! Nous en ignorions alors jusqu'au nom.

Bien que j'eusse renoncé à nager, je continuais à me rendre à la rivière toutes les fois que je le pouvais et y restais aussi tard que je l'osais. Perché sur un poteau d'amarrage sous la rangée de beauprés qui s'avançaient au-dessus de la jetée, je rêvais avec délice qu'un jour je deviendrais capitaine comme mon oncle Matthew et naviguerais autour du monde. Le grincement des treuils, l'odeur des grains de café et la saveur des épices, le spectacle des marchandises venues de ports lointains, oscillant dans leurs filets avant d'être déchargées par des dockers en sueur, tout cela est encore vivant dans ma mémoire. Pour un garçon de mon âge, les docks d'East River étaient un monde particulier où tout ce qui se passait était nouveau et exaltant. La nuit, quand la maison était endormie, je restais souvent couché les yeux grands ouverts, revivant chacun de ces instants.

Mon refuge préféré, c'était Peck Slip, près de la forge de Sullivan. Là, je lézardais au soleil. Une partie de mon attention s'attachait au mouvement des remorqueurs à vapeur qui accostaient, des clippers et des navires gréés en carré, et je frémissais quand un beaupré menaçant glissait au-dessus de ma tête au point que j'imaginais qu'il allait transpercer le mur de l'entrepôt. L'autre partie de moi-même voguait sur la mer de Chine, repoussant des pirates ou prenant à quai un chargement de thé dans ces entrepôts chinois qu'Oncle Patrick décrivait dans ses merveilleuses lettres. Si les rêves de jeunesse peuvent en quoi que ce soit préfigurer les entreprises futures, j'avais déjà fait la moitié de la route vers la réalisation de mes imaginations d'enfant.

Toutefois, la grâce des trois-mâts et des goélettes, avec leurs voiles scintillantes, me faisait toujours songer à de grands goélands planant au gré du vent. Je ne sais pas ce qu'il advint de mon premier projet de fugue; d'autres rêves, d'autres plans occupèrent mon esprit.

J'avais onze ans lorsque éclata la guerre avec l'Espagne. Walsh et Lange, qui avaient déjà fort à faire avec leurs nombreux clients, reçurent du gouvernement une commande d'uniformes pour l'armée américaine. En y réfléchissant plus tard, je me suis demandé si le sénateur Charles Page, un ami de mon père depuis qu'il avait défendu les Indiens, n'avait pas été à l'origine de ce contrat que tous les fabricants de prêt-à-porter de New York cherchaient désespérément à décrocher. Ce fut mon père qui dessina tout l'équipement, bicorne compris, des *Rough Riders* de Teddy Roosevelt. Beaucoup de ces uniformes furent envoyés à San Juan Hill et un grand nombre y restèrent.

A la fin de la guerre, les associés avaient fait fortune. Lorsque mon père marqua son regret de ce soudain enrichissement qu'il ressentait comme le fruit d'un bas mercantilisme, le cardinal Farley (archevêque à l'époque), qui se trouvait justement à la maison, voulut apaiser sa conscience. « Ecoutez, Thomas, il fallait bien que quelqu'un les dessine, ces uniformes, et je ne vois pas qui les aurait mieux réussis. » Il y eut quelque émoi au salon quand mon père tendit à l'auguste homme d'Eglise un chèque pour la Fondation des Orphelins. Je n'étais pas assez près pour lire la somme, mais je vis s'écarquiller les yeux du cardinal.

Au printemps 1899, quand l'indépendance de Cuba mit un terme à la guerre, mon père décida de déménager pour aller habiter un quartier de la ville plus résidentiel. « Les rues sont infestées de voyous, dit-il à ma mère, ce n'est pas sûr pour nos filles. » Il entendit parler d'une maison du côté de la 90e Rue, dont le propriétaire, un ancien magnat de l'industrie ferroviaire, s'était ruiné à Wall Street. Sans autrement consulter ma mère, il acheta la maison, puis nous annonça le plus tranquillement du monde que nous allions changer de quartier.

Jamais de ma vie, je n'avais vu un tel remue-ménage. On ne cessait de monter et de descendre les escaliers, d'emballer, d'empaqueter, de se livrer à mille préparatifs. La maison bourdonnait d'activité. Bridget O'Connell, après avoir évalué ce qui devait être emballé, enveloppé et mis en caisses, se précipita à Castel Garden, d'où elle revint suivie de quatre jeunes filles qu'elle avait pratiquement enlevées sous le nez des inspecteurs de l'immigration, et qu'elle embaucha.

Je vois encore la mine ébahie de ma mère à la vue de la nouvelle maison entourée de grands marronniers qui se profilaient derrière les grilles. Après l'avoir visitée de haut en bas, elle prit mon père par le bras et soupira : « Grand Dieu, Thomas Walsh, veux-tu me dire ce que nous allons faire de huit chambres à coucher? »

Il l'entoura de son bras et lui répondit : « Nous les remplirons, ma chérie. Ici nous aurons toute la place et le grand air nécessaires pour élever nos enfants. Il y a longtemps que nous avions besoin de cela, mais jusqu'à présent je n'en avais pas eu les moyens. »

Je tombai amoureux de cette propriété et la première chose que je fis, après avoir déposé ma chevrette, que j'avais portée dans mes bras depuis la 48ᵉ Rue, fut de grimper à un marronnier et de me proclamer roi du château. Comparée à l'entrée de l'autre maison, celle-ci paraissait immense, et la première pièce à droite, aussi vaste qu'une prairie. « Ce sera la salle de bal, déclara mon père avec orgueil. Nous y donnerons de belles réceptions. »

« Des réceptions! s'écria ma mère, mais nous n'avons même pas encore emménagé. » Il lui tapota affectueusement la main : « Ne t'inquiète pas, lui dit-il doucement, maintenant, nous allons nous installer pour de bon et profiter de la vie. » La vaste demeure se dressait au centre d'un grand parc, flanquée d'une remise avec une girouette, et derrière se trouvaient les écuries. Des pelouses tondues et des parterres de fleurs colorées bordaient l'allée de gravier qui remontait des grilles à la porte cochère. Les marronniers, majestueux, s'alignaient des deux côtés de la maison et, au-delà de la grille, au pied d'une berge abrupte, courait la route de Riverside Drive le long de l'Hudson, toute scintillante sous le soleil printanier. Mon enchantement eût été complet si j'avais pu à ce moment-là faire un peu d'épate devant mes amis.

Comme l'avait prédit mon père, nous vînmes habiter notre nouvelle propriété où mon énergie débordante trouva mille et une ressources. Il y avait une pommeraie à explorer, des bois sombres où me faufiler avec un petit frisson dans le dos, car d'un moment à l'autre un voleur pouvait surgir un couteau à la main et m'assassiner. A douze ans on croit cela possible. Le danger caché ajoute du piquant à l'aventure, j'avais dévoré assez de romans à cent sous pour le savoir. J'essayai en vain d'inciter mon frère à tenir le rôle de Kit Carson alors que moi je ferais un chef Pawney, mais il me rétorqua qu'à lire la vie de ces gens-là, il se fatiguerait moins. J'essuyai le même refus de la part de mes sœurs, qui m'annoncèrent d'un ton hautain que les jeunes filles ne se livraient pas à ce genre de jeux stupides. Il ne me resta plus qu'à imaginer un partenaire pour figurer, selon les jours, Œil de faucon, M. Booth ou Barbe-

Bleue. Après la lecture de *l'Ile au trésor,* je devins Long John Silver.

Le fleuve, au bout de la 86ᵉ Rue, regorgeait de perches. Les pêcheurs d'aloses, devenus mes amis, m'emmenaient sur leurs bateaux et parfois me laissaient les aider à remonter les filets. Lorsque Bridget O'Connell se plaignit à mon père : « Monsieur Raoul empeste la cuisine avec ses poissons », je remédiai à la situation en distribuant ma pêche avant de rentrer à la maison. Après tout, ce qui m'intéressait, c'était de pêcher, ce n'était pas les poissons.

De nouvelles passions engendrent de nouveaux enthousiasmes. La forge et Peck Slip me semblaient si lointains qu'ils auraient pu appartenir à un autre monde. Mon nouvel horizon s'élargit encore : je tombai amoureux. Dans les années 1890, Virginia O'Hanlon avait, très jeune, acquis une certaine renommée en écrivant à Francis P. Church, le directeur du journal new-yorkais le *Sun,* pour lui demander si le Père Noël existait vraiment. M. Church lui répondit dans un éditorial si célèbre que pendant des années les gens se souhaitèrent un bon Noël en reprenant sa phrase finale : « Oui, Virginia, le Père Noël existe. » J'avais quelques doutes sur la petite enchanteresse, mais je devins un fervent adorateur de la beauté aux cheveux noirs que mes sœurs amenèrent à dîner un dimanche soir à la maison. A sentir ses yeux bleus me scruter, je fus frappé de mutisme et tout à coup ne sus plus que faire de mes mains et de mes pieds.

Le Dʳ Philip O'Hanlon était médecin légiste et son cabinet se situait près de la 95ᵉ Rue. Il devint un ami de mon père. Bien que Virginia eût deux ans de moins que moi, nous devînmes amis. Nous explorions les bois, faisions rôtir des marrons sur notre feu de camp et entre-temps, organisions des pique-niques en tête à tête. A présent, toutes mes journées étaient remplies d'orgueil et d'exaltation. J'avais enfin trouvé un complice en chair et en os. J'étais le plus heureux des garçons de douze ans à Manhattan. Long John Silver se retira dans son repaire et ne reparut jamais plus.

Quelques mois plus tôt, si mon père m'avait proposé de venir serrer la main de Jim Jeffries, le nouveau champion du monde poids lourds, j'aurais sauté sur l'occasion. Maintenant que j'étais ensorcelé par Virginia, ce voyage à Flushing

Meadows où s'entraînait Jeffries, me laissait indifférent. C'est à peu près à cette époque que j'essayai de prendre mon courage à deux mains pour embrasser Virginia, perspective qui m'emplissait d'inquiétude.

Je fus cependant arraché à mes sombres pensées quand le champion descendit du ring et serra des mains avec le gant qui venait d'envoyer son partenaire au tapis. Jim Corbett, qui avait conservé le titre de champion jusqu'à sa défaite par Bob Fitzsimmons, avait surveillé le travail de Jeffries. Quand il vit mon père, il nous rejoignit. Je me souviens d'avoir fureté partout dans le camp tandis qu'ils parlaient, respirant les odeurs de sueur, de cuir et d'embrocation et décidant séance tenante de devenir champion de boxe. Il était bien sûr tout aussi impossible d'imaginer qu'un jour je filmerais la vie de Corbett avec Errol Flynn dans le rôle de *Gentleman Jim*.

Lorsque mon père, plus tard, invita John L. Sullivan à dîner, je fus déçu par l'ex-champion. Où donc, me demandai-je, était l'homme dont la devise avait été : « Je peux battre n'importe quel homme au monde »? Il me rappelait Edwin Booth, sauf qu'il était plus grand. Tous deux étaient des hommes amers et malheureux. On dit que John L., après avoir perdu son titre, commença à boire jusqu'à ce qu'une ligue antialcoolique le persuadât d'apparaître dans la circonscription ecclésiastique de Chantauqua et de prêcher contre le démon de l'alcool. Le rôle d'alcoolique repenti lui seyait mal. A notre table, il refusa vin et cognac et demanda de la limonade. Je pris cela pour un signe de faiblesse, mais réalisai par la suite que c'était probablement une des choses les plus courageuses qu'il eût jamais faites.

L'école communale du 93 Amsterdam Avenue était plus supportable que la première. J'étais heureux, en particulier, que le directeur, « Jaffsy » Condon (qui plus tard figura dans l'affaire Lindbergh) insistât, en plus du programme scolaire, sur l'athlétisme. Dans le gymnase, et aussi en nous exerçant à courir dans la rue, nous mettions en pratique sa devise : « Tout homme, à tout âge, devrait faire de l'exercice pendant une heure. » Tout ce qui avait trait à l'effort musculaire me séduisait, surtout lorsque cela se traduisait par un arrêt de la classe. Pendant longtemps je conservai précieusement la médaille d'or que le juriste Abraham Gruber, qui distribuait les prix, me décerna pour avoir gagné la course d'obstacles des juniors. Dans un soudain élan de générosité, je la donnai finalement à Virginia.

Inévitablement, notre mode de vie changea après notre installation à Riverside Drive. Nous avions toujours beaucoup reçu dans notre maison de la 48ᵉ Rue, accueillant des personnages célèbres — ou presque — quand ils venaient boire, dîner, parler art ou politique ou simplement discuter avec mon père, qui avait une conversation presque universelle. Maintenant, le nombre de nos hôtes semblait augmenter proportionnellement à celui des bouteilles de vin que mon père stockait dans sa cave. Je garde le souvenir de « Buffalo Bill » Cody venant déguster au passage du champagne, boisson dont il était devenu fin connaisseur durant son séjour en Angleterre. J'avais averti quelques copains de ma classe de l'arrivée prochaine de Cody. Quand le crissement de l'équipage qui remontait l'allée cessa devant notre porte, la moitié de l'école était là, les yeux braqués à travers les grilles, s'évertuant à entrevoir l'artiste. Quand Buffalo Bill partit rejoindre son « Wild West Show » à Madison Square Garden, je demandai à mon père comment il pouvait encore tenir sur un cheval après avoir bu un jéroboam de château-yquem puis l'avoir fait descendre avec quelques verres de notre meilleur cognac. Je fus prié de m'occuper de mes affaires. Mon père ne permettait à personne de critiquer ses amis.

Je ne savais guère quel était le métier d'Enrico Caruso jusqu'à ce qu'il rejetât la tête en arrière et réussît un ut de poitrine, tandis que ma sœur Elizabeth l'accompagnait au piano. Liz, qui sortait de son tout premier récital de piano à Carnegie Hall, avait la grâce de rougir quand le grand ténor la félicitait sur son jeu. Je fus tellement hué en chantant l'air du duc de *Rigoletto*, que l'on jugea préférable de me retirer des cours de musique. Mon intérêt se réveilla lorsque le ténor s'agenouilla au milieu du tapis du salon en remerciant humblement Dieu de lui avoir donné une voix.

« Diamond Jim » Brady vint, accompagné de Lillian Russell, et je tombai à nouveau follement amoureux. Je trouvai qu'elle était la créature la plus belle que j'eusse jamais vue. J'étais jaloux de Brady, et en même temps j'étais impressionné par ses bagues et les boutons de diamant de son ample gilet.

La quantité de nourriture qu'il ingurgitait au dîner me suffoquait. Je me rappelle l'avoir fixé, bouche bée, jusqu'à ce qu'un regard de ma mère me rappelât aux bonnes manières. Pendant quelque temps, après avoir rencontré miss Russell, mes sentiments pour Virginia furent plus d'indulgence que d'adoration.

Après l'installation dans la grande propriété, mon père passa plus de temps à la maison pour recevoir ses amis. Il devint membre du conseil d'administration du « Metropolitan Art Museum ». Il se mit à boire davantage et je crois que cela ennuyait ma mère. La plupart des Irlandais de New York refusaient de boire du whisky protestant, seulement bon pour les Orangistes. Tout nouveau visiteur était un prétexte pour goûter un verre du « vrai cru », et notre cave était toujours bien garnie.

Un après-midi, mon père, levant les yeux du journal qu'il venait de lire, dit à ma mère : « Mark Twain est malade. Je l'ai rencontré à Saint-Louis pendant que j'étais à notre succursale; j'irai le voir. » Je m'étais régalé en lisant *Tom Sawyer* et j'en étais à la moitié des aventures de *Huckleberry Finn.* Quand mon père mit son chapeau claque noir et me demanda si je désirais venir avec lui, je courus dehors l'attendre sous le porche. De quoi avaient l'air les écrivains célèbres, me demandai-je? Ressemblaient-ils aux personnages qu'ils créaient?

John L. Sullivan m'avait déçu, et devant le petit homme aux cheveux blancs embroussaillés qui me dévisageait de son lit, je me sentis lésé. Il semblait incapable de créer quoi que ce fût. Et comment pouvait-il être à la fois Mark Twain et M. Samuel Clemens? Mais quand il pencha la tête et parla, j'écoutai : « Ainsi tu es le fils du Grand Tom, hein? Dis-moi — il me fit un clin d'œil complice — est-ce qu'il te traite bien, mon garçon? » « Oh! oui, monsieur. » Mon père avait tourné le dos pour regarder par la fenêtre et j'espérais que j'avais bien répondu. « J'en suis sûr. Tout homme qui se soucie assez des Indiens sans ressources pour aller invectiver contre le gouvernement doit être un bon père. Je suis fier de lui, mais — je surpris un nouveau clin d'œil — il n'y a aucune raison de lui dire que j'ai parlé ainsi. »

Mon père vint à mon secours et nous partîmes. Il n'y eut pas de conséquences; j'en conclus donc que je m'étais bien comporté. Des années plus tard, je pensai aux questions que j'aurais pu lui poser. Je suis sûr que Mark Twain aurait répondu à toutes avec un clin d'œil.

La mémoire, comme la chance, peut être capricieuse. En général ce qui s'est passé hier vous échappe, alors que ce qui est survenu il y a quatre-vingts ans reste gravé dans votre mémoire. Je peux oublier l'adresse de ma banque, mais je me rappelle l'assassinat du président McKinley et l'effet que cela produisit sur mon père, républicain convaincu. Le président Grant mourut deux ans avant ma naissance, mais je me souviens de mon émotion quand je vis son épigraphe à Riverside Drive au début du siècle.

Entre ses activités picturales et sociales, mon père trouvait toujours le temps de nous parler. Son goût accru des réceptions ne changea en rien la façon dont il traitait sa famille. Un jour, j'entendis ma mère l'entreprendre sur la boisson; il éclata de rire et dit que seule une hache viendrait à bout d'un Irlandais. « Ne t'inquiète pas, ma belle, dit-il, j'enterrerai tout le monde. » Je devais plus tard me souvenir de cette prédiction.

Mon respect pour lui grandissait et lorsque devant ma mère je m'élevais contre ses randonnées à cheval dans Central Park pendant que nous assistions à la messe, ce n'était que rébellion. Je me rappelle le jour où Theodore Roosevelt, après avoir été élu gouverneur de New York, vint à la maison parler politique et en repartit de meilleure humeur. Mon père avait cet effet sur les gens. Que ce soit charme irlandais, honnêteté foncière, ou un mélange des deux, cela marchait. Les hommes surtout recherchaient sa compagnie.

Frederic Remington, le peintre de l'Ouest, fut l'un de nos visiteurs mémorables; lui et mon père avaient de grandes affinités, étant tous deux artistes. Les histoires de M. Remington sur les Indiens me fascinaient. Je buvais chacune de ses paroles et modifiais mes projets d'avenir. Je ne serais plus boxeur mais cowboy, ou peut-être un soldat célèbre comme le général Custer. Il me semblait maintenant beaucoup plus prestigieux de combattre les Indiens sur la prairie que d'échanger des coups de poing sur un ring carré avec un homme que je ne détesterais pas. Cet hiver-là, je donnai des satisfactions à mes parents et éveillai les soupçons de George en plongeant mon nez dans les livres. Cela n'était pas dû à quelque subite envie d'apprendre. La plupart de mes lectures concernait la vie étrange de l'Ouest. J'avais le pressentiment qu'un jour je verrais cette région de mes yeux.

La vie avait été jusqu'ici insouciante et excitante, mis à part quelques ennuis passagers, par exemple lorsque mon père m'attrapait pour avoir sauté dans les trains de marchandises se rendant à Yonkers, ou quand il ponctuait ses semonces de coups de ceinture parce que j'avais fait l'école buissonnière et que je m'étais accroché derrière les attelages dans Amsterdam Avenue. Aussi n'étais-je absolument pas préparé au choc subit qui devait me laisser orphelin de mère à quinze ans.

Ma mère mourut dans la grande chambre à coucher où j'avais l'habitude de me glisser et de lui demander de me raconter une de ses histoires sur l'Amérique d'autrefois. Elle n'avait que quarante-deux ans. Jusqu'à la fin, elle resta debout et active, merveilleusement elle-même, et j'étais trop jeune pour remarquer les rides de souffrance qui marquaient le coin de ses yeux. Les spécialistes diagnostiquèrent un cancer, mais je ne me souciais pas de savoir ce qui l'avait emportée. Le plus terrible, c'est qu'elle était partie et que je n'étais encore qu'un enfant. Nous étions tous assommés, navrés par la lente et croissante prise de conscience de la perte que nous venions de subir.

Je suis heureux maintenant que mon père ne nous ait pas permis de la voir morte. Je pense qu'il souhaitait que nous nous souvenions d'elle comme elle avait toujours été. Le fait que nous avions considéré sa présence parmi nous comme une chose qui allait de soi, augmenta notre chagrin. Je me souviens avoir haï le drap de crêpe noir tendu sur la porte d'entrée parce que cela me rappelait que je ne la reverrais plus jamais.

Je me revois debout, tête nue, aux côtés de mon père, de George et de mes sœurs, regardant le cercueil descendre dans la tombe. Je n'arrivais pas à croire qu'il contenait ma mère si belle. Quelqu'un d'autre devait être dans cette triste boîte. Puis la neige se mit à tomber et son blanc manteau se referma sur le plus triste chapitre de ma vie.

Après la mort de ma mère, chaque pièce de la grande maison faisait resurgir les souvenirs de sa douce présence. Cet endroit que j'avais adoré devint insupportable. Je fus soulagé quand mon père accepta la proposition de mon oncle Matthew de m'emmener avec lui à La Havane quand l'*Enniskillen,* qui mouillait à Peck Slip, repartirait.

Lorsque le remorqueur poussif nous laissa à l'extérieur de Narrows *, debout sur le pont arrière, je regardai Manhattan s'éloigner à l'horizon. Quelque part là-bas, parmi les quais, les parcs et les digues de pierres froides, j'avais laissé mon enfance. Quand je remontai à l'avant pour regarder le soleil se lever sur Long Island, j'étais devenu un homme.

* Détroit entre Staten Island et Long Island (New York). (*N.d.T.*).

En route pour Cuba

La mer sentait bon, après les relents des rues de la ville. Je grimpai aux barres traversières jusqu'en haut du mât de misaine et sentis renaître un ancien projet. Je serais marin et naviguerais à bord de mon propre bateau sur les sept mers. Déjà, parce que l'*Enniskillen* appartenait à mon oncle, je me sentais un peu le maître de ce voilier docile. Ses trois mâts étaient gréés avec des voiles auriques et sa grande largeur permettait le chargement d'un fret important. En dépit de sa beauté, c'était aussi un navire de commerce comme ces bateaux à vapeur non affectés à des lignes régulières qui souillaient la mer de leurs noires cheminées. Je fis le vœu d'embarquer toujours sur des voiliers. Les bateaux qui marchaient au charbon avaient beau être plus rapides, ils manquaient de poésie.

Le voyage jusqu'à La Havane dura huit jours. Je me délectais de chaque instant, passant mes journées en haut du mât à observer les sauts des poissons volants et m'émerveillant de la façon dont le soleil jouait avec la crête des vagues. Mon appétit devenu féroce amusait fort Felix McGirr, le second, qui pendant les repas se demandait où je pouvais bien mettre toute cette nourriture.

Le soir, quand les feux de route vert et rouge étaient arrimés et allumés, je descendais sur le gaillard d'avant et écoutais les contes de la mer qui me faisaient souvent dresser les cheveux sur la tête et renforçaient encore ma résolution d'embrasser une carrière maritime. Je me rappelle cette merveilleuse histoire que me raconta le second : un jour, mon oncle et l'équipage de l'*Enniskillen* étaient descendus à terre à Dublin et buvaient de la bière dans le pub Liffeyside, quand un gars du coin dénommé « Paddy le Bigleux » apparut et défia mon oncle aux poings. « Vrai, dit McGirr en rigolant, il n'y eut que deux coups; le premier quand le capitaine frappa la grande gueule en plein front et le deuxième qui fit s'écrouler le malabar par terre. Ton oncle lui envoya un joli petit coup de poing dans la cervelle et le vilain diable s'affaissa comme un bœuf à ses pieds, aussi vrai que j'te l'dis. » La prouesse d'Oncle Matthew eut un effet spectaculaire sur son rival. « Avant de se battre, continua le second, le type louchait au point de voir les quatre coins d'une pièce à la fois. Après le coup de poing, ses yeux regardaient droit devant lui. Ça, je peux le jurer sur la tombe de ma mère. On courut chercher le curé qui cria au miracle et on parla même d'envoyer ton oncle à Rome voir le pape. »

Le huitième jour, nous nous faufilâmes dans le port de La Havane, où je découvris la sévère façade du Morro * et les quais grouillants de monde. Je cherchai quelque trace du cuirassé *Le Maine*. McGirr m'avait dit qu'une partie de sa carcasse était encore visible mais je ne vis rien et en fus déçu. Quand toutes les voiles, sauf le foc, furent amenées, je levai des yeux interrogateurs sur mon oncle : « Nous n'accostons pas? » D'un geste circulaire, il me montra tous les bateaux qui encombraient la voie. « Nous devons attendre notre tour, mon garçon. La Havane est un port important. »

Tandis que nous attendions, bout au vent, un remorqueur se faufila jusqu'à nous en soufflant, entre les mâts et les cheminées. Un homme en sortit en riant. Il grimpa l'échelle et mon oncle et lui tombèrent dans les bras l'un de l'autre : « Don Mateo! cela fait plaisir de vous revoir! » Les retrouvailles terminées, mon oncle nous présenta le señor Ignacio Medina, capitaine du port et, de toute évidence, une personnalité de la ville. J'appris plus tard que mon oncle lui avait rendu un service pendant la guerre. Oncle Matthew appela un matelot qui descendit dans les cabines et reparut portant un paquet. Mon oncle le tendit à Don Ignacio. Le visage du Cubain devint grave tandis qu'il le remerciait. « Il y a une place à quai pour vous, Don Mateo, annonça-t-il, j'ai fait dégager un bateau martiniquais. »

Mon oncle haussa les épaules, le remorqueur nous jeta une amarre et nous pûmes bientôt accoster sous le nez du capi-

* Vieux château à La Havane. (*N.d.T.*).

taine martiniquais. « Il est furieux. » Ce fut le tour du señor Medina de hausser les épaules : « De toute façon, je ne comprends pas le français. » J'appris ainsi de bonne heure qu'un ami à la cour, ou plutôt dans un port, était très utile.

Rien ne pouvait faire plus plaisir à Don Ignacio que de nous inviter à demeurer chez lui pendant notre étape à La Havane. Oncle Matthew, après avoir écouté l'anglais hésitant de son ami, le pria de l'excuser, lui expliquant qu'il lui fallait rester à bord pour surveiller le déchargement du bateau. Puis il m'adressa un clin d'œil : « Mon neveu sera plus qu'heureux de me remplacer », dit-il avec un grand sourire.

Ce fut pour moi une expérience déconcertante que d'être jeté au sein d'une famille avec qui je ne pouvais pas parler. Le père se débrouillait en anglais, mais il était absent la plupart du temps. J'en voulais terriblement à mon oncle de m'avoir mis dans une telle situation, mais très vite la gentillesse des Medina me conquit. En plus de la maternelle Doña Luisa, la femme d'Ignacio, il y avait deux fils et une fille, Angelina. Les garçons, tous deux mes aînés, m'examinèrent attentivement et arrivèrent à la conclusion unanime que je n'étais qu'un petit *yankee* parmi d'autres. Ils demeurèrent à l'écart, mais leur sœur, d'une beauté plus délicate que celle de mon premier amour, Virginia, fit, comme sa mère, tout ce qu'elle pouvait pour me rendre le séjour agréable. J'étais trop jeune pour savoir que sa trop bonne mine était le symptôme de ce qu'on appelait alors phtisie. Le paquet de mon oncle devait certainement renfermer un médicament spécial pour elle.

Le dimanche était jour ferié pour les Medina. A 5 heures du matin, la corpulente señora nous faisait lever et nous embarquait tous à la messe. Après le petit déjeuner, Don Ignacio, avec l'air de quelqu'un qui a accompli ses devoirs envers Dieu, allumait un cigare et nous proposait une randonnée en voiture à la campagne où nous rendions quelquefois visite à des amis, à des parents; ou bien nous roulions simplement le long des interminables plantations de bananiers et des champs de canne à sucre jusqu'à un bois rempli de palmiers et de bougainvilliers, que la civilisation n'avait pas encore défriché pour faire place à des cultures. Je ne détectai aucune trace de la dernière guerre et lorsque je questionnai mon hôte, il leva les mains au ciel et répondit : « C'est du passé.

Maintenant, Cuba doit s'efforcer de devenir une nation. »

Deux semaines de cette vie de *dolce farniente* s'étaient écoulées et j'avais fait assez de progrès en espagnol pour arriver à articuler quelques phrases, surtout à l'adresse d'Angelina, quand mon oncle surgit un matin, juste après le petit déjeuner, et m'annonça que nous embarquerions à marée haute. Je me sentis offensé. Il ne m'avait remis entre les mains d'une famille que je commençais à chérir que pour m'en séparer sans avertissement. Je boudai, sans oser regarder Angelina, que j'avais le sentiment de trahir. Puis je me mis à penser à l'*Enniskillen,* à la façon dont il glissait le long du vent; et l'appel de la mer me reprit. La señora Medina me serra très fort dans ses bras quand je vins lui dire au revoir et la remercier, mais je ne trouvai toujours pas le courage de regarder sa fille.

Notre fret de jambons de la Nouvelle-Angleterre et de cèdre rouge pour la confection de boîtes de cigares avait été remplacé par un gros stock de rhum, dont une partie devait être livrée au Mexique et l'autre vendue à des importateurs new-yorkais. Le remorqueur nous fit sortir du port. La famille Medina au complet, les deux fils dédaigneux compris, s'était regroupée sur le quai et nous faisait des signes d'adieu; moi, je sentis ma gorge se serrer. Ainsi se termina mon idylle à La Havane.

Pendant deux jours, nous fûmes portés par un fort vent de nord-est et le blanc *Enniskillen* fila, toutes voiles dehors, à travers le golfe ensoleillé. Je décidai de préférer la beauté d'un bateau sous pleine voile à celle de la femme la plus belle, ce qui était bien étrange pour un garçon porté sur les filles, et surtout en contradiction totale avec mes origines irlandaises.

La tempête nous surprit quelques heures après que nous eûmes aperçu les côtes du Yucatan. A cette époque, il n'y avait pas de bulletins météorologiques et le vent se leva sans que nous nous y fussions attendus. La cloche venait de sonner six coups, c'est-à-dire onze heures du soir, quand l'ouragan s'abattit sur la goélette et arracha les flèches du mât principal et du mât d'artimon. Tout à coup la mer se déchaîna et s'acharna sur l'*Enniskillen* comme si elle voulait se venger. Ce ne fut plus que vent hurlant, embruns cinglants, cris confus, bruits furieux des voiles qui se déchiraient et s'arrachaient des écoutes. Je fus projeté la tête la première à l'autre bout du pont et réussis juste à temps à m'agripper à une sauvegarde d'aviron pour ne pas être balayé par une énorme vague.

McGirr m'attrapa par un bras et me poussa à l'abri d'une claire-voie où le vent soufflait moins fort. Once Matthew surgit de l'écume volante et me cria, furieux : « Veux-tu descendre! Assieds-toi par terre dans ma cabine et coince tes pieds contre la cloison. McGirr apporte une hache! »

Malgré le charivari que j'entendais là-haut, sur le pont, et le lourd tangage du voilier, l'assaut soudain du cataclysme m'avait assommé. Je me blottis dans un coin de la cabine comme me l'avait ordonné mon oncle, nullement conscient du danger que nous courrions, car j'avais confiance en lui, et j'étais certain qu'il nous tirerait d'affaire. Je ne m'en faisais que pour le bateau. Mais comme je n'y pouvais rien, je m'endormis d'un sommeil profond.

Quand je m'éveillai, le soleil brillait, le bateau ne tanguait plus et le vent était tombé. Je sortis de la cabine en me frottant les yeux et restai consterné à la vue du pont jonché de débris enchevêtrés de mâts et de gréement. Je mis un moment avant de réaliser toute la portée des dégâts que nous avions subis. Le fier *Enniskillen* n'était plus qu'une épave à la dérive. Le mât de misaine s'était cassé à la hauteur des barres traversières et il ne restait de la voilure que le foc flottant sur l'eau et des lambeaux de la grand-voile. La tempête avait emporté le reste. Le foc, qui avait été en partie arraché à cause de la gîte, flottait sous le beaupré. Nous dérivions à mât et à corde sur une mer d'huile et le bruit qui montait de la cale arrière indiquait que nous prenions l'eau. L'équipage était occupé à sortir les voiles de rechange, mais le vent avait cessé en même temps que la tempête et un mât de fortune ne donna à la goélette qu'une gouverne incertaine. L'avant du bateau piquait du nez chaque fois que l'homme de barre essayait de maintenir le cap, si bien que nous tournions en rond sans avancer d'un pouce. Bien que frappé par ce spectacle, je n'allai pas jusqu'à m'alarmer. D'une manière ou d'une autre, Oncle Matthew et McGirr trouveraient bien un moyen de réparer les dégâts. Mais je me sentis à proprement parler écœuré devant les ravages que la tempête avait provoqués. La goélette n'était plus qu'une carcasse gîtant sur tribord, à la merci des courants.

La journée s'écoula sans que nous apercevions une seule voile à l'horizon, alors que nous n'étions pas loin des voies de navigation régulières entre La Havane et les côtes mexicaines. Oncle Matthew fit le point puis secoua la tête et se mit à arpenter le pont arrière, le sextant à la main. Il marcha ainsi toute la nuit, et le lendemain, quand le soleil de midi fit se boursoufler le goudron du pont, il était encore là, les mains derrière le dos, ne relevant la tête que pour scruter l'horizon, les épaules basses. Cela me rappelait un tableau que j'avais vu de Napoléon à Sainte-Hélène. Puis, à mon grand soulagement, il parut déposer son fardeau et redevenir lui-même. Il descendit dans sa cabine et je l'entendis commander un repas au garçon de bord. Lorsqu'il remonta sur le pont, il m'entoura d'un bras ferme et je tressaillis de joie en retrouvant le son de sa bonne voix rude : « C'est sérieux, mon garçon, mais pas si sérieux que ça. La coque tient encore, à part quelques planches cassées, et les pompes nous tireront d'affaire. Je ramènerai l'*Enniskillen* au port, à la nage, en le poussant s'il le faut, et il sera refait, même si je dois y dépenser mes derniers sous. »

Le troisième jour, en réponse à sa détermination, un remorqueur à vapeur retournant de La Havane à Veracruz apparut à l'horizon. Il fut suffisamment intrigué par notre drapeau renversé pour changer de cap et venir voir ce qui nous était arrivé. Le capitaine connaissait Oncle Matthew et refusa de réclamer une prime de sauvetage. Il nous jeta une amarre et nous remorqua jusqu'à San Juan de Ulua, dans le port de Veracruz où, au dire de McGirr, Cortez avait accosté puis brûlé ses navires avant d'aller, par voie de terre, assassiner Montezuma. Ce sombre épisode me fit prendre Cortez pour un fou, jugement partagé, depuis, par plus d'un historien contemporain.

Mon oncle mit une semaine avant de pouvoir engager des charpentiers pour travailler sur le bateau endommagé. J'eus mes dix-sept ans le jour où on amena l'*Enniskillen* au chantier naval d'où il devait ressortir cinq mois plus tard, remis à neuf.

Ma présence était devenue inutile à bord. J'étais dans les jambes des charpentiers et des gréeurs, alors je me mis à parcourir la ville du matin au soir, ne retournant au bateau que pour manger et dormir. Mon oncle et l'équipage étaient plongés dans la peinture et le calfatage; j'étais donc tout à fait livré à moi-même. L'*Enniskillen* ne me disait plus rien à présent. J'en étais arrivé à le haïr, ainsi que la mer qui l'avait porté et qui, me semblait-il, m'avait joué un mauvais tour. La tempête m'avait guéri. Je ne voulais plus entendre parler ni de bateaux ni d'océans. Désormais, le plancher des vaches satisferait mes désirs les plus fous.

Je me suis longtemps étonné de ne pas avoir demandé à mon oncle de me mettre sur un bateau à destination de New York, jusqu'à ce que j'aie réalisé que je n'avais plus de foyer, maintenant que ma mère était morte. Les membres de ma famille n'étaient guère plus que des fantômes sans joie errant parmi les souvenirs qu'elle nous avait laissés. Non, je ne ferais pas marche arrière. Et c'est à ce moment que je rencontrai Ramirez.

Les gens l'appelaient simplement Ramirez, le marchand de chevaux. Je ne lui ai jamais connu d'autre nom. Je ne me doutais pas que sa rencontre allait changer le cours de ma vie. Le seul fait d'exister semblait rendre Ramirez heureux. Il resta toujours semblable à lui-même. Quand il n'achetait ou ne vendait pas de chevaux, ou quand il ne faisait pas de tours de lasso dans un cirque qui l'engageait pour l'été, il aimait jouer d'une vieille guitare et boire du mescal. Je le convertis au rhum.

Je l'avais vu dans ses numéros de lasso et il me prit une envie irrésistible de l'imiter. Même si je devais y passer tout l'été, j'apprendrais l'art du lasso. En dehors de quelque menue monnaie, je n'avais pas d'argent, mais je me rappelai le rhum de Cuba, de premier choix, qui était à bord de l'*Enniskillen*. Quand j'exposai mon problème à Oncle Matthew, il me donna deux bouteilles. Après que j'eus fait goûter à Ramirez le meilleur rhum de La Havane, il ne toucha plus à aucune autre boisson, même pas à la bière. En échange, il m'apprit tous les rudiments du lasso et fit de moi un cavalier. Je ne devais, en contrepartie, que lui procurer d'autres bouteilles et faire ce qu'il m'enseignait.

Maintenant que j'étais tout à ma nouvelle passion, les jours filaient, heureux. Tous les matins, je me présentais au corral pour m'entraîner et écouter Ramirez m'expliquer la différence entre une corde de chanvre et une corde de cuir cru. « La corde de chanvre est plus dure pour les mains au début, annonça-t-il dans un anglais passable, mais, mouillée, elle ne se détend pas comme l'autre, et dès qu'on la relâche, la boucle se desserre. » Je compris vite ce qu'il voulait dire par « dur pour les mains ». A cause du frottement continuel, un cal se forma sur ma main droite, depuis le poignet jusqu'au bout des doigts, si bien que je n'osais plus la tendre à personne et présentais la gauche. En quelques semaines je fus capable de sauter dans mes propres boucles et d'attraper un bœuf aussi bien par la patte arrière que par la patte avant. Ramirez me mit la main sur l'épaule et me dit qu'il n'avait plus rien à m'apprendre : « Ce n'est plus qu'une question d'entraînement, dit-il, il faut que tu continues à manier le lasso dans ton sommeil. Alors tu deviendras mon partenaire et nous gagnerons beaucoup d'argent. »

Je devins assez bon cavalier pour dresser certains de ses chevaux les plus fourbes. « Il faut te servir de ta cervelle », me dit-il après que l'un d'eux m'eut jeté dans la poussière au pied du portail du corral. « Le cheval a pensé plus vite que toi et tu vois le résultat. La prochaine fois, tâche de penser plus vite que le cheval. » Ce conseil m'apprit à prévoir les réactions de mon cheval, et tant que je travaillai avec lui, je ne fis plus de chute.

Sur la goélette, le travail avançait, malgré l'impatience d'Oncle Matthew : « Chaque fichue journée où elle est à cale me coûte une fortune, se plaignait-il. La seule façon d'activer un Mexicain, c'est de lui mettre le feu au cul, et on risque alors de se retrouver en prison. » Je savais cependant que sous ce masque d'anxiété, il était content. « Nous embarquons pour Galveston, annonça-t-il bientôt en se frottant les mains, puis ce sera pour nous le chemin du retour à East River jusqu'à notre prochain voyage. Es-tu content de rentrer chez toi? »

A ma propre surprise et à sa stupéfaction, je secouai la tête : « Je ne pars pas avec toi. » Rien au monde, en cet instant, ne m'aurait fait changer d'avis tant que je n'aurais pas vu un cowboy en chair et en os.

Oncle Matthew était un homme sage. « Comme tu voudras, petit, me répondit-il devant mon air décidé. Mais écris à ton père. Je suis responsable de toi, mais je n'essayerai pas de te convaincre. » Il prit ma lettre griffonnée et l'enfouit dans le coffre de sa cabine. « A propos de lettre, ajouta-t-il, j'ai de mauvaises nouvelles à t'annoncer. » Il sortit de son bureau une enveloppe qui avait d'abord été adressée à New York puis renvoyée à Veracruz. Mon oncle me traduisit la lettre du señor Medina annonçant la mort de sa fille. Je fus pris de remords, car je l'avais presque oubliée.

Un Texan, nommé Zack James, vint chercher de la main-d'œuvre pour remplacer deux de ses cowboys qui s'étaient tiré dessus au cours d'une bagarre. Il me désigna et hocha la tête : « Je veux celui-ci, déclara-t-il. Il est jeune mais je l'ai vu monter un cheval et manier le lasso. Je prendrai soin de lui. » Mon père disait que si un homme a la volonté d'être assez patient pour attendre sans bouger, l'occasion de sa vie se présentera forcément à lui un jour ou l'autre. J'avais hâte d'aller raconter cela à Ramirez. « Souviens-toi, me dit-il en se frappant le front, sers-toi d'abord de ta tête. Et tout ira bien. » Oncle Matthew me donna cent dollars et sa bénédiction. Lorsque, debout sur le quai, je regardai la goélette s'éloigner, je n'éprouvai aucune tristesse. Le monde était à mes pieds et m'attendait.

Le convoyeur texan avait un troupeau d'environ six cents vaches et bœufs, de toutes espèces, y compris des veaux déjà nés ou à naître. Malgré mon manque d'expérience, je me rendais bien compte qu'il nous faudrait longtemps pour atteindre le Rio Grande, étant donné notre petit nombre et le chemin que nous devions parcourir. J'avais raison. Il nous fallut quatre mois avant de rejoindre la rivière. J'étais devenu un gardien de troupeau endurci, capable de rivaliser avec les autres (au nombre de quatre, sans compter James, tous Texans du Sud). Le garçon qui avait voulu voir un cowboy en était un lui-même à présent. Toutes les idées romantiques qui avaient pu subsister de mes lectures sur l'Ouest s'envolèrent dès le premier jour. Je fus placé en arrière-garde, où je devais faire avancer les traînards, et je respirai la poussière pendant deux semaines. Quand le chef me permit de chevaucher sur le côté, j'avais avalé une bonne partie de la terre du nord-est mexicain. Je découvris aussi que si je pouvais enfourcher un cheval, lancer le lasso, rouler une cigarette d'une main et bien jurer, je ne connaissais en revanche rien au convoiement du bétail. L'apprentissage fut rude : il fallait éloigner le troupeau des endroits peuplés où des bêtes égarées pouvaient semer le désordre; veiller la nuit; apprendre à chanter et à parler aux bêtes au repos; faire claquer mes *chaps* * pour qu'elles ne s'effrayent pas du silence pendant lequel le hurlement d'un coyote pouvait déclencher la panique. Il y a des trucs pour chaque métier, et il en existait plus pour conduire un troupeau que pour fredonner : « Allez, mes belles, allez! » Il fallait non seulement faire avancer les bêtes, mais encore partir en reconnaissance pour trouver de l'eau et de l'herbe, aller dans les villes pour marchander l'approvisionnement, abattre un buffle ou un veau, le dépiauter, découper la viande et la tendre au-dessus des arceaux du chariot à vivres pour qu'elle sèche au soleil, soigner et ferrer les chevaux, transporter sur les selles de tous jeunes veaux jusqu'à ce qu'ils puissent tenir debout. Entre ces multiples occupations, nous nous débrouillions pour nous reposer quelques heures. Lorsque je repense à ce convoi, je me demande encore comment il n'y eut pas plus de cowboys qui devinrent fous. Peut-être en fait ne refusèrent-ils d'arrêter que parce qu'ils avaient justement perdu la raison. Ou encore pensaient-ils comme moi qu'ils préféraient s'occuper du bétail plutôt que faire n'importe quel autre métier. Quand ils ne pouvaient plus supporter ce travail, ils avaient toujours la ressource de descendre de cheval et de piétiner leurs chapeaux.

Avec le vent dans le dos, les bêtes avançaient trop vite, se fatiguaient, et refusaient d'aller plus loin. Avec le vent de face, elles couvraient trois kilomètres par jour. Parfois, quand le vent soufflait, tournoyait, hurlait et chargeait chevaux et cavaliers, elles n'avançaient pas du tout. Faire douze à seize kilomètres par jour était considéré comme une bonne moyenne.

Quand il pleuvait, et cela arrivait souvent, les cavaliers ou bien étaient trempés, ou bien enfilaient un imperméable sous lequel ils transpiraient : ils étaient mouillés de toute façon. Je me rappelai le conseil de ma mère d'ôter toujours des vêtements humides le plus vite possible. C'est ainsi qu'il m'arriva souvent de chevaucher nu, ce qui n'était guère confortable pour mon postérieur, en attendant que le soleil après la pluie séchât ma chemise et mon pantalon étalés sur le toit du chariot. En plus des brûlures de la selle, je devais endurer les railleries des autres cowboys qui me traitaient de blanc-bec, mais je ne pris

* Pantalons de cuir (*N.d.T.*).

jamais froid et n'eus jamais la fièvre, comme certains d'entre eux.

Tout cela ne nous rapportait que vingt dollars par mois, repas compris. Ceux-ci se composaient de haricots, parfois de tranches de bacon rance qui me brûlaient l'estomac, et d'un café qui aurait fait fondre une cuillère. C'était une vie à la dure, mais je l'avais cherchée. Des années plus tard, en la racontant aux gens, j'allais être payé cent fois ce salaire. Avant d'atteindre la rivière, j'avais la peau cuivrée d'un Indien et une santé de fer.

Six jours avant de traverser le Texas, Zack James s'arrêta sur un terrain herbeux pour faire paître le troupeau « Elles n'en peuvent plus, dit-il, on va camper ici un moment. »

J'avais entendu sonner des cloches une heure auparavant et l'un des convoyeurs m'apprit que nous étions près d'une petite ville nommée Santa Ynez. « Il y a un barbier pour ceux qui le veulent. »

Je n'avais pas été chez le barbier depuis des mois, à New York, et ma crinière, à la Buffalo Bill, me descendait jusqu'aux épaules. Le chef sourit d'un air moqueur quand je lui annonçai que je voulais y aller : « Tu vas te faire tailler les tifs? Méfie-toi des señoritas, elles pourraient bien te couper le reste! »

La nuit tombait quand j'entrai dans la rue principale, mais le barbier était encore ouvert. Il dormait sur l'unique siège de la boutique et sursauta quand je le réveillai. Après m'être vu dans la glace, je sympathisai avec lui. Barbu jusqu'aux oreilles et muni d'un fusil, je ressemblais à un bandit d'un film de série B.

Il se détendit et hocha la tête quand je lui dis « Amigo » et ôtai mon chapeau. Après qu'il m'eut coupé les cheveux et rasé, je me souvins du mot espagnol pour « bain ». Le tub d'eau chaude et le vulgaire morceau de savon de lessive étaient un luxe après la poussière et la sueur du voyage. Baignant dans l'eau savonneuse, je songeais à Oncle Matthew, à l'*Enniskillen,* à ce que penserait mon père quand il apprendrait que je volais de mes propres ailes. Je pensais qu'il ne se ferait pas de souci. Ce qui n'était pas mon cas. Qu'allais-je faire, en effet, après avoir conduit le troupeau à bon port et avoir été payé? J'aurais peut-être mieux fait d'écouter Ramirez quand il me suppliait de rester avec lui travailler au cirque. Grâce à ses leçons, j'étais meilleur au lasso qu'aucun des autres convoyeurs, y compris Zack James. J'étais capable de monter aussi bien un cheval qu'une vache, un bœuf ou un taureau; ce talent aurait dû me permettre de trouver un emploi chez un éleveur texan. Je pensais à tout cela en me rhabillant.

Pour l'ensemble le barbier ne me demanda que huit pesos, ce qui faisait environ quarante-cinq *cents* américains. Je n'avais que les dollars de l'Oncle Matthew. Je lui en tendis un en refusant la monnaie; il se mit à brosser mon chapeau et ma veste, puis prit un chiffon, s'agenouilla, et nettoya mes bottes. Pour vingt fois ce prix-là, je n'aurais jamais eu un tel service à Manhattan. Il ne me laissa pas partir avant de me serrer la main.

De l'autre côté de la rue, de la musique s'échappait d'une *cantina* *. J'y pénétrai par curiosité. L'endroit était bondé. Adossé à la porte, j'observai les danseurs et remarquai leur excitation lorsque l'orchestre, au bout de la pièce, se mit à jouer un paso doble. Tout le monde était en piste, sauf le barman et une fille assise seule dans un coin. Je préférai être prudent et voir si personne ne la rejoignait. Quand la musique cessa, et comme personne ne s'approchait, j'allai vers elle, la saluai et lui demandai par gestes si elle voulait bien m'accorder la prochaine danse. Quand l'orchestre reprit, elle sourit et se leva.

Ma mère avait insisté pour que je suive des cours de danse à New York, ce que j'avais eu en horreur. Maintenant, pour la première fois de ma vie, je regrettai de ne m'être pas plus appliqué. Je ne voulais pas me couvrir de ridicule devant cette fille. Je réussis à la suivre, probablement parce qu'il n'y a pas un Irlandais qui n'ait un peu le rythme dans le sang.

Passée la première émotion à sentir son corps souple se blottir contre moi, je remarquai que les autres danseurs nous fixaient et chuchotaient entre eux. Je pensai que c'était parce que j'étais le seul gringo présent. Lorsque nous passâmes devant une table vide où était posé le chapeau renversé du trompettiste, je sortis maladroitement deux dollars de ma liasse et les y laissai tomber. Le propriétaire du chapeau eut un large sourire à la vue des billets et souffla si fort dans sa trompette

* Saloon des Etats-Unis du Sud. (*N.d.T.*).

qu'on devait pouvoir l'entendre du campement. Mais les danseurs continuèrent à chuchoter et à se tenir à l'écart. Je n'arrivais pas à saisir ce qu'ils disaient et j'étais intrigué.

A la fin de la danse, j'avançai la chaise de la fille et elle me remercia. « Je suis Maria Dominguez. » Etant donné que nous étions très près de la frontière, j'en déduisis que certains Mexicains devaient parler anglais. Elle le parlait mal mais je la comprenais. Je m'assis et tombai une fois de plus amoureux. J'aimais tout en Maria, sa superbe chevelure noire, ses doux yeux sombres et sa bouche attirante. Elle avait les mains trop délicates pour une *campesina* * et je ne fus pas étonné lorsqu'elle m'apprit qu'elle venait de Monterrey. Nous bavardâmes et elle parut contente de savoir que j'étais là pour quatre ou cinq jours avant de partir au Texas.

Le barman fit la tête quand je lui commandai deux tequilas. J'avalai mon verre d'un coup et m'étranglai presque. C'était plus fort que le rhum d'Oncle Matthew. « Qu'est-ce qu'il a celui-là? demandai-je en le désignant, et pourquoi les autres nous dévisagent-ils ainsi? »

Elle posa une main sur mon bras quand je lui proposai un second verre. « Non, venez. Je vous expliquerai si vous me raccompagnez à la maison. » Un dollar de pourboire apprivoisa le barman. Un large sourire fendit son visage, découvrant une rangée de dents qui, d'une certaine manière, me firent penser à des pierres tombales. L'air du dehors était bon, après l'atmosphère enfumée de la cantina.

Dans le bar, j'avais vu que Maria ne portait pas d'alliance. Un mystère planait autour d'elle. Lorsque nous nous arrêtâmes devant le portail d'une petite maison en retrait, je lui demandai pourquoi elle était toute seule et pourquoi dans la cantina on avait parlé de nous. « J'ai pris un bain avant de venir. Est-ce que j'ai mis ma chemise à l'envers? »

Cela la fit rire. « Ce n'est pas de vous qu'ils parlaient, c'est de moi. » Devant mon air déconcerté, elle expliqua : « Voyez-vous, je vous ai juste indiqué mon nom parce que je vous aime bien, mais je ne vous ai pas dit que j'étais la maîtresse du général Ignacio Gomez. Les gens pensaient que votre vie ne valait plus un sou. Le général n'est pas là, et pourtant ils ne

* Campagnarde. (*N.d.T.*)

s'aventurent même pas à me parler. Quand il sera mis au courant, il me battra. Ça m'est égal. »

Elle me laissa, se retourna sous le porche : « Reviendrez-vous? » Puis elle partit. Je retrouvai mon cheval devant la boutique du barbier et rentrai au camp, haïssant tous les généraux du Mexique.

Le lendemain, Zack James nous mit au travail pour soigner les animaux blessés par des coups de corne et éloigner les bouvillons errants. En effet, malgré les détours que nous faisions pour éviter les villes et les villages, nous avions ramassé en chemin quelques bêtes qui n'étaient pas à nous, et James était soucieux : « On peut avoir des ennuis. La dernière fois que je suis passé par ici, un rancher de Salina a fait rentrer vingt têtes de bétail dans notre troupeau, puis a appelé les *rurales* * et on a dû payer chaque bête deux fois leur prix de vente. »

Je travaillai toute la journée et dînai avant de me remettre en selle pour Santa Ynez. Maria m'attendait à la cantina, assise à la même table. Le joueur de piston me vit entrer et poussa une note aiguë : tout le monde nous dévisagea. Je me demandai si je cherchais à me faire abattre, mais le sourire de Maria me fit tout oublier.

Nous bûmes de la tequila et je sentis mon estomac me brûler tandis qu'elle me demandait : « Vous n'avez pas eu peur de revenir après ce que je vous ai dit? » Je lui pris la main : « Ecoutez, peu m'importe que le général Je-Ne-Sais-Qui entre par cette porte avec la moitié de l'armée mexicaine. » Elle se leva, me scruta du regard, puis me tendit la main. « Allons chez moi manger quelque chose. Puis je vous raconterai une histoire. »

Chez elle, tandis qu'elle s'affairait à la cuisine, je regardai autour de moi. Il y avait un immense portrait du grand Porfirio Diaz. Une photo plus petite, placée en dessous, représentait un homme couvert d'un nombre suffisant de médailles pour être général. Peut-être, pensai-je, les avait-il gagnées pour avoir battu des femmes. Sur un petit meuble qui me rappelait ma maison se trouvait une photo de groupe. J'y reconnus Maria et pensai que les autres étaient des membres de sa famille.

* Policiers mexicains. (*N.d.T.*)

Le repas qu'elle cuisina était le meilleur qui m'eût été offert depuis mon départ de La Havane. A nous deux, nous bûmes une bouteille de vin. Elle débarrassa la table et entra dans sa chambre. Quand je la vis placer un oreiller à côté du sien, je compris que je ne rentrerais pas tout de suite au camp. Elle remonta même le réveil : « A quelle heure voulez-vous retourner à vos vaches? » Cela semblait la chose la plus naturelle du monde de se déshabiller ensemble. Je ne savais pas si je devais enlever mes bottes. Dans les livres, j'avais vu beaucoup de gens très bien mourir les bottes aux pieds. Pensant que je ne mourrais qu'une seule fois, je les ôtai. « S'il vous plaît, éteignez la lampe », me pria-t-elle.

Le réveil sonna. Je m'habillai en vitesse et dus lui promettre que je la reverrais avant qu'elle me laissât partir. J'eus à subir les moqueries de mes compagnons tandis que nous ferrions les chevaux, soignions les bêtes et retirions les roues du chariot pour graisser les essieux. J'aurais dû deviner que notre départ était imminent puisque nous préparions le chariot. J'étais incapable de penser à autre chose qu'à Maria. Quand Zack James me dit : « C'est ça, pomponne-toi, car ce soir tu lui diras *adios.* » Je fus atterré. Notre liaison venait à peine de commencer et déjà c'en était la fin. « Nous nous mettrons en route au lever du soleil », me cria-t-il tandis que je m'éloignais.

J'allai directement chez Maria et descendis de cheval dans la cour de derrière. Je ne la vis que lorsqu'elle sortit de la petite église de l'autre côté de la rue. Elle me rejoignit au corral. Les femmes doivent avoir plus d'intuition que les hommes. Elle me tira d'embarras en disant : « Je sais, tu pars. »

Cette nuit-là, dans mes bras, elle me raconta comment elle était devenue la maîtresse du général. A Monterrey il y eut un affrontement entre étudiants et soldats au cours d'un combat de coqs et deux soldats avaient été tués. Le frère de Maria, qui était l'un des étudiants, fut accusé de meurtre et incarcéré. « Juan était innocent, dit-elle, mais la Cour le condamna à une peine de vingt ans. Le général Gomez, qui commandait la ville, s'opposa à tous les efforts légaux en vue de réviser la sentence. Je compris bientôt pourquoi. Il me voulait. » Le reste était une vieille histoire. Si Maria l'accompagnait à Santa Ynez quand il y serait muté, il ferait libérer son frère. « Je dis à ma famille que je partais là-bas comme institutrice. Le général me donna cette maison. Parfois, comme aujourd'hui, je suis triste. Mais j'ai sauvé mon frère. » Je la pris dans mes bras, l'embrassai tendrement et lui dis : « Tu es courageuse et je t'aime. »

Quand le coq chanta, je me levai et m'habillai en hâte. Je demandai à Maria de m'écrire son adresse. Je pliai le petit bout de papier et le glissai dans le ruban de cuir, à l'intérieur de mon chapeau. Quand nous nous quittâmes, elle avait les larmes aux yeux.

Au lever du soleil, nous nous mîmes en marche en faisant avancer le troupeau au nord vers la rivière. Maria nous rejoignit ce soir-là, alors que nous mangions. Elle avait rassemblé quelques vêtements dans un baluchon et marché depuis Santa Ynez. « Je viens avec vous », dit-elle simplement. « Tu cherches des ennuis, fiston », me dit Zack James.

Nous dormîmes cette nuit-là dans la prairie, sous le chariot. Le lendemain, je fis monter Maria derrière moi et nous chevauchâmes ensemble. Elle refusait de se mettre à califourchon sur le cheval et montait en amazone, recouvrant pudiquement ses jambes. J'étais un rabatteur de vaches à trente dollars par mois, en route pour nulle part, mais j'étais heureux. Sentir sa poitrine contre mon dos m'ôta tout souci de l'esprit. Chaque fois que nous arrivions sur un terrain d'herbe grasse près d'un ruisseau, nous nous arrêtions pour faire paître le troupeau. Rapides comme des lapins, Maria et moi nous échappions jusqu'aux bois de peupliers, là où s'élargissait le ruisseau. Maria voulait encore que je me retourne quand elle se déshabillait et m'appelait seulement quand elle était dans l'eau. En un rien de temps j'ôtais mes habits, un Levis et une chemise; les cowboys ne portaient pas de sous-vêtements.

Un jour, je plongeai dans l'eau froide et me laissai flotter. Bientôt la tête de Maria apparut au-dessus de l'eau. Je me redressai et embrassai sa jolie bouche, puis lui pris la main et proposai : « Il y a une cascade là-haut, tu l'entends? allons-y. » Quand finalement nous l'atteignîmes, nous découvrîmes un vaste plan d'eau et je lui demandai de grimper sur la berge et de s'asseoir dans l'herbe. Je la rejoignis et appuyai mon dos contre le sien. Nous restâmes silencieux pendant un moment, puis je la pris dans mes bras et nous goûtâmes aux joies de notre jeune passion.

Le soleil commençait à décliner derrière les peupliers et nous revînmes tous deux rapidement sur nos pas à l'endroit où nous avions laissé nos vêtements. Ils s'étaient envolés! J'eus un choc quand je vis l'endroit couvert de crottes de chèvres. Les bêtes avaient mangé nos habits. Quoiqu'il en soit, mon fusil à six coups et mon ceinturon étaient là, ainsi que mes bottes, que les petites garces avaient dû trouver un peu lourdes à digérer.

Je bouclai mon ceinturon, enfilai ce qui restait de mes bottes, annonçai à Maria que j'allais au camp chercher son baluchon et me mis en route, nu comme un ver. Comme je m'y attendais, les cowboys m'accueillirent avec des hurlements de rire. J'avais un autre Levis et une chemise de rechange dans le chariot. Je pris quelques effets pour Maria et me hâtai de la rejoindre.

Je fus déçu par le Rio Grande. D'après toutes mes lectures sur l'Ouest, je m'attendais à trouver une eau limpide et bleue, alors qu'elle était trouble et sale. Je pensais qu'elle serait aussi belle que l'Hudson et je me sentis floué.

Nous campâmes quelques jours pour reposer les bêtes avant de traverser la rivière. Je pris une chambre pour Maria et moi dans un petit hôtel du côté mexicain. Zack me donna ma paye et j'emmenai Maria au bazar acheter des vêtements pour remplacer ceux que les chèvres avaient mangés. Je pris en même temps pour moi un Stetson, des bottes et un Levis. A l'hôtel, la vue d'un lit nous enchanta à nouveau.

Dès que j'eus fermé la porte de la chambre, Maria commença à se déshabiller, m'ordonnant comme d'habitude : « Ne regarde pas. » Quand ce fut mon tour de me déshabiller, je lui dis « Toi non plus, alors. » Elle sauta dans le lit et se recouvrit du drap. Nous n'avons pas beaucoup dormi cette nuit-là, serrés dans les bras l'un de l'autre.

Elle murmura : « J'aime mon gringo aux beaux yeux bleus. Tu seras à moi pour toujours. » J'embrassai sa bouche adorable et lui dis qu'elle était mon seul amour. Puis je commençai à m'inquiéter : comment diable allais-je m'y prendre pour lui faire passer la frontière?

Le lendemain matin, j'étais en train de me faire raser chez le barbier quand l'un des convoyeurs arriva, tout essoufflé, et me dit que les ennuis que nous redoutions arrivaient. « Lève-toi de là. Ils veulent nous arrêter pour vol de bétail. Zack va traverser quand même! » J'essuyai la mousse de mon visage et dis à Maria que je devais partir en vitesse. « Prends la diligence et rentre à Santa Ynez. Je reviendrai te chercher », ajoutais-je en sortant quelques billets de ma poche. Elle me les arracha, les jeta par terre et sortit en courant dans la rue.

Je rassemblai mes quelques affaires et les mis dans un sac. Quand j'atteignis la porte, je vis Maria qui revenait, suivie de deux *rurales* à grand chapeau. Je fis demi-tour et m'enfuis par la porte de derrière vers le corral de l'hôtel. Je sautai sur mon cheval et démarrai à bride abattue. Je ne pouvais m'empêcher de penser que la sale garce m'avait vendu. C'était peut-être elle qui avait parlé du bétail volé.

Le troupeau avait déjà traversé la moitié de la rivière lorsque j'atteignis le gué. D'autres *rurales* arrivèrent et se mirent à nous tirer dessus, mais aucun de nous ne fut touché. Nous gagnâmes la rive du côté américain. Ainsi se termina mon étrange liaison avec Maria.

Tous les cowboys qui allaient vers le Sud fréquentaient la gargote de Chole. C'était une Mexicaine maternelle qui les connaissait tous et était aux petits soins pour eux. Quand elle me vit assis dans mon coin ce soir-là, elle s'approcha : « Gringo, pourquoi es-tu si triste alors que tout le monde est content? Tu as laissé ta petite amie au Mexique? » Quand je lui racontai ce qui s'était passé et comment Maria avait dit aux *rurales* où je me trouvais, elle éclata de rire : « Que tu es bête! Cette fille t'aimait vraiment. Elle voulait te faire mettre en prison pour te garder près d'elle et pouvoir venir te voir chaque fois qu'elle le voudrait. »

Nous mîmes quelques jours encore pour aller du nord-est du Rio Grande jusqu'au ranch de Cal Bacon, destination finale du troupeau. Zack James dit au vieux Bacon : « Ce garçon est un excellent cowboy », et il m'invita à faire une démonstration de lasso. Les yeux du vieux Bacon lui sortirent presque de la tête quand il me vit faire tourner la corde au-dessus de mon crâne, sauter à travers les boucles, faire tournoyer le lasso et attraper le chien qui se tenait près de lui. Zack remarqua : « Le diable m'emporte! Cela fait quarante ans que je manie le lasso. J'ai de la chance si j'arrive à le lancer sur les chiottes.

Quand Zack me paya, je me sentis soudain très riche avec tout ce poids d'or et d'argent dans la main, et lorsque le vieux Bacon me demanda de rester encore quelque temps, j'acceptai. Je m'étais attaché au rancher, vieux combattant des Indiens et ancien ranger texan, qui aimait boire un petit verre et raconter des histoires sur le Texas.

En 1904, le sud du Texas était encore un pays rude où tous les coups étaient permis, parsemé de vastes pâturages et de petits villages qui peu à peu s'agrandissaient et s'étalaient sur ce grand territoire. Les saloons faisaient de bonnes affaires et les bagarres entre cowboys et conducteurs de trains (seul moyen de transport de l'approvisionnement) étaient fréquentes et parfois mortelles. Pour la première fois je vis un homme se faire tuer alors que j'entrai à Del Rio chercher du ravitaillement. C'était le mécanicien d'une petite locomotive. J'avais attaché mon chariot à quelques pas d'un saloon d'où je vis surgir un type suivi d'un homme qui l'apostrophait. Quand il se retourna, l'autre sortit son fusil et l'abattit.

Ham Cotton était connu dans le sud du Texas pour son grand cheval bai qu'il appelait Steamboat. Tous les cowboys de la région avaient essayé de le monter, mais Steamboat les avait tous désarçonnés. Cotton se réjouissait que même les meilleurs cavaliers eussent échoué; on ne pouvait pas monter Steamboat. Je résolus non seulement de le monter, mais de tenir jusqu'à ce qu'il en eût assez. Ramirez, me dis-je, m'avait appris toutes les ficelles du métier, mais cette fois j'allais utiliser ma propre tactique. Je monterais Steamboat au milieu du ruisseau chez Cotton et je le fatiguerais à mort dans l'eau avant de le laisser regagner la terre ferme.

Ce jour-là, j'eus un bon nombre de spectateurs. Toute l'équipe de Bacon était présente, faisant des paris sur moi avec les gars de Cotton. J'en pris moi-même quelques-uns, puis quelqu'un conduisit Steamboat au ruisseau. Un morceau de bois émergeait et je pris appui dessus pour enfourcher Steamboat. Ce dernier tourna la tête quand je m'installai sur la selle. Il semblait se demander ce qui diable allait arriver. Dans ce ruisseau qui lui montait jusqu'au ventre, je lui fis faire un tour. Il fut doux comme un agneau. Comme je l'avais prévu, il commença à s'exténuer à évoluer dans l'eau. Je le forçai à aller et venir au milieu du ruisseau, là où l'eau était le plus profonde. Les gars, alignés sur la berge, nous regardaient et faisaient de nouveaux paris. Je me voyais déjà récolter l'argent des miens et en dépenser une bonne part lorsque Steamboat se mit à souffler. Ses flancs se soulevèrent quand je lui fis faire demi-tour et le laissai regagner le bord. Il s'éloigna de quelques mètres du ruisseau et se tourna de nouveau pour me regarder. Puis, il me projeta les quatre fers en l'air, à environ quinze mètres de là. On vérifia cette distance. Elle était le double de celle qu'avaient parcourue tous ceux qui s'étaient essayés à monter Steamboat.

Quelque temps après cet incident, Ham Cotton se rendit à la baraque de Bacon et lui dit qu'il avait besoin d'aide pour expédier deux chargements de chevaux au Montana. Je découvris bientôt pourquoi Cotton avait du mal à louer de la main-d'œuvre. Ce n'était déjà pas facile de convoyer des bêtes, mais transporter par train soixante chevaux à moitié sauvages, c'était une autre histoire. Nous n'étions que trois pour abreuver, nourrir et soigner les chevaux, ce qui représentait beaucoup de travail sur un trajet de deux semaines.

Nous mangions et dormions dans le fourgon avec les cheminots. La conversation tournait invariablement autour des bordels qu'ils fréquentaient dans les différentes villes où ils passaient. Leur langage était plutôt cru; souvent mes pensées me ramenaient à ma si ravissante Maria. Où se trouvait-elle à présent, ma bien-aimée? Je fis le vœu qu'un jour je retournerais au Mexique et tiendrais encore une fois Maria dans mes bras. Je me jurai de ne plus jamais me louer comme gardien de chevaux. De temps à autre, je me réveillais et me retrouvais sur un nouveau réseau de chemin de fer. Nous utilisions des rails appartenant à quatre compagnies différentes avant d'arriver à Butte. L'endroit me déplut au premier coup d'œil et je me préparais à revenir au Texas lorsque deux événements vinrent se mettre en travers de mes projets : je perdis mon argent au poker et on me proposa un travail.

Big Hole ou la mine de Mark Daly

« COLONEL » Sarsfield Scanlon, un Irlandais du Kerry, mesurait 1,90 mètre, et était remiseur de chevaux et entrepreneur de pompes funèbres. C'était aussi le plus grand menteur que j'eusse rencontré. Il disait à tout le monde qu'il avait été colonel dans les régiments irlandais, mais peu de gens le croyaient, encore moins Nutsy Milligan, son assistant. « Ah! crachait-il avec dégoût, il a un tel bagou qu'il peut dire deux mensonges à la fois, mais il suffirait que quelqu'un pointe un fusil sur lui pour qu'il perde sa culotte, ça c'est sûr! » Nutsy s'était arrêté de grandir quand il avait atteint 1,58 mètre, mais ce qu'il perdait en hauteur, il le rattrapait en injures.

Je vis Scanlon pour la première fois quand il vint au dépôt de marchandises choisir dix chevaux pour ses écuries. Il m'engagea pour en mater quelques-uns avant de les atteler aux cabriolets qu'il louait. « Rends-les suffisamment dociles pour qu'ils n'aillent pas démolir les carrioles à coups de pied », m'ordonna-t-il. « Mais je tiens à ce qu'ils restent vifs, tu entends? Les clients payent davantage pour conduire un cheval qui a du nerf. »

J'en matai assez pour augmenter ses recettes et lui permettre d'économiser pas mal d'argent. Puis il me nomma fossoyeur en chef, avec deux Indiens Cree * sous mes ordres. Les Indiens travaillaient assez bien quand je les surveillais, mais dès que je tournais le dos, ils laissaient tout tomber et s'endormaient. De toutes les fosses que nous avons creusées, je n'en connais pas une seule qu'il n'ait fallu creuser plus profondément pour atteindre le mètre vingt-cinq réglementaire. Les Cree s'arrêtaient à 45 centimètres.

* Importante tribu indienne d'Amérique du Nord. (*N.d.T.*).

En 1905, la population de Butte était pour moitié irlandaise. L'autre moitié se composait d'une tribu de Cornouaillais, tous « cousins », qui travaillaient à Anaconda, à la mine de cuivre de Mark Daly, connue dans la région sous le nom de Big Hole. C'était une bande de bagarreurs, durs à la tâche et grands buveurs. Quand les ennuis ne venaient pas à eux, ils les recherchaient systématiquement, comme s'ils ne pouvaient s'en passer pour couronner une bonne soirée. Ils dépensaient leur argent aussi vite qu'ils le gagnaient, sûrs que la semaine suivante ils recevraient leur paye, car on disait que la mine contenait assez de cuivre pour durer cent ans. Ils adoraient une bonne bagarre à coups de poing ou un match de lutte, histoire de voir qui arracherait l'oreille de l'autre. Autour de moi, je remarquai pas mal de citoyens avec une seule oreille. Le couteau était mal vu, mais de temps en temps, un Mexicain ou un Chinois se faisait taillader par quelque rival. Les samedis soirs se terminaient rarement sans quelques coups de feu dans les bordels; le dimanche était le jour où Scanlon avait le plus de travail.

Quand un mineur mourait et ne laissait pas d'argent pour l'enterrer, la coutume était de faire une quête. Nutsy Milligan assistait à la collecte et parfois ramassait cent dollars ou plus. Il avait estimé le prix global d'un enterrement à trente-cinq dollars, y compris la bénédiction, le cercueil et les honoraires de Doc Hayes pour la signature du certificat de décès. Chaque fois que Nutsy réclamait sa part des bénéfices, Scanlon lui répondait qu'il les lui mettait de côté. Le petit homme me dit un jour que d'après ses calculs, le « colonel » lui devait sept cents dollars. « Je devrais peut-être bien tuer ce salopard, se dit-il; la seule façon de toucher à un sacré shilling, c'est de lui faire sauter son coffre. » Scanlon réduisait souvent les frais en n'habillant le mort que d'une chemise et d'un manteau, sans pantalon. Les amis et la famille du mort, quand il y en avait, n'y voyaient que du feu. Quand Nutsy me mit au courant de cette pratique, je ne m'étonnai plus des pantalons trop larges de mes deux Indiens Cree. Scanlon troquait leur travail contre des pantalons.

Doc Hayes, qui dessoulait rarement, était requis par la loi pour les certificats de décès avant que l'enterrement puisse avoir lieu. Un jour, sur l'ordre de Scanlon, je dis aux Indiens de charger un cercueil fraîchement occupé sur le wagon et de monter creuser une tombe. Quand je pensai que la profondeur devait être suffisante, je conduisis le wagon sur la colline. Il n'y avait pas d'amis et je n'avais aucune idée de l'identité du mort. Doc Hayes avait établi le certificat très tôt ce matin-là et les Indiens avaient cloué le cerceuil.

Quand je parvins au cimetière, il restait encore beaucoup à creuser et je priai les Indiens de continuer leur travail pendant que j'allais chercher un autre cercueil. Je bus un café avec Nutsy après le chargement et je me trouvais à mi-colline lorsque les Indiens me croisèrent à cent à l'heure, hurlant comme des *banshees* *. Une étrange créature, couverte de poussière, les poursuivait, une pelle à la main. Je crus qu'elle allait me sauter dessus, mais elle trébucha et tomba. Puis elle roula sur elle-même et m'abreuva pendant cinq minutes d'injures diverses et variées. Finalement, je le reconnus. C'était Mike Slattery; il faisait partie de l'équipe de jour à la mine et aimait boire un coup après le boulot. La veille au soir, il s'était soûlé et était monté chez Scanlon pour cuver son vin. Doc Hayes le trouva ivre mort à côté de deux véritables macchabées et écrivit des certificats de décès pour tous. Mike aurait suffoqué dans la tombe s'il n'avait fait sauter le couvercle du cercueil à coups de pied. La frayeur des Indiens était compréhensible; ils l'avaient pris pour un fantôme.

Une des conséquences de l'enterrement de Slaterry fut que Doc Hayes quitta la ville. On prétendait qu'une délégation de mineurs menaçait de l'enduire de goudron et de plumes s'il ne débarrassait pas le plancher. Peu de temps après, Scanlon me demanda de prendre le chariot et de ramener d'Helena un nouveau médecin.

Notre nouvelle recrue, le Dr René Echinelle, un Français dans la force de l'âge, me dit que son père avait été un chirurgien réputé et le médecin attitré de Napoléon. Si le vieil Echinelle laissait tomber les cendres de son cigare dans les plaies de ses malades comme le faisait son fils, je m'émerveillai que Bonaparte ait pu vivre assez longtemps pour perdre la bataille de Waterloo. Le docteur disait qu'il souffrait de phtisie et qu'il était venu aux Etats-Unis à la recherche d'un climat plus favo-

* Mot irlandais ou écossais désignant des êtres surnaturels annonçant par des hurlements une mort prochaine. (*N.d.T.*).

rable. Il avait essayé Tucson, et puis il avait entendu parler de l'air pur du Montana.

Sur le chemin du retour, j'aperçus quelques daims qui broutaient au pied des arbres. Je vis que l'un d'eux avait la patte cassée. Je m'arrêtai, sortis la carabine du chariot et l'abattis. Le docteur me regarda le dépecer et me demanda le cœur et les reins, qu'il enveloppa dans une serviette propre. « Tu manies bien le couteau, dit-il, travaille avec moi. Je ferai de toi un chirurgien en moins de six mois. »

Je plaquai Scanlon parce que le saligaud retenait toujours mon salaire et ne me payait jamais — comme il l'avait fait avec Nutsy. En peu de temps, je devins l'anesthésiste de Doc Echinelle, après qu'il m'eut appris à placer l'entonnoir et à verser le chloroforme dans le nez et la bouche du patient. « C'est facile, m'expliquait-il, lorsque je dis *encore* * tu en verses davantage. Mais pas avant que je te le dise, n'est-ce pas? »

Un jour, il opéra un homme qui avait reçu une balle dans l'estomac. L'intestin grêle, quand le docteur me dit de l'écarter, était tout gluant. Echinelle accrocha deux boucles d'intestin à un porte-chapeau placé à portée de sa main, puis il se mit à fouiller tranquillement dans la plaie pour extraire la balle, tout en y laissant choir les cendres de son éternel cigare. Il trouva le morceau de plomb, qui lui échappa et tomba par terre. Enfin, il décrocha les intestins, les lava avec une solution alcaline. Je l'aidai à recoudre le malade, et l'homme survécut. Je jouai plusieurs fois au poker avec lui avant de quitter le Montana. Mais je ne lui soufflai jamais mot du porte-chapeau.

Une autre fois, le docteur s'en tira moins bien. On lui amena un cowboy avec la poitrine défoncée. Son cheval avait roulé dessus. Echinelle jeta un coup d'œil à l'homme et me dit de me préparer. Je commençai l'anesthésie avec la dose de chloroforme requise. Le blessé s'endormit rapidement. Il tressaillit au contact du scalpel et le docteur me dit d'un ton sec : « *Encore*! » Je versai un supplément de chloroforme dans l'entonnoir, mais le malade ne semblait qu'à demi-inconscient.

Echinelle : *Encore!*

* En français dans le texte.

Moi : Je lui ai donné de quoi abattre un cheval.

Echinelle : *Encore!*

(*Soudain le blessé cessa de respirer.*)

Moi : Il est mort, doc.

Echinelle : Monsieur Raoul, vous l'avez tué.

Moi : Mais vous disiez toujours « *Encore* ».

Echinelle : Bah, il serait mort de toute façon.

Le dimanche, je dînais souvent chez Echinelle. Comme beaucoup de Français, il était excellent cuisinier. Il renvoyait toujours son cuisinier chinois de la cuisine lorsqu'il préparait le repas. En général, il avait plusieurs invités. L'un de ceux que je préférais était « La Duchesse », la tenancière, bien conservée, du plus grand bordel de Butte. Elle se vantait d'appartenir à la famille royale de Belgique, et comme le docteur et elle conversaient toujours en français, j'ignorais de quoi ils parlaient, mais je savais toujours quand allait partir cette dame rousse aux formes rebondies. Lorsque les vins et les cognacs du docteur l'avaient amenée à un certain degré d'ébriété, elle posait la tête sur mon épaule et pleurnichait avant de me demander de la raccompagner. Si soûle qu'elle fût, elle me tendait toujours une pièce d'argent après que je l'eus aidée à descendre de la voiture d'Echinelle. Parfois elle m'embrassait en me disant que je lui rappelais sa jeunesse perdue. Cela m'était égal d'être embrassé en pleine rue par une tenancière de bordel parce que je l'aimais bien. Quand je l'aidais à passer la porte, ses « filles » vêtues de kimonos aiguisaient encore mon appétit. Je fus seulement un peu contrarié lorsque le docteur me réprimanda pour avoir arrêté sa voiture devant le bordel. « Les gens vont croire que c'est moi qui y vais », rugit-il. Apparemment, il voulait bien que l'on sût qu'il était un copain de « La Duchesse », mais pas plus.

Quand je n'anesthésiais pas ou n'aidais pas à opérer, je trouvais le temps de bavarder avec Nutsy Milligan lorsqu'il passait rapporter les dernières nouvelles. Nutsy aurait dû être journaliste : il connaissait tous les potins de la ville. Un après-midi, il entra dans la salle d'attente et dit : « Tu veux voir quelque chose de marrant? Scanlon essaie de faire un échange avec son corbillard. Tu ne dois pas rater ça! »

Je le suivis aux pompes funèbres. Scanlon, dehors, était en pleine discussion avec un Peau-Rouge Cree qui avait amené sa grosse squaw, un bébé dans les bras, et ses quatre enfants aux yeux noirs. Le chariot de l'Indien et le vieux corbillard furent rangés devant les deux hommes. Plusieurs poneys étaient attachés derrière le chariot.

« Tu me laisses la charrette avec les chevaux et le corbillard est à toi. » Scanlon était intéressé par les poneys, mais il tenait à ce qu'ils fussent compris dans l'échange; il ne voulait pas les acheter.

« Ecoute-moi ce gros salaud, chuchota Nutsy, ma foi, on se croirait à la foire d'Armagh *. Il va complètement détrousser cet Indien avant la fin, tu vas voir. »

Le propriétaire du chariot qui, jusqu'à présent, n'avait fait que secouer la tête chaque fois que l'autre reprenait haleine, acquiesça, détacha les poneys et mit les rênes dans la main de Scanlon. Il désigna d'abord le chariot, ensuite le corbillard, puis il leva deux doigts. Nutsy me traduisit : « Il veut garder deux poneys pour retourner à la réserve. »

De mauvaise grâce, Scanlon le laissa prendre les animaux boiteux et les amener au timon du corbillard sur lequel, en guise de dédommagement, le colonel jeta un minable chapeau haut de forme qu'il avait porté aux enterrements de première classe. L'Indien coiffa le chapeau et grommela en direction de sa squaw qui avait fait grimper les enfants dans le corbillard, puis était montée à son tour s'asseoir à côté de son homme. Le Peau-Rouge s'enfonça le chapeau jusqu'aux oreilles et rassembla les rênes. Je les vis démarrer dans un nuage de poussière; je vis derrière la vitre le regard fixe et grave des enfants, leur grosse mère avec son bébé, resplendissante dans une couverture rouge, et l'Indien ridicule avec son pantalon de daim à franges et le chapeau claque noir recouvrant ses longs cheveux.

Scanlon assista à leur départ. Il ricana en se frottant les mains. « La roue avant peut bien se détacher maintenant. »

« Voilà pourquoi il s'est débarrassé de sa foutue carriole! constata Nutsy. Elle tombe en miettes. Maintenant il est parti s'en commander une autre venant de Denver. » Au moins la supercherie de Scanlon avait-elle réussi à faire la joie de toute une famille.

* Région de l'Irlande du Nord. (*N.d.T.*).

Dans la nuit du mardi suivant, un mineur assassina une fille qui travaillait dans un dancing et le shérif le mit en prison jusqu'à l'arrivée du juge itinérant. Le juge fit son apparition le vendredi et condamna l'assassin à être pendu le dimanche. Le choix de ce jour était une concession à la coutume locale. En cette journée de vacances, les patrons de saloons les plus entreprenants en profitaient pour installer des tables dehors, au pied des potences, et vendre des sandwichs et de l'alcool. Tout le monde était ravi, sauf le condamné et le prêtre de la paroisse. Ce dernier se rendit chez le juge et protesta : « Votre Honneur, dimanche est le jour du Seigneur. L'homme est un assassin et doit subir sa peine. Mais ne pouvez-vous pas le pendre plutôt lundi? »

Le juge répondit : « Mon Père, faisons un compromis. Nous le pendrons samedi. »

De nos jours, en présence d'une justice aussi expéditive, on ferait appel et l'affaire traînerait probablement pendant au moins deux ans. Mais Butte n'était encore qu'une petite ville frontière qui ne comptait pas parmi ses habitants d'avocats phraseurs et chicaneurs qui eussent discuté la procédure. Si vous tuiez quelqu'un, vous étiez bon pour vous balancer au bout d'une corde. Affaire classée!

C'était un arbre typique de l'Ouest, situé à l'extrémité de la ville, qui servait de potence. Le Dr Echinelle n'avait jamais vu de pendaison et tint à ce que je l'accompagne pour y assister. « Ce sera différent, dit-il, en France, nous leur tranchons la tête. »

La foule se pressait autour de l'arbre lugubre. Les hommes d'affaires côtoyaient les joueurs, les mineurs, les barmens, et la plupart des filles de « La Duchesse », qui en profitaient pour faire du racolage. Deux violonistes, tellement ivres qu'ils tenaient à peine debout, chancelaient sur un baquet retourné et raclaient sur leurs violons une rengaine folklorique. Je ne vis pas d'Indiens (ils trouvaient la pendaison cruelle et préféraient la poudre). Quelques couples dansaient près des musiciens. L'alcool se vendait si vite que les barmen avaient à peine le temps de déboucher les bouteilles et de ramasser l'argent. Cela tenait plus du rassemblement politique que d'une exécution.

Scanlon et deux autres hommes amenèrent le condamné dans une charrette. Il avait les mains liées. J'étais bien placé pour le voir lorsqu'il arriva sous l'arbre. C'était un homme massif, dont le ventre débordait de la ceinture. Il resta silencieux pendant qu'un des hommes plaçait le nœud coulant. Alors Scanlon, d'un coup sec, fit avancer la charrette et le corps sembla rebondir dans l'air puis retomba de tout son poids. Quelques femmes se mirent à crier quand la tête fut arrachée et que la corde, allégée, se détendit brusquement. Il n'y avait pas qu'en France que l'on décapitait les criminels.

Scanlon et les deux hommes ramassèrent le corps et le jetèrent dans la charrette. La tête était encore par terre et les gens ne voulaient surtout pas s'en occuper. Le docteur me donna un coup de coude : « Raoul, *mon ami* *, apporte-moi la tête. Je voudrais y jeter un coup d'œil. »

Scanlon (*s'adressant à moi*). — Mais qu'est-ce que tu fous?

Moi. — Doc veut examiner la tête.

Scanlon (*râlant*). — D'accord. Mais après, ramène-la-moi. On ne peut pas enterrer un homme sans sa fichue caboche, sinon comment pourrait-il dire au Diable qui il est?

Nora McCarthy, une veuve d'une quarantaine d'années, tenait un restaurant près de la maison du docteur. La nourriture était bonne et j'y prenais mes repas la plupart du temps. Dès le début, Nora se montra maternelle avec moi. Elle était mordante, mais elle avait bon fond. Presque tout ce que je faisais la mettait hors d'elle. La dernière fois que je mangeai chez elle, elle m'accusa d'avoir emmené « La Duchesse » et ses « filles » à la campagne dans un cabriolet loué. Nous y allions parfois pour nous baigner au pied d'une cascade tant qu'il y avait du soleil. « Fous-moi le camp! » Nora se saisit d'un balai et fit mine de me chasser. « Balader ces traînées et venir ensuite à la table d'honnêtes gens! Et se baigner comme ça tout nus. Ah! Quelle honte! »

Le samedi soir, après la pendaison, Nora m'interpella de nouveau : « J't'ai vu tenir cette tête à la main comme si c'était un panier à provisions. T'as donc rien dans le cœur? »

C'était vrai. Je n'avais rien trouvé pour mettre la tête et quand nous retournâmes chez le docteur, je la tenais par les cheveux en entrant. Je la déposai sur un journal plié dans la cuisine. Quand le cuisinier chinois, Hop Fat, l'aperçut, il

* En français dans le texte.

jeta son balai et se précipita hors de la maison. Il n'y revint pas avant le lendemain, si bien que le docteur et moi dûmes dîner chez Nora.

Nutsy Milligan débarqua un après-midi chez le docteur. Son haleine empestait le whisky. Comme d'habitude, il était communicatif : « Je me suis disputé avec Sa Seigneurie (Scanlon). Il te soupçonnait d'être puceau parce qu'il ne t'a jamais vu entrer chez « La Duchesse ». J'ai rappelé à cet imbécile que tu travaillais dur et que tu t'y connaissais en chevaux. Il a répondu : « Oh, il monte très bien. » « Pour ta gouverne, que je lui ai dit, il a monté toutes les jolies serveuses de la ville. » Je donnai à Nutsy une dose de cognac « médical », et me débarrassai de lui avant qu'il pût déballer d'autres scandales sur mon compte.

L'hiver arriva tôt au Montana cette année-là, et la petite ville fut enfouie sous un mètre cinquante de neige. Une épidémie de croup se déclara et des centaines de personnes durent s'aliter. Je conduisais Doc Echinelle à travers les tempêtes de neige jusqu'aux maisons éloignées où cet homme respecté administrait ses médicaments. Il mettait une poudre sur la langue du malade et lui disait de l'absorber avec un verre d'eau. Il lui recommandait de garder le lit au moins trois jours et lui promettait de revenir le lendemain. Le premier jour, le vieux Doc soigna quelque cent vingt malades. Le jour suivant il recommença. Jusque-là, il n'y eut pas de mort. Cependant, trois jours plus tard, le docteur fut à son tour atteint du croup. Il se leva néanmoins de son lit pour broyer les poudres, les envelopper dans des petits paquets de papier et me dit : « Mon zélé Raoul, c'est toi le docteur à présent. Continue mon travail. »

Je me rappellerai toujours un malade dénommé Oklahoma Charlie. Je lui donnai la poudre. Il l'avala avec un verre de whisky. Il était assis dans un grand fauteuil, enveloppé dans une couverture, et se mit à me raconter sa vie à l'époque où il était dans l'Oklahoma. A neuf ans, son père lui apprit à dégainer rapidement un pistolet. « Ce me fut bien utile plus tard. » A treize ans, son oncle Otis lui montra comment jouer aux cartes.

« Oncle Otis travaillait sur un bateau du Mississippi, et puis il fut tué. Il savait comment tirer une paire d'as du paquet, mais il ne sut jamais tirer son revolver de sa ceinture. A vingt ans, je pouvais rivaliser avec les meilleurs joueurs de cartes. Je me mis à jouer sur le Mississipi et Dame Fortune me sourit. Je remplis ma ceinture de 6 000 dollars en pièces d'or.

« Un jour, je tombai sur le roi des joueurs du Mississipi, champion de toute la Louisiane. Il baladait avec lui une jolie fille Cajun *. Je le regardai refaire les gogos et ramasser les mises les unes après les autres, tandis que la fille, debout derrière eux, lui indiquait d'un signe de tête les cartes qu'ils avaient en main. Le jeu prit fin rapidement. Il m'invita alors à m'asseoir pour tenter ma chance. Je l'avais vu tricher en donnant et j'estimai que, s'il voulait jouer de cette façon, j'en étais tout aussi capable. Je pris par la main la fille qui se tenait déjà derrière moi et la fis asseoir sur une des chaises inoccupées, lui disant que j'aimais toujours regarder un joli minois quand je jouais aux cartes. Le caïd n'apprécia pas, mais je vis à son regard qu'il savait maintenant ne pas avoir affaire à un débutant.

« Nous jouâmes pendant une petite heure, gagnant et perdant tour à tour, jusqu'à ce que finalement le pot se montât à un peu plus de 3 000 dollars. Il étudia ses cartes un moment puis ouvrit à 1 000 dollars. Je n'eus pas besoin de regarder les miennes parce que j'avais triché et que je savais ce que j'avais en main. Je misai 2 000 dollars. Il fouilla dans sa bourse et la trouva vide. Me regardant dans le blanc des yeux, il proposa : « Etranger, comme je vois que tu lorgnes sur cette jolie fille, « je vais la mettre en jeu pour couvrir mes 2 000 dollars. Si « tu gagnes le coup, elle est à toi. Est-ce que cela te va? C'est « la plus belle fleur de la Louisiane. Alors, monsieur, montre « tes cartes. » Je retournai les quatre reines; il devint livide, bondit sur ses pieds et hurla : « Espèce de petit salaud, tu as « triché deux fois et tu t'es bien servi! » Il sortit son pistolet mais n'eut pas le temps de s'en servir. Je tirai sur le dupeur dupé, juste entre les deux yeux.

« Le capitaine du bateau arriva en courant. Les spectateurs lui affirmèrent que le caïd avait sorti son pistolet le premier et que j'avais tiré plus vite... Si bien, mon garçon, que j'ai gagné plus de 3 000 dollars et une adorable reine. Le bateau

*** Habitant de Louisiane qui se dit de descendance française. (*N.d.T.*).**

s'arrêta à Natchez et je débarquai avec la fille pour prendre du bon temps. Nous descendîmes au meilleur hôtel, mangeâmes et bûmes tout ce qu'il y avait de meilleur. Je lui achetai de jolies robes et nous passâmes la plus grande partie de nos journées à danser et à boire du champagne. Nous avions pris la plus belle chambre de l'hôtel, avec le lit le plus grand que j'aie jamais vu et là nous ne nous sommes pas ennuyés non plus.

« J'avais l'habitude, la nuit, de mettre mon argent sous mon oreiller. C'est là que tous les joueurs déposent leurs gains. Deux jours plus tard, après une nuit où l'alcool avait abondamment coulé, je m'éveillai tard; la fille s'était envolée. Du haut de l'escalier, je demandai à grands cris au réceptionniste qui montait en courant s'il l'avait vue. Il me répondit qu'elle était partie de bonne heure pour se rendre à la Nouvelle-Orléans par le *River Queen*. Je courus vers le lit, regardai sous l'oreiller et constatai que la garce avait emporté mon argent. Comme on dit : « Bien mal acquis ne profite jamais. »

Je continuai à faire le tour des malades du docteur. Certains se rétablissaient vite, d'autres traînaient, mais beaucoup étaient morts. Les corps étaient entreposés et mis en tas chez Scanlon qui y plaçait des étiquettes pour pouvoir les identifier plus tard. Je savais qu'ils seraient bien conservés tant que le thermomètre marquerait moins de quarante degrés. Il faudrait attendre la fonte des neiges pour pouvoir les enterrer.

Finalement le shérif lui-même attrapa le croup. Doc Echinelle me pria d'aller lui apporter en hâte des poudres. Quand j'arrivai, je le trouvai assis sur une immense chaise près d'une table qui croulait sous des cordes. Il était occupé à confectionner de gros nœuds qu'on appelait « les nœuds du bourreau ». Le shérif m'expliqua que quand « ces cordes servaient, les nœuds qu'il avait faits brisaient net le cou des types ». Je lui demandai pour quelle raison il en faisait tant. « Je les vends à tous les shérifs de la région », me répondit-il.

Il me dit que les Indiens préféraient être fusillés plutôt que pendus. « J'étais sur le point de pendre un Peau-Rouge qui avait tué deux hommes, quand il hurla : « Pas la corde, pas la « corde! » et désigna mon fusil. Je l'amenai jusqu'à la porte du corral et lui tirai deux balles de revolver. Deux de ses amis indiens vinrent me serrer la main et emportèrent son corps à la Réserve. »

Je le questionnai encore pour savoir combien d'hommes il avait pendus. Il réfléchit : « Si j'ai bonne mémoire, dans mes meilleurs jours, environ cinquante ou plus. Mon père, lui, était le champion. De retour à Washington, une fois la guerre civile terminée, il effectua plus de quatre-vingts pendaisons en un mois, dont celle d'une femme plus ou moins impliquée dans l'assassinat du président Lincoln. C'est cela qui démolit mon père. Il disait à tout le monde que le spectre de cette femme le poursuivait et qu'il ne pouvait plus dormir. Son fantôme se tenait à côté de son lit, et parbleu, il ne pouvait pas le supporter. Il se mit une corde autour du cou, l'attacha aux montants de l'escalier et se pendit pour échapper à ce fantôme. »

Les citadins commençaient maintenant à déblayer la neige. « La Duchesse » engagea des Indiens pour dégager son bordel et creuser un chemin à travers la ville pour les clients impatients.

Le docteur était rétabli à présent et pilait ses poudres. Je le suivais comme un chien de chasse et portais sa sacoche, confiant dans la promesse qu'il avait faite de faire de moi un chirurgien en moins de six mois. J'observais attentivement la façon dont il examinait les malades, prenait leur température, les auscultait pour déterminer s'ils avaient une congestion pulmonaire et si leur cœur fonctionnait bien. Quand il opérait, j'anesthésiais, et quand il avait terminé, je recousais. Le docteur me félicitait toujours sur mon travail et me prédisait un bel avenir de chirurgien.

Je me souviendrai toujours d'une opération. Nous venions juste de terminer le repas quand Mme Willis se précipita comme une folle en criant que son mari était en train de mourir. Le docteur mit quelques poudres spéciales dans sa sacoche, me la tendit et nous partîmes en hâte.

Willis, étendu sur un divan dans le salon, gémissait. Le docteur lui fit absorber un peu de poudre dans un verre d'eau et commença à l'examiner. Je remarquai qu'il secouait la tête en murmurant : « Ce n'est pas bon! » Il demanda alors à Mme Willis de dégager la grande table, de la recouvrir d'un drap et de déshabiller son mari. A nous trois nous le transportâmes sur la table. Le docteur pria ensuite Mme Willis de quitter la pièce. Il ouvrit sa sacoche, me donna un mouchoir que je nouai devant mon nez et ma bouche puis me tendit le chloroforme et l'entonnoir. Willis se débattit un peu quand je lui administrai la drogue. Lorsqu'il fut profondément endormi, le docteur pratiqua une large incision au niveau de l'estomac, jeta un coup d'œil à l'intérieur puis approcha un portemanteau de la table. A ma grande stupéfaction, il sortit les intestins de l'homme et les accrocha au portemanteau. Je ne l'avais jamais vu faire cela auparavant. Sans doute la bouteille de vin qu'il avait vidée pendant le déjeuner y était-elle pour quelque chose! Il se mit alors à explorer les entrailles et, au bout d'un quart d'heure environ, déclara avoir localisé un calcul. Il mit presque une heure à l'extraire, puis me le montra avec fierté : il avait environ la taille d'un petit pois. Je vis le docteur le glisser dans la poche de son gilet. Tout en répétant ses « *encore!* », il replaça délicatement les intestins et se mit à recoudre l'incision en me laissant comme d'habitude la charge des points de suture. Quand nous eûmes terminé, le docteur fit entrer Mme Willis, sortit le calcul de sa poche et le lui tendit en annonçant : « Voici la cause de tous les maux de votre mari. Il va maintenant dormir sur cette table pendant une semaine avant d'être sur pied. »

L'hiver s'acheva, le chinouk * se leva et les arbres commencèrent à bourgeonner de nouveau.

Peu de temps après, le Dr Echinelle mourut tout seul chez lui. En arrivant à mon travail, je trouvai son corps écroulé sur son bureau. Le devant de sa chemise blanche, fraîchement lavée, était taché de sang. Je crus d'abord qu'on lui avait tiré dessus, mais après un examen plus approfondi, je compris qu'il s'agissait d'une hémoptysie. Cela faisait plusieurs semaines qu'il se plaignait de malaises; pourtant, le voir ainsi étendu me causa un choc. Je ne me l'étais pas imaginé vraiment malade.

De tous ses amis, je pensai que « La Duchesse » avait été la plus proche de lui, et je courus au bordel lui annoncer la mauvaise nouvelle. Elle commença par pleurer puis, prenant sur elle, déclara : « Il lui faut un bel enterrement. Je me charge de tout. »

Le service funèbre eut lieu dans la cour principale de la

* Vend chaud et sec soufflant sur les montagnes Rocheuses. (*N.d.T.*).

maison du docteur. Ce fut plus une veillée qu'une simple cérémonie. Une foule compacte, la moitié de la ville semblait-il, s'y engouffra. Parmi elle, il y avait ceux qui ne l'avaient pas connu et n'étaient venus que par curiosité et quelques autres uniquement attirés par l'alcool. Le cercueil béant, recouvert d'un drapeau français que « La Duchesse » avait déniché on ne sait où, reposait sur des tréteaux au pied des marches du perron. Les « filles » de « La Duchesse », pratiquement méconnaissables avec leurs vêtements sur elles, faisaient flotter leurs jupes à volants, puis elles se mirent en rang derrière elle. Elle prononça un panégyrique (le Dr Echinelle n'ayant jamais cru en Dieu, il n'y avait pas de prêtre). Son débit était haché et sa voix un peu pâteuse, mais son discours me parut bon. « Elle a tout dit! s'écria Scanlon quand elle eut terminé. Le docteur était un brave homme! » Quelque part dans les premiers rangs de la foule, un ivrogne se mit à crier : « Brave, mon cul! N'est-il pas allé ouvrir le ventre de Doolan, alors qu'en fait le pauvre type avait reçu une balle dans la tête! » « Il ne faisait jamais payer ses malades », protesta quelqu'un. « Et comment l'aurait-il pu! lui rétorqua l'ivrogne, ils mouraient tous! »

La découverte que la cave du Dr Echinelle était bien remplie mit fin aux discours. Nutsy et ses amis en revinrent les bras chargés de bouteilles. « Allez-y carrément! cria le vieil homme. C'est pas là-haut qu'il en aura besoin, le toubib! » Des mains avides agrippèrent les bonnes bouteilles de vin et de cognac, les ivrognes devinrent de plus en plus ivres et la veillée funèbre se transforma en fête.

Il fallut à Scanlon une demi-bouteille de whisky Burke pour se rappeler qu'il ne possédait plus de corbillard. Le nouveau n'avait pas encore été livré de Denver et il aurait été peu digne de transporter un personnage aussi respectable que le docteur sur un simple chariot. Il envoya Nutsy atteler les chevaux en vitesse et tous deux s'élancèrent vers la réserve Cree. Le temps que Scanlon revienne, suivi de l'Indien qui conduisait son corbillard branlant, la plupart des buveurs étaient trop gris pour réaliser ce qui se passait autour d'eux.

Quand nous eûmes refermé puis chargé le cercueil, le Cree, toujours vêtu de son pantalon à franges et coiffé de son haut-de-forme, refusa net que quelqu'un d'autre conduisît le corbillard, qui maintenant lui appartenait. Il exigea de Scanlon cinq dollars pour le mener au cimetière. Tant qu'il n'eut pas l'argent en main, il empêcha ses enfants de descendre du corbillard.

Le journal local fit paraître un article de deux colonnes sur les funérailles du Dr Echinelle et publia son éloge dans un éditorial bordé de noir. Lorsque, du haut de la colline, je me retournai, je vis que des gens sortaient encore à flots de la cour de la maison du docteur. Certains suivaient le corbillard en cabriolet, en buggy, d'autres à dos de cheval, mais la plupart suivaient à pied. En comptant les badauds, j'estimai à environ deux cents le nombre de citoyens qui s'étaient déplacés pour la cérémonie. Le Dr Echinelle, malgré tous ses défauts, avait été un homme compréhensif. Je me rappelle m'être dit alors qu'il aurait été fier de l'hommage que lui rendaient les habitants de Butte.

Les prostituées avaient apporté des fleurs et Scanlon les avait disposées sur la terre fraîchement remuée. « La Duchesse » pleurait à chaudes larmes. On dut la reconduire à son cabriolet. Nutsy termina la moitié d'une bouteille de champagne et déclara entre deux gorgées : « Ah! « La Duchesse » n'est peut-être qu'une putain, mais elle a des sanglots qui vous fendent le cœur. »

Quand tout le monde se fut retiré, je m'assis près de la tombe et me mis à réfléchir. Décidément les cimetières me déprimaient. Le souvenir de ma mère devait être encore trop présent à mon esprit et je commençais à en avoir assez de Butte. J'étais toujours plongé dans mes pensées lorsqu'un autre enterrement s'achemina vers le haut de la colline; il y avait peu de monde, rien que des Chinois. Ils s'arrêtèrent près d'une tombe fraîchement creusée à environ cinquante mètres plus loin, descendirent un cercueil somptueusement décoré et le recouvrirent de terre. Puis, suivant la coutume, ils déposèrent sur la tombe de la nourriture : un cochon de lait, du canard laqué, du poulet et toutes sortes de plats chinois que le mort pourrait déguster pendant sa route pour l'autre monde. L'odeur des aliments me montait aux narines et j'étais bien décidé à me servir dès qu'ils tourneraient les talons. Je me levai, lorsque je surpris un mouvement dans les herbes hautes. Les formes furtives d'une demi-douzaine d'Indiens rampaient sur leurs ventres nus vers la tombe comme des serpents bruns. Eux aussi avaient senti la nourriture, et tandis que j'attendais, ils se servirent jusqu'au dernier morceau, puis disparurent. Je me rassis et me frottai l'estomac. Le Chinois décédé arriva au paradis le ventre vide.

La mort du docteur me porta un coup pénible. A sa façon, il s'était montré bon pour moi. Il m'avait appris quelques notions d'anatomie et donné quelques tuyaux pour soigner les malades et les blessés. Butte ne serait plus la même ville maintenant qu'il était mort.

L'une des personnes qui étaient venues à l'enterrement, un cheminot auquel le docteur avait remis une clavicule en place, m'avait dit qu'il comptait filer par le train de marchandises de nuit. Je décidai de partir avec lui. Me remettre à travailler pour Scanlon ne me disait rien. Il me devait toujours ma paye, y compris sept dollars pour les chevaux que je lui avais ramenés. J'avais dans l'idée que je ne recevrais jamais cet argent, alors autant partir pour le Texas. Je pourrais peut-être reprendre mon travail chez Cal Bacon ou me placer chez Ham Cotton. Il ferait plus chaud dans le Sud. Bientôt l'hiver et ses tempêtes allaient recouvrir Butte de neige.

Mais je tenais d'abord à régler son compte à Scanlon pour ne m'avoir pas payé. Lorsque mon regard tomba sur un gros tas de broussailles, je sus ce qu'il me restait à faire. Je dus frotter trois allumettes avant de l'embraser, mais quand les brindilles sèches prirent feu, les flammes jaillirent et éclairèrent les tombes alentour comme en plein jour. Je dévalai la colline, contournant la ville jusqu'au moment où il me fallut la traverser pour gagner le dépôt de trains de marchandises. Sur mon chemin, je prêtai l'oreille à l'agitation grandissante. Les gens couraient dans tous les sens, comme un troupeau affolé.

Une demi-heure après, lorsque du train je regardai la ville s'éloigner, une lueur illuminait le ciel au-dessus du cimetière. Quand mon ami, le cheminot, me demanda comment s'était terminé l'enterrement, je répondis : « La cérémonie n'est pas terminée. »

Monsieur Mañana

Je changeai trois fois de train avant d'arriver à San Antonio. L'avarice de Scanlon m'avait valu de rester pratiquement sans un sou, mais j'aurais préféré me couper une jambe plutôt que demander à mon père de m'envoyer de l'argent. Je lui avais écrit quelques lettres depuis mon départ de Veracruz, en m'efforçant de lui donner l'impression que je faisais fortune. Je me serais méprisé si je n'étais pas arrivé à me débrouiller tout seul.

Le lendemain de mon arrivée, je lus sur une annonce à la poste que le Gouvernement fédéral cherchait à acheter « des chevaux hongres âgés de quatre à six ans, bruns ou bais, de seize paumes environ, parfaitement domptés ». Il demandait également des cavaliers « de premier ordre », capables de maîtriser les chevaux les plus rétifs. Cette annonce provenait du Service d'approvisionnement de la Cavalerie des Etats-Unis. « C'est exactement ce qu'il me faut », pensai-je en me précipitant vers les parcs à bestiaux où se trouvait le bureau de l'agent du Gouvernement. Dès qu'il se rendit compte que je savais monter à cheval et que j'étais prêt à travailler, il m'engagea. En plus d'être « nourri-logé », je devais toucher cinquante *cents* pour chaque cheval que je réussirais à mater. Je me méfiais un peu du « nourri-logé » après mon expérience des haricots et du bacon rance de Zack, mais « Oncle Sam » se révéla être un patron plus généreux que le propriétaire du troupeau. J'accompagnais les inspecteurs du Gouvernement quand ils faisaient la tournée des ranchs où il y avait des chevaux à vendre; nous prenions nos repas ensemble et nous dormions dans les mêmes hôtels, une fois la journée de travail terminée. Je m'arrangeai pour feuilleter quelques-uns de leurs manuels et en appris long sur les particularités des chevaux et sur leurs différentes maladies. Lorsque nous travaillions chez eux, nous étions nourris par les ranchers et leurs biftecks étaient toujours de première qualité, si bien que j'en étais venu à me demander s'ils ne nous servaient pas ces excellents repas dans le seul but de nous faire acheter leurs chevaux à un prix plus élevé. Mais ce n'était pas mon affaire! Je gagnais bien ma vie : environ trois dollars par jour, ce qui, à l'époque, représentait une belle somme pour un cowboy.

C'était un travail routinier, mais il ne m'ennuyait pas, car en ce temps-là, il me suffisait d'être sur un cheval pour être heureux. Nous nous rendions en *buck-boards* * chez les propriétaires de ranchs auxquels on avait demandé de tenir leurs chevaux prêts pour l'inspection. Les acheteurs prenaient exprès un temps fou pour examiner les bêtes et faire leur choix, espérant ainsi faire baisser les prix. Une bonne monture coûtait à peu près quarante dollars. Je devais monter et mater les chevaux les moins dociles jusqu'à ce que les hommes du Gouvernement se déclarassent satisfaits. Mon plus bel exploit fut d'en monter seize en une seule journée, ce qui me valut la petite fortune de huit dollars.

A Kerrville, dans l'un des ranchs des environs, je montais un mauvais cheval roux quand soudain il se mit à ruer et tomba en arrière avant que j'eusse le temps de sauter de ma selle. Je me sortis de cette chute avec le genou droit esquinté. Ma jambe enfla à tel point que je ne pouvais plus la plier et on me reconduisit en ville pour des soins d'urgence. Puis je fus embarqué sur un train en direction de San Antonio, où je fus hospitalisé. Pendant cette période d'inactivité forcée, je souffris surtout de ne pas être payé et de n'avoir pour infirmières qu'une bande de laiderons. Je trouvais que celui qui embauchait aurait pu au moins en choisir une ou deux qui fussent jolies.

Je sortis de l'hôpital avec un bandage autour de mon genou en voie de guérison et l'ordre de ne pas mettre le pied par terre avant plusieurs jours. Dans la rue, à quelques pas de là, se trouvait un hôtel bon marché où j'entrai pour demander une chambre. Je venais de signer le registre et attendais ma clef lorsqu'une petite procession, conduite par un gros homme qui portait l'insigne de shérif, descendit les escaliers; suivaient

* Chariot composé d'une longue planche montée sur quatre roues. (*N.d.T.*).

un jeune homme qui griffonnait sur un bloc-notes et un autre, un appareil photo sur l'épaule; venait enfin un brancard sur lequel était étendue une forme inerte recouverte d'un drap. Aux longs cheveux qui en dépassaient, je devinai que c'était une femme. Quand je demandai au shérif ce qui était arrivé, il fit passer son cigare d'un coin de sa bouche à l'autre et grommela : « C'est un suicide. Elle s'est ouvert les veines. »

Le réceptionniste me dit en s'excusant : « Il ne me reste de libre que la chambre qu'elle occupait. Cela vous ennuierait-il de la prendre? »

« Je prendrais n'importe quoi pourvu qu'il y ait un lit », lui répondis-je. Il parut soulagé.

Après avoir péniblement gravi les escaliers, je trouvai la porte de la chambre ouverte et une femme de chambre mexicaine en train de passer la serpillière. Il y avait beaucoup de sang mais cela ne me gênait pas. J'en avais vu d'autres quand je travaillais avec Echinelle. J'avais seulement hâte d'allonger ma jambe qui me pesait.

Je m'assis sur une chaise et regardai la femme de chambre changer la literie tachée de sang. Quand elle eut terminé, elle ramassa un objet sur le sol et le posa sur la commode. C'était une petite clef, et en tendant le bras pour m'en saisir, je pensai à notre grenier où nous entreposions les malles et me souvins que ma mère en ouvrait une avec une clef semblable. Lorsque la femme de chambre se retira, je fis sauter la clef dans ma main : elle m'intriguait. Puis, envoyant tout au diable, j'allai m'allonger. Cependant, cette clef continuait à m'obséder. Elle devait certainement ouvrir une serrure. Mais laquelle?

Je me levai, et tandis que je me lavais la figure, j'eus une idée lumineuse. Dans le hall, j'avais entendu le shérif dire que la fille était une cliente de passage que personne ne connaissait. Il se pouvait, pensai-je, qu'elle fût venue par le train. Sa malle attendait peut-être à la consigne que quelqu'un vînt la réclamer. Cela valait la peine d'aller faire mon enquête.

Le journal avait paru pendant que je dormais. J'en achetai un exemplaire en sortant de l'hôtel. La photo de la morte figurait en première page. A la consigne, l'employé, après avoir examiné ma clef, se dirigea vers une pile de bagages parmi lesquels se trouvaient deux malles de voyage. La clef entra dans la serrure de la seconde. Il souleva le dessus et nous regardâmes à l'intérieur. Mon intuition fut récompensée! Sous quelques vêtements pliés et une paire de bottines à lacets usés se trouvaient des lettres. Une photo dans l'une des enveloppes correspondait à celle du journal. « C'est elle, c'est certain! » s'exclama l'employé en hochant la tête. Puis il me donna une tape dans le dos et me dit : « Vous en avez de la chance! » Quand je lui demandai ce qu'il voulait dire par là, il se mit à rire. « Lisez donc ce que dit le canard! » Ce ne fut qu'alors que je vis que le directeur du journal offrait une prime de cent dollars à celui qui identifierait la morte.

L'employé traversa la rue et appela le shérif, qui ordonna à ses adjoints de porter la malle dans son bureau. M'étant déjà frotté à des shérifs, je ne fus pas étonné lorsqu'il me demanda d'un air accusateur, tout en mâchonnant son cigare : « Où étiez-vous hier soir? »

Moi. — A l'hôpital.

Le shérif. — Vous avez des témoins?

Moi. — Environ quatorze infirmières imbaisables et deux médecins.

Il me passa au gril pendant dix minutes encore puis me laissa partir. Au journal, ils me payèrent dès que je leur racontai mon histoire. Le matin suivant, je pensai qu'il serait plus juste de donner une partie de la récompense à la femme de chambre. Après tout, c'était elle qui avait trouvé la clef. Quand je lui tendis dix dollars, elle commença à se déshabiller. « Non, non! » protestai-je. Puis comme je ne trouvais pas autre chose à dire, je lâchai maladroitement : « *Mañana!* ». Après cet incident, partout où j'allais, j'étais connu comme M. Mañana.

Deux jours plus tard, je me laissais vivre, assis sous le porche de l'hôtel, ma jambe valide appuyée sur la rambarde, quand un homme, visiblement un citadin, monta les marches et me dévisagea des pieds à la tête. J'ignorais que ce personnage, en gilet écossais, allait changer mon destin. Ce jour-là, quand Sid Green me remarqua et me choisit, une page de ma vie fut tournée et j'en abordai une nouvelle. J'entrevis un avenir que je n'aurais jamais soupçonné jusque-là.

Green. — Tu cherches du travail, cowboy?

Moi. — Quel genre de travail?

Green. — Monter à cheval.

Moi. — Je ne fais que ça.

Green. — Tu es engagé. Sois au théâtre à sept heures.

C'est ainsi que je me retrouvai à huit heures, ce soir-là, en train de faire trotter un cheval sur un manège à plan incliné qu'une corde, attachée à un treuil dans les coulisses, tirait d'un bout à l'autre de la scène. Moi, le dompteur de chevaux sauvages, le roi des dresseurs de chevaux d' « Oncle Sam », l'homme qui n'avait jamais fui devant les plus redoutables hors-la-loi, voilà que je montais un vieux canasson de cirque, recouvert d'un drap fendu à la hauteur des yeux et dévoré par les mouches. J'étais moi-même revêtu d'un drap, mais j'étais en outre doté d'une cagoule pointue et je brandissais une croix enflammée. Je crois que je pris la décision d'accepter ce travail quand Green, à qui appartenait le cheval et le harnachement, me raconta comment le dernier cavalier avait été projeté de son cheval dans la fosse d'orchestre. J'avais eu ma part de chutes, mais je n'avais encore jamais atterri sur une grosse caisse! Cela recommençait : l'éternelle histoire de l'homme face au défi.

Le spectacle, intitulé *The Clansman* *, allait inspirer sept ans plus tard un très grand film. Mon rôle consistait à brandir la croix enflammée, en typique adhérent du Ku Klux Klan. George Center, l'acteur-vedette, avec lequel je m'étais lié d'amitié, m'incita à apprendre tous les autres rôles de la pièce. Je suivis son conseil, tout excité à l'idée qu'un jour je ne serais plus un simple figurant à cheval, mais me ferais respecter par la nation entière, tout comme l'ami de mon père, Edwin Booth. Malheureusement pour moi, j'eus beau veiller tard à lire les textes, attendant que la célébrité vienne frapper à ma porte, personne parmi les acteurs ne fut jamais ivre ni malade. J'aurais sans doute été moins découragé si j'avais su que mon tour viendrait au moment opportun. En attendant, pour cinq dollars de plus, je jouais du lasso devant le théâtre tandis que Jack Stern, le trésorier, criait dans un mégaphone : « Venez voir ce cowboy monter un cheval sauvage! »

Comme beaucoup de gens de ma connaissance, dès que j'avais de l'argent en poche, je devenais aussi libre que le vent.

* Livre de Thomas Dixon, qui allait inspirer le célèbre film de D. W. Griffith : *Naissance d'une Nation*. (*N.d.T.*).

Le jour où la compagnie boucla sa tournée à Saint-Louis, je disposais encore de la presque totalité des 100 dollars de récompense, plus ce qui subsistait de mon salaire de 30 dollars par semaine. Mon ami Center m'annonça alors son intention d'aller à New York faire le tour des agences d'acteurs de théâtre.

« Tu devrais m'accompagner, me dit-il de sa voix la plus théâtrale. Tu as l'étoffe d'un acteur. Je te présenterai à quelques personnages influents que je connais. » J'avais envie de revoir mon père, George et mes sœurs. Cela me parut l'occasion de nous retrouver tous ensemble et de mettre mon « grand talent » à l'épreuve. Nous prîmes des billets de car et arrivâmes à New York à la fin d'une matinée de printemps.

A Manhattan, George descendait toujours au vieil Albany Hotel, un repaire d'acteurs, qui lui coûtait 75 dollars par jour. Nous prîmes chacun une chambre et le réceptionniste me jeta un regard inquiet en voyant mes vieux vêtements de travail et ma valise minable. Il eût été encore plus troublé s'il avait su qu'en plus de mes *chaps* de cowboy, de ma chemise de rechange et de trois cordes de chanvre toutes neuves, ma valise contenait un pistolet chargé. J'avais acheté les cordes à San Antonio et payé un homme à Saint-Louis pour qu'il me les trempe et me les détende. Je comptais montrer aussitôt que possible à ma famille quel sacré rabatteur de vaches j'étais devenu.

Je commençai tout d'abord par m'acheter un costume dans l'un des magasins Rogers Peet. Le vendeur me dit qu'il connaissait mon père, ce qui ne l'empêcha pas d'essayer de me vendre la boutique, y compris une douzaine de chemises dernière mode et un chapeau mou. Il voulut à tout prix me faire acheter une canne, mais je mis le holà. Il me semblait qu'un cavalier du Ku Klux Klan en chômage et une canne à pommeau n'allaient pas bien ensemble. A la pensée de ce que Nutsy Milligan aurait certainement trouvé à dire devant mon allure endimanchée, je me retins d'acheter des chaussures. Mes bottes faites main juraient un peu avec l'élégance de mon costume. Quand je rentrai finalement à l'hôtel, George Center m'examina attentivement.

« Je crois bien que tu viens d'inventer un nouveau style, me dit-il. Tu ne t'en doutes probablement pas, mais tu donnes là au public l'image d'un riche rancher tel qu'il rêve de le voir. » J'acquiesçai mollement puis refis ma valise, pris le métro aérien pour les quartiers résidentiels et marchai à pied jusqu'à la rivière.

La vue de la demeure me ramena aux jours anciens où je pique-niquais avec Virginia O'Hanlon et où j'écoutais ma mère chanter tandis qu'elle s'activait dans la grande maison. La plupart des souvenirs sont, au mieux, mélancoliques et je ne fus pas aussi heureux que je m'y attendais en remontant l'allée. Quand Bridget O'Connel ouvrit la porte et qu'elle me vit, elle fit un bond en arrière : « Dieu du ciel! C'est Beau Brummel en chair et en os! s'écria-t-elle, le souffle coupé. Ton père est dans son bureau. Ne reste pas planté là comme un idiot! » Mes sœurs se précipitèrent pour m'embrasser et George, marquant du doigt la page du livre qu'il était en train de lire, m'examina avec un sourire moqueur. Il vit mes bottes et me demanda hardiment : « Où est ton cheval? »

Mon père paraissait aussi gaillard et bien portant que lorsque j'étais parti. Il se leva de sa chaise et me serra la main, ce qu'il n'avait jamais fait auparavant. « Tu as grandi », constata-t-il en reculant de quelques pas pour mieux me regarder. Je lui annonçai fièrement que j'étais acteur, que je jouais le rôle du chef du Ku Klux Klan et que je galopais à cheval sur la scène en portant une croix enflammée. Mon père me dit : « Tu ne devrais pas être fier d'endosser le rôle d'un infâme fanatique qui dirige un mouvement anticatholique, antijuif et antinoir. Mais aussi sûr qu'il y a un Dieu là-haut, ces revendeurs de haine disparaîtront un jour comme les feuilles qui tombent des arbres en automne. »

Au dîner, ainsi que je m'y attendais, on servit le plat préféré de mon père, des côtelettes, du Yorkshire pudding et tous les accompagnements. Je m'attendais à ce que la famille me posât des questions sur mes voyages et je réalisai que je devrais surveiller mon langage, maintenant que je parlais et jurais comme un cowboy du Texas. Tout en dînant, je leur racontai les déboires d'Oncle Matthew avec son bateau et mon voyage de Veracruz au Texas en passant sous silence, bien sûr, l'histoire de Maria. Puis je leur décrivis mon voyage et mes expériences dans le Montana et leur dis comment j'avais finalement atterri à San Antonio chevauchant un cheval sur la scène dans *The Clansman.*

C'était bon de se retrouver chez soi et de dormir en haut,

dans mon grand lit. Enfant, je buvais toujours un très grand verre de lait accompagné d'une quantité de biscuits au gingembre. Ma sœur Elizabeth, apparemment, s'en souvenait, car cette nuit-là elle entra dans ma chambre avec le lait et les gâteaux. Puis elle s'assit et me demanda : « Dans toutes ces aventures que tu as traversées, tu n'as jamais eu d'ennuis? »

« Si, je suis tombé amoureux », lui répondis-je. Je lui confiai alors l'histoire de Maria et le quiproquo qui était survenu à la frontière. Elle écouta en silence puis me demanda : « Si tu étais tellement amoureux, tu as dû lui écrire? » Je lui dis que j'avais envoyé plusieurs lettres à Maria du Texas et du Montana, mais que je n'avais jamais eu de réponse. J'écrivis au vieux prêtre du village de Santa Ynez. Il me répondit que Maria avait épousé Dieu et qu'elle était maintenant religieuse au couvent du Sacré-Cœur.

Le lendemain matin, je sortis mes cordes et leur montrai ce que le grand Ramirez m'avait enseigné. Je sautai à travers les boucles, leur donnai une démonstration de lasso et fis tout mon numéro. Ils applaudirent, mais je savais qu'ils pensaient qu'ils auraient pu aussi bien voir cela dans un spectacle de Buffalo Bill. Pour eux j'étais l'enfant prodigue qui était parti et revenu avec quelques tours folkloriques dans son sac et la langue bien pendue. Je les priai de m'excuser, leur disant que je voulais faire le tour de la ville que je n'avais pas revue depuis mon embarquement avec Oncle Matthew. Je leur avais déjà demandé de ses nouvelles : il était en mer.

George Center m'attendait en face de l'hôtel Astor et nous décidâmes de faire le tour des agences. Nous laissâmes nos noms dans quelques-unes d'entre elles, mais il y avait très peu d'offres ce jour-là. Nous ne décrochâmes absolument rien, bien que George mentît comme un homme du monde et fît croire à tous qu'en plus de monter le vieux canasson, une croix enflammée à la main, j'avais joué deux autres rôles dans le spectacle. Ce ne fut que lorsque nous tentâmes notre chance chez William Gregory que je trouvai un filon. La secrétaire, à laquelle j'avais répondu que je savais monter à cheval, me demanda alors si j'avais quelque objection à travailler dans le cinéma. Quand je lui répondis que non, elle me tendit une carte : « Essayez les Pathé Brothers, je crois qu'ils pourraient avoir quelque chose pour vous. » Elle voulut persuader George d'y aller avec moi mais celui-ci secoua résolument la tête. Comme la plupart des acteurs de cette époque, il méprisait le cinéma et ne voulait rien avoir à faire avec cette nouvelle forme de spectacle.

Comme j'étais tout nouveau dans le métier, j'ignorais absolument qui pouvaient bien être ces Pathé Brothers. Le seul film que j'avais vu était *Le Vol du Grand Rapide* * dans un nickelodeon ** de Broadway avant la mort de ma mère en 1903. J'appris que le studio Pathé était situé de l'autre côté de l'Hudson à Union Hill, dans Jersey City. Je devais donc prendre le ferry. Arrivé là-bas, je fus interviewé et on me pria d'être là à huit heures le lendemain matin. « Et surtout, venez dans la même tenue », me recommanda-t-on.

De retour à l'hôtel, lorsque j'appris à Center que j'étais engagé, il me félicita. « Tu as de la chance », me dit-il. Tu as tout de suite trouvé du travail. Moi, demain, il va falloir que je me remette à courir les agences. »

« Je ne crois pas que ce soit moi qu'ils ont choisi, lui avouai-je. Je crois que c'est plutôt mon costume! »

* *The Great Train Robbery*, film réalisé en 1903 par Edwin S. Porter. (*N.d.T.*).
** Cinéma bon marché à 5 cents (un nickel). (*N.d.T.*).

*Magnifique!**

QUAND, le lendemain matin de bonne heure, je me présentai au studio sur la Union Hill, je m'attendais à ce que l'on me donnât un cheval, mais je n'en vis pas. Je portais toujours mes bottes faites-main et, à la boutonnière, un gardénia que j'avais cueilli en me rendant au ferry. J'avais également apporté deux de mes cordes au cas où j'en aurais besoin. J'avais l'allure d'un être hybride, tenant en quelque sorte le milieu entre un clochard et un banquier.

Ils me mirent sous le nez un contrat pour trois films et je signai. Puis le metteur en scène, un Français nommé Emile Couteau, me dit d'aller me maquiller. Je n'avais aucune idée de ce qu'il voulait dire, jusqu'à ce que l'un des acteurs se chargeât de moi et me montrât ce que je devais faire. C'est ainsi que je reçus mon « baptême de maquillage » et que j'eus le sentiment d'être devenu à la fois un Indien et un idiot.

Dans ce premier film, il n'y avait même pas un poney shetlandais. Il s'intitulait *The Banker's Daughter* et j'y jouais un employé de banque amoureux de la fille unique du directeur. Le rôle de celle-ci était tenu par Dolly Larkin, une ex-reine du burlesque qui aimait donner des baisers interminables et goulus. L'intrigue aurait dégoûté un élève de sixième. Un dénommé Sid Carter, caissier, également amoureux de l'héroïne, détournait une somme d'argent considérable et — vous l'avez deviné — faisait retomber la faute sur moi. Mon amie se trouvait à la banque quand la police arrivait pour m'arrêter, et c'étaient alors sanglots et contorsions de rigueur, tandis que son père débitait une tirade magistrale sur la rançon du péché. Le portier me tirait d'affaire; il avait vu le caissier opérer. Empoignade... on passait les menottes au méchant... l'héroïne

* En français dans le texte.

se jetait à mon cou, m'embrassait et me fourrait sa langue jusqu'au fond de la gorge.

A la fin de cette première journée de travail, Dolly Larkin me félicita pour mes débuts au cinéma et m'invita à venir chez elle, dans son appartement qui se trouvait juste à côté du studio, se vantant d'être une excellente cuisinière.

Son appartement, petit mais confortable, se composait d'un salon, d'une cuisine et d'une salle de bains. Mon hôtesse m'avait promis qu'elle me préparerait un plat de spaghettis comme je n'en avais jamais goûté. Tout en faisant la cuisine, Dolly se servit deux bonnes rasades de bourbon. Quand finalement elle déposa devant moi l'énorme plat de spaghettis, elle ouvrit une boîte de sauce tomate qu'elle versa sur ce festin de roi! Elle sirotait encore son bourbon quand nous nous assîmes pour bavarder.

Dolly me raconta qu'elle avait joué dans les variétés pendant trois ans et que c'était là qu'elle avait acquis son « bagage d'art dramatique ». Puis elle travailla dans un cirque et là, elle n'eut pas la vie facile. « J'ai dû embobiner toute l'équipe pour devenir première acrobate », m'avoua-t-elle. « Je terminais le spectacle en faisant la roue autour de la piste tandis que l'orchestre jouait " Dixie ". Je tenais à cet air parce que je suis née à Atlanta. J'étais montée en tête d'affiche comme acrobate-vedette. » Acrobate, elle l'était certainement! C'est ce que je devais découvrir plus tard dans sa chambre.

Le second film, *A Mother's Love,* était un effroyable mélo. J'étais le fils d'une veuve pauvre mais honnête; une mauvaise bande de copains me dévoyait et j'étais finalement surpris en train de détrousser un vieil homme que j'avais assommé dans une ruelle. Condamné à cinq ans de travaux forcés, je me retrouvais en taule. La première année, ma mère éplorée, ma sœur et — une fois de plus — ma bien-aimée, Dolly Larkin, me rendaient visite. La seconde année, seules venaient ma mère et ma sœur, et la troisième année rien que ma sœur. Elle m'apprenait que ma pauvre mère était malade et je décidais de m'évader pour me rendre à son chevet. J'ai oublié comment je réussissais à m'échapper, mais la fin inattendue du film est encore claire et nette dans mon esprit. J'étais en dehors des murs de la prison et je courrais, poursuivi par les gardiens. J'atteignais un terrain vague, ils ouvraient le feu et je tombais comme on me l'avait demandé. Jusque-là pas de problème. Le film devait se terminer sur cette scène pathétique. Mais le prêtre qui accourut au moment où je tombai ne figurait pas dans le scénario. Le bon Père n'avait pas vu la caméra et il croyait que j'avais été abattu pour de bon.

Couteau s'approcha tandis que le prêtre me retournait sur le dos pour voir à quel endroit j'avais été blessé. L'anglais du metteur en scène était lamentable mais suffisamment compréhensible pour qu'il arriva à persuader le prêtre de me donner l'absolution. « Mais je vous en prie, dépêchez-vous, il me reste très peu de pellicule! » Mon âme arriva probablement au ciel pure et immaculée et tout le monde fut content, y compris le prêtre.

Après le tournage de *A Mother's Love* à Brooklyn, nous retournâmes aux prairies de Fort Lee à Jersey, là où nous avions filmé *The Banker's Daughter*. C'était un endroit inspirant, plein d'évocations du passé, parsemé de fermes et de murets datant des années 1700. La Biograph et d'autres compagnies de cinéma vinrent souvent y tourner en même temps que nous. Le ferry de la 125e Rue permettait un transport bon marché et commode.

Non seulement mon troisième film me remit sur un cheval, mais il me délivra de la langue experte de Dolly Larkin. Durant le tournage de *A Mother's Love,* j'osais à peine manger quand nous devions jouer ensemble des scènes d'amour! Ce ne fut qu'après m'être plaint de n'avoir vu jusqu'ici de chevaux que dans les champs, alors que j'avais été engagé comme cavalier, que l'on décida de tourner *Paul Revere's Ride*. Couteau contacta le scénariste français qui lui dit : « Alors, je vais vous écrire une histoire avec des chevaux. Je placerai des enfants dans un chariot, les chevaux s'enfuiront et toi, tu sauteras sur le tien... — il se mit lui-même à bondir — tu prendras ton lasso et tu rattraperas les fuyards avant que les enfants passent pardessus la falaise. »

« C'est de la connerie! le coupai-je. Vous n'avez même pas un cheval assez rapide pour rattraper une pute unijambiste à béquilles et vous le savez parfaitement. »

« Dans ce cas, j'écrirai une autre histoire sur le célèbre — comment dites-vous? — jockey américain, Paul Revere. »

Il l'écrivit effectivement, et là-dessus, je galopai dans tous les sens, gueulant « Les Anglais arrivent! » et poussant des cris de cowboy et d'Indien pour faire plus réaliste. Avant de me donner le rôle, Couteau s'assura que je savais me débrouiller avec un cheval. Après que je l'eus attrapé au lasso et traîné sur environ un mètre, le réalisateur se releva, secoua sa veste pleine de poussière et hocha la tête. C'était peut-être pour prendre sa revanche qu'il me fit galoper entre des rails de tramway. L'acier était glissant et nous dérapâmes plusieurs fois. Je ne ratai pas alors l'occasion de lui rappeler que les tramways n'existaient pas en 1775, et il me remit à ma place en hurlant : « Qui est-ce qui met ces films en scène? Toi ou moi? » « Vous, lui répondis-je, mais c'est moi qui monte à cheval. » Je me dis soudain que si cet homme réussissait à plaire au public avec ses niaiseries, je pourrais peut-être, moi aussi, mettre un jour un film en scène!

Couteau me fit chevaucher dans la campagne, sauter par-dessus les fossés et les murets pour ameuter les fermiers isolés. Dans la dernière séquence, je galopais à travers un cimetière. Mon cheval sautait bien, mais quand je le plaçai devant les pierres tombales, il en frôla quelques-unes et les renversa. Le shérif apparut au moment où Benjamin Franklin et John Adams me tapaient sur l'épaule en me félicitant d'être un patriote courageux. Le shérif arrêta tout le monde et Pathé dut payer une amende de 25 dollars pour tapage et dommages, et remplacer les pierres tombales. Le film s'achevait sur l'habituelle étreinte amoureuse dont le public de l'époque était friand. Ma dulcinée, froissée que ma chevauchée l'eût privée d'aller à un bal, me pardonnait finalement et fondait dans mes bras en m'appelant son héros.

Le film suivant que devait produire Pathé ne fut jamais tourné. Ce devait être un film d'une bobine et l'intrigue était simple : l'action se déroulait sur un lac, dans un bateau; le méchant devait jeter l'héroïne par-dessus bord et le héros (moi) devait plonger à sa rescousse. Le soleil luttait contre les nuages et il allait sans doute pleuvoir, mais Couteau était pressé. Le cameraman se plaça sur la berge et le méchant, l'héroïne à ses côtés, rama pour éloigner le bateau à cinquante mètres du bord. Puis il rentra les avirons et ils commencèrent à se disputer. J'entrai en scène au moment où il l'empoignait. Dès qu'elle tomba à l'eau, je plongeai tout habillé pour la secourir. Elle se débattait et haletait, comme il se doit, car elle était supposée être presque noyée. Quand je la tirai sur le rivage, j'entendis jurer en français tant que ça pouvait du côté de la caméra. Je finis par comprendre qu'ils avaient oublié d'emporter les magasins et que la caméra avait tourné à vide. Pour couronner le tout, il se mit à tomber des cordes, notre camion tomba en panne et nous dûmes rentrer à pied sous la pluie.

A côté de Fort Lee se trouvait l'auberge Chez Oliver qu'on prétendait dater d'avant la Révolution. Les gens de cinéma la fréquentaient volontiers, non seulement à cause de la nourriture bon marché et du service agréable, mais aussi parce que c'était un endroit commode pour se reposer en attendant que le soleil brillât. A cette époque, la lumière du soleil était notre seul moyen d'éclairage. Pas de soleil, pas de film. Je n'ai jamais rencontré un metteur en scène qui n'ait pas détesté les nuages.

Christy Cabanne était un homme doué dans tous les domaines. Il avait été un bon acteur, il avait réussi à devenir un bon metteur en scène, et il fut pour moi un très bon ami. Quand je le rencontrai, il travaillait comme réalisateur pour la Biograph.

Notre rencontre eut lieu un jour que je jouais du lasso en face de Chez Oliver, alors que le tournage avait été interrompu en raison des nuages. Quelques personnes me regardaient et je ne remarquai l'homme aux yeux perçants, coiffé d'un chapeau et portant une veste en tweed, que lorsqu'il m'adressa la parole : « Je n'ai jamais vu manier aussi bien le lasso! » Son ton indiquait, me sembla-t-il, un intérêt sincère. « Où avez-vous appris cela? » me demanda-t-il.

J'étais doué et je le savais, mais il y avait quelque chose dans la manière dont il m'avait complimenté qui me fit plaisir. Je m'arrêtai assez longtemps pour lui parler un peu de mon ami Ramirez et de mon expérience de cowboy au Texas. Il se présenta alors et me proposa de déjeuner. Lorsque nous entrâmes dans l'auberge, il me dit qu'il avait vu la séance du cimetière. « Ça, on peut dire que vous vous y connaissez en chevaux! me félicita-t-il. Dommage que le shérif s'en soit mêlé. »

Il résulta de cette rencontre une proposition de travail : « J'ai du travail pour un homme comme vous. Où en êtes-vous avec Pathé? »

« *Revere* était mon dernier film. » Je ne jugeai pas nécessaire de mentionner celui qui ne fut jamais tourné. « Ils ont peut-être quelque chose d'autre pour moi en vue. Je ne sais pas », ajoutai-je.

« Bon. Ne signez pas de nouveau contrat. Et considérez-vous comme engagé. D'accord? » me dit-il.

J'avais vu deux films de la Biograph. Ils n'étaient pas aussi épouvantables et rasoirs que ceux de Pathé. Leur mise en scène et le jeu de leurs acteurs semblaient supérieurs à tout ce que j'avais pu voir jusqu'ici.

En me quittant, il me dit de me présenter le lendemain au studio Biograph, sur la 14e Rue. Je fis le point, un peu vaniteux et satisfait de la façon dont les choses tournaient. Il y avait à peine quelques semaines, je faisais un travail ingrat et routinier et me sentais devenir plus bête chaque nuit. A présent j'étais un acteur accompli et j'avais joué en vedette dans trois films, si mauvais fussent-ils. Quand je rentrai chez moi ce soir-là et que mon père me demanda ce que j'avais fait de ma journée, je marmonnai quelques propos ineptes, parce que j'avais la tête pleine de rêves.

Cabanne me mit au travail sur-le-champ et je jouai dans quelques films d'une ou deux bobines dont plusieurs avec Blanche Sweet, Dorothy et Lillian Gish en vedette. Dans l'un d'entre eux, j'étais reporter. Mon rôle était si mince que je vis le film deux fois pour être bien sûr que j'y figurais. Il y avait une autre très jolie fille en vedette. Je lui demandai son nom. C'était Mary Pickford.

Dans un autre film de deux bobines où je jouais, Lionel Barrymore tenait le premier rôle. M. Barrymore fit tomber les barrières entre le théâtre régulier et le cinéma. Avant lui, pas un acteur de théâtre n'aurait voulu se trouver dans un film, même une fois mort. Il ouvrit la voie et beaucoup d'autres grands noms suivirent son exemple : H. B. Walthall, George Siegman et Donald Crisp, par exemple, furent dirigés par Cabanne à la Biograph.

Un jour, je tournai en rond dans le studio, l'air maussade, déçu de n'avoir pas joué autant que je l'avais espéré. J'avais presque décidé de laisser tomber le métier et de rejoindre

Ramirez au cirque quand Cabanne me présenta D. W. Griffith, le premier metteur en scène de la compagnie. « Il se passe des choses, me dit Cabanne après la rencontre. M. Griffith quitte la Biograph pour monter sa propre compagnie. Cela s'appellera les Studios Fine Arts et nous allons nous installer sur la côte du Pacifique. Garde cela pour toi. » En partant, il se retourna et ajouta : « A propos, j'y pense, ton nom est sur la liste. »

Le destin emprunte des chemins détournés. Un jour de plus et j'aurais pu me mettre en route vers le Sud, pour Veracruz et le Mexique ensoleillé.

On disait que Mme Smith, la mère de Mary Pickford, était la femme la plus maligne de l'industrie cinématographique. C'était elle qui avait persuadé Griffith d'emmener son fils Jack et Lottie, sa fille aînée, en Californie. Elle avait retiré Mary de la Biograph et négociait ses nouveaux contrats. Elle fut le premier agent d'acteurs à faire enrager les producteurs de Hollywood.

J'avais rencontré Jack Pickford, qui avait alors quinze ans. C'était un beau garçon. Il avait tout pour réussir comme acteur — le physique, la personnalité, le talent et cette espèce de faculté de communion avec le public. Son seul désavantage était l'un de ceux auxquels il ne pouvait rien. Il mesurait moins de 1,60 mètre. Chez sa sœur Mary, cette petitesse était charmante et convenait aux rôles qu'on lui donnait. Chez son frère, c'était une catastrophe. A cette époque, pas un metteur en scène n'aurait donné à un homme petit le rôle vedette. Jack et moi nous entendions bien. Mes tours de lasso le fascinaient toujours. Il m'invita chez lui pour me présenter à sa famille et quand sa mère sut que je partais pour l'Ouest, elle me pria instamment de veiller sur son fils. « C'est un brave garçon, mais il a tendance parfois à faire des bêtises », me dit-elle. Mary se mêla à la conversation en me disant combien Jack m'admirait.

« Il vous considère comme son frère aîné », et la future idole de l'Amérique ajouta : « Prenez soin de lui, s'il vous plaît. » Mary venait de signer un contrat pour la Famous Players, mais sa mère et elle ne devaient arriver que plus tard en Californie. Elle mit ses bras autour de mon cou et m'embrassa : « Vous êtes mon grand frère à moi aussi. » Par la suite, chaque fois que nous nous rencontrâmes, elle jeta ses bras autour de mon cou en me demandant : « Comment va mon grand frère aujourd'hui? » Des années plus tard, quand je perdis mon œil droit dans l'Utah, Mary fut une des premières personnes à me téléphoner et elle voulut envoyer son propre médecin à Salt Lake City.

Lorsque la compagnie fut rassemblée à Grand Central Station pour prendre le train pour la Côte Ouest, nous ressemblions à des passagers de l'arche de Noé. En plus de Griffith et de son directeur de studio, Frank Woods, il y avait trois metteurs en scène dont Christy Cabanne, et Billy Bitzer, le cameraman, qui avait tant « innové » à l'écran aux côtés de Griffith. La troupe d'acteurs et d'actrices, de comédiens et d'adolescents, comprenait entre autres les sœurs Gish, Walthall et Donald Crisp. Toute cette équipe, y compris Jack, Lottie Pickford et moi-même, plus une petite armée de techniciens et de machinistes : telle était la force de travail rassemblée pour envahir la Californie et parrainer la naissance de cet enfant nommé Hollywood.

La naissance de Hollywood

Les membres de l'équipe de Griffith, qui étaient déjà sur place depuis quelque temps, avaient construit un grand plateau en plein air, au croisement de Vermont et de Sunset Boulevard, à Hollywood. Cette scène était composée d'accessoires mobiles, de toiles de fond comme au théâtre. Des écrans diffuseurs contrôlaient et répartissaient la lumière solaire. Les réflecteurs, mal nécessaire, blessaient les yeux des acteurs. Ceux-ci s'en plaignaient souvent, mais malheureusement les cameramen ne pouvaient s'en passer, ayant besoin de toute la lumière disponible. Les lampes Kliegs, qui furent inventées ultérieurement, ne furent guère plus supportables avec leur lumière aveuglante et leur chaleur, mais au moins on pouvait les filtrer. La seule façon de filtrer un miroir était de le recouvrir d'une gaze légère. Tel fut le premier studio de la Fine Arts : aucun plateau intérieur, des estrades sans toit encombrées de tout l'attirail de la mise en scène à ses débuts.

Le premier jour, Griffith nous réunit et Frank Woods, s'avançant au milieu de la scène, nous fit un discours. Il nous pria de nous rappeler que les habitants de la Californie n'étaient pas encore habitués au cinéma et à ses acteurs. « J'espère que vous vous comporterez comme des gens du monde maintenant que vous avez laissé vos jurons et vos coups de gueule à New York. » Il nous remercia de l'avoir écouté; nous applaudîmes, puis quelques membres de l'équipe partirent aussitôt se saouler. Mais nous vécûmes en assez bons termes avec les gens du pays. Aussi longtemps que j'ai travaillé pour la Fine Arts, je ne me souviens pas d'un seul accrochage avec les habitants. Evidemment, nous évitions de faire des courses d'obstacles à travers les cimetières et, d'une façon générale, d'embêter les gens. Une fois qu'ils se furent habitués à voir une bande d'étrangers en pantalons et coiffés de casquettes posées de travers manœuvrer des caméras et hurler dans des mégaphones, nous fûmes à peu près acceptés, du moins professionnellement. Ainsi naquit Hollywood à seize images seconde, avec la bénédiction et l'espoir de la plupart et les sombres prédictions de quelques-uns. L'enfant précoce était destiné à connaître la célébrité mondiale pendant un demi-siècle. Après quoi, il tomba malade et s'achemina lentement vers son déclin.

A cette époque, l'ensemble des terrains appartenant à la Fine Arts n'était que pâturages ou cultures de citronniers. Au sud se trouvaient quatre ou cinq maisons, une grange et un chemin de terre menant à une orangeraie. Quelques membres de l'équipe s'installèrent dans les maisons et Frank Woods aménagea la grange en gymnase dans le but de nous faire faire de l'exercice physique pour garder la forme et nous tenir tranquilles jusqu'à ce que l'on eût besoin de nous. Les barres parallèles, les anneaux et les poids occupèrent suffisamment les plus énergiques d'entre nous pour qu'ils n'aillent pas traîner dans les rues et les saloons.

Jack Pickford se conduisit bien et, pour tenir la promesse que j'avais faite à sa mère et à Mary, je louai avec lui un bungalow près du studio et engageai une femme pour venir nous préparer le petit déjeuner et faire le ménage. Mais Jack n'avait retenu son souffle un instant que pour se remettre aussitôt après à faire des bêtises. Personne ne pouvait tenir longtemps en laisse le turbulent frère de Mary. Il y avait une autre grange derrière le bungalow où je logeai plus tard un Indien du nom de Crazy Wolf, mais cela est une autre histoire...

L'opinion, générale dans l'Est, que le cinéma ne dépasserait jamais le stade de films muets d'une ou deux bobines, persistait à Hollywood. Les films continuaient à être distribués dans de petits cinémas et des nickel-odeons, avec pour toute publicité les affiches accrocheuses collées autour de la caisse. Il n'y avait aucun générique et la plupart d'entre nous, moi compris, considérions notre travail comme un gagne-pain et un amusement. Les acteurs fournissaient leurs propres accessoires : chevaux, selles, costumes, etc. Nous étions seuls responsables de notre maquillage, ce qui donnait parfois, comme on l'imagine, des résultats grotesques ou hideux.

C'est ainsi que nous débutâmes sans projecteurs, sans décors intérieurs et avec très peu d'argent. Sans le cran et la détermination de Griffith, Woods, Cabanne et autres réalisateurs, la Fine Arts aurait sombré avant d'avoir démarré. Afin de réduire au minimum le coût de la production, tout en s'efforçant de plaire au public, Griffith décida de jouer à fond la carte du western. Nous en tournâmes quelques-uns, non sans mal, puis nous nous trouvâmes à court de cavaliers.

Frank Woods m'envoya chercher. « Tu es un cowboy, toi, me dit-il. Tu connais leur langage. Aurais-tu de meilleurs cavaliers à nous proposer que cette bande de mannequins de pacotille qui tombent de leur selle chaque fois que leurs chevaux pètent? »

Je lui indiquai les parcs à bestiaux de Los Angeles comme source possible de recrutement. Des convoyeurs de l'Arizona, de l'Utah et du Nevada y conduisaient souvent leurs troupeaux. Cela valait la peine d'aller voir. « Quel salaire êtes-vous prêt à offrir? » lui demandai-je. Woods fronça les sourcils et répondit : « Si tu dépasses 5 dollars par jour, tu es renvoyé. »

J'empruntai la Pierce-Arrow, l'une des deux automobiles louées par le studio, et réussis à la conduire jusqu'aux parcs à bestiaux sans tuer personne. Comme je l'avais prévu, il y avait là un échantillonnage de bêtes variées dans les enclos et quelques convoyeurs perchés sur une barrière. Lorsque je sortis de la voiture et leur fis ma proposition, ils se regardèrent en souriant comme s'ils me prenaient pour un fou.

« Vous voulez dire que vous nous payeriez rien que pour nous balader à cheval pendant que vous nous prendriez en photo? » Je découvris plus tard que celui qui parlait ainsi était Vester Pegg, le chef du convoi.

« C'est à peu près ça », répondis-je et je passai ensuite au chapitre de la paye. « Ça vous fera 5 dollars par jour. » Les figurants ne touchaient que 3 dollars, sauf s'ils fournissaient leurs costumes ou des accessoires spéciaux; dans ce cas, ils avaient droit à 2 dollars supplémentaires. Etant donné que ces hommes allaient amener leurs chevaux et leurs selles, je pensais être à l'abri de la colère du régisseur en m'avançant ainsi.

Mes paroles produisirent leur effet et soudain je n'eus plus devant les yeux que des ex-cowboys. Ils sautèrent promptement de la palissade et je sus que je tenais tous les « pousse-cuirs » dont Frank Woods avait besoin. Je remontai dans la voiture et démarrai comme si j'en étais le propriétaire. De nos jours, un tel salaire paraît ridicule, mais ces cowboys avaient avalé de la poussière pendant des semaines pour ne gagner que 30 dollars par mois, c'est-à-dire 4 dollars par jour de moins que ce que je leur offrais. Je le savais; j'étais passé par là, moi aussi. Je ne fus donc pas étonné quand l'un d'eux me demanda : « Dis-moi, mon pote, où c'est qu'elle niche ta mine d'or? »

Ce matin-là, huit cavaliers rappliquèrent. Je pris Vester Pegg à part et lui conseillai de trouver un logement pour ses convoyeurs et pour lui-même, avec un téléphone pour qu'on puisse les joindre dès que l'un des trois metteurs en scène aurait besoin d'eux pour tourner un western. Pegg et son équipe partirent, et six autres cowboys se présentèrent. Frank les embaucha et le recrutement s'arrêta là. C'est lui qui donnait les ordres et c'est le studio qui payait les salaires, mais j'aime à penser qu'au moins j'ai joué mon rôle dans l'introduction des cowboys au cinéma. N'en étais-je pas un moi-même?

Vester Pegg et deux de ses copains me fournirent involontairement une scène que je pus utiliser plus tard dans une de mes comédies. Pegg et ses hommes logeaient leurs chevaux dans l'écurie de McGaw et dans des corrals à Edendale, près du studio de Mack Sennett. J'avais l'habitude de passer bavarder avec eux du bon vieux temps et d'échanger des idées pour des prochains films. A ce moment, ils se considéraient tous comme des acteurs, mais ils se sentaient insultés si jamais on ne parlait pas de leur ancien métier de cowboy avec respect.

Un dimanche, un pasteur revêtu d'une longue robe blanche apparut sur la colline, derrière les écuries, et installa une sorte de trône recouvert d'un dais pour se protéger du soleil. Près du trône, il y avait un homme qui jouait de l'harmonium et quelques fidèles. Quand j'interrogeai Pegg, il me dit d'un ton désinvolte : « C'est Frère David, un de leurs guérisseurs. » Il omit d'ajouter que lui, Buck Tatum et Bear Valley Charley avaient monté une combine pour fournir au prêtre des clients. Ce ne fut qu'à ce moment que je remarquai que Tatum avançait en clopinant sur une paire de béquilles. Quand je lui demandai ce qui lui était arrivé, il me répondit : « Rien. Je vais me faire guérir. » Puis je vis Bear Valley assis dans un fauteuil roulant, aussi saoul qu'une grive.

Sur la colline, Frère David descendit de son trône, leva les bras au ciel et se mit à prêcher avec ardeur. C'était le signal pour Tatum : il devait alors se mettre à marcher. Il joua son rôle à fond, s'essoufflant et trébuchant en gravissant la colline jusqu'à ce qu'il arrivât finalement devant le guérisseur. Ce dernier posa les mains sur la tête baissée de Tatum et immédiatement le soi-disant infirme, fort des leçons de Pegg, jeta ses béquilles au loin et descendit triomphalement la colline, ayant soudain retrouvé l'usage de ses jambes. Les acclamations et les alléluias de la foule éclatèrent dans l'enthousiasme général. Un miracle s'était produit et ils comptaient en profiter au maximum. Les gens avaient acheté des hot-dogs et des bols de chili à des marchands ambulants puis étaient restés pétrifiés, sans toucher à leur nourriture, n'en croyant pas leurs yeux.

Le prêtre refit son numéro et Pegg, empoignant le fauteuil roulant de Bear Valley, se mit à le pousser vers le haut de la colline. Les spectateurs, redevenus silencieux, regardaient l'ex-cowboy aux jambes arquées s'épuiser à faire rouler le fauteuil. Quand enfin il arriva au trône, Frère David s'avança, posa les mains sur la tête de Bear Valley et se mit à prier : « Dieu tout-puissant, entonna-t-il, donne à ton serviteur la force de guérir cette âme affligée et de lui rendre santé et vigueur. Nous t'en prions au nom de Jésus, amen. »

Bear Valley était supposé à ce moment-là se lever de son fauteuil, mais il s'était endormi. Pegg le poussa du coude et lui souffla : « Lève-toi, sale con! Et marche! » Cela ne servit à rien. Bear Valley s'était évanoui. Pour camoufler l'incident, Frère David récita une autre prière et le joueur d'harmonium entonna un cantique poussif. Pegg continuait à harceler Bear Valley. A travers la voix du pasteur et le grincement de l'harmonium, j'entendais Pegg marmonner : « Espèce d'ordure, tu as tout gâché. Je vais te couper les couilles! » Finalement, il empoigna le fauteuil roulant et le fit pivoter. Puis le plaçant face à la foule, il l'envoya rouler d'un coup de pied.

Le fauteuil dévala la colline en rebondissant sur chaque pierre, dans une petite avalanche de poussière et de cailloux. Les gens s'éparpillèrent comme de la volaille terrifiée tandis que le fauteuil et son occupant allaient s'écraser contre la charrette d'un marchand ambulant. Bear Valley se releva, couvert de chili et grogna : « Mais Bon Dieu! Qu'est-ce qui s'est passé? » Quand j'utilisai plus tard cette scène dans une de mes comédies, de nombreux membres de la censure la condamnèrent comme sacrilège.

Le lendemain matin à huit heures, nous devions tourner un autre western en utilisant les nouvelles recrues. Le soleil brillait et la lumière était parfaite, lorsque des nuages, venus de la mer, nous obligèrent à nous arrêter. Le chef opérateur se servit de son verre fumé pour vérifier l'intensité de la lumière et calculer à quelle allure se déplaçaient les nuages. Lorsqu'il annonça : « On pourra reprendre dans quarante minutes », tout le monde fit une pause. Je savais que Woods était embêté car, pendant ce temps, l'équipe et mes quatorze cavaliers, assis sur leurs derrières, allaient être payés pour ne rien faire.

Tandis que j'attendais, je remarquai un homme costaud et rasé de près qui rôdait autour du plateau. Je crus d'abord qu'il venait d'une des trois compagnies qui avançaient de l'argent à la Fine Arts pour ses productions. L'homme était vêtu d'un costume de ville bleu. Robuste, l'air sportif, il aurait très bien pu être joueur de football. Comme il ne faisait aucun effort pour trouver Griffith ou Frank Woods, j'en conclus qu'il ne devait être qu'un badaud et n'y pensai plus, jusqu'à ce que Buck Friedman, le gardien, vînt m'apprendre qu'il s'agissait de Jim Collins, un détective travaillant pour la police. « Il cherche un cambrioleur, me dit Buck. Il pense que ce pourrait être un des figurants. »

Par curiosité j'allai trouver le policier et lui demandai si je pouvais l'aider. Je lui dis que nous aurions fini de travailler d'ici environ une heure, après la réapparition du soleil et que personne n'avait le droit de franchir les grilles avant. Il me dit qu'il allait attendre. Quand le moteur de la caméra s'arrêta, il s'approcha de l'un des figurants, lui passa les menottes et l'emmena.

Ce fut ma première rencontre avec James Finlay Collins. Par la suite, je le vis très souvent. Il revenait sans cesse poser des questions sur le cinéma et je décidai Cabanne à lui donner quelques petits rôles.

Je dirigeais un western quand Jim s'arrêta un jour au studio pour me demander si je voulais bien sortir avec lui. J'avais terminé mon travail et n'avais rien prévu, aussi j'acceptai. Nous dînâmes dans un bon restaurant de Chinatown, mais le patron, déférent, ne voulut pas que nous réglions l'addition. « Ce sale métèque contrôle toutes les salles de jeu », m'expliqua Jim en sortant. « Nous le savons mais nous manquons de preuve pour l'arrêter. Ces Chinetoques sont muets comme des carpes. »

Une partie de son travail consistait à surveiller les gares de triage de la Southern Pacific Company. Nous nous y rendîmes en voiture. Tout semblait calme. Collins arrêta la voiture près d'une rangée de wagons plats au bout de laquelle se trouvait le fourgon de queue. On entendait un faible martèlement. « Il se passe quelque chose là-dedans », dit-il en me recommandant de rester là et de ne pas broncher. Je le perdis alors de vue, puis l'aperçus en train de se faufiler dans quelques wagons qui se trouvaient de l'autre côté des wagons plats. Je le vis s'immobiliser comme s'il écoutait quelque chose. Puis il descendit de l'un des fourgons, rampa dessous et je le reperdis de vue.

Je n'entendis plus rien jusqu'au moment où trois coups de feu éclatèrent dans la nuit. Comme j'étais inquiet, je descendis de la voiture, mais j'eus assez de bon sens pour demeurer sur place. Collins réapparut quelques minutes après, souriant et l'air radieux. « C'était des voleurs », dit-il en guise d'unique commentaire. Il acheva de recharger son revolver et ajouta : « Il y en avait deux. L'un a réussi à tirer avant que je les descende tous les deux. »

Nous retournâmes à la voiture de police et démarrâmes. En passant devant les derniers wagons, je vis les deux corps étendus le long des rails. Collins s'arrêta devant une cabine téléphonique et demanda au commissariat d'envoyer le fourgon. Quand les deux corps furent emmenés, Collins me dit qu'il avait faim. Nous quittâmes la gare et il mangea deux grands bols de chili et une poignée de biscuits salés qu'il acheta à un marchand ambulant. Pour quelqu'un qui venait d'abattre deux hommes, Collins avait bon appétit. Quand il eut fini de manger, il alla se rasseoir au volant de sa voiture. « J'ai oublié quelque chose », grogna-t-il en se remettant en route pour la gare. « Tu sais conduire? » me demanda-t-il. Je lui répondis qu'Eddie Stafford, qui avait loué deux voitures pour le studio, m'avait donné des leçons de conduite et qu'aujourd'hui j'avais conduit, puis ramené de leur travail Blanche Sweet et les sœurs Gish, deux fois dans la journée.

Jim s'arrêta le long d'une voiture garée non loin de l'endroit où avaient été tirés les coups de feu. Quand nous descendîmes de voiture, il s'inclina devant moi et me montra du doigt l'autre automobile. « Elle est à toi, me dit-il. Son propriétaire n'en aura plus besoin! »

C'est ainsi que je devins le fier propriétaire d'une Stutz Bearcat et fus le premier acteur-metteur en scène d'Hollywood à posséder une voiture. Ce n'était pas les 35 ou 40 dollars que je touchais par semaine qui m'auraient permis ce genre de luxe. Je crois que mon ami le détective m'avait fait ce cadeau pour me remercier des petits rôles que je lui avais donnés. Quoi qu'il en soit, personne ne me posa de questions et je conduisis ma Stutz jusqu'à mon retour sur la Côte Est. Quand je la montrai à Jack Pickford, avec un orgueil bien compréhensible, il me dit : « Elle n'est pas mal, mais c'est un modèle de 1911. Tant qu'à faire, il aurait pu descendre le conducteur d'un modèle plus récent! » Jack, bien sûr, pouvait se permettre de faire le difficile; Mary et sa mère lui envoyaient régulièrement des chèques.

La Levy's Tavern, sur Spring Street, était un endroit où les gens de cinéma avaient l'habitude de se réunir tous les dimanches soir et où les comédiens du studio Keystone aimaient faire leurs numéros.

Charlie Chaplin venait d'arriver à Hollywood, et ce fut au cours d'un de ces dimanches soir que je fis sa connaissance. C'était un aimable petit bonhomme qui parlait avec l'accent cockney. Il me raconta son enfance en Angleterre, où il avait grandi dans le quartier malfamé de Limehouse. Lorsqu'il fut l'heure de partir, je lui proposai de le raccompagner. Chemin faisant, il admira ma voiture et m'en demanda le prix. Je lui expliquai qu'elle m'avait été offerte par deux amis qui avaient quitté la Californie pour ne jamais plus y revenir. Chaplin me demanda alors : « J'ai 90 dollars de côté. Savez-vous où je pourrais m'en acheter une? » Je lui indiquai un acteur de ma connaissance qui vendait des voitures d'occasion au coin de Figueroa et de Santa Barbara Avenue et proposai de l'y conduire le samedi suivant s'il était libre. Il me remercia et descendit de voiture.

Le samedi suivant, je me garai devant le studio Keystone et

constatai que les grilles étaient fermées. Il n'y avait pas un chat, à part Patty Driscoll, le gardien, qui lisait son journal, assis sur une chaise. Je vins vers lui et le questionnai : « Qu'est-ce qui se passe, Patty? Personne ne travaille aujourd'hui? » Il sourit, l'air malicieux. « Non, et je vais vous dire pourquoi », me répondit-il, et avec son accent irlandais, Patty me relata les faits.

« Il y a six mois, une dame est venue au studio avec sa fille qui avait à peu près dix-sept ans, et jolie avec ça! Elle a joué plusieurs petits rôles et on disait qu'elle aurait pu devenir une bonne actrice. Seulement voilà, elle est tombée enceinte. La mère s'est précipitée chez le procureur. Or Mack Sennett avait justement un de ses bons amis, un certain Jack Malloy, qui travaillait dans le bureau du procureur. Le type a appelé le studio pour les prévenir : « Si vous connaissez un individu « qui a eu affaire à cette fille, dites-lui de disparaître de la ville pendant quelques jours. » Eh bien, figurez-vous, c'est tout le studio qui a filé! »

« Chaplin aussi? » lui demandai-je.

Patty me répondit sans hésiter : « Et comment, il a été le premier à partir! »

D'autres compagnies de cinéma commencèrent à quitter New York à cette époque. Thomas H. Ince acheta cinquante hectares de terrain à l'extrémité de Sunset, près de l'Océan, et y construisit le studio d'Inceville. Dans ce quartier, les terrains se vendaient 50 dollars l'hectare; de nos jours, le prix de l'hectare est passé à 50 000 dollars. Ince devint un concurrent sérieux pour nous : il produisait des westerns et des films de pirates et d'autres sur l'époque de la ruée vers l'or. Ses acteurs-vedettes, Dorothy Dalton et William S. Hart, jouaient dans la plupart d'entre eux.

La même année, Jesse Lasky et Cecil B. DeMille louèrent un terrain sur Vine Street et y construisirent un grand studio. Lasky en était le producteur et DeMille le metteur en scène jusqu'à ce qu'il produisît lui-même ses films. Ce fut le départ sur la Côte Est de la Famous Players qui devint plus tard la Paramount. Parallèlement, à Edendale, Mack Sennett lançait les *Keystone Cops* * à l'écran. Hollywood prenait forme.

* « Flics », type burlesque créé par Sennett. (*N.d.T.*).

D. W. Griffith avait du génie quand il s'agissait de mettre un film en scène. C'était un homme calme et presque timide tant qu'il ne tenait pas un mégaphone à la main. Il appelait tous les hommes de la compagnie « Monsieur » et vous décourageait de toute familiarité. Certains de ses biographes l'ont accusé d'arrogance et d'injustice, d'être en somme « M. l'Inapprochable ». Pour ma part, je l'ai toujours connu prêt à écouter l'opinion des autres et quand un des membres de l'équipe avait des ennuis, il était le premier à vouloir lui rendre service. Chaque fois que je le pouvais, j'allais le regarder travailler et m'efforçais d'enregistrer tout ce qu'il disait et faisait. Peu de gens ont la chance d'avoir un génie pour professeur, et les leçons étaient gratuites. Je n'avais qu'à écouter et ouvrir grand les yeux.

Plus tard, lorsque je passai moi-même à la mise en scène, les leçons que j'avais reçues de mon maître me furent d'une aide précieuse. Cabanne et les autres réalisateurs de la Fine Arts connaissaient tous bien leur métier, mais aucun d'eux ne possédait le style ni ce superbe sens du spectacle qui éclataient dans chacun des films de Griffith. Lorsqu'il produisit et mit en scène *Naissance d'une Nation,* le monde entier applaudit son talent et lui rendit enfin hommage. Ce film marqua un tournant dans l'histoire du cinéma et pour la première fois mit celui-ci sur un pied d'égalité avec les autres formes d'art. D'autre part, son énorme succès au box-office permit à l'industrie cinématographique de prendre tout son essor.

Je travaillai trois ans à la Fine Arts avant de pouvoir leur montrer ce que j'avais appris. Enfin Griffith me désigna pour mettre en scène *Home from the Sea.* « Vous êtes prêt, M. Walsh, me dit-il. Je vous ai observé. »

Home from the Sea, en dehors de quelques scènes en studio, fut tourné à Portuguese Bend, un village de pêcheurs près de San Pedro, dont la plupart des habitants étaient Portugais. C'était une race d'hommes coriaces, qui possédaient leurs propres bateaux, étaient durs au travail et ne craignaient pas les risques que comportait leur métier. Depuis lors, si j'entends quelqu'un dénigrer un Portugais, je pense toujours à ces hommes courageux avec lesquels j'ai travaillé en tournant le premier film « de mer » de la Fine Arts.

L'intrigue était banale, mais le film fut pour nous l'occasion de faire plusieurs innovations. Les scènes de mer étaient parfaitement réussies puisque tous les acteurs étaient des marins qui avaient passé leur vie sur des bateaux. Je dirigeai le film, en même temps que j'y jouai.

J'interprétais le personnage d'un vaurien, fils d'un brave et honnête pêcheur. J'avais trahi ma famille en buvant et en jouant et je refusais de me joindre à l'équipage pour aller à la pêche au thon. Francinia Billington, ma fiancée, réussissait finalement à me faire rentrer dans le droit chemin et je retournais au travail.

C'était des scènes stéréotypées, mais c'est ce que demandait le public en ces années d'adolescence d'Hollywood. Mon père, capitaine de son propre bateau, était emporté par une lame et se noyait. Moi, le vaurien repenti, je reprenais alors les commandes du bateau et le ramenais à bon port. Fondu au noir. Puis panoramique sur ma fiancée se jetant dans mes bras tandis que la population du village me donnait de grandes tapes dans le dos : j'étais devenu un héros. Nouvel arrêt de la caméra, cette fois pour de bon.

Le film n'aurait pas remporté un Oscar, mais c'était le type même du mélodrame qui attirait les foules et il fit beaucoup d'argent. Pour imiter la tempête qui devait emporter le capitaine, nous avions construit un grand réservoir peu profond dans le *back-lot* *. Le bateau de pêche était en réalité un petit canot ponté avec un kiosque de navigation. Nous l'avions acheté, transformé, puis transporté dans le réservoir à l'aide d'une grue. Se posa alors le problème de faire des vagues. Le sifflement du vent et de la tempête n'avait aucune importance. A cette époque, on aurait pu faire tirer le canon sans que le public s'aperçoive de rien. Le son eut ses inconvénients, bien qu'il apportât au cinéma un gain de réalisme. Mais il nous fallait ces vagues.

Si quelqu'un ne trouvait pas rapidement une idée, nous serions surpris avec une caméra à l'arrêt et une équipe oisive. De nos jours, il n'y aurait eu aucun problème : des ventilateurs

* Derrière chaque studio se trouvait un grand terrain de plusieurs hectares que l'on utilisait comme décors extérieurs. Les décors pouvaient aller de la simple piscine à une réplique intégrale d'une rue d'une petite ville de l'Ouest. (*N.d.T.*).

électriques auraient fait l'affaire. Mais hélas, nous n'en avions pas.

Le proverbe qui dit que la nécessité est la mère de toutes les inventions n'est pas faux. Sam Landers, mon chef opérateur partit, puis revint au volant d'une vieille Ford branlante, suivi d'une Tin Lizzie *. Les conducteurs placèrent l'arrière de leurs voitures contre le réservoir et mirent leurs moteurs en marche. Les tuyaux d'échappement soufflèrent sur la surface de l'eau, puis on éteignit les gaz. Nous obtînmes alors des vagues, des vraies, qui firent tanguer et piquer du nez le canot. Pour obtenir encore plus d'effet, quelqu'un eut l'idée lumineuse d'attacher de longues planches sur les côtés du réservoir et d'y clouer d'autres planches pour servir de leviers. Lorsqu'on manœuvra les planches, en dehors du champ de la caméra, les tuyaux d'échappement transformèrent les vagues en écume. Nous réussîmes à en obtenir davantage en ouvrant des lances d'arrosage. Nous fûmes trempés, mais les rushes furent excellents.

En 1910, peu de temps après notre arrivée sur la Côte, Griffith fit venir Joe Aller pour monter les Consolidated Laboratories où l'on pourrait développer et tirer les copies des films sur place au lieu de les envoyer chaque fois à New York. Le manque de temps et d'argent avait jusqu'ici retardé l'inauguration des Laboratoires, mais *Home from the Sea* fut l'un des premiers films à être développés chez eux. Cela nous permit de voir les rushes deux jours après la journée de tournage au lieu d'attendre plusieurs semaines. Il y avait deux salles de projection, et dès que les acteurs, du plateau, entendaient ronfler les appareils de projection, ils laissaient tout en plan et se précipitaient pour voir leurs *dailies* (nom que l'on donnait aux rushes à cette époque). Comme on tournait trois ou quatre films en même temps, cette habitude entraînait une perte de temps et d'argent; Frank Woods dut mettre le holà et interdire que l'on assistât aux rushes avant la fin de la journée de travail, c'est-à-dire au coucher du soleil.

Ce fut par l'intermédiaire de Jim Collins que je découvris un Indien nommé Crazy Wolf. Le détective continuait à venir au studio en quête de petits rôles lorsqu'il n'était pas de service. Je demandai au directeur du *Casting* * de lui donner les rôles

* Vieille Ford modèle T. (*N.d.T.*).
* Bureau chargé du choix et du recrutement des acteurs. (*N.d.T.*).

disponibles. Un après-midi, Jim me confia : « Nous avons un sorcier apache à la prison. Il vendait une lotion capillaire sans avoir de licence et il a fallu le coffrer. Le juge lui a collé une amende de 50 dollars. Tu veux le voir? »

Nous nous rendîmes à la prison où je pus parler au prisonnier. Quand je lui demandai si sa lotion valait quelque chose, il hocha la tête et me répondit : « Avez-vous déjà vu un Indien chauve? » Les affaires n'avaient pas dû être fameuses pour lui cette semaine-là car il n'avait pas un sou. Crazy Wolf m'apprit qu'il travaillait au cirque Al. G. Barnes. « Je fais de belles chutes de cheval au galop », me dit-il. Là-dessus, je payai son amende.

Ce soir-là, je me rendis au cirque Barnes pour voir si je pouvais trouver cinq ou six cow-boys, car nous en avions besoin au studio. Un cow-boy sur la scène tira un coup de pistolet et Crazy Wolf fit une chute spectaculaire. Je réussis à convaincre six cow-boys de se rendre aux écuries de McGaw à Edendale en leur disant qu'ils gagneraient chacun 5 dollars par jour. Le studio produisait beaucoup de westerns et les cow-boys ne chômèrent pas. J'allai ensuite trouver Crazy Wolf et lui fis la même proposition. Je lui dis de se trouver au studio, sur Sunset Boulevard, le lendemain matin. Nous échangeâmes une poignée de main à l'indienne, qui dura bien cinq minutes, après quoi il ajouta : « Moi viens avec cheval. »

Il arriva le lendemain conduisant un second cheval. Il y avait une cabane près du portail principal du studio, flanquée d'un petit corral. Je lui dis d'y attacher ses chevaux et que je serais de retour dans quelques minutes. En remontant le chemin de terre vers le studio, je trouvai Griffith et Woods, dehors, en train de discuter de nouvelles constructions. Je repartis en toute hâte demander à Crazy Wolf de monter en selle et de galoper jusqu'aux deux hommes pour exécuter devant eux une de ses meilleures chutes. Crazy Wolf ne perdit pas de temps; il sauta sur son cheval et galopa comme un fou en direction de Griffith et de Woods qui eurent juste le temps de sauter en arrière tandis qu'il fonçait sur eux. L'Indien fit un saut périlleux et atterrit debout à l'endroit même où les deux hommes se trouvaient quelques instants auparavant. Puis il s'écroula et fit le mort.

Griffith (*gardant son calme, comme toujours*). — Où avez-vous trouvé celui-là, M. Walsh?

Moi. — En prison.

Griffith (*à Woods*). — Faites-lui un contrat.

Crazy Wolf s'installa dans la cabane et joua dans tous les westerns du studio. Je l'utilisai dans *The Outlaw's Revenge* où il vola toutes les scènes.

Viva Villa!

J'ÉTAIS dans la salle de projection en train de visionner des rushes quand le téléphone sonna. C'était Frank Woods; il me dit que Griffith voulait me voir tout de suite dans son bureau. Je le trouvai avec deux hommes qui représentaient la Mutual Film Company. Quand j'entrai dans le bureau, Griffith, selon son habitude, faisait les cent pas; je l'ai rarement vu s'asseoir pendant tout le temps que j'ai travaillé avec lui. « M. Woods me dit que vous avez passé quelque temps au Mexique », me dit-il. J'acquiesçai.

Il m'adressa un de ses rares sourires et me présenta un des hommes d'affaires. « Ce monsieur vient du bureau de la Mutual, à New York. La Mutual a obtenu l'accord de Pancho Villa, le révolutionnaire mexicain, pour tourner un film sur lui et son armée. On s'attend à ce que Villa marche bientôt sur Mexico pour attaquer le général Carranza. Est-ce que cela vous intéresse? »

Et voilà, on m'offrait cela sur un plateau! J'acceptai et Frank hocha la tête d'un air approbateur, tandis que Griffith continuait : « Vous mettrez le film en scène; la Mutual vous procurera un chef opérateur et le général Villa touchera 500 dollars en or par mois pendant tout le temps du tournage. » Il omit de me dire que Villa avait abattu un soi-disant promoteur qui l'avait payé en billets de banque. « Avez-vous des questions à poser? »

Je brûlais d'impatience et ne pus que lui sourire et lui demander : « Quand est-ce que je démarre? »

Frank Woods consulta sa montre : « Dans quatre heures et vingt minutes. »

« Il n'y a pas de scénario, continua Griffith. Voici un livre sur Villa. Il n'est pas récent, mais il vous donnera tous les renseignements sur son enfance. Le train met trois jours pour aller de Los Angeles à El Paso. Cela vous laissera le temps de commencer à écrire le début de l'histoire. Le reste, vous le prendrez sur le vif. »

Il s'arrêta de marcher, le temps de me serrer la main. « Bonne chance, M. Walsh. » Il ne me dit pas adieu. Il semblait penser que je rentrerais vivant, ce qui au moins était encourageant.

Frank m'emmena chez le trésorier et retira 500 dollars. « C'est pour payer tes frais; et voilà ton billet et ta réservation couchette : le Sunset Limited part à 8 heures. Tâche de trouver une histoire qui plaira au général, et surtout ne le décris jamais comme un bandit. En ce qui nous concerne, c'est un libérateur. »

Je lus le livre sur Villa jusqu'à la dernière page et écrivis rapidement l'ébauche de la première scène, tandis que la Californie du Sud défilait derrière la vitre de mon compartiment. Griffith m'avait suggéré un début montrant Pancho Villa enfant; la suite, si je ne recevais pas une balle dans la peau, serait de l'histoire vécue. Plus j'y pensais, plus ce projet m'emballait. Ce serait un film réaliste. Je n'avais qu'une chose à faire : rester en vie.

De la gare d'El Paso, je pris un taxi qui me conduisit à l'hôtel Paso del Norte, où je devais rencontrer un certain M. Harris. C'était un représentant de la Mutual qui devait rester là pour me servir d'intermédiaire durant mon séjour au Mexique. Je l'envoyai chercher par le chasseur et pris l'ascenseur grinçant pour monter à ma chambre.

Harris était un homme de haute stature. Il portait des lunettes à monture d'acier, arborait un air condescendant et il me serra la main sans chaleur. Je décidai de ne pas aimer M. Harris.

Il me jeta un regard sceptique tandis que nous nous asseyions. « Etes-vous sûr d'être à la hauteur de votre mission? » me demanda-t-il, et il semblait en douter.

Si cela n'avait tenu qu'à moi, je lui aurais dit d'aller au diable et je l'aurais planté là, mais je devais penser à Griffith et à Frank. Ils m'avaient fait confiance (grâce à eux, j'étais l'un des premiers metteurs en scène américains à tourner un film à l'étranger), alors qu'ils auraient pu donner ce travail à

Cabanne ou à un autre ayant plus d'expérience que moi. Mes sentiments personnels ne devaient pas compter.

« Je ferai ce que je peux, l'assurai-je. Est-ce que mon chef opérateur est arrivé? »

« Non, il arrive demain. En attendant, je vous conseille de vous mettre en rapport avec le général Villa. Il campe de l'autre côté de la rivière avec son armée, de l'autre côté de Juárez. »

J'allais donc rencontrer tout de suite la vedette. C'était parfait. Un coup frappé à la porte interrompit notre conversation. Harris alla ouvrir et fit entrer dans la chambre un Mexicain d'une quarantaine d'années portant le plus grand sombrero que j'aie jamais vu. L'homme nous serra la main.

« Voici Manuel Ortega, le lieutenant de Villa, me dit Harris. Il va vous conduire au camp et vous servira d'interprète. Le général Villa ne parle pas anglais. Je vais descendre à la réception chercher l'or avec lequel vous devez le payer. Il faut que vous reveniez aussitôt que possible me faire votre rapport. »

Une voiture décapotable nous attendait dehors. Ortega se glissa derrière le volant et démarra sur les chapeaux de roue. Les pneus crissaient à chaque virage et quand la voiture s'engagea à tombeau ouvert sur le pont international qui traverse le Rio Grande, l'éventualité de mourir dans un accident d'automobile me parut être une fin bien terne : à tant faire, il serait plus conforme à la situation de mourir abattu par une balle des troupes fédérales.

Dès que nous arrivâmes à la frontière mexicaine, Ortega freina à mort et sortit de sa poche un mouchoir de soie noire. « Je vous demande pardon, s'excusa-t-il, je dois vous bander les yeux. Ce sont les ordres du Général. »

Après quoi, nous redémarrâmes. Cette fois, il conduisit plus lentement. D'après les odeurs et les bruits, je devinai que nous traversions Juárez. Je me demandai pourquoi on me bandait les yeux alors que tous les enfants de la ville et la plupart de leurs parents savaient certainement où se trouvait Villa. Quoi qu'il en soit, cela mettait du piquant à la situation. Je pensai aux nombreuses parties de gendarmes et voleurs que nous avions faites, Virginia et moi, chez nous, dans la pommeraie. La dernière fois que j'avais eu les yeux bandés, j'étais adossé au mur de la remise et elle me « fusillait » avec un manche à balai.

Les bruits de la ville se dissipèrent et nous roulâmes encore pendant une demi-heure environ. Je respirai l'air pur des champs cultivés et des canaux d'irrigation au lieu de l'air vicié que nous avions laissé derrière nous. Ortega ne dit pas un mot jusqu'à ce que la voiture se fût arrêtée et que j'entendisse une sentinelle demander d'une voix perçante : « *Quien es?* » Lorsque mon guide me retira le mouchoir des yeux, je vis que nous nous trouvions en bordure d'un camp militaire.

Le camp de Villa, très étendu, ne ressemblait en rien aux camps militaires que j'avais vus du côté américain. Il n'y avait pas de tentes. Tout le monde était étendu sur des couvertures et des sarapes et pas un soldat ne portait d'uniforme. Un grand sombrero, un pantalon de coton sale, une chemise, une cartouchière en bandoulière et un fusil étaient tout ce qui les distinguait des colporteurs et des marchands ambulants d'*enchilada* *. Certains marchaient pieds nus, et il y avait beaucoup de femmes parmi eux.

Quand les soldats virent qu'Ortega m'accompagnait, ils ne se préoccupèrent plus de moi. Nous traversâmes le camp à pied jusqu'à la maison en *adobe* ** de Villa. Nous l'y trouvâmes en train de parler à deux aides de camp aux moustaches redoutables, et consultant des cartes étalées sur une table. Je le reconnus tout de suite d'après la photo sur le livre que j'avais lu.

Il leva les yeux quand nous entrâmes, fit un signe de la tête à Ortega et, d'un geste, congédia les deux aides de camp. Ortega me désigna une chaise tandis que le Général s'asseyait. « Asseyez-vous donc. Je vais parler au Général. »

Leur conversation dura longtemps et j'eus tout le loisir d'observer cet homme qui tenait presque tout le nord du Mexique dans sa main calleuse. A cette époque, ses biographes lui donnaient trente-sept ans, mais lui-même n'était pas certain de l'année de sa naissance. C'était un homme massif; il avait une moustache noire et fournie, une grosse tête, de larges épaules, un corps épais et des yeux qui me firent penser à ceux d'un animal sauvage mis en cage. Il avait cet air redoutable et la couleur de peau que l'on voit aux Indiens. C'était le type

* Galette de maïs au piment.
** Torchis.

même du bandit mexicain. En l'entendant cribler Ortega de questions, je compris pourquoi on disait de ses hommes qu'ils le suivraient aveuglément jusqu'à la mort. Il avait l'étoffe d'un meneur d'hommes.

Ortega se redressa et me fit signe. « Approchez-vous, s'il vous plaît; le Général veut vous regarder de plus près. »

Ce fut au tour de Villa de m'examiner des pieds à la tête. Son visage sombre resta impassible, puis son regard s'arrêta sur la sacoche que je tenais à la main. Il regarda ensuite Ortega qui me dit alors : « Le Général veut voir l'argent. »

J'ouvris la sacoche et la posai sur la table. Villa prit une pièce de vingt dollars en or et la retourna entre ses doigts. Puis il la laissa retomber dans le sac qu'il soupesa sans prononcer une parole. Après quoi, Ortega et lui se remirent à conférer.

Jusqu'alors Villa n'avait absolument pas paru tenir compte de ma présence. Il n'avait cherché ni à me serrer la main ni à me signifier d'une manière quelconque qu'il me savait là. Je me félicitai d'avoir eu la bonne idée, avant de quitter Los Angeles, d'enfiler ma chemise de cowboy, ma veste de cuir et mon Stetson aux bords soigneusement relevés; j'avais le sentiment de cadrer avec le décor. Villa portait assez de fusils sur lui pour nous deux, et deux pistolets à crosse d'argent pendaient lourdement à sa double cartouchière. Ajoutez à cela des bottes et, pour le reste, son aspect ne différait en rien de celui des soldats au-dehors.

Je crus le voir sourire alors que leur conversation s'achevait. Ortega m'invita de nouveau à m'asseoir. « Le Général veut savoir si vous êtes journaliste. Il n'aime pas les journalistes. Je lui ai dit que vous étiez le grand metteur en scène d'Hollywood, venu faire un film sur sa vie. Il voulait juste s'en assurer. »

Il me fallait maintenant présenter mon scénario et attendre sa réaction. Je ne remis pas le texte à Ortega car je n'étais pas certain qu'il sût lire l'anglais. Je préférai le lui raconter.

« Le film sera vu par des milliers de spectateurs aux Etats-Unis et à travers le monde. On y montrera le général Villa enfant, lorsqu'il vivait avec sa mère et sa sœur près de Hidalgo del Parral. (J'avais pioché cela dans le livre.) Plus tard, il travailla dans un ranch des environs, comme *vaquero*. Mais il était mal payé et quand il entendit parler d'une place à la hacienda des Terrazas, au sud de Chihuahua, il embrassa sa mère et sa sœur et partit à cheval, leur laissant le peu d'argent qu'il possédait. Traduisez ceci au Général et demandez-lui si ça lui plaît. »

Pas un muscle du sombre visage de Villa ne bougea tandis qu'Ortega lui racontait le début de sa vie. A l'évocation, qui devait lui être pénible, de son retour à Parral où il avait trouvé sa mère et sa sœur violées et massacrées par les soldats fédéraux, seul son regard changea d'expression. Jusque-là, je ne lui avais vu qu'un regard méfiant. A présent ses yeux brillaient et il passa rapidement la langue sur ses lèvres. Il me fit penser à un jaguar s'apprêtant à bondir.

« Continuez », me pressa Ortega.

Je lui résumai la scène où Villa jurait de venger la mort de sa sœur et de sa mère après que le curé de la paroisse lui eut appris ce qui s'était passé. Je lui faisais dire : « Je le jure devant Dieu, je lèverai une armée et j'exterminerai ces assassins. Ensuite, j'irai à cheval à Mexico et je ferai tomber le Gouvernement qui les emploie. »

Tandis que le lieutenant traduisait, Villa, l'air maussade, n'avait pas quitté des yeux la sacoche de pièces d'or. Quand Ortega en vint au passage où il jurait de s'attaquer au Gouvernement, il releva la tête et planta ses yeux dans les miens.

« Ceux qui m'ont envoyé ici l'appellent le libérateur du peuple mexicain, un second Juárez venu rédiger une nouvelle constitution. » Je pensais que j'en remettais un peu, mais il s'avéra que je n'étais pas loin de la vérité; en effet, trois ans plus tard, une nouvelle constitution était adoptée, bien qu'elle n'eût pas été rédigée par Villa.

Le visage immobile du Général se détendit, il sourit et approuva d'un signe de la tête. « Il veut vous féliciter », me dit Ortega.

Nous nous mîmes tous deux debout et échangeâmes une poignée de main par-dessus les cartes à moitié déroulées. Ortega referma la sacoche et l'emporta dans une autre pièce. A son retour, il se remit à parler avec Villa, puis, se tournant vers moi, me déclara : « Le Général dit qu'il est content que vous fassiez son histoire. Il prendra grand soin de vous, parce que, si vous êtes tué, il n'y aura pas de film et le monde ne le verra pas. »

Ortega me conduisit dans une chambre où il n'y avait qu'un

lit et un lavabo. Le lendemain, à l'aube, nous reprîmes sa voiture et regagnâmes El Paso.

Harris sembla étonné de me revoir. Il avait sans doute pensé, sinon espéré, que l'on m'aurait tranché la gorge quelques heures auparavant. Maintenant, je le tenais, par son point le plus sensible; je n'avais plus besoin de lui, pas plus que d'une troisième jambe. Villa voulait que le film se fasse et j'allais le tourner, quitte à voler la caméra et à marcher à pied. La Mutual, avec tout son argent, pouvait aller se faire voir ailleurs.

Il parut deviner ce que je ressentais et ce fut d'un ton radouci qu'il me demanda : « Comment cela s'est-il passé? »

« Ça marche. Villa prend la route pour le sud demain. Hier, vous m'avez parlé d'une voiture et d'un chauffeur; j'aurai plutôt besoin d'un camion bâché, d'un matelas et de couvertures. Le frère d'Ortega, Miguel, conduira le camion. »

« Une seconde... Harris avait repris son ton à la c'est-moi-qui-commande-ici. On ne peut pas vous fournir tout ce matériel dans la minute qui suit. Il faut au moins compter un ou deux jours. »

« Prenez le temps qu'il vous plaira, mais si le camion n'est pas ici avec son plein d'essence et prêt à démarrer quand Miguel viendra le chercher demain matin, je reprends le premier train pour Los Angeles. »

Le camion arriva en temps voulu avec mon chef-opérateur, un Allemand nommé Aussenberg, et une pile de boîtes-magasins. Harris sortit de l'hôtel au moment où Miguel, qui venait d'arriver, mettait le moteur en marche. « Je vous attends ici, nous cria l'employé de la Mutual. Envoyez-moi les négatifs au fur et à mesure du tournage. Bonne chance! » Il était redescendu de ses grands chevaux. Il avait eu toute la nuit pour imaginer ce que la Mutual lui ferait si je renonçais au film. Le bluff avait marché.

« *Vámonos!* Je souris à Miguel. En route! »

Les soldats rebelles avaient réquisitionné un train appartenant à la Mexican Central Railroad. Je comptai douze wagons de marchandises, quelques plates-formes surchargées de matériel intercalées entre eux, et en bout du train, deux wagons de voyageurs. Le fourgon de queue avait été détaché et mis sur une voie de garage. Nous restâmes dans le camion à regarder les allées et venues des hommes qui chargeaient l'eau et les vivres, tandis qu'Aussenberg chargeait ses caméras. Quand il fut prêt, je lui fis prendre quelques plans ainsi que des photos de travail pour le service publicité de la Mutual.

Pendant que nous tournions, Villa arriva sur un grand cheval noir et nous prîmes plusieurs photos de lui en train de parler à ses aides de camp. Manuel Ortega l'accompagnait. Quand il me vit, il vint à cheval à ma rencontre et me demanda si je n'avais besoin de rien. « Nous partons dans une heure. Miguel s'occupera de vous », me dit-il.

Quelques wagons se rangèrent en grinçant le long du train et les conducteurs poussèrent une douzaine de tonneaux d'eau en tôle sur les deux plates-formes. Je les avais vus remplir les tonneaux à la rivière quand nous avions traversé le pont en voiture. L'eau était jaune et boueuse. Non seulement j'aurais refusé de la boire, mais je n'y aurais même pas lavé un chien.

Je demandai à Manuel s'il pouvait me procurer un de ces bidons. « Un vide? » me demanda-t-il. « Oui », lui répondis-je. Il s'adressa alors à son frère. Ils s'éloignèrent tous deux et peu de temps après Miguel revint avec un bidon à l'arrière de son camion. « Retourne à El Paso et remplis-le à la première bouche d'eau que tu trouveras », lui dis-je.

L'eau, du côté américain, était potable. L'énorme bidon tenait beaucoup de place, mais cet inconvénient était préférable au risque d'attraper la typhoïde ou la dysenterie.

Nous n'aurions pas de problème de vivres. Les conducteurs avaient une centaine de têtes de bétail, toutes volées dans les ranchs alentour. Des sacs de riz, de blé et de farine, également « libérés », s'empilaient dans les wagons, et les hommes avaient l'intention d'en rafler d'autres sur la route. L'une des nombreuses charrettes de chili tirées par des ânes et aménagées avec de petits fourneaux était réservée pour les repas de Villa et de ses aides de camp.

L'ordre de départ fut donné au moment où Miguel revenait avec un bidon rempli à ras bord. Les deux locomotives sifflèrent en crachant de la vapeur et le train gagna petit à petit de la vitesse. Une partie des soldats voyageait sur les plates-formes ou sur le toit des wagons alors que les autres, moins heureux, allaient à pied. Fidèles au vieux poncif attaché aux femmes qui suivent les soldats, la plupart de celles, nombreuses, qui nous accompagnaient, étaient des prostituées. Il y avait aussi plus d'une centaine de cavaliers.

Les conducteurs alignèrent le bétail le long des rails et la cavalerie encadra les hommes à pied. Je plaçai Aussenberg à l'arrière du camion et je m'assis devant avec Miguel qui conduisait. La locomotive siffla de nouveau et nous nous mîmes en route pour le Sud, ce mirage fuyant.

La marche de Villa, de Juárez à Mexico, est un épisode bien connu de tous les écoliers mexicains. Elle fut épique — sanglante, violente, truffée de pillages — mais épique néanmoins. Le train suivit la vieille route de la liberté qu'avait prise Miguel Hidalgo, le père de l'indépendance mexicaine, avec une armée tout aussi déguenillée, pour battre les Espagnols. Cette vaine tentative lui avait valu d'être fusillé et d'avoir la tête tranchée. Je souhaitai que nous eussions plus de chance que lui.

Nous étions obligés d'avancer lentement. Le train devait suivre la cadence de la troupe et du bétail. Villa était un grand chef. Il obligeait ses hommes à garder leur rang et ne laissait jamais personne s'écarter ou traîner en arrière. Ortega m'apprit que des soldats de l'armée fédérale en garnison dans les villes situées sur notre itinéraire patrouillaient sur nos flancs et nous épiaient. Les traînards risquaient d'être tués, castrés ou mutilés. Nous vîmes plusieurs fois la poussière se soulever à l'horizon, mais il n'y eut pas d'attaque.

Aussenberg savait se servir d'une caméra. Nous tournâmes de beaux plans de l'exode de Juárez. Le soleil disparut derrière les nuages vers midi et le ciel resta couvert jusqu'à la tombée de la nuit. Pourtant j'étais satisfait, j'avais mon début de film. Mais où et quand tournerais-je la fin?

La marche perdit le charme de la nouveauté et devint monotone. Passé le second jour, mis à part des plans de la marche, nous utilisâmes très peu de pellicule avant d'arriver à Chihuahua. Seuls quelques dunes et rochers brisaient de temps à autre l'étendue plate et aride du désert; une seule séquence suffisait pour montrer ce paysage.

Il n'y avait pas de soldats fédéraux à Chihuahua. Villa avait déjà pris cette ville. Il s'abstint de la piller et ne s'arrêta que pour se réapprovisionner. Je fis un tour avec Aussenberg dans le centre de la ville et nous prîmes quelques plans accessoires des troupes de Villa sur la Plaza Hidalgo où le patriote avait été exécuté en 1811. Puis Villa se remit en route.

En approchant des collines qui entouraient Hidalgo del Parral, le berceau de Villa, je priai pour que le soleil brillât. Les soldats du Gouvernement avaient incendié la maison de sa mère mais je photographiai plusieurs fermes en *adobe* qui auraient aussi bien pu être la sienne.

Au sud de Parral, le paysage changeait. Nous tournions à présent le dos au désert et nous nous dirigions vers des montagnes bleues. Notre allure ralentit sérieusement et ce ne fut qu'au bout d'une dizaine de jours que se dessinèrent à l'horizon les bâtisses blanches de Durango.

Villa fit halte aux abords de la ville. Des réfugiés étaient venus le prévenir qu'une importante garnison de fédéraux l'attendait pour lui livrer bataille. Il conféra avec ses aides de camp puis envoya sa cavalerie, qui comptait à présent environ trois cents hommes en tout, encercler la ville et attaquer par le côté opposé. Le commandement de la cavalerie fut donné à Manuel Ortega. Villa attendit qu'il eût disparu puis, à la tête de l'infanterie, engagea une attaque de front. Il avait l'intention de saisir les troupes gouvernementales entre ses griffes et de les broyer jusqu'à leur défaite totale.

Il allait enfin y avoir de l'action. L'appareil de photo d'Aussenberg avait été volé quelque part au sud de Parral. Les photos publicitaires devraient donc dorénavant être tirées du négatif 35 mm, puis agrandies. Je voulus suivre Villa, mais l'un de ses lieutenants me conseilla de la part de Miguel de rester à l'arrière. « Le Général ne veut pas que vous soyez tué », me dit-il. Ses dents blanches étincelèrent sous sa moustache noire : « Moi, je m'en moque! »

La bataille de Durango prit fin pratiquement avant d'avoir commencé. J'avais demandé à Miguel de suivre Villa d'aussi près que je l'osais et Aussenberg, par-dessus la cabine du camion, panoramiquait lentement sur la progression de l'armée. C'était bien, mais j'étais déçu. J'aurais aimé planter la caméra en plein milieu de la bataille et je ne faisais que filmer des postérieurs de rebelles!

Au moment où nous atteignions le premier bâtiment, une fusillade éclata et des soldats en uniforme s'enfuirent dans notre direction. Ils s'arrêtèrent en nous voyant, mais c'était trop tard. Villa leva un bras et ses hommes les abattirent sur-le-champ. Ce fut le seul véritable gros plan que je réussis à prendre dans le feu de l'action. Les autres scènes montraient des hommes s'agenouillant pour tirer puis courant en avant, et seule la fumée qui flottait au-dessus des bâtiments occupés par les fédéraux révélait la présence d'une résistance. Je réussis à prendre quelques plans d'ensemble de rebelles poursuivant les soldats du Gouvernement à travers la Plaza et grimpant sur les toits pour viser les fenêtres et les portes. Puis les pavés retentirent sous les sabots des chevaux, dont certains avaient perdu leur cavalier, et à la fenêtre du palais du gouverneur apparut un drap blanc. La bataille était finie!

Aussenberg et moi parcourûmes la ville pour filmer les morts et quelques fédéraux qu'on avait pendus haut et court à des arbres. Les habitants qui avaient fui la ville au début du combat commençaient à revenir. Je discutai avec certains d'entre eux tandis que la caméra continuait à tourner. Toute cette pellicule impressionnée était du matériel valable, et pourtant je n'étais pas satisfait. Jusque-là je n'avais pris pratiquement que des scènes à l'arrière et quelques plans des restes de la bataille. J'avais bien filmé des fédéraux, mais une fois qu'ils étaient morts. Il me fallait plus de scènes vivantes. Comment faire?

J'informai de mon problème Ortega, mon pilier de soutien. Le Général serait-il heureux que nous filmions son entrée triomphale dans Durango à la tête de son armée victorieuse? Oui, cela plairait beaucoup au Général. (Villa, comme la plupart des gens, raffolait de la publicité.) « Demandez-lui de se mettre en selle et de faire son entrée suivi de deux cents hommes, lui dis-je. Pas d'aides de camp. Rien que Villa et ses *soldados.* » Lorsque le Général arriva à la tête de ses hommes déguenillés, je me tins à côté de Aussenberg, à l'arrière du camion, et fis conduire Miguel doucement pendant que la caméra tournait. Nous l'amenâmes jusqu'au *zocalo,* la grand-place, et j'eus soudain une autre idée. J'allai trouver de nouveau Ortega et lui désignai les fleurs du jardin de la plaza. « Pouvez-vous aller me chercher vingt jolies filles? » lui demandai-je.

Il sourit. « Vingt? C'est vous l'étalon? »

« Ce n'est pas ce que vous imaginez, lui dis-je. Je voudrais qu'elles jettent plein de fleurs quand le Général fera le tour de la place. Croyez-vous qu'il sera d'accord? »

« Je vais voir », me dit-il. Il revint, l'air encore plus réjoui. Oui, le Général était d'accord et si je le désirais, il dirait à ses soldats de se coucher dans l'un des fossés d'égout et d'en surgir en tirant, comme s'ils attaquaient les *federales*.

Les jeunes filles aux jambes nues et aux cheveux sombres lancèrent des fleurs sous les sabots du cheval noir de Villa, l'infanterie se « cacha » dans le fossé puis en surgit en « tirant » avec des fusils déchargés. Je n'étais toujours pas satisfait. J'en voulais plus. Mais quoi exactement?

Le sourire d'Ortega disparut quand je lui dis que j'aurais aimé avoir le consentement du Général pour habiller quelques-uns de ses hommes en uniformes de fédéraux et simuler une bataille avec leurs compagnons. « *Mierda!* Ils me tueront ou les autres les tueront. » Il s'éloigna et peu de temps après, j'entendis des cris parmi les soldats. De toute évidence, ma proposition était mal accueillie. Je vis ensuite un homme poser son arme à terre, se diriger à contrecœur vers un fédéral mort et lui ôter sa veste tachée de sang. Sous l'œil de Villa, d'autres l'imitèrent et nous nous trouvâmes bientôt devant une centaine d'êtres hybrides, fédéraux au-dessus de la ceinture, rebelles en dessous. Les hommes du Nord refusèrent de porter les pantalons et les bottes des fédéraux. Les chapeaux et les vestes étaient tout ce qu'ils étaient prêts à accepter. Je dus mettre Aussenberg en garde quant à sa manière de filmer; le public aurait du mal à accepter des soldats du Gouvernement allant pieds nus. « Cadre au-dessus de la ceinture. Rien que l'action », lui conseillai-je.

Cette fois, nous nous servîmes de fossés à la limite de la ville car je voulais une vraie fusillade. On donna l'ordre aux « fédéraux » et aux « rebelles » de viser le désert. Je demandai à Ortega de faire quelques répétitions. Puis nous filmâmes les « Carranzistas » tirant sur les « Villistas » et vice versa. Il s'agissait de nous placer tout près de la ligne de tir. Aussenberg filmait avec ardeur, jusqu'au moment où sa casquette s'envola et où il s'effondra. J'empoignai la caméra et continuai à filmer la séquence tandis qu'il se redressait et qu'assis par terre, il se frottait la tête en hurlant : « *Schwein!* On m'a abattu. » Une balle siffla à deux doigts de mon oreille et je le crus sans mal. Nous sortîmes de là en vitesse et plaçâmes la caméra plus loin pour terminer les prises de vues de côté. Aussenberg garda de cette fusillade une cicatrice dans les cheveux qui ne disparut qu'au bout de quelques semaines. Néanmoins, ce ne furent pas tellement les balles qui nous causèrent des soucis, mais les fédéraux que nous eûmes du mal à empêcher de rire. Une fois remis de leur répugnance à endosser ces uniformes qu'ils détestaient, tout leur parut une gigantesque farce. Je n'avais jamais entendu parler de soldats qui se tiraient dessus tout en se faisant de grands sourires.

Quand Ortega m'apprit que Villa allait libérer les prisonniers de la prison de Durango, cela m'intéressa. Il y avait de l'action en perspective. Je prévins Miguel et nous nous rendîmes en voiture au pénitencier et installâmes la caméra de l'autre côté de la rue, en face de la grille principale. Mais je fus déçu : seul un petit groupe de prisonniers miteux en sortit au compte-gouttes. Je dis à Aussenberg de couper et me remis en quête d'Ortega. « C'est raté, protestai-je, on aurait dit qu'ils allaient au peloton d'exécution. Il nous en faut plus. Amenez-moi toutes les prostituées de la ville. »

Villa lui-même trouva la solution. Je crois que la scène avec les jeunes filles et les fleurs l'avait mis dans de bonnes dispositions. C'était un homme imprévisible. Quand il était en colère, il se mettait à galoper à fond de train devant la caméra en soulevant plein de poussière, si bien qu'il nous était impossible de le suivre. Ortega devait user de diplomatie pour préserver la paix. Si cela n'avait tenu qu'à lui, je crois bien que notre autocrate à cheval nous aurait plus d'une fois fait tirer dessus. Pour l'instant, il ordonna à deux cents soldats de retirer leurs sombreros et leurs cartouchières et de mettre leurs armes en tas par terre. Il les harangua puis les envoya tous dans la prison. A mon signal, un aide de camp tira un coup de pistolet en l'air et les soldats transformés en prisonniers se précipitèrent hors des grilles de la prison en criant de tous côtés « *Viva Villa* ». J'appris plus tard que Villa leur avait solennellement promis de les exécuter s'ils ne mettaient pas assez de conviction dans leur jeu. L'un d'eux alla jusqu'à vouloir embrasser la botte du Général et se retrouva en train d'embrasser son cheval.

Les prostituées rassemblées devaient jouer les femmes et les fiancées. Je leur fis dire par Ortega que nous cherchions de nouveaux talents et elles montèrent un numéro impeccable.

Ainsi se termina la bataille de Durango. Dans la salle de montage, à Hollywood, ils monteraient les séquences. J'étais enfin satisfait et je demandai à Miguel d'être prêt au lever du soleil pour porter le film à Harris, à El Paso.

Ce soir-là, Villa envoya Ortega pour m'inviter à dîner. A Juárez, on avait retiré les sièges du second wagon de voyageurs et on l'avait transformé en salle à manger privée du Général. Le dernier wagon lui servait de bureau et de chambre à coucher. A cela, il y avait une raison pratique. Si jamais la locomotive rencontrait un pont qui avait sauté ou un rail arraché, ce serait l'avant du train qui encaisserait le choc.

Les cuisiniers avaient tué quelques bêtes et nous mangeâmes des steaks tout en buvant des litres de vin volé. Villa n'avait pas grand-chose à dire. Après avoir mangé trois énormes steaks, il déclara à Ortega qu'il était content de la façon dont je conduisais le tournage de son film. Il voulut savoir quand il pourrait le voir et fronça les sourcils lorsque Ortega lui expliqua de ma part que les négatifs devaient d'abord être envoyés à Hollywood. « Ils seront volés! Tous les gringos sont des voleurs! » annonça-t-il, l'air sombre. J'essayai d'adoucir sa déception. « Dites-lui que je lui projetterai moi-même le film au Palais national quand il sera président du Mexique. »

« Mais le Général ne cherche pas à être *El Presidente*. Ses faveurs vont au général Obregón. »

« Alors dites-lui que je le lui porterai à Parral. »

Villa desserra les poings et haussa les épaules quand Ortega lui traduisit ma phrase, mais je compris que je l'avais amadoué lorsqu'il planta son couteau dans un morceau de viande bien tendre et le jeta dans mon assiette.

J'aurais aimé pouvoir tourner les scènes qui se déroulèrent cette nuit-là sur la place avec des projecteurs, le son et la couleur. La plupart des soldats étaient ivres et joyeux et de nombreux habitants étaient à peu près dans le même état. Contrairement à ce qui se passe généralement quand une armée ennemie envahit une ville, on n'avait pas fait mettre les jeunes femmes à l'abri en attendant que les troupes soient réparties. C'est l'une des raisons pour lesquelles Ortega avait recruté si vite mes vingt jeunes filles aux fleurs. Dans le fond, tout le monde était peut-être ravi que l'on eût tué et chassé les fédéraux.

La grand-place, où les visages de pierre des héros de la révolution semblaient regarder la foule d'un air approbateur, prit soudain vie dans un carnaval frénétique de chants, de danses, de saoulerie et d'accouplements. J'aurais donné mon salaire de toute une année pour pouvoir filmer ce spectacle. Villa lui-même dansa avec une bande de filles qui riaient, avant de se retirer dans son wagon pour dormir. Les cris provenant de plusieurs maisons donnant sur la place témoignaient de viols et de pillage. Les prostituées de la ville, après leur « bout d'essai » devant la prison, faisaient à présent des affaires florissantes sur les bancs et entre les jambes des ripailleurs. Il devint difficile de déterminer qui, des habitants ou des soldats, célébraient le plus la victoire. Durango n'oublierait pas cette nuit de sitôt. Moi non plus!

Villa enterra ses morts et quitta Durango le lendemain matin au lever du soleil. Les soldats avaient la gueule de bois mais nul ne se plaignit. La rumeur qui avait pris naissance à Juárez et qui disait que Villa avait l'intention de rendre Mexico à son peuple, attira un flot de nouvelles recrues. Au départ de Juárez, ils n'étaient que trois cents; à présent, le Général commandait une armée de huit cents hommes.

La Sierra ralentit notre progression. Lorsqu'une des locomotives tomba en panne, Villa lâcha son armée dans la campagne. Les pillards ramenèrent encore du bétail et incendièrent quelques haciendas. Des bijoux et de l'argent circulaient parmi les soldats tandis que les femmes paradaient dans des parures volées. Je fis filmer pas mal de ces scènes par Aussenberg pour les utiliser comme matériel d'arrière-plan. Il prit, entre autres, une Indienne qui se pavanait dans une robe du soir venant de Paris (j'avais vu la griffe), par-dessus laquelle elle avait enfilé un long corset, et qui agitait devant son visage en sueur un éventail de soie et d'ivoire.

Il fallut trois jours pour réparer la locomotive. Nous n'avions pas vu de fédéraux, mais des rails arrachés prouvaient qu'ils n'étaient pas loin. Ortega me confia que Villa craignait surtout que les Carranzistas dynamitent l'un des ponts et qu'il soit obligé d'abandonner le train. Peut-être se trouvèrent-ils à court d'explosifs, toujours est-il que les ponts restèrent intacts.

Ce fut dans la deuxième semaine qui suivit notre départ de Durango que nous aperçûmes les flèches de l'église de León se dresser à l'horizon. Villa ne s'y arrêta que le temps de dévaliser les magasins. Il n'y eut aucune résistance. Les marchands ne manifestèrent pas un enthousiasme débordant à voir leurs marchandises volées, mais les coups de crosse eurent vite fait d'assurer leur coopération. Nous tournâmes de bonnes scènes; cependant je décidai de ne pas renvoyer Miguel à la frontière. Mexico n'était plus loin. Je terminerais le film là-bas et rapporterais les négatifs moi-même.

Des volontaires vinrent grossir les rangs de l'armée entre León et Querétaro. Tout le long de la route, des contingents entiers désertèrent les haciendas et les communautés pour se rallier au Général, et quand Villa arriva sur la grand-place de la capitale et descendit de son cheval pour pénétrer dans le Palais national désert, il était suivi par plus de vingt mille hommes.

L'occupation de Mexico se passa sans effusion de sang. Les troupes fédérales avaient déserté la ville à la vue du grand nuage de poussière qui annonçait l'arrivée de Villa. Ce dernier donna l'ordre de refréner le pillage et fit fusiller quelques soldats qui avaient désobéi. La longue marche s'arrêtait là. Francisco Villa, « l'Indien inculte », était à présent le maître du Mexique. Il ne lui en manquait que le titre. Lorsque Emiliano Zapata, suivi de son armée du sud, et Alvaro Obregón, venu de Veracruz, le rejoignirent, les trois généraux commandaient ensemble plus de cinquante mille hommes armés. La suite est entrée dans l'histoire.

Après des mois passés à filmer l'armée du nord sans rien omettre sauf les scènes d'intérieur et les scènes de nuit, j'eus le sentiment que trop insister sur la fin de cette marche nuirait à l'ensemble du film. En ouvrant grand les portes et les volets du Palais dans l'après-midi, j'obtins assez de lumière pour filmer les trois généraux assis à une table de conférence. C'était là, en ce qui me concernait, que devait se terminer le film. J'étais prêt à repartir pour Hollywood.

J'échangeai une poignée de main avec Villa et Ortega et priai Miguel de faire le plein du camion et de charger des vivres pour plusieurs jours. La question d'argent ne se posait pas. J'avais encore une poignée de dollars mais je n'eus pas à m'en servir. A cette époque, à Mexico, tous ceux qui jouissaient de la protection de Villa, pouvaient tout simplement se servir de ce dont ils avaient besoin.

L'une des premières choses que fit le Général en entrant dans la capitale fut de confisquer toute la monnaie de Carranza et de la remplacer par la sienne propre. Les presses d'imprimerie fonctionnèrent à temps plein et même plus. En nous quittant, Villa me tendit une mallette pleine de nouveaux pesos. Ortega m'en confia une autre en me demandant de bien vouloir la remettre à sa femme à El Paso, et j'en réclamai une troisième pour Aussenberg, ce qui me paraissait la moindre des choses. Pour nous escorter jusqu'au nord, on nous fournit trois camions volés remplis de soldats qui rentraient chez eux, et chargés de vivres et de bidons d'essence. Lorsque nous passâmes Chapultepec pour prendre la route de Querétaro, je dirigeais ma propre petite armée.

Il n'y avait pas de grandes routes au Mexique à cette époque, si bien que notre voyage fut lent et périlleux. Normalement nous aurions dû mettre environ une semaine pour atteindre Juárez. En réalité, cela nous prit plus d'un mois et, pour comble de malheur, le camion tomba en panne. Nous dûmes nous arrêter, nous débrouiller pour trouver de la nourriture, et il nous restait de moins en moins d'essence. Nous fûmes souvent bloqués dans les montagnes ou dans le désert et nous devions alors attendre le passage d'une voiture ou d'un camion. Quand un véhicule approchait, les soldats l'arrêtaient et, fusil braqué, se servaient d'essence. Chaque fois que l'on agissait de la sorte, je fouillais dans ma mallette et distribuais des liasses de nouveaux billets pour consoler les malheureux voyageurs.

Nous fûmes obligés de faire de grands détours pour éviter les bandes errantes de guérilleros qui s'étaient formées sur le modèle de Villa. Des gens, le long de la route, prévenaient à temps les soldats et nous parvînmes ainsi à éviter les accrochages. Ce fut un voyage lugubre et plus pesant encore lorsqu'Aussenberg attrapa la dysenterie. Il perdit près de 30 kilos et n'était plus qu'un squelette ambulant quand nous passâmes le Rio Grande pour nous rendre à El Paso.

Aussenberg et moi voulûmes échanger à la banque de Juárez

nos pesos de Villa contre de l'argent américain. D'après l'ancien cours du change, j'évaluais ma part à 40 000 dollars. J'avais fait des projets. Je comptais acheter une maison avec une piscine et un garage pour la Stutz, et inviter mon père et George à venir vivre avec moi. Je fus donc naturellement atterré quand le banquier me dit en secouant la tête que la monnaie de Villa ne valait plus rien. Elle avait été remplacée par celle d'Obregón. Aussenberg poussa un hurlement que l'on dut entendre de l'autre côté de la rivière et se mit à jurer dans sa langue natale.

Lorsque je remis la mallette de son mari à la señora Ortega, je déchirai quelques billets devant ses yeux horrifiés et lui suggérai d'utiliser les autres pour tapisser les murs de sa maison. Je dis au revoir à Aussenberg en lui conseillant d'aller voir un médecin. Puis je priai Miguel de ranger le camion devant le Paso del Norte et pris le train de nuit pour Los Angeles.

Griffith et Frank Woods me félicitèrent de ce que j'avais filmé au Mexique, mais moi, je n'en restais pas moins dans l'incertitude. Avais-je dirigé Villa ou était-ce lui qui m'avait dirigé? « Certaines de vos scènes sont bonnes et sanglantes, remarqua Griffith. A la censure ils risquent de s'évanouir, mais ça c'est le problème de la Mutual. » Pour une fois, il s'assit pour parler. « Ils nous talonnent pour que nous terminions le film. Vous le finirez en jouant le rôle de Villa dans sa jeunesse. Cabanne vous dirigera. »

A cette époque, comme nous disposions de peu d'argent et de moyens de transport incommodes, les équipes de cinéma ne se déplaçaient jamais très loin des studios pour les scènes d'extérieur. On se limitait généralement à San Fernando Valley pour tourner les scènes mexicaines, à Porteguese Bend et à San Pedro pour les scènes de mer et à San Bernardino pour celles du désert. Les scènes d'intérieur de *Life of Villa* furent tournées dans les studios de la Fine Arts et la plupart des scènes d'extérieur, y compris ' la maison de Villa à Parral ' dans la vieille mission de San Fernando. Une fois terminé et monté, le film faisait cinq bobines. La Mutual, fidèle à elle-même, ne nous communiqua jamais les recettes du film, mais il fut longtemps projeté dans le cinéma fréquenté exclusivement par des Mexicains sur Spring Street, et programmé pendant quelques années à la fête du Cinco de Mayo.

Un jour, alors que je me reposais entre deux prises de vues au studio, Buck Friedman vint me trouver.

— Il y a deux types à la grille qui veulent te voir. L'un d'eux dit qu'il s'appelle London.

— Quel est son prénom?

— Je ne le lui ai pas demandé.

— Si c'est Jack, fais-les entrer.

C'est ainsi que je rencontrai Jack London et Wyatt Earp. London avait déjà un certain âge, mais son visage ridé trahissait la même rudesse que l'on sentait dans ses romans, ceux qui m'avaient fasciné dans ma jeunesse. Ses livres avaient été publiés dans la plupart des pays. Quant à Earp, ce personnage légendaire, il était grand et un peu voûté, mais je pouvais encore très bien me l'imaginer en *marshal* * de Tombstone.

« C'est donc vous l'homme qui a marché aux côtés de Villa? » me demanda London en me donnant une poignée de main qui me laissa des picotements dans les doigts. Pour un homme qui n'avait plus qu'un an à vivre, il semblait en pleine forme. « Comment était-ce? Wyatt et moi aimerions que vous nous parliez de lui », me dit-il.

Je leur fis un bref compte rendu de ce qui s'était passé entre Juárez et Mexico. Quand j'eus fini de parler, London regarda Earp et lui dit : « Qu'est-ce que tu en dis? Nous qui nous sommes efforcés de vivre à la hauteur de nos réputations, voilà que ce type, sorti on ne sait d'où, chevauche aux côtés de l'homme qui a fait un pied de nez au président Wilson! » Il se retourna vers moi en s'exclamant : « Superbe! Je vous envie! »

Jack me confia qu'il songeait à écrire un livre sur Villa. « C'est un homme extraordinaire », me dit-il.

Je lui conseillai d'attendre : « En ce moment le Mexique n'est qu'un immense champ de bataille. Vous n'auriez pas de mal à y entrer, mais vous auriez peu de chances d'en sortir. »

« Vous en êtes bien sorti, vous! » me fit-il remarquer.

« Oui, mais j'étais sous la protection de la plus forte armée du Mexique. J'avais 20 000 soldats pour me défendre », lui répondis-je.

J'invitai les deux hommes à dîner. Nous allâmes chez Levy's

* **Fonctionnaire municipal responsable des forces de police. (*N.d.T.*).**

et London se mit presque aussitôt à dire du mal de ses éditeurs. « Ils sont pires que vos censeurs, se plaignit-il. J'ai beau rendre mes scènes d'amour les plus sages possible, il est hors de question pour eux que je couche avec une femme. C'est une vraie bande d'ennuques! »

Après lui avoir confié que j'avais les mêmes déboires avec les défenseurs de la morale au cinéma, j'essayai de faire parler les deux hommes sur eux-mêmes. Ni l'un ni l'autre n'en avaient envie, mais je réussis à obtenir de Earp quelques détails intéressants sur la famille Clanton et la célèbre fusillade de OK Corral. London, lui, parla de sa vie au Klondike à l'époque de la ruée vers l'or et des circonstances qui l'avaient incité à écrire *L'Appel du désert*.

Je les écoutais de toutes mes oreilles lorsque Charlie Chaplin, assis à une autre table avec des amis, se leva et fit son numéro de serveur. Quand je l'appelai, il s'inclina devant nous, une serviette blanche posée sur le bras, et fit mine de prendre la commande. « Laisse tomber, lui conseillai-je, sinon je dirai à Sennett que tu veux rompre ton contrat. »

Il releva un coin de sa moustache en nous jetant un de ses regards malicieux. Quand je lui présentai mes invités, il considéra Earp avec un respect évident. « C'est vous le type de l'Arizona, non? Le redresseur de torts, s'pas? » Puis se tournant vers London, il ajouta : « Je vous connais, vous aussi. A cause de vous, j'ai failli partir en Alaska chercher de l'or. » Il s'assit et se mit à nous raconter quelques anecdotes de son passé : « Quand j'étais un petit morveux de Cheapside... » Je passai un excellent moment à les écouter et j'ai regretté par la suite de ne pas avoir pu enregistrer leur conversation. Jack retourna chez lui dans la *Valley of the Moon* et y mourut sans avoir écrit le livre sur Villa; Earp le suivit quelques années plus tard et je ne revis Chaplin que dix ans après.

Le tournage du film sur Villa achevé, Frank Woods me donna une semaine de congé. Il semblait manifester à mon égard un intérêt quasi paternel et s'inquiétait des kilos que j'avais perdus au Mexique. « Remplis-toi le ventre de bons repas bien de chez nous, me conseilla-t-il. Ce régime de haricots rouges et de chili finira par te faire crever. » J'avais fini par apprécier cette nourriture, mais je ne dis rien.

Je flânai, désœuvré, jusqu'au jour où Tommy O'Brien, mon assistant, m'entraîna à Venice voir le cirque de Al G. Barnes. O'Brien, un passionné de cirque, connaissait tous les artistes et me les présenta après le spectacle. Je fis ainsi la connaissance d'Olga Petrovich, une Russe, dompteuse de fauves, qui m'avait frappé, pendant son numéro, par son apparente témérité. Elle avait placé deux grands tabourets à environ trois mètres l'un de l'autre, sur lesquels elle avait fait monter deux lions en faisant claquer son fouet. Puis, après s'être mise au milieu, elle avait fait sauter par-dessus sa tête l'un des fauves, qui n'avait pas l'air commode. « C'est celui qui a dévoré son mari l'an dernier, me dit Tommy à voix basse. Au lieu d'atterrir sur le tabouret, le lion lui a sauté à la gorge. L'homme est mort avant que les gardiens aient pu maîtriser le fauve. » Je ne pus m'empêcher de comparer cette jolie fille pleine de vie aux beautés de studio qui s'évanouissaient presque à la vue d'une souris.

Cette nuit-là, Cupidon dut me signer un contrat. Tous les soirs suivants de la semaine, je me rendis au cirque et emmenai Olga dîner après le spectacle au Ship Café. La cuisine y était bonne et il y avait un orchestre. Comme la plupart des Russes, Olga dansait à merveille, à tel point que sur la piste de danse nous étions souvent applaudis.

Mon humeur morose se dissipa bien vite. Olga habitait un petit appartement qui donnait sur la plage et je m'installai chez elle. Je ne retournais à Hollywood que lorsque mon travail m'y rappelait. Si cette jeune fille remarquable me fascinait, c'était parce que je n'avais jamais rencontré personne de semblable. Par exemple, après nous être baignés, elle sortait deux grandes serviettes avec lesquelles nous nous séchions mutuellement. « En Russie, me disait-elle avec simplicité, c'est la coutume », et j'étais ravi de m'y conformer. Un jour que nous faisions une grande promenade sur la plage, elle s'arrêta, m'entoura de ses bras et me murmura quelques paroles en russe. Devant mon air perplexe, elle éclata de rire : « Je te disais tout simplement que je t'aime. »

Au cours d'un voyage que nous fîmes à Catalina, elle se montra tout aussi délicieuse et amoureuse. Elle m'embrassa et m'apprit que nous étions en voyage de noces.

Moi. — Mais nous ne sommes pas mariés.

Olga. — Qu'est-ce que le mariage a à voir avec l'amour? Nous appartenons l'un à l'autre.

Je l'invitai plus tard au studio pour lui montrer comment se faisait un film. Nous prîmes l'habitude de vivre ensemble, tantôt elle chez moi à Hollywood, tantôt moi chez elle à Venice, et ce bonheur partagé dura jusqu'à mon retour à New York.

Ce serait calomnier un homme remarquable que de décrire D. W. Griffith comme un patron impitoyable, mais il faut dire cependant que ce que nous considérions comme une journée de travail plus que pleine n'était pour lui qu'une journée normale. Il avait commencé à tourner son premier long métrage épique, *Naissance d'une Nation,* pendant que j'étais au Mexique avec Villa. De retour au studio, je pensais qu'il avait l'intention de me donner à jouer le rôle de John Wilkes Booth, mais Frank Woods ne m'en toucha pas un mot. Griffith, dans son bureau, marchait de long en large. Il s'arrêta juste le temps de me demander de mes nouvelles. « Je vois que vous avez pris quelques kilos », constata-t-il.

Je m'abstins de lui répondre que j'en doutais, après les jours si passionnés passés auprès d'Olga, et préférai lui mentir en l'assurant que j'étais en pleine forme.

Il se mit à parler travail. « M. Walsh, nous avons pris du retard. J'ai besoin de vous pour les scènes de bataille. Lisez le scénario que va vous remettre M. Woods et soyez ici demain matin à 8 heures tapantes. »

« Oui, patron », répondis-je. Voilà qu'au lieu du rôle de l'assassin du Président, j'allais jouer celui d'un général fantoche. Frank me donna le scénario et je découvris que mon premier travail d'assistant-metteur en scène consistait à rassembler 500 figurants. J'eus la chance de trouver parmi eux un ex-sergent des Marines dénommé Jim Kilgore.

Comme Griffith était pressé, c'est à 6 heures du matin, le deuxième jour, que je fis grimper les figurants dans les camions (leur location revenait moins cher que celle des cars). Les scènes de bataille devaient se dérouler au Ranch Providencia, à environ une demi-heure de voiture du studio, et tous les « soldats » furent sur place vers 7 heures. Les décorateurs avaient monté une rangée de tentes pour servir de loges. J'envoyai Jim Kilgore montrer aux hommes comment revêtir leurs uniformes de Confédérés et tenir leurs fusils comme des armes et non comme des queues de billard. Puis, afin de mater les inévitables plaisantins et dégourdir les troupes pour la marche d'ouverture, j'ordonnai trente minutes d'exercice en rangs serrés.

Griffith arriva à 9 heures et envoya Billy Bitzer installer la caméra sur une petite colline qui dominait la vallée où nous nous trouvions. Il hocha la tête lorsqu'il vit les rangées d'arbres de l'autre côté de la colline. « Ils conviendront parfaitement pour la scène », fit-il remarquer, puis levant la tête vers le soleil en clignant des yeux, il ajouta : « Il n'y a pas de nuages. Si cette lumière persiste, nous pourrons finir les plans de bataille demain. » La lecture du scénario m'avait montré que les mouvements de foule allaient être les plus durs à diriger. Cela ressemblait bien à Griffith de vouloir commencer par eux, en appliquant sa règle d'or : « Débarrassez-vous d'abord des scènes difficiles et le reste sera facile. »

« Faites attention à ce qu'ils aillent dans le bon sens, me dit-il avant de grimper sur la colline. Les Confédérés se déplacent toujours de droite à gauche, les Unionistes de gauche à droite. Toute inversion ne fera qu'embrouiller le public. » Le génie de cet homme, ainsi que l'a défini quelqu'un, tenait à son souci infini de l'exactitude. Tous ses ordres étaient d'abord mûrement réfléchis et il enregistrait chaque scène dans son esprit avant de la tourner.

Selon le scénario, les Confédérés devaient se cacher derrière des arbres au fond de la vallée, sur la droite, puis avancer vers les bois et attaquer les troupes fictives de l'Union qui se trouvaient sur la gauche. Mener du bétail ou placer correctement 500 figurants dans les bois étaient deux opérations à peu près aussi difficiles, mais j'y réussis finalement avec l'aide de Tommy O'Brien. Je voulus faire un essai et leur donnai le signal de sortir, puis leur fis expliquer par Jim Kilgore comment avancer en se déployant au lieu de s'agglutiner. Il prit sa tâche tellement à cœur, criant : « Ecartez-vous! Dispersez-vous! Les Nordistes vont vous exterminer si vous restez en rangs serrés », qu'à la fin je crois bien que tous les faux rebelles se prirent au jeu. Plus tard, quand certains d'entre eux tombèrent, « blessés », on aurait dit qu'on leur avait réellement tiré dessus.

En plus de son grand mégaphone, Griffith se servait d'un

drapeau blanc. Nous étions convenus d'un code : quand il baissait le drapeau, nous devions faire sortir les troupes de leur cachette et les faire avancer. L'instructeur avait fait du bon travail. Il n'y eut qu'une seule prise à refaire car Griffith voulait que les hommes avancent plus lentement. Ces derniers disparurent dans les bois « ennemis » en chargeant avec conviction et Griffith fut satisfait.

Une autre de ses devises voulait qu'un bon réalisateur fût capable d'inspirer tout acteur à « vivre » la scène. La fiction devait devenir réalité. Lorsque les Confédérés durent endosser les uniformes des Unionistes pour les plans suivants, certains s'étaient tellement identifiés à leur personnage qu'ils refusèrent net de changer de camp. « Mon père a accompagné Jeb Stuart à Yellow Tavern. Je ne suis pas un sale Yankee! », me lança l'un d'eux, furieux, en jetant son fusil sur le sol et en s'en allant. D'autres suivirent et à ma connaissance, aucun des « déserteurs » ne revint au studio réclamer sa paye. Malgré ces quelques abandons, qui justifiaient la règle de Griffith, nous avions encore assez de troupes pour terminer la Guerre civile.

J'eus tout à coup une idée : je dis à O'Brien de donner à chaque homme un numéro. Après tout, les armées marchaient bien par numéros, alors pourquoi pas celle-ci. C'est ainsi que certains numéros devaient tomber et faire les morts tandis que d'autres devaient trébucher, puis se relever. Je n'avais pas besoin de mégaphone, mes poumons étaient en parfait état et chaque groupe pouvait entendre mon signal. Quand Billy Bitzer eut placé la caméra sur une autre colline, les hommes étaient déjà en nage à force d'avoir fait de l'exercice. Cette fois-ci, la caméra s'était rapprochée. Elle prit les plans moyens puis réavança pour faire les gros plans qui valurent à Griffith et à Bitzer une réputation justifiée. Maintenant que les véritables rebelles nous avaient lâchés, les autres considéraient cette guerre comme leur guerre personnelle. Nous les fîmes charger en arrière et en avant en uniformes de Confédérés et d'Unionistes jusqu'à l'heure du déjeuner.

Le département des accessoires avait retapé huit canons de la Guerre civile, mais quelque obstructionniste avait dû trafiquer les amorces car le premier jour où nous tournâmes avec l'artillerie, seuls trois canons tirèrent. Griffith était un homme patient; il ne s'énervait jamais, et cependant le ton calme et réprobateur qu'il prenait alors nous impressionnait bien plus que des menaces. Lorsqu'il prit le mégaphone, je m'attendais au pire, mais il se contenta de déclarer que personne ne toucherait un sou si les canons ne tiraient pas la prochaine fois. A la reprise, tous les canons tirèrent.

Les plans en plongée et en contre-plongée et les gros plans transformèrent un bon film en chef-d'œuvre. Bitzer, suivant les instructions de Griffith, se plaça dans le champ de bataille. Il fit le point sur le porte-drapeau sudiste et le suivit en un lent panoramique jusqu'à ce qu'il tombât. Puis gros plan sur le colonel des Confédérés (Henry Walthall) ramassant le drapeau et le plantant dans la gueule fumante d'un canon de l'Union. Ensuite plans moyens et longs sur la retraite des Nordistes. Mon seul regret fut de ne pas avoir pu assister à la manifestation d'enthousiasme des figurants quand le Sud remporta la victoire. Y avait-il eu la même ovation à Manassas * en 1861 quand Jubal Early mit en déroute McDowell?

Les scènes de bataille se poursuivirent un deuxième jour. Lorsque la caméra s'arrêta, Griffith me donna une poignée de main et m'adressa un large sourire, ce qui m'étonna venant de lui. Je me sentis fier comme Artaban quand il me dit : « M. Walsh, si vous aviez été un général sudiste, le Sud n'aurait jamais perdu la guerre. »

Dès que les plans de raccords individuels furent pris au studio, Griffith fit dégager tout le plateau et fit travailler l'équipe décoration à la construction du Ford's Theater. Il se préparait à assassiner un grand homme. Ce ne fut qu'à ce moment que j'appris par Frank Woods que je devais jouer le rôle de l'assassin.

Pendant que le garde du corps du président Lincoln partait boire un verre (comme l'Histoire le raconte), je m'introduisis furtivement dans la loge présidentielle et tirai sur Lincoln (Joseph Henabery). Quand je brandis mon pistolet et criai « *Sic semper tyrannis* », en sautant sur la scène pour fuir, je me pris le pied dans le drapeau américain. Je suivais l'histoire originale dans chaque détail, sans aller jusqu'à me casser une jambe. En

* Ville de Virginie où eut lieu une des batailles de Bull Run en 1861, au cours de laquelle les Sudistes (Jubal Early) l'emportèrent sur les Nordistes (McDowell). (*N.d.T.*).

réalité, seul mon ménisque en prit un coup et je me foulai la cheville, ce qui rendit la scène aux rushes plus convaincante. Quand j'appris à Griffith que le coup du drapeau avait été accidentel, il me félicita : « Ce fut un très bel accident! »

Le Dr McCoy m'envoya à l'hôpital Saint-Vincent pour me faire faire des radios et on m'y garda quelques jours.

Je somnolais lorsque Crazy Wolf entra dans ma chambre, les bras chargés de fleurs. Quand je lui dis qu'il n'était pas raisonnable de dépenser ainsi son argent alors que j'allais quitter l'hôpital dans un ou deux jours, il me répondit : « Moi t'aime — apporté des fleurs. Je t'ai vu tuer homme aujourd'hui — toi bon. » Puis il sortit.

Le lendemain matin, l'infirmière en voyant l'énorme bouquet de fleurs s'écria : « Ah! Je comprends maintenant où sont passées les fleurs du jardin! »

Personne au monde n'ignore que *Naissance d'une Nation* fut un chef-d'œuvre. Il mit fin, dans l'industrie cinématographique, au règne du nickelodeon et de son éternel pianiste. La partition musicale, spécialement écrite pour le film, était interprétée par un orchestre complet et serait projetée dans des tournées de province. Le public payerait plus cher pour voir ce film qui allait attirer plus de spectateurs qu'aucun autre jusque-là. Et ce ne furent pas les seuls changements que cette œuvre a apportés.

Jusqu'en 1915, date à laquelle Griffith termina son épopée, le public n'avait connu que des films de second ordre, d'une ou deux bobines. J'étais bien placé pour le savoir : j'y avais joué pendant plusieurs années, jusqu'à mon contrat pour *Villa*. *Villa* fut une pause dans la monotonie de ces œuvres sirupeuses. Nous avions au moins pu faire du vrai reportage puisque nous filmions un événement historique. Mais il fallut *Naissance d'une Nation* pour convaincre le monde qu'Hollywood était arrivé à maturité. Ce long métrage fut un tournant dans l'histoire du cinéma. L'opinion publique se débarrassa de l'idée répandue jusqu'alors que le cinéma n'était qu'un art mineur de divertissement, un rejeton illégitime du théâtre.

Mon frère George était arrivé sur la Côte pendant que nous tournions *Naissance d'une Nation* et je le fis figurer dans quelques scènes de bataille. J'avais au moins un « rebelle » qui ne refuserait pas d'endosser l'uniforme yankee. Il se fit apprécier par Griffith et par Woods; Cabanne l'engagea dans quelques films et Griffith lui fit jouer le rôle du jeune marié dans la séquence « babylonienne » de son film suivant : *Intolérance.*

Le triomphe de *Naissance d'une Nation* apporta cependant quelques ennuis à Griffith. Un cercle de gens qui avaient été choqués par des scènes du Ku Klux Klan lui fit un procès à Chicago. Tandis qu'il se trouvait à Windy City *, où il était convoqué au tribunal, Winfield Sheehan, le vice-président de la William Fox Company qui se montait à New York, me téléphona.

Il m'invita à dîner et me dit qu'après avoir vu *Home from the Sea,* M. Fox l'avait envoyé à Hollywood chercher le metteur en scène du film. « Il désire vous engager. Où en êtes-vous avec la Fine Arts? » Je lui répondis que je préparais un autre petit western mais que je n'avais pas de contrat avec elle.

« Oubliez la Fine Arts un instant, me dit-il, et écoutez-moi bien. Les studios Fox sont soutenus par des fonds importants de la Côte Est. » Il cita les noms d'une grosse compagnie d'assurances et de toute une kyrielle de banques. « En tant que vice-président, je puis vous assurer que nous sommes sur le point de devenir les studios de cinéma les plus importants. M. Fox et moi-même serions heureux que vous participiez à leur création. »

« C'est très aimable à vous, répondis-je, et j'apprécie le compliment. Mais je suis heureux ici. En outre, je ne suis qu'un jeune metteur en scène. *Home from the Sea* et *Life of Villa* sont les seuls films que j'aie faits qui vaillent quelque chose. » Il était affable et avait l'air sincère, mais je n'étais pas prêt à accepter de but en blanc une proposition qui me semblait douteuse — à moins que Fox ne me garantît un salaire rudement plus important que ce que je gagnais pour l'instant.

Sheehan sourit comme s'il savait quelque chose que j'ignorais.

« Votre loyauté est évidente et je la respecte. Nous savons tout de vous et nous sommes convaincus que vous êtes l'homme qu'il nous faut. Combien la Fine Arts vous paie-t-elle? »

Je lui rendis son sourire. « Ma modestie m'interdit de vous le dire. » S'il en savait tant sur moi, la première chose qu'il avait

* Surnom donné à Chicago, « Ville du Vent ». (*N.d.T.*).

dû faire, c'était de se renseigner sur mon salaire. Et s'il ne le connaissait pas, je n'avais nullement l'intention de lui dire que je gagnais péniblement 40 dollars par semaine, c'est-à-dire 10 de plus qu'à mes débuts. La Fine Arts avait pris de gros risques jusqu'à ce que les recettes de *Naissance d'une Nation* eussent commencé à rentrer. Henry Walthall touchait par semaine 55 dollars et Frank Woods 60; c'était les salaires les plus élevés, sans compter celui de Griffith qui, d'après les rumeurs, s'octroyait 100 dollars.

Sheehan eut un rire amusé. « Cela ne fait rien. Ne soyez pas fâché si je vous dis que nous savons au centime près ce que vous gagnez, ainsi que ce que touchent chaque metteur en scène, chaque acteur et actrice de la Fine Arts. Bon, je pense que vous avez dû faire vos calculs. Alors, combien vous faut-il? »

Il allait trop vite, sans me laisser le temps de réfléchir. A ce jeu, on pouvait être deux, pensai-je. Puisqu'il s'était vanté de soutiens financiers considérables, je lançai le premier chiffre qui me vint à l'esprit : « 400 dollars. Par semaine. »

Je m'attendais à ce qu'il hurle et m'envoie promener, mais il ne broncha pas. Il se contenta de tirer quelques bouffées de son cigare en m'observant. Il resta silencieux un bon moment et je pouvais presque entendre son cerveau travailler. Le mien faisait pareil. Il était même ridicule de penser à une telle somme. Les directeurs de banque eux-mêmes gagnaient moins sauf s'ils se permettaient un petit détournement de fonds. Sheehan hocha la tête. « J'appellerai M. Fox demain matin. Je vous téléphonerai au studio et vous donnerai sa réponse. »

J'arrivai au bureau de Frank Woods à 8 heures le lendemain matin et lui racontai ce qui s'était passé. Il m'écouta jusqu'à la fin puis se tapota les dents avec un crayon. « Je suis content que tu sois venu me trouver, Raoul. » Il lâcha son crayon et me regarda droit dans les yeux. « Avant son départ, M. Griffith m'a parlé d'augmenter ton salaire ainsi que ceux de Walthall et de Wally Reid. J'ai bien peur que tu ne l'aies, cette augmentation, car Fox a probablement déjà dû rappeler Sheehan à New York. »

Juste avant midi, je dus quitter le plateau pour répondre au téléphone. Je tombai presque à la renverse quand j'entendis la voix de Sheehan.

« Etes-vous libre ce soir pour dîner à la même heure et au même restaurant qu'hier? »

« Certainement. » Il raccrocha sans me laisser le temps de dire un mot de plus.

Je fus soulagé quand la tombée de la nuit mit fin à la journée de travail. Par chance, le tournage du western allait tout seul. Etant donné la manière dont je dirigeai le film cet après-midi-là, on aurait dû me flanquer dehors. Qu'avait dit Fox? Comment avait-il pris mon offre démente? Je ne pensais qu'à cela. J'arrivai au rendez-vous avec un quart d'heure d'avance.

Je ne pus rien lire sur le visage de Sheehan. Lorsque le serveur nous laissa, il sortit une feuille de papier de sa poche et la déplia devant moi. Quand je la lus, les mots dansèrent devant mes yeux. C'était un contrat pour faire trois films pour les studios de la Fox, à 400 dollars par semaine. J'entendis vaguement Sheehan me dire : « Dépêchez-vous de signer. Je meurs de faim. »

Je montrai un double de mon contrat à Frank Woods dès mon retour au studio. Pour la première fois depuis que nous travaillions ensemble, il resta sans rien dire, la bouche ouverte. Finalement il eut un rire nerveux : « Ils t'ont appelé! Si je n'avais pas lu ton contrat, je ne t'aurais pas cru. » Il fit le tour de son bureau pour venir me serrer la main. « Je suis content pour toi, me dit-il. Tu vas gagner plus à New York en un mois qu'avec la Fine Arts en un an. » En me retirant, je l'entendis marmonner : « Mais quel est leur commanditaire? Dieu en personne? »

Olga vint me dire au revoir à la gare. Elle se mit à me parler tout doucement en russe pendant que je la prenais dans mes bras. Quand je lui demandai de me traduire ses paroles, elle me répondit : « Mon cœur me dit que nous nous reverrons un jour. Où que tu ailles, tu ne seras jamais loin de moi. » Je l'embrassai et me dirigeai tristement vers le train.

« Ces “messieurs” de la censure nous pendront »

A L'AUTOMNE 1916, mon père vivait toujours à Riverside Drive. Il avait pris sa retraite l'année précédente. Elizabeth s'était mariée et était partie s'installer à White Plains. George était encore en Californie et Alice était restée vivre avec papa. Ma mère avait été le pivot de la famille; maintenant mes frères et sœurs essayaient de persuader mon père de vendre la vieille demeure, mais il s'y refusait.

Arrivé à New York, je me rendis à la vieille maison. Je trouvai mon père aussi frais et gaillard qu'avant, et ma sœur était devenue une ravissante jeune femme — bien plus jolie que certaines actrices de l'écran. Quand Alice commença à me raconter qu'elle m'avait vu dans deux films, mon père l'interrompit et clama m'avoir vu dans *Naissance d'une Nation*. Il me complimenta sur mon rôle de John Wilkes Booth. « Mon garçon, poursuivit-il, tu ne te souviens probablement pas d'avoir rencontré Edwin Booth dans l'ancienne maison de la 48ᵉ Rue. C'était le frère de l'homme que tu as interprété à l'écran. » « Je me souviens bien de cet homme et de son visage si triste », lui répondis-je.

Bridget O'Connell, la vieille gouvernante, entra et me serra chaleureusement la main. Elle m'examina des pieds à la tête, et après m'avoir dit qu'elle me trouvait grandi, ajouta : « Ben vrai! Te voilà dans le cinéma maintenant! Miss Alice et moi t'avons vu dans un film. Tu étais sur un bateau dans une tempête épouvantable — les vagues s'abattaient sur les bateaux et les hommes étaient emportés à la mer. Comment diable t'en es-tu sorti vivant? Ça a dû être bien triste pour les parents de ceux qui se sont noyés. »

En lisant le scénario de *Regeneration*, le premier film que je devais faire pour la Fox, je fus intéressé par la grande liberté d'action que permettait le sujet. J'avais éprouvé le même sentiment pour *Life of Villa*. J'allais pouvoir de nouveau utiliser quelques-unes des techniques que Griffith m'avait enseignées, sans personne pour me superviser. Une fois de plus, on me laissait le champ libre et je savais que je tenais un succès entre les mains. Fox me dit : « C'est votre film, Raoul. Allez-y. »

Regeneration fut le premier long métrage de gangsters jamais tourné. J'avais la blonde et ravissante Suédoise Anna Q. Nilson pour le premier rôle féminin et comme acteur principal, Rockliffe Fellows, qui venait juste de quitter le théâtre à New York. L'intrigue de base était classique : l'héroïne dirige une mission dans le Bowery * pour les pauvres de la ville. Le héros, qui est aussi le méchant (cela était permis à l'époque), se moque d'elle en la traitant de dame patronnesse. Bien qu'il soit un gangster, elle tombe amoureuse de lui. Cette situation donnée, je pouvais improviser. Je sentais que si j'arrivais à m'éloigner de ce cadre stéréotypé, j'aurais de grandes chances de faire un succès.

Les scènes dans le Bowery ne présentèrent pas de difficultés. Il y avait suffisamment de clochards et d'ivrognes dans le quartier pour que nous puissions nous passer de figurants. Le procédé classique pour réaliser un film (jusqu'à ce que Griffith change cette façon de faire) était de tourner l'histoire par séquences, dans l'ordre chronologique, comme on lit un livre. Griffith m'avait appris à faire des raccourcis, à adapter mon plan de travail aux changements de temps et autres circonstances imprévisibles. M'inspirant de ce conseil, j'ai toujours écrit mon propre plan de tournage. Il m'apprit aussi à empêcher les acteurs de ' dévorer la scène ' en chargeant trop leur jeu.

Nous prîmes des arrière-plans du Bowery et quelques autres encore à Fort Lee dans le New Jersey, gardant le reste pour plus tard, y compris les intérieurs de la mission. Je voulais me débarrasser des scènes sur la rivière, où se déroulait le plus fort de l'action, c'est-à-dire une sortie sur l'Hudson pour les pauvres de la mission. D'après le scénario, le bateau devait

* Grande rue et quartier tapageur de New York. (*N.d.T.*).

prendre feu. Après avoir loué un bateau de plaisance avec un pont supérieur, je parcourus les bouges de Hell’s Kitchen * à la recherche de deux véritables voyous. Je réussis à leur faire comprendre dans un anglais rudimentaire que j’avais besoin d’une centaine d’hommes et d’une cinquantaine de femmes pour figurer comme passagers. « N’amenez que des gens qui savent nager, leur dis-je. Ils seront payés 5 dollars et vous deux en aurez 10 pour la peine. » Ils acquiescèrent et s’éloignèrent.

En attendant, je louai pour l’équipe de la caméra et moi un remorqueur qui escorterait le bateau d’assez près pour que ceux qui se trouvaient à bord puissent m’entendre parler dans le mégaphone. Je me félicitais de ce bateau apparemment sain et étanche lorsque les deux voyous, suivis d’une foule de gens, apparurent sur le quai. C’était un échantillonnage bigarré d’êtres humains : certaines femmes étaient de toute évidence des prostituées et la plupart des hommes auraient pu figurer au banc des condamnés à mort pour tous les crimes imaginables.

En les comptant, je me rendis compte qu’il n’y avait pas assez de femmes. Le temps nous manquait pour envoyer les deux recruteurs en chercher d’autres; nous perdions des heures précieuses, de l’argent et la lumière du jour. Je trouvai la solution : certains hommes joueraient des rôles de femmes. Après discussion, le régisseur non seulement nous donna assez de liquide pour acheter en hâte vingt-cinq robes, mais il s’offrit même pour aller les chercher. Au moment où quelques hommes choisis parmi les moins sinistres paradèrent devant les autres, maquillés et vêtus de jupes et de blouses, les commentaires furent franchement hilares.

Comme je voulais montrer le panache de fumée blanche dans le film, je demandai au capitaine de siffler avant de partir. Nous avions chargé une quantité de fumigènes à bord et je priai mes deux gorilles de les enflammer à mon signal et de dire aux figurants de se précipiter en pleine panique pour sauter par-dessus bord. « Faites-les tous sauter puis dégagez du champ de la caméra. Tout le monde doit être à l’eau. » Ils me jetèrent un coup d’œil entendu comme pour me dire que je n’avais pas de souci à me faire.

* Surnom d’un quartier autrefois mal famé de New York. (*N.d.T.*).

« Que Dieu vienne en aide aux traînards, pensai-je, ces bandits vont les balancer à des kilomètres du bateau. »

Le bateau démarra et nous le suivîmes dans le remorqueur. Les quelques canots que j'avais loués pour repêcher les gens étaient en ligne derrière nous. Un beau soleil brillait et je pris place sur le toit de la cabine de pilotage d'où l'on pouvait me voir et m'entendre. Au-dessous de moi, la caméra fit un lent panoramique de la rive qui s'éloignait, puis revint au bateau. Je tournai des séquences assez longues pour donner l'illusion du temps qui passe, puis empoignai le mégaphone et donnai l'ordre d'allumer les fumigènes. Quand on eut vraiment l'impression qu'il y avait le feu à bord, je repris le mégaphone et criai : « Sautez! »

Des figurants avaient à peine sauté que les canots de sauvetage arrivèrent en brassant l'eau pendant que la caméra filmait toute la scène. C'était excellent et je m'apprêtais à hurler « Coupez! » quand une bagarre se déclencha sur le bateau près du bastingage. Les deux malabars luttaient avec un homme qui, de toute évidence, avait pris peur à la dernière minute et refusait de sauter. Un des gorilles l'attrapa sous les bras, l'autre lui prit les pieds. Ils le firent balancer puis l'envoyèrent par-dessus bord. C'est ainsi que Sam Kingston, le payeur de la Fox, qui portait ce jour-là un beau costume et un panama, nous fournit un superbe gros plan quand on le jeta dans l'Hudson avec la sacoche de la paye.

Je ne m'inquiétais pas pour Sam; les canots ne le laisseraient pas se noyer. Mais la pensée de ces cent figurants aux visages durs découvrant qu'il n'y avait pas d'argent pour les payer me fit réciter quelques prières. Un des canots nous tira d'affaire en repêchant Sam. Celui-ci n'avait pas lâché sa sacoche. Les billets étaient détrempés mais encore valables.

C'est au moment de la scène d'évacuation du bateau que l'action reprit. Quand les femmes sautaient, leurs jupes bouffaient et j'étais presque sûr que quelques-unes ne portaient rien en dessous. Cependant je ne pouvais pas en être certain, car elles tombaient si vite qu'un corps en cachait aussitôt un autre. J'espérais n'avoir fait qu'imaginer cette vision et venais juste de crier «Coupez! » au cameraman lorsque j'entendis arriver les bateaux-pompes. Il y en avait trois qui fonçaient sur nous à toute vitesse en tirant sur leurs sonnettes d’alarme. Une vedette de police les précédait. Nous allions avoir plus de compagnie que nous n’en escomptions!

Les canots et les barques ramassèrent des figurants tout le long de la rivière. Le brigadier-chef sauta à bord du remorqueur et commença à poser des questions en aboyant. Quand il découvrit que j’étais le responsable, il m’arrêta sur-le-champ. Pendant ce temps, les bateaux-pompes arrosèrent tout ce qu’ils trouvèrent sur leur passage avec leurs lances pressurisées, tant et si bien que ceux d’entre nous qui étions secs furent aussi trempés que ceux qui avaient sauté à l’eau. Lorsque les pompiers s’aperçurent qu’il n’y avait pas de feu, leurs propos furent si grossiers que je n’oserais les retranscrire. Je jurai tout autant, mais cela n’arrangea rien.

Les journaux du lendemain évaluèrent à plus de 20 000 le nombre de personnes qui affluèrent sur les rives de Manhattan et de Jersey pour regarder le bateau « en feu ». Non seulement nous avions un bon film d’action, mais encore de la publicité gratuite. Il n’y avait qu’un inconvénient : je portais les menottes.

Les flics m’emmenèrent au commissariat de la 53e Rue et dressèrent un constat d’incendie volontaire, d’attentat à la pudeur et de dégâts avec préméditation. Etant donné les regards mauvais qu’ils me lançaient, je me serais aussi bien attendu à être également inculpé de viol et de meurtre. Quand je demandai au brigadier de service si je pouvais téléphoner, il me répondit « oui » d’un ton acerbe. Il me faisait clairement comprendre qu’il me détestait cordialement, des pieds à la tête.

J’obtins le studio et demandai à parler à Winfield Sheehan. Dès que je prononçai son nom, le commissariat devint silencieux et j’entendis plein de murmures. Sheehan me répondit : « Oui, nous sommes au courant de ce qui s’est passé. Où êtes-vous? » Je lui indiquai l’adresse et il me dit qu’il arrivait.

Quand je raccrochai et me retournai, un agent, très poli, me présentait une tasse de café. Sheehan arriva et échangea quelques mots avec le brigadier. Je ne fus pas surpris de voir cet ex-incorruptible désenchanté de la police new-yorkaise se confondre en excuses et déchirer l’acte d’accusation. Winfield Sheehan avait été autrefois reporter au *World* de New York, puis après avoir travaillé pour la Tammany Hall *, s'était retrouvé secrétaire du préfet de police. Il connaissait tous les flics de Manhattan et il avait le bras long. Nous retournâmes au studio dans sa Rolls, et c'est ainsi que se termina mon petit accrochage avec la Loi.

Fox, lorsqu'il me vit, vint me serrer la main. « Ce que tu as réussi aujourd'hui, me dit-il, ne s'est jamais vu dans l'histoire du cinéma. Rien que dans les journaux, ton petit scandale va nous valoir plus de publicité que si nous les avions payés. Et tout ce public... Mon vieux, on n'aurait pas rêvé mieux! » Puis il redevint sérieux. « Il faut que le film sorte pendant qu'on est en plein battage publicitaire. Tu m'avais dit qu'il te fallait encore dix jours pour le terminer. Crois-tu qu'en cinq jours tu puisses y arriver? » me demanda-t-il.

Nous y sommes arrivés.

Le cinéma de l'Academy of Music sur la 14e Rue appartenait alors à la Fox; c'était la plus grande salle de Manhattan et les films y restaient généralement à l'affiche pendant trois jours. *Regeneration* y fut maintenu pendant deux semaines. Les scènes où les gangsters pourchassaient pour le tuer l'amant d'Anna, alors qu'il venait enfin de se détourner du monde de la pègre pour l'aider à diriger la mission, étaient des plus banales. Mais ces scènes, ajoutées à celles du bateau, soutenaient l'action et elles amenèrent une foule de spectateurs. Le film s'achevait sur une scène larmoyante où l'héroïne s'agenouillait devant la tombe de son amant assassiné et la couvrait de fleurs. J'écrivis l'épitaphe de la pierre tombale : « A Lefty, un pêcheur qui trouva la paix » et fis avancer la caméra pour faire un gros plan à la Billy Bitzer. Le ravissant visage d'Anna était inondé de larmes quand je lui demandai de regarder la caméra. Elle était si touchante que je faillis moi-même éclater en sanglots.

Deux jours après la fin du tournage, on passa les rushes dans la salle de projection privée de la Fox. Au montage, ils avaient fait du bon travail, mais l'un des monteurs avait dû être momentanément frappé de cécité; j'entendis Fox suffoquer en voyant les figurants commencer à sauter du bateau. « Aïe, les tarés!

* Puissant organisme démocrate siégeant à New York et fondé en 1789 (*N.d.T.*).

Raoul Walsh
dans le rôle
de John Wilkes Booth
dans **Naissance d'une nation**.

›rès l'assassinat
› président Lincoln
›ns **Naissance d'une nation**.

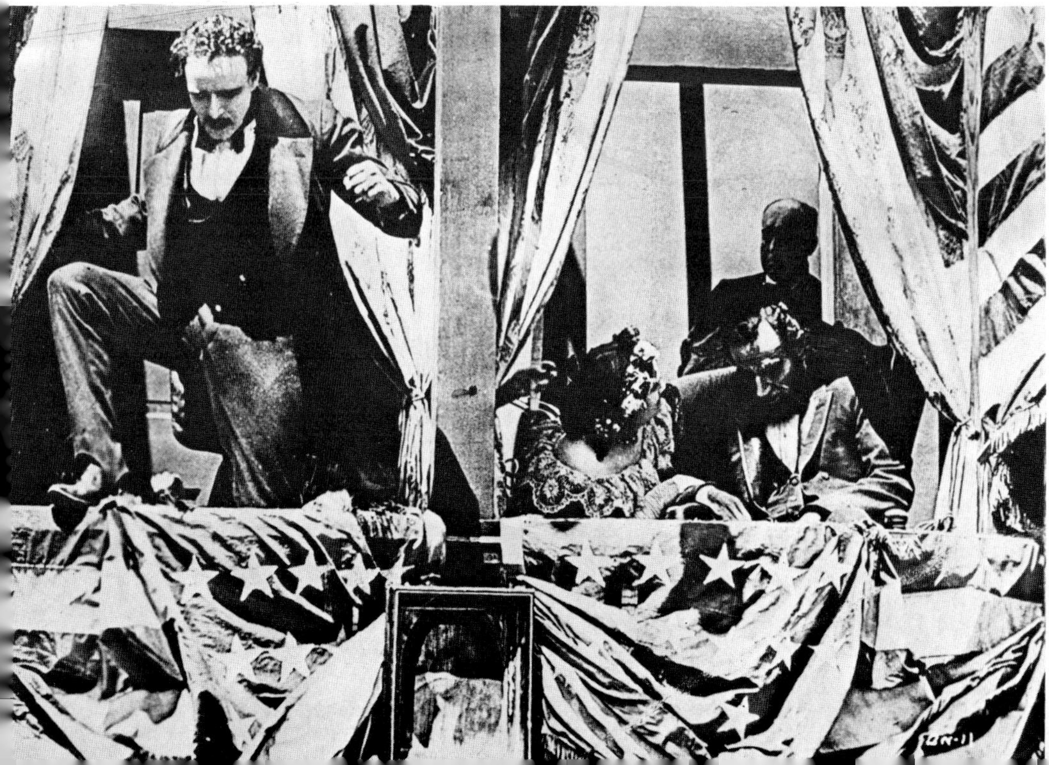

L'auteur incarnant Pancho Villa jeune
dans **Life of Villa.**

Pendant le tournage de **Life of Villa :**
le ramassage et l'inhumation des morts à Mexico.
Walsh filme ici sa « première guerre de première mc

En haut, les trains transportant les troupes de Villa partent pour le front.
En bas, Pancho Villa, triomphant, au Capitole.

Raoul Walsh et des indigènes polynésiens pendant le tournage de **Lost and Found.**
(Coll. Jacques Lourcelles).

Douglas Fairbanks et Raoul Walsh
à l'époque du **Voleur de Bagdad**.
(Coll. Basil Courtel).

Raoul Walsh et les interprètes de **The Wanderer** :
de gauche à droite :
E. Torrence, Walsh, W. Collier Jr., Greta Nissen.
(Coll. Jacques Lourcelles).

Raoul Walsh, Gloria Swanson et Lionel Barrymore
dans **Sadie Thompson**.

L'auteur dans le rôle du Cisco Kid
de **In Old Arizona** avant qu'il ne perde un œil.
Warner Baxter lui succéda dans le rôle.

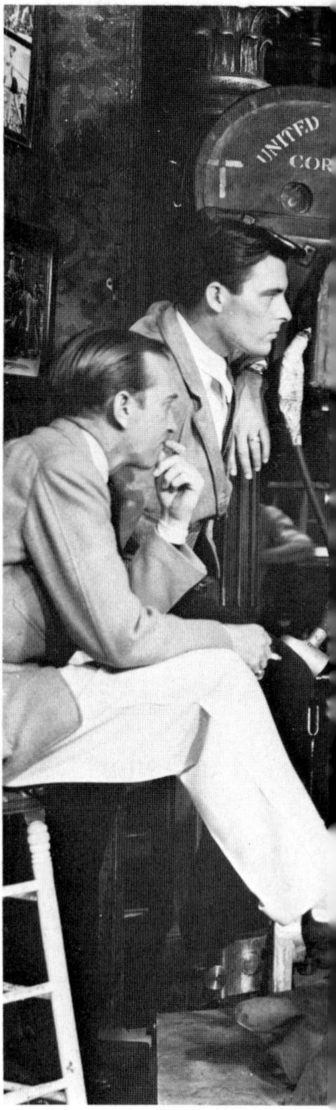

Raoul Walsh dirigeant George Raft dans **The Bowery.**
(Coll. Jacques Lourcelles).

Raoul Walsh et les girls de **Going Hollywood.** (Coll. Jacques Lourcelles).

L'auteur avec "son vieux copain Butch".
(Tournage de **Hitting a New High**).

On est fichu! » s'écria-t-il en se frappant le front. « La censure nous fera pendre. »

Il avait de sérieuses raisons de le penser; je vis avec horreur que mes soupçons étaient justifiés : une douzaine de femmes au moins étaient intégralement nues sous leurs robes longues. Que faire? Si nous coupions cette partie de la scène, tout le film s'effondrait, et si nous la laissions telle quelle, nous serions mis en quarantaine pendant un long, un très long moment.

Lorsque je retrouvai mes esprits, je me souvins d'un petit bonhomme qui avait travaillé pour la Pathé quand je jouais Revere. J'avais oublié son nom mais je pensais pouvoir retrouver cet as du raccommodage de film. Il pourrait peut-être sauver *Regeneration* et nous par la même occasion.

J'en parlai à M. Fox, qui me dit en hurlant : « Trouve-le! Offre-lui tout ce qu'il voudra! Vas-y! Vas-y! »

Le rafistoleur de pellicule avait déménagé, mais je réussis finalement à le dénicher dans un studio jonché d'agrafes aux environs de Washington Square. Après lui avoir expliqué ce que j'attendais de lui, il examina la bobine que je lui tendais puis me dit en secouant la tête : « Non, c'est impossible. »

« Rien n'est impossible, criai-je. Vous vous souvenez du jour où Dolly Larkin avait déchiré son corsage et était restée les seins à l'air? Vous aviez bien réussi à nous tirer d'affaire, ce jour-là! »

« D'accord, gémit-il, mais il ne s'agissait que de quelques images et d'une seule personne. Ici, vous en avez vingt et il y a beaucoup plus de métrage. Comment vais-je pouvoir reculotter vingt bonnes femmes sur chacune de ces images? Cela me prendrait toute la saison, et encore je ne pourrais pas vous garantir le résultat. »

« Vous saurez vous y prendre, lui assurai-je. Vous serez connu sur les deux côtes comme l'homme qui aura sauvé tout un film. Qui sait, cela vous vaudra peut-être une médaille. Et puis, pensez à l'argent! » J'espérais qu'il en avait un besoin pressant. A ce mot, son visage s'éclaira un peu : « Combien? » me demanda-t-il.

« Dites un prix et je vous en offre le double, lui dis-je, mais la bobine doit être prête pour demain. »

Il ronchonna encore un peu à l'annonce du délai mais finit par accepter de se mettre aussitôt au travail. Nous nous mîmes d'accord sur un prix. Il demandait cher, mais j'étais prêt à le payer de ma poche s'il le fallait. Tandis que je me retirais, je l'entendis murmurer à son colleur : « Autrefois, je les déculottais, maintenant il faut que je les reculotte. »

Le lendemain soir nous projetâmes la bobine raccommodée : c'était parfait, sauf que certaines femmes avaient l'air de porter des couches. Du moins la décence était-elle sauve. Fox fut si content qu'il porta mon salaire à 800 dollars par semaine. « Tu as beau être Irlandais, me dit-il, tu raisonnes comme un youpin. » De sa part, c'était un compliment. Il me donna en prime une nouvelle voiture, une Simplex. J'avais donné ma Stutz à George en quittant la Californie.

Les Etats-Unis déclarèrent la guerre à l'Allemagne alors que je terminais le tournage de *Regeneration*. New York tremblait sous le pas des soldats qui allaient attraper le Kaiser et le mettre en cage. Il y eut quelques suicides quand certains citoyens reçurent des plumes blanches * par le courrier. Je voulais m'engager.

Le père du lieutenant-colonel Griffin était un ami du mien. Un jour, le colonel alla le trouver pour lui faire part de ses ennuis. « Le quartier général des Services de Transmissions à Washington est sens dessus dessous, dit-il à mon père. Ils sont vingt à essayer de monter le premier lot de films documentaires de guerre qui nous sont parvenus de France, et il n'y en a que trois qui savent ce qu'ils sont en train de faire. La plupart d'entre eux n'ont jamais vu un studio de cinéma de leur vie. Il me faut Raoul. » « Je ne pense pas que vous aurez besoin de le lui demander deux fois! » lui répondit mon père.

La semaine suivante je fus donc nommé lieutenant en second dans les Services de Transmissions de l'armée. Fox essaya bien de me faire changer d'avis, mais les propositions du colonel Griffin pesèrent plus lourd dans la balance. J'espérais être envoyé outre-mer. Hélas, après m'avoir fait passer quelque temps dans la salle de projection de la ASC sur la 6e Avenue et au Camp Dix dans le New Jersey, on me confina dans un bureau lugubre qui donnait sur le Potomac.

* Symbole de lâcheté. (*N.d.T.*).

Le colonel n'avait pas exagéré en se plaignant de l'inefficacité des hommes du quartier général. Je commençai par me débarrasser de tous les incapables et finis par ne garder que six monteurs, trois sous-titreurs et cinq colleuses. Nous passions la moitié de nos journées dans la salle de projection à visionner les scènes de combat. Griffith, qui avait jugé quelques-unes de mes images dans *Villa* bonnes et sanglantes, aurait été littéralement malade s'il avait vu certains de ces plans pris au front. Les photographes du Service des Transmissions et ceux des actualités cinématographiques s'étaient placés en plein milieu de la bataille avec les troupes.

De temps en temps, l'image était bonne, mais dans l'ensemble elle était pleine d'effluves ou mal cadrée. Cela n'avait rien d'étonnant étant donné les conditions de tournage, et personnellement, ces maladresses me plaisaient car elles donnaient aux scènes plus de réalisme. Un homme qui a le visage arraché est un spectacle atroce quelle que soit la manière de le montrer. Je fis donc exprès de ne pas toucher à bon nombre de ces séquences imparfaites afin d'obtenir plus d'effet. Les gens qui les verraient auraient ainsi la sensation d'être au front, dans les premières lignes. En une semaine, nous avions monté, collé et sous-titré plus de neuf mille mètres de pellicule.

Le colonel Griffin vint un jour me faire part d'une idée qui me trottait dans la tête depuis quelque temps : « L'un des buts de ces films est de faire vendre des “ Bons de la Liberté ”. Si une vedette de cinéma pouvait leur faire un peu de publicité, je crois que les ventes monteraient. A qui pourrions-nous bien nous adresser? »

« Pourquoi ne pas commencer par Mary Pickford? » lui proposai-je en souriant. Le colonel resta suffoqué. « Quoi? Vous croyez vraiment qu'elle accepterait? » parvint-il enfin à me dire.

« Pourquoi pas? lui répondis-je. Si elle est “ la petite fiancée de l'Amérique ”, ce n'est pas seulement à cause de sa jolie frimousse. »

Je crus qu'il allait me nommer général sur-le-champ. « Vous voulez bien lui en parler? me demanda-t-il. Il suffirait qu'elle apparaisse pour que nous vendions des milliers de bons. »

Mary était toujours sous contrat avec la Famous Players et elle vivait au Plaza Hotel avec sa mère. Cette dernière, que j'eus au téléphone, m'assura qu'elle était bien entendu d'accord, et deux jours plus tard, Mary, plus adorable et séduisante que jamais, s'adressait à l'Amérique du haut des marches de la Library au coin de la 5ᵉ Avenue et de la 42ᵉ Rue. La foule était si dense que l'on aurait pu installer la caméra sur la tête des gens pour filmer cette harangue.

Les tables sur lesquelles on avait empilé les bons furent nettoyées avant même que Mary eût terminé son discours émouvant. Elle dut continuer à parler tandis que l'on apportait de nouvelles piles de bons et, lorsque à la fin de son allocution le colonel la rejoignit pour l'aider à descendre les marches, il ne restait de nouveau plus rien sur les tables. Je sortis les magasins des trois caméras qui avaient filmé la scène et les portai au laboratoire de Washington par le premier train. Les films furent développés le soir même et projetés le lendemain dans les salles de cinéma.

Dès que je jugeai l'équipe de montage au point, je commençai à harceler Griffin pour qu'il m'envoyât au front. « Je serai plus utile là-bas; vous n'avez plus besoin de moi ici », argumentai-je.

Je ne réussis cependant pas à le persuader. « Qu'est-ce que tu crois que tu ferais là-bas? De la mise en scène? C'est l'ennemi qui s'en charge. Tu ne serais qu'un photographe parmi d'autres, me répliqua-t-il. Reste ici et aide-moi plutôt à convaincre le public. »

Moins d'un mois plus tard, l'armée me libéra avec le grade de lieutenant et je reçus du ministère de la Guerre une lettre de félicitations signée du président Wilson. Je soupçonnai Fox et Sheehan d'avoir manigancé mon retour à la vie civile, mais nous n'en parlâmes jamais. La guerre touchait à sa fin et nous avions vendu beaucoup de Bons de la Liberté. Il était temps de retourner à la mise en scène.

Le vent d'hiver soufflait lorsque nous entreprîmes la construction des décors de *The Siren of Seville,* de l'autre côté de la rivière, à Fort Lee. Le scénario me plaisait, mais les conditions atmosphériques m'inquiétaient. En effet, le climat du New Jersey ne ressemble pas à celui de la Californie du Sud où il gèle rarement sauf dans les montagnes. Les vents du Nord, soufflant du Canada, s'abattirent sur nous et le thermomètre descendit à — 4 degrés en quelques heures. Le froid ne serait pas forcément un handicap, mais un ciel couvert pouvait paralyser le tournage.

Fox se montra plus optimiste que moi. Il me donna l’ordre de tourner, « même si vous devez vous éclairer aux bougies ». Il avait engagé Theda Bara pour le rôle féminin principal. Je l’avais déjà rencontrée, mais je ne l’avais encore jamais dirigée. Elle semblait avoir une personnalité souple, modeste même, deux qualités rares chez une star de cette classe qui montait en flèche.

Nous cherchions toujours un acteur pour interpréter le rôle du héros quand il se mit à neiger. Les journaux locaux prétendaient qu’il n’avait jamais autant neigé dans le New Jersey. Nous étions perdus : en fait d’Espagne ensoleillée, nous nous trouvions au beau milieu de la Laponie... et on annonçait plus de neige encore.

Fox nous convoqua dans son bureau pour une réunion au sommet. Il y avait là quelques personnages arborant le même visage tendu qu’ont les banquiers et les présidents-directeurs généraux quand les cours de la Bourse dégringolent. Tous les regards semblèrent se braquer sur moi comme si l’on me tenait responsable de la neige. « Il va falloir mettre le film au rancart », annonça Fox, et Sheehan d’ajouter : « Il est inutile de continuer à se battre contre les moulins. »

« C’est absolument impossible, objecta l’un des distributeurs, le film a déjà été vendu. » Il arrivait en effet couramment que l’on vendît un film avant même qu’il fût tourné. Les distributeurs signaient à l’avance un contrat aux exploitants de salles et prenaient un acompte.

L’un d’eux se leva et se dirigea vers la porte. « Où allez-vous? » lui cria Fox.

« Me tirer une balle dans la tête, répondit l’autre. J’ai dit à Mendel, à San Francisco, que je l’avais *vu* ce foutu film. »

« Pourquoi ne ferions-nous pas un compromis? » proposai-je en cherchant vainement autour de moi un regard de sympathie. Personne apparemment ne tenait à se mouiller plus avant dans une affaire où le mauvais temps était contre nous. « Tout n’est pas encore perdu! » Je parlais pour ne pas perdre mon sang-froid. « Nous ferons un autre genre de film. »

— Quel genre? » me demanda Fox l’air furieux.

— Un... un film russe », lançai-je. En Russie au moins il neigeait.

— Continuez, me pria Sheehan en mordillant son cigare. Quel genre de film russe? »

Je me torturai la cervelle. Quel genre, en effet? La Russie... Raspoutine... la Révolution... J'avais trouvé. Raspoutine, le moine qui, grâce à son pouvoir de guérison sur l'hémophilie du tsarévitch, était devenu l'éminence grise de la cour. Et Theda Bara, quel rôle jouerait-elle? Le meilleur bien entendu, celui de l'une des grandes duchesses... celui d'Anastasia, la plus jeune. A partir de là, il n'y avait plus qu'à imaginer une intrigue amoureuse à trois personnages. Le grand duc veut l'épouser, mais elle est amoureuse de... peu importe qui... un homme romantique, par exemple un boyard, colonel des hussards que les bolcheviques auraient épargné en raison de sa glorieuse carrière militaire. Je voyais déjà la scène : la vodka, les balalaïkas, les cosaques sautant par-dessus les tables pendant que les amants, enfin réunis, disparaissent dans la steppe. « Faites venir vos scénaristes, criai-je à Fox, et vous saurez de quel genre de film russe je veux parler. »

Nous travaillâmes pendant toute la nuit et au matin, non seulement nous avions l'histoire mais j'avais aussi écrit le découpage. Je sortis pour envoyer un télégramme à mon frère George : « Je t'attends ici. Fonce. » Je l'avais choisi pour jouer le beau boyard d'Anastasia. Lorsque j'exposai mes projets à miss Bara, elle se mit à rire : « C'est encore une de vos idées d'Irlandais. » George arriva cinq jours plus tard.

Le premier jour de tournage de *The Serpent* (ainsi intitulé à cause de Raspoutine : le serpent dans le jardin des Romanov), la neige se mit à fondre au soleil. Tout le monde pataugea bientôt dans la boue si bien que je dus remettre à plus tard certaines scènes, notamment celle de la fin où George s'enfuit avec Theda vers sa dacha dans un droschki conduit par deux chevaux. Je voulais montrer miss Bara tout emmitouflée dans ses fourrures, pelotonnée contre son bien-aimé, dans un épilogue émouvant. Il me fallait pour cela attendre une autre tempête de neige.

Le scénario suivait l'histoire du tsar Nicolas et des épreuves que traversait la famille royale aux prises avec la funeste influence de ce misérable moine. Quand les rebelles prenaient d'assaut le Palais d'Hiver, la boue, bien réelle, donnait un air de réalisme à ces scènes. Je me débarrassai exprès de celles où Raspoutine hypnotisait la tsarine et la soumettait à sa volonté tandis que Nicolas était au front et de celles où il brutalisait Anastasia qui refusait d'épouser le grand duc. Quant aux scènes d'amour, j'attendis pour les tourner d'avoir un temps plus sec et plus lumineux où la glace refléterait le soleil. Mon plan de travail s'avéra inutile et je finis par m'en débarrasser. Ce fut le climat du New Jersey et non pas moi qui dirigea les opérations.

Il suffit de retoucher çà et là la façade de l'église que nous avions construite pour *The Siren* pour qu'elle passât pour une église orthodoxe. Afin de créer plus d'ambiance, nous engageâmes une troupe de danseurs russes, qui venaient de terminer leur tournée nationale à New York. Ils furent remarquables et je regrettai de n'avoir pu enregistrer leurs chants folkloriques. Quelques blondes pulpeuses nous furent envoyées par le casting pour jouer les serveuses dans les scènes de café. L'une d'elles s'approcha de moi et me dit : « Vous vous souvenez de moi, M. Walsh? » C'était Dolly Larkin, avec une quinzaine de kilos en plus.

Quand je lui demandai ce qu'elle avait fait depuis tout ce temps, elle haussa les épaules : « Vous savez ce que c'est dans ce métier; un jour c'est du poulet, le lendemain c'est la dèche. » Maintenant que j'étais à l'abri de ses baisers goulus, je demandai à la production de l'employer dans le film tout au long du tournage. Les régisseurs de la Fox pouvaient bien pour une fois se montrer généreux, ne fût-ce que par égard pour mes « anciennes amours ».

The Serpent ne fut pas, comme je l'avais craint, un navet. Il eut une presse favorable et fit de bonnes recettes.

Au cours d'un des derniers jours du tournage, il se produisit un gag inattendu dont le public n'allait pas profiter : les droschkis n'étaient en fait que des chariots auxquels nous avions apporté quelques transformations. Il semble que celui de George et de Bara ne fût pas bricolé avec le meilleur soin. Lorsqu'ils y montèrent pour fuir et que le cocher fouetta ses chevaux, ces derniers arrachèrent le chariot de ses patins puis s'enfuirent, laissant nos amoureux en plan tandis que le cocher, cramponné aux rênes, partait sillonner plusieurs arpents des terres du New Jersey avant que l'on puisse rattraper les chevaux.

Après avoir produit *The Serpent,* Fox n'avait plus un, mais deux grands studios à Fort Lee. Je m'y rendis lorsque la neige eut fondu. Les rues de Moscou et de Saint-Pétersbourg avaient de nouveau laissé place à la Grande Place et aux *avenidas* de Séville, le décor initial; les façades des maisons patinées par les vents et la neige de cet hiver rigoureux offraient à présent un aspect plus authentique. Les idées se remirent à bouillonner dans ma tête.

J'avais lu dans *Variety* que Cecil B. DeMille comptait mettre en scène *Carmen* de Bizet avec Geraldine Farrar. Après avoir examiné les décors de Fort Lee, je revins en toute hâte à la 46ᵉ Rue et fis irruption dans le bureau de Fox où je le trouvai en compagnie de Sheehan. « Patron, commençai-je, DeMille se prépare à tourner *Carmen* sur la Côte. Nous avons déjà tous les décors, ceux de *The Siren,* de l'autre côté de la rivière. Pourquoi ne pas le prendre de vitesse et faire notre propre *Carmen* avec Theda Bara dans le rôle principal? Ses costumes espagnols sont encore à la garde-robe. Qu'en pensez-vous? »

Fox bondit de son fauteuil et je crus qu'il allait m'embrasser : « Décidément, l'Irlandais, tu as une sacrée cervelle de youpin! » Il me donna une grande tape dans le dos et j'eus le sentiment d'être le chien fidèle qui ramène du gibier à son maître.

Sheehan se montra moins démonstratif. Il me considéra du haut de son cigare et me demanda : « Est-ce que DeMille a déjà commencé? Si oui, ce n'est pas la peine d'y penser. »

Fox le coupa : « Nous serons vite fixés. Raoul, prends le téléphone! »

Je demandai à la standardiste de me passer Frank Woods aux studios Fine Arts à Hollywood. Je commençai par lui demander des nouvelles de Griffith, puis allai droit au but et lui posai ma question. Il me pria de ne pas quitter et revint quelques minutes plus tard en me disant que d'après Frank Shaw, qui travaillait à la publicité, DeMille devait commencer le tournage d'ici une semaine.

« Une semaine! s'exclama Fox en se laissant tomber dans son fauteuil après que j'eus raccroché. Il va falloir faire vite! Quand peux-tu démarrer? »

« C'est déjà fait », lui répondis-je, et là-dessus je retournai chez moi. Le lendemain matin, lorsque je présentai les deux pages du synopsis de *Carmen* que j'avais écrit dans la nuit, Fox me renvoya les lire à Miss Bara.

Au volant de ma voiture, en me rendant chez elle, j'avais l'impression d'entendre les moteurs des caméras de DeMille ronfler à mes oreilles. Theda n'avait qu'à dire non pour que nos projets s'effondrent.

Quand elle eut fini de lire le synopsis, elle me fit ce sourire angélique qui la rendait déjà célèbre, et approuva avec enthousiasme : « Cela me plaît. Quand commençons-nous? »

Sur la route du retour au bureau, ma peur des caméras rivales s'était envolée. Nous avions un scénario solide, salué par la critique théâtrale, et la star la plus sensuelle des Etats-Unis.

Je me rendis au département des costumes, et fis faire quelques croquis d'habits de bohémienne espagnole que j'envoyai à miss Bara pour qu'elle donnât son avis. Deux jours plus tard, nous tournions les premières séquences du film à Fort Lee.

Tandis que je filmais les scènes de rue, une équipe de menuisiers construisait une arène. Je demandai au bureau de m'envoyer quelques séquences d'actualités de courses de taureaux. Pourquoi, pensais-je, perdre du temps et nous donner du mal pour filmer des arrière-plans quand nous pouvions obtenir le même résultat en intercalant ces séquences d'actualités dans mes scènes d'arène? Il y avait une limite que la censure ne nous laisserait pas dépasser : il ne fallait pas montrer de *banderilleros* ni de mise à mort, seulement le travail de la cape et à la rigueur le matador amenant le taureau devant lui et pointant son épée mais ne s'en servant pas. C'était comme offrir un bonbon à quelqu'un et le lui retirer avant qu'il ne le mange. Nous pouvions suggérer l'acte, mais pas le montrer.

Tenant compte de ce fait, je me résolus alors à envisager de nouvelles façons de tourner. Tous les films d'actualités montraient le matador en train de travailler le taureau en plans latéraux, en profils, comme nous disions. Je comptais en donner plus au public, peut-être en filmant par-dessus le dos du taureau, entre ses cornes, de façon à capter au même moment le travail de la cape et les réactions de la bête. C'est cela que je visais. Il me restait encore à trouver comment j'allais m'y prendre.

Pour les besoins du film, nous construisîmes un camp de

bohémiens sur les bords d'un lac, à quatre kilomètres de là. Nous utilisâmes le doris * d'un pêcheur d'aloses comme bateau de contrebande. Il fallait environ quatre figurants pour amener Carmen à la rame de l'autre côté du lac. Je fis l'erreur de proposer un supplément pour ce rôle insignifiant, car au moment où je criai : « Moteur! » et que miss Bara embarqua, une vingtaine de figurants la suivit et le doris sombra sous deux mètres d'eau. Miss Bara ne savait pas nager, si bien que nous nous précipitâmes tous à l'eau pour la sauver. En la voyant trempée, le maquillage coulant sur son visage, les cheveux dégoulinants, je m'attendais à ce qu'elle explose et quitte le tournage. Mais au lieu de cela, elle me fit un sourire en constatant simplement : « Ce sont des choses qui arrivent! »

Telle était Theda Bara dont George, son partenaire dans *The Serpent,* disait qu'elle ne volait pas le film mais qu'il n'existait que par elle. De toute ma carrière de cinéaste, je n'ai jamais rencontré de personne plus tolérante. Je frémis à l'idée de ce qu'une actrice aujourd'hui aurait exigé en de telles circonstances... Miss Bara était prête à se remettre au travail moins d'une heure après. Elle ne demanda qu'un costume de rechange, une friction, une nouvelle coiffure et un nouveau maquillage.

Nous écopâmes le bateau, le filmâmes à nouveau tandis qu'il s'éloignait puis, après nous être installés à une cinquantaine de mètres de l'autre côté de la rive, nous le prîmes en train d'avancer vers nous. A la suite de quoi, nous remballâmes notre matériel et retournâmes à Fort Lee.

Les menuisiers avaient fini de construire l'arène de trois cents places. La grille principale donnant sur la plaza, qui avait été auparavant la scène des allées et venues de la famille royale de Russie, était prête pour le défilé d'ouverture des matadors et de leurs *cuadrillas*. Le département publicité avait demandé, par petite annonce, « un homme d'origine espagnole, ayant l'expérience des courses de taureaux. » Plus d'une vingtaine de personnes se présentèrent. On leur remit une cape et on les pria de nous montrer ce qu'ils savaient faire.

Je finis par choisir un dénommé Valverde. Il savait vraiment se servir d'une *muleta* et je crus qu'il allait transpercer

* Bateau à fond plat. (*N.d.T.*).

Grady avec une paire de ciseaux en guise de *banderillas,* en nous faisant la démonstration de son talent. Quand le casting lui demanda quel était son métier, il annonça, après avoir fièrement ouvert sa chemise et exhibé une longue cicatrice laissée par une blessure de corne, qu'il était cuisinier au Stanley's Restaurant. Nous l'engageâmes et l'envoyâmes à Fort Lee avec six figurants pour former une équipe.

Je dis à Grady qu'il me fallait trois cents figurants supplémentaires, les plus proches possible du type espagnol aristocratique. Son regard s'éclaira et il me répondit en riant : « Te souviens-tu de ces deux voyous qui ont recruté tes passagers pour *Regeneration?* Et bien, tu ne le croiras pas, mais ils sont entrés dans les affaires maintenant. Ils se font appeler Levitt et Sweeney et ils tiennent une agence d'acteurs dans la 32e Rue! »

« Amène-les-moi. Il faut que je voie ça! »

Une heure plus tard, deux gorilles, bien différents de ceux que j'avais connus, se présentèrent devant moi. Ils avaient troqué leurs gilets de corps crasseux et leurs pantalons de coton contre des costumes de ville, et l'un d'eux avait même une canne. Je faillis leur éclater de rire au nez. Ils prirent note de ma demande et partirent.

Trois jours plus tard, je tournai la grande scène de la course de taureaux. Valverde avait montré à l'acteur principal comment se servir de la cape et donné des directives à l'équipe pour faire son entrée dans l'arène et se mettre en ligne aux pieds du président et du jury. Ils ressemblaient à des professionnels dans leurs habits de lumière. Levitt et Sweeney apparurent à la tête des figurants supplémentaires, et je commençai à remarquer certaines têtes qui ne m'étaient pas inconnues. Je me rendis compte peu à peu que ces deux canailles avaient ramené la même bande de clochards, de maquereaux et de prostituées que nous avions engagée pour sauter du bateau. C'était bien des aristocrates de pure race, mais des aristocrates sortis de Hell's Kitchen, pas d'Espagne! Malheureusement, il était trop tard pour y remédier.

Le clairon retentit pour le défilé d'ouverture. L'assemblée, qui aurait pu figurer au banc des meurtriers, avait pris place sur les gradins. Je jetai un coup d'œil furtif et nerveux vers le taureau. Nous l'avions loué, en même temps que son propriétaire, un fermier de Teaneck, avec une option à renouveler si nous devions refaire le premier jour de tournage. Je priai le fermier de donner à manger des bottes de luzerne à son taureau, pendant que nous attachions, avec un nœud coulant, les pattes arrière de l'animal à un piton solide fiché au milieu de l'arène. A ce moment, il se tenait tranquille, mâchant son foin et ne semblant avoir le moindre souci.

Tout en filmant les scènes de contrebande, je réfléchissais à une autre manière de tourner les plans dans l'arène. Filmer le long du dos du taureau, entre ses cornes, serait une réussite, si nous en trouvions le moyen. George Benoit, le cameraman préféré de miss Bara, nous fournit la solution. Il avait une petite caméra Debrie avec un entraînement à ressort. Lorsque je lui dis que je comptais attacher l'appareil sur le dos du taureau et laisser la caméra filmer toute seule, il trouva que c'était une idée ‘ magnifique ’. Nous commençâmes à tourner l'entrée des matadors, après avoir fixé la caméra sur la croupe de l'animal, à environ 60 centimètres de sa queue. La Debrie enregistrerait toute la scène tant que les pattes du taureau resteraient attachées au pieu.

J'installai ensuite une autre caméra sur la croupe du taureau de façon à pouvoir filmer entre ses cornes. Je demandai à Valverde de montrer à l'acteur principal comment exécuter un *paso de pecho* final. Quand il fut au point, je priai l'acteur de s'approcher du taureau. Mais tandis qu'il s'avançait, je mis la caméra en marche et l'animal prit peur. Il se dégagea d'un coup de patte et se mit à galoper autour de l'arène en ruant comme un cheval. Le figurant courut jusqu'à la haute palissade, sauta par-dessus et on ne le revit plus de toute la journée. Cependant, la foule des figurants hurlait et acclamait le taureau qui continuait ses cabrioles en essayant de se débarrasser de la caméra. Il finit par sauter par-dessus les palissades et disparut en direction de Fort Lee.

Un type passa la grille en courant. J'allai à sa rencontre et lui demandai s'il avait vu un taureau. Il me répondit d'une voix un peu tremblante : « Je viens de voir passer quelque chose dans une gerbe de merde! C'était donc un taureau? » Dieu seul sait ce qu'il y avait sur la pellicule de la Debrie, car lorsqu'on retrouva le taureau, il broutait paisiblement dans un pré à environ huit kilomètres de là et la caméra avait disparu!

Nous terminâmes *Carmen* à temps pour le faire sortir avant le film de DeMille. La première organisée par Fox eut lieu au coin de la 96e Avenue et de Broadway, dans le Riverside Theater qu'il venait de faire construire. Il engagea un orchestre de soixante musiciens, et je dois avouer que leur brillante interprétation des airs de Bizet contribua fortement au succès du film, sans compter la publicité que lui fit Fox en donnant un pourcentage des recettes à la Croix-Rouge.

La police dut contenir la foule. Lorsque miss Bara s'avança, escortée jusqu'au cinéma, le public lui fit une grande ovation. Après la sortie de *Carmen,* tous les cinéastes de New York et de la Côte réclamèrent la star la plus fascinante du siècle. Elle monta plus fort que jamais au box-office et j'espérais avoir contribué à son succès.

Il y a des moments où le cours normal des choses semble se renverser et où le temps règle les succès ou les échecs individuels. C'est ce qui arriva à toutes les grandes stars des films muets. Comme le son n'existait pas encore, les films étaient acceptés sans problème à l'étranger. Tout ce qu'un exploitant de salles en France, en Italie ou en Grèce avait à faire, était de fournir ses propres sous-titres. C'est ce qui explique la renommée mondiale des acteurs et actrices de cinéma américains à l'époque. Le son, avec toutes les complications qu'il entraîna, mit fin à l'exportation des films américains à l'étranger jusqu'à ce que les Français et les Japonais eussent appris à doubler les nouveaux films « parlants ».

Un jour que j'étais à mon bureau à la Fox, dans la 46e Rue, Sid Reynolds, le directeur du casting, entra accompagné d'une ravissante jeune fille nommée Anna Willets.

Sid me demanda de bien vouloir faire faire un bout d'essai à miss Willets et je priai cette très jolie fille de se présenter le lendemain matin à 10 heures au studio de Fort Lee.

Le téléphone sonna un peu plus tard dans la journée. C'était miss Willets qui tenait à me dire qu'elle n'avait jamais fait d'essai... qu'elle était très nerveuse... et me demandait de passer à son hôtel lui donner quelques conseils. Elle ne savait pas ce qu'elle devait porter, quel maquillage choisir, etc. Je lui promis de passer lui donner les conseils que je pourrais.

Une vague de chaleur avait submergé New York et le thermomètre avoisinait les 30° ! Pour quelle raison décidai-je de marcher à pied jusqu'à chez elle, je l'ignore, mais j'étais trempé lorsque le portier m'annonça. Je pris l'ascenseur. Miss Willets me gratifia d'un ravissant sourire en m'ouvrant la porte. Remarquant que j'étais en nage, elle m'offrit une bière glacée tout en se servant un ginger-ale au rhum. Me sentant terriblement mal à l'aise dans ma chemise mouillée, je lui demandai la permission de la retirer et de la faire sécher sur le rebord de la fenêtre. Elle eut une bien meilleure idée en me proposant une douche froide.

Tout en me séchant, j'entendis la jeune femme répondre dans l'interphone au portier : « Dites-lui que je ne suis pas là! » Après, semble-t-il, une longue discussion au bout du fil, la fille ouvrit la porte de la salle de bain et me dit, très agitée, de rassembler mes affaires, d'aller au bout du couloir et de m'habiller. « Mais pourquoi donc? » lui demandai-je. Quelqu'un venait la voir et bien qu'elle eût essayé de dire au portier de l'empêcher d'entrer, cet individu insistait pour monter. « Alors prenez vos vêtements et filez vite. S'il vous trouve ici, il vous flanquera une raclée. Il est plus fort que vous », m'avertit-elle. (J'appris par la suite qu'il s'agissait de Stanley Ketchel, le champion du monde poids légers, poids lourds.)

Deux sabres espagnols étaient accrochés au mur du salon. Je passai en courant devant mon hôtesse, sautai sur le canapé, décrochai un sabre et me précipitai jusqu'à la cage de l'ascenseur (qui était grillagée de fer). Lorsque je vis l'ascenseur s'élever lentement, je me mis à racler le sabre sur le grillage, ce qui fit jaillir des étincelles. Quand il fut presque arrivé au niveau de l'étage, je continuai à racler le grillage de plus belle, faisant voler plus d'étincelles encore et hurlai : « Viens voir un peu, p'tit mec, que je t'étripe! » L'ascenseur s'arrêta. Je continuai à racler la grille, il se mit alors doucement à redescendre.

En revenant vers la chambre de miss Willets, j'aperçus celle-ci pétrifiée dans l'embrasure de la porte. Je la pris gentiment par le bras, la reconduisis dans le salon, jetai le sabre sur le sofa et lui demandai une autre bière. Elle s'approcha de moi, m'entoura de ses bras et se pelotonna tout contre moi juste au moment où l'orage éclatait. L'amour est plus agréable quand la pluie tombe sur le toit au-dessus de votre tête. Le lendemain matin, en arrivant au studio, la standardiste m'apprit que miss Willets avait laissé un message disant qu'elle partait en hâte à l'hôpital de Saint-Louis voir sa mère qui était malade.

Une semaine plus tard, Fox me fit appeler et me demanda ce qu'évoquait pour moi le coin de Sunset et de Western Avenue à Hollywood. Je réfléchis un moment et finalement lui fis remarquer, de manière fort peu brillante, que ce n'était pas un endroit central. Pourquoi me posait-il cette question?

Fox. — Nous y construisons un studio entièrement équipé, tout ce qu'il y a de plus moderne. Je veux que tu ailles sur la Côte pour lui donner le coup d'envoi.

Moi. — Quand?

Fox. — Je viens de payer une somme excessive pour un scénario qui s'intitule *The Honor System*. Tu vas le mettre en scène. Au fait, à partir de maintenant, tu vas toucher 1 000 dollars par semaine.

Quand je sortis dans la rue, des sifflets d'usine retentissaient et les cloches des églises sonnaient. Nous étions le 11 novembre 1918. La paix dans le monde venait d'être signée dans un wagon de chemin de fer à Compiègne. La guerre était finie!

L'amateur de dynamite

En serrant la main de Sol Wurtzel au studio de la Fox à Hollywood, je me rappelai ce que Winnie Sheehan m'avait dit de lui, juste avant mon départ de New York. « Tu aimeras Sol. Il a été le secrétaire de M. Fox. Il est maintenant chargé de la production. Aide-le autant que possible. »

Wurtzel était exactement l'opposé de son confrère de la Fine Arts. Frank Woods était plus âgé, calme et bienveillant, sauf quand il engueulait quelqu'un; Wurtzel, lui, était un extraverti. Sa poignée de main était vigoureuse et j'eus l'impression qu'il essayait de me vendre quelque chose — lui-même probablement. Je me souvins de l'avoir vu à Fort Lee quand je tournais *Carmen*. « Je suis heureux que vous soyez ici, me dit-il en m'accueillant. Venez, je vais vous faire faire le tour de la maison. »

Les biens immobiliers de la Fox s'étendaient sur presque toute la longueur de la Western Avenue. Il y avait cinq ou six bungalows tout neufs pour les cadres supérieurs, y compris les directeurs. Sol ouvrit l'une des portes et m'annonça : « Voici votre bureau. » L'endroit était confortable et meublé avec goût. Une grande photo de William Fox était accrochée sur un mur et sur celui d'en face, il y avait un agrandissement de Sheehan. Apparemment, même mes rêves allaient être surveillés.

« J'espère qu'il vous plaît, me dit Sol, l'air radieux. Je ne vous le donne pas sans contrepartie, bien entendu. C'est le bungalow le plus grand.

— Que dois-je faire en échange?

— M'aider à faire marcher l'affaire.

— Vous vous êtes trompé sur mon compte. Je ne connais rien à la gestion d'un studio.

— Aucune importance! Pour ce qui est de diriger le studio,

j'ai une poigne de fer. Mais j'ai besoin de conseils pour les décors et toute la partie technique. Nous en reparlerons. Pour l'instant New York veut que j'engage cinq ou six autres réalisateurs et quelques scénaristes parmi les meilleurs. Vous connaissez Hollywood — alors donnez-moi des noms.

J'hésitai. C'était à la Fine Arts que j'avais le plus appris sur l'art de la mise en scène. Griffith et Frank Woods étaient en quelque sorte mes parrains. Pourtant l'argent que m'offrait Fox avait acheté ma vieille fidélité. « Des gens comme Jack Adolphi, Eddie Dillon, Jack Conway et Billie Beaudine ne se trouvent pas à tous les coins de rue », lui dis-je. « Griffith les a formés et ce sont tous des hommes de grand talent. Quant aux scénaristes, vous pouvez toujours aller rôder du côté de la « volière » de Sennett. La dernière fois que je suis allé chez lui, il avait quelques bons scénaristes, mais j'ai l'impression que ceux-ci ne pouvaient pas le voir en peinture parce qu'il les surveillait constamment de son bureau comme d'une tour de contrôle. Dautre part, Leonard Spigelgass arrive de New York. Je lui ai déjà parlé. »

Wurtzel approuva. « Ah! Autre chose. Il y a trois hectares de terrain vierge de l'autre côté de la rue. A votre avis, qu'est-ce que nous pourrions en faire? »

Je n'avais jusqu'ici vu aucun décor de western. « Qu'est-ce que vous penseriez d'une rue d'une ville de l'Ouest? Il doit y avoir largement la place. »

« Ecoutez! Il mâchonna son cigare. Je ne sais pas grand-chose sur les rues de western. J'en construirai une si vous me donnez les directives. » « Vous avez un crayon? lui demandai-je. Un saloon — La Pépite d'Or, peut-être, ou bien La Dernière Chance... De l'autre côté de la rue, le bureau du shérif, à côté des bureaux de la Wells Fargo. Il vous faut aussi une banque, un bureau de poste, une prison, une entreprise de pompes funèbres, une enseigne de médecin et une boutique de barbier. Pour finir, ajoutez quelques devantures de saloons de chaque côté de la rue, un grand bordel à une extrémité et une petite église, en construction, à l'autre bout.

— Pourquoi un bordel?

— Que pensez-vous que font les cowboys quand ils descendent en ville? Qu'ils passent leur temps à boire du mauvais whisky et à essayer de descendre le barman? La prostitution était autorisée par la loi à l'époque; ce n'est pas comme aujourd'hui où elle est contrôlée par les gangsters et les maquereaux. »

Il me fit un clin d'œil. « Vous êtes bien placé pour le savoir! Il paraît que vous avez été cowboy vous-même. Et pourquoi l'église en construction?

— C'est simple. Ces villes se construisaient au fur et à mesure et les gens partaient du principe qu'il faut d'abord pécher avant d'être pardonné. Le prêtre était donc en général le dernier à débarquer. »

Nous traversâmes la rue et j'eus un choc en voyant les immenses plateaux intérieurs. Il y en avait cinq et, ce qui m'enchanta surtout, c'est qu'ils étaient tous équipés de l'électricité. Le soleil pouvait partir en vacances! Hollywood prenait véritablement son envol.

Etant donné tout l'argent que je gagnais à présent, je fus repris par une envie née à l'époque où je n'avais pu échanger les pesos de Villa : j'allais acheter une maison sur la Côte. J'y ferais venir mon père et Alice, si elle le voulait. Quant à George, il pouvait décider de revenir; à mon départ de New York, il tenait le premier rôle dans un autre film pour la Fox.

Je découvris un joli ranch à Los Feliz. Il était situé au milieu d'une orangeraie et derrière se trouvaient une écurie et des corrals. La maison était grande et les corrals seraient commodes pour les chevaux que j'avais l'intention d'acheter. L'odeur des fleurs d'oranger et le bourdonnement des abeilles allaient me changer agréablement des bruits de la rue et de la circulation. L'un des employés du studio me fabriqua un écriteau portant l'inscription « Loma Linda » et j'emménageai dès que les papiers furent signés.

Un soir, Paul Lowry, alors rédacteur sportif au *Times* de Los Angeles, m'appela au téléphone.

Lowry. — J'ai lu dans le journal que vous alliez tourner un film intitulé *The Honor System*. Est-ce exact?

Moi. — Nous sommes en train de distribuer les rôles en ce moment.

Lowry. — Parfait! J'aimerais que vous rencontriez un de mes amis. Il s'appelle John Twist, il est de Chicago et actuellement il travaille pour le *Saturday Evening Post*. Il a quelque chose à voir avec votre film : l'année dernière il a écrit un article sur le gouverneur Hunt de l'Arizona pour *Collier's*. Comme vous le savez, le gouverneur Hunt est favorable au système de la mise en liberté sur parole dans l'organisation pénale de l'Etat.

Je lui dis de venir et, une heure plus tard, Lowry et Twist étaient là. Le protégé de Lowry ressemblait plus à un joueur de football qu'à un écrivain. Il avait de larges épaules et une poignée de main énergique. « Allez-y, lui dit Lowry, racontez à M. Walsh ce que vous m'avez dit. »

« Cette procédure de la libération sur parole est le cheval de bataille du gouverneur Hunt, commença Twist, il en est réellement entiché. Je sais qu'il ferait tout pour vous aider à la réalisation de ce film. »

« Nous pourrions avoir besoin de son aide, en effet », lui dis-je. Le studio avait acheté l'histoire, mais il y manquait quelque chose. « A la lecture, l'histoire coule bien, mais pour l'adapter à l'écran, il vaudrait mieux remplacer le groupe par un personnage central. »

« J'ai trouvé! Twist fit claquer ses doigts et Lowry me jeta un coup d'œil entendu. Libérez sur parole un prisonnier, votre vedette, faites-le témoigner dans une affaire quelconque et voyez ce qui se passe. »

J'avais travaillé comme un fou sur le scénario pendant presque une semaine, j'avais rempli la corbeille à papiers de brouillons et voilà que ce type, que je n'avais encore jamais vu, trouvait la solution de mon problème en cinq minutes.

— C'est une bonne idée. Il n'y a qu'un hic.

— Lequel?

— Vous allez devoir rester ici et écrire le scénario.

A ma grande déception, il secoua la tête. « J'aimerais bien, mais on m'attend à Chicago et il faut trois jours de train pour y aller. Plus tard, peut-être. »

Je conclus qu'il avait été retenu par un des quotidiens de Chicago pour enquêter sur quelques rackets de taille et sur les agissements officieux de certains hommes politiques. « Si vous êtes encore en vie quand vous aurez terminé, lui dis-je, surtout venez me voir. » Au lieu de parler, j'aurais dû l'attraper au lasso, lui ligoter les mains et les pieds et appeler Sol Wurtzel.

Huit ans plus tard, Twist revint bien en Californie mais

pour diriger le *Story department* * de la R.K.O. Il écrivit des scénarios pour Clark Gable, Gary Cooper, John Wayne, Rex Harrison et autres vedettes. Il en écrivit aussi douze pour moi. Aujourd'hui il est toujours dans le coin. A plus de soixante-dix ans, il aime plonger dans le Pacifique tous les matins, que ce soit l'hiver ou l'été, et s'immunise contre les morsures de serpent avec des flacons de cognac.

Une semaine après mon retour, Mary Pickford et sa mère arrivèrent sur la Côte. Mary était toujours sous contrat avec la Famous Players, devenue depuis la Paramount. Jack Pickford voulait venir s'installer chez moi, mais j'attendais d'avoir des nouvelles de mon père et d'Alice. S'ils décidaient de me rejoindre, ils pourraient trouver les excentricités du petit frère de Mary un peu excessives. Jack commençait à boire vraiment trop.

J'étais en train d'essayer de coucher sur le papier l'idée de Twist pour *The Honor System* lorsque Koda, mon valet de chambre japonais, m'interrompit pour me dire que « M. Pickford » était au bout du fil.

Jack. — C'est l'anniversaire de ma sœur Lottie après-demain. Mary tourne à San Diego et ma mère est avec elle. Je voudrais donner une partie pour Lottie mais maman a emporté la clé de la réserve d'alcool avec elle.

Moi. — Alors il faudra que vous buviez du soda.

Jack. — Et puis quoi encore! Il faut que je trouve de l'alcool coûte que coûte.

Il raccrocha après m'avoir dit qu'il arrivait.

Après la guerre, les soldats, en rentrant chez eux, avaient trouvé une Amérique en pleine tempérance. En février 1919, quarante-cinq Etats avaient ratifié la loi Volstead, et bien que la prohibition n'eût pas été renouvelée pour une autre année, l'alcool devenait vraiment rare. Ceux qui avaient de l'argent achetaient les stocks existants si vite que les distilleries avaient du mal à les reconstituer. Mme Pickford n'était pas femme à négliger les avertissements : elle paya un entrepreneur pour construire une chambre forte en béton dans sa maison de Hancock Park et vida le rayon de spiritueux de chez Jevene pour l'approvisionner. C'est cela que Jack appelait « la réserve

* Bureau où s'écrivaient les scénarios. (*N.d.T.*).

d'alcool » et elle en contenait assez pour remplir les stocks de deux bars. Quant à sa serrure de sûreté, elle aurait rendu plus d'un banquier jaloux!

Jack arriva en trombe, tout agité, en répétant qu'il avait des ennuis. Je lui demandai s'il lui était déjà arrivé de ne pas en avoir, mais il me jeta un regard furieux. « J'ai invité vingt personnes de la Fine Arts pour l'anniversaire de Lottie », me dit-il, puis il ajouta en levant les bras au ciel : « Comment aurais-je pu imaginer que maman emporterait cette foutue clé? Raoul, il faut que tu m'aides.

— C'est toi qui connais tout le monde. Pourquoi moi?

— Toi, tu as vécu. Dis-moi comment je pourrais entrer dans cette fichue chambre forte.

Je lançai la première chose qui me vint à l'esprit :

— Fais-la sauter! »

Le visage de Jack s'éclaira : « Attends! C'est faisable! »

J'avais ramassé la tête d'un criminel décapité, mais je n'avais encore jamais utilisé de dynamite. Ma seule expérience des explosifs remontait à l'époque où le vieux Bacon faisait sauter quelques souches pour planter des citronniers. Cela semblait facile, mais l'était-ce en réalité? Certains mineurs de Butte, me rappelai-je, circulaient sans leur compte exact de bras, de jambes et d'yeux, à cause d'amorces trop courtes. Jack revint à la charge : « Où pourrions-nous bien trouver un peu de poudre explosive?

— Tu parles sérieusement?

— Mais bon sang, il me faut de l'alcool. Tu as déjà entendu parler d'une soirée sans alcool?

— On pourrait aller voir Garibaldi.

— Qui est ce Garibaldi?

— C'est un vieil Italien qui travaille au studio comme spécialiste des explosifs. Il habite au bout de la Western Avenue.

— Ma voiture est dehors. Allons-y! »

Garibaldi était dans sa cuisine en train de boire du vin et de roter. Une bouteille vide trônait sur la table et il venait d'en déboucher une autre.

« On dirait plutôt que c'est lui qui va exploser! commenta Jack. Tu crois qu'il est en état de comprendre ce qu'on attend de lui? »

Garibaldi fit un rot qui ébranla la cuisine et ce ne fut qu'à ce moment qu'il sembla s'apercevoir de notre présence.

« Que voulez-vous? Du vin? nous demanda-t-il.

— Non. De la dynamite. » Je l'observai tandis qu'il déposait son verre à contrecœur en nous lançant un regard méfiant.

« De la dynamite? Vous voulez faire arrêter Garibaldi?

— Oh, allez! Jack commençait à s'énerver. On vous la payera. »

A ces mots, le vieil homme se redressa. « Qu'est-ce que vous comptez faire? »

Nous avions imaginé une histoire au cas où sa curiosité se serait éveillée. Je pris la parole car je craignais que Jack ne s'embrouille. « M. Pickford que voici doit aller à New York cette nuit pour jouer dans un film avec Francis X. Bushman. Il a égaré la clé de l'endroit où se trouvent ses habits et son argent et il va perdre son job s'il rate le train. »

Garibaldi oublia son vin pour un instant et devint pratique : « Comment est la porte? »

Jack lui en donna les mesures et ajouta qu'elle était en acier.

« Ah! » Notre spécialiste avala le reste de son vin et fit un geste des bras et des épaules que seul un Latin pourrait imiter. « En acier, vous dites? Mais Garibaldi a ce qu'il faut. Garibaldi peut faire sauter le monde entier!

— La porte suffira! lui dis-je. Combien de bâtons faut-il? »

Il haussa les épaules : « Quatre, peut-être cinq. »

Jack sortit une liasse de billets de sa poche. « Combien?

— Quinze dollars, et je vous donne le détonateur et l'amorce avec. »

Nous prîmes le sac qu'il nous tendait et nous dirigeâmes vers la voiture. « Si je pouvais roter comme ça, je monterais un numéro de cirque! » me dit Jack l'air rêveur.

La maison de Mme Pickford à Hancock Park avait deux étages et s'élevait au centre d'une pelouse bien entretenue, entourée d'eucalyptus. Seule Mrs. Styles, la gardienne, était présente. Jack s'en débarrassa en lui remettant deux billets de vingt dollars et en lui disant d'aller acheter des plats de charcuterie et une pile d'assiettes anglaises pour la soirée prochaine. Après quoi, il se frotta les mains et se mit en route pour la chambre forte. « Allons-y! »

Nous ne connaissions rien aux explosifs ni l'un ni l'autre. La seule recommandation que nous avait faite Garibaldi était de placer la charge « près des gonds ». Le gond inférieur de la porte était à soixante centimètres du sol et il n'y avait aucun endroit pour suspendre l'explosif. « Oh, merde!... Jack était terrifié. Pose ce truc au bas de la porte. La vieille Styles va nous surprendre si on ne se dépêche pas, et si elle raconte ça à maman, je suis foutu. »

Dans le sac, il y avait cinq gros bâtons contenant 60 % de dynamite. Garibaldi les avait attachés ensemble et y avait inséré le détonateur, plus environ 70 centimètres d'amorce. Nous plaçâmes la charge contre le bas de la porte, du côté des gonds, allumâmes l'amorce et nous ruâmes dehors jusqu'à la voiture de Jack, de l'autre côté de la rue.

Il était temps. La dynamite explosa dans un fracas qui ébranla le sol, et la moitié du premier étage s'éleva dans l'air du soir et retomba en débris sur la pelouse de Mme Pickford.

— Bon Dieu! s'écria Jack, tu as fait sauter la maison!

— Comment dis-tu? *Je* l'ai fait sauter? Fais démarrer la voiture!

— Où allons-nous?

— Droit sur Santa Barbara. C'est là que les cambrioleurs se cachent.

Nous restâmes deux jours à Santa Barbara. Personne ne vint nous y chercher. Plus tard, nous apprîmes la suite des événements quand Mme Styles revint et trouva la demeure miraculeusement transformée en bungalow. Elle se précipita chez sa sœur pour téléphoner à San Diego. Quand Mme Pickford lui demanda qui se trouvait là, la gardienne lui répondit : « M. Jack et ce grand diable d'Irlandais qui travaille pour la Fox. » La mère de Mary réfléchit et les journaux relatèrent le lendemain que la résidence des Pickford avait été cambriolée alors que le propriétaire était absent et qu'on avait fait sauter un coffre-fort pour trouver des bijoux et de l'argent. Dans cette agitation, on oublia complètement la soirée de Lottie.

J'appelai le studio et mentis à Wurtzel : « Sol, je suis descendu ici pour avoir la paix et finir le scénario. Il est prêt et j'aimerais parler au gouverneur Hunt à Phœnix. Appelle-le et fais-lui comprendre que c'est important. Je te vois dès mon retour.

— Et moi? s'inquiéta Jack. Je ne vais pas rester tout seul

ici et si je retourne à Hancock Park, maman va me tuer.

— Toi, tu viens avec moi, lui dis-je. Tu peux acheter nos billets de train, si tu es sage. Et pendant que j'y pense, tu vas aller en prison. »

Le gouverneur Hunt nous reçut avec enthousiasme. « Votre studio m'a appelé, me dit-il, j'ai hâte que vous me racontiez votre histoire. »

En allant à la gare, je m'étais faufilé à travers la ville jusqu'à Los Feliz, avais rassemblé quelques affaires et pris le scénario de *The Honor System*. Quand j'eus fini de le lire au gouverneur, improvisant la fin, celui-ci parut enchanté : « Magnifique! Cela fait exactement ressortir ce que je prône, c'est à dire l'honnêteté fondamentale de l'être humain. Quand pouvez-vous commencer? »

Je lui confiai alors que je n'étais pas tout à fait satisfait de mon scénario. « Il manque de vraisemblance. Quiconque écrit une histoire doit d'abord la vivre pour la rendre authentique. Je veux aller en prison. »

Le gouverneur, fin politicien, savait dissimuler. Il ne cilla même pas. « Où? demanda-t-il. Pour combien de temps?

— A Florence, pendant trois jours.

— On vous y conduira ce soir. »

Quand je lui dis que mon compagnon m'aidait à écrire le scénario, il ne fit aucune objection à ce qu'il m'accompagnât. « L'Etat de l'Arizona sera fier de vous rendre ce service. » Les propos que tint Jack par la suite ne peuvent être rapportés.

C'est ainsi que nous nous réveillâmes le lendemain matin dans le pénitencier de l'Etat, entourés par les détenus et les gardiens.

Après un petit déjeuner très fade, on nous conduisit dans la cour pour l'exercice. On m'avait lancé des regards curieux dans le couloir du réfectoire et un groupe de prisonniers s'approchait à présent pour m'examiner de plus près. L'un d'eux me demanda pourquoi j'étais là. Je lui répondis que c'était pour cambriolage. « Ce salaud de juge m'a donné le maximum. J'en ai pris pour cinq ans. » La lecture des romans policiers m'avait appris que c'était là le langage des gangsters. « Je peux ouvrir n'importe quelle serrure. Qui parie que je me tire d'ici dans trois jours? »

Personne n'avait le moyen de connaître la vérité, mais ils refusèrent le pari. Cependant, après ma déclaration, ils me laissèrent tranquille et je pensai que quelques-uns devaient me considérer avec un certain respect.

Je me déplaçai dans la grande cour, écoutant de mes deux oreilles, notant la hauteur du mur extérieur, examinant les tours des gardiens, les mitrailleuses dans les coins et au-dessus de la porte principale. En cherchant Jack, je le vis accroupi contre le mur du couloir du réfectoire, la tête dans les mains.

— Qu'est-ce que tu as? J'en avais un peu assez de ses états d'âme. Tu veux retourner à la maison, chez maman?

— Merde, non. J'ai simplement mal au cœur. Cette bouffe est absolument immangeable. Qu'est-ce que je vais dire à ces tordus quand ils me demanderont pourquoi je suis ici?

— Débrouille-toi! Moi, je viens de leur dire que j'avais tiré dans le cul de ma belle-mère.

Le directeur de la prison avait reçu des ordres. A midi, un gardien vint nous chercher. « Au bureau du directeur! lança-t-il pour détromper les vrais prisonniers. Au pas de course! » Il courut derrière nous dans la cour et s'arrêta pour s'essuyer le visage dès que nous eûmes dépassé l'angle du bâtiment. « On m'a dit de vous faire visiter la prison. Qui êtes-vous? Des journalistes? »

Jack lui confia que nous étions des diététiciens, membres d'une commission d'enquête sur l'alimentation dans les prisons. « Bon Dieu! s'exclama le gardien, dites qu'elle est dégueulasse. » Il nous promena à travers l'atelier de plaques d'immatriculation et l'infirmerie, puis nous fit monter en haut du mur d'où l'on avait une vue d'ensemble de la prison, y compris de son cimetière et nous dit : « C'est là que vont les corps qu'on ne vient pas réclamer. »

Je pris quelques notes mentalement, posai quelques questions puis le priai de nous conduire chez le directeur. Je pensais avoir suffisamment respiré l'atmosphère de la prison pour écrire une dizaine de scénarios; en outre Jack semblait sur le point de renoncer à vivre.

Le lendemain soir, les félicitations du gouverneur Hunt résonnant encore à mes oreilles, je me retrouvai chez moi, à Loma Linda, avec le fils fantasque de Mme Pickford comme invité provisoire. Sa mère lui pardonna un peu plus tard et il retourna vivre dans la maison de Hancock Park reconstruite. Il s'amenda sensiblement par la suite, peut-être à cause d'une conversation à cœur ouvert qu'il eut avec elle et au cours de laquelle elle lui avait annoncé ce qu'elle ferait la prochaine fois qu'il essayerait de s'attaquer à sa réserve d'alcool.

Je m'attachai donc à finir le découpage de *The Honor System*. Nous choisîmes Milton Sills pour jouer le rôle masculin et Gladys Brockwell pour le rôle de sa petite amie. L'intrigue était simple. Elle suivait dans les grandes lignes les recommandations du gouverneur à l'attention des directeurs de prison. On accorde au condamné (Sills) un nouveau jugement et le gouverneur le libère pour témoigner. Nous tournâmes la scène du jugement en entier avec le juge, les journalistes et un jury qui, ayant été soudoyé, ne prononça pas de verdict. L'avocat de l'accusé annonce alors qu'il fait appel et Sills est ramené en prison. Mais en s'y rendant, il est kidnappé à l'instigation de politiciens qui veulent mettre des bâtons dans les roues du gouverneur pour les prochaines élections. Sills réussit à s'évader en plongeant par une fenêtre (faite de feuille de mica et de papier mâché) et se met en route pour la prison afin de sauvegarder sa parole d'honneur. Il arrive au pénitencier quand tout le monde a abandonné les recherches. Vifs applaudissements. Sa bien-aimée l'embrasse et lui jure une éternelle fidélité. L'appel réussit, il sort de prison en homme libre et épouse la fille. Fondu... Fin...

Je bouclai le film en trois semaines et demie et Fox m'appela pour me féliciter. Le gouverneur Hunt, pour lequel j'avais organisé une avant-première, me combla d'éloges. Je lui certifiai que M. Fox payerait tous les frais s'il voulait bien choisir un prisonnier (un vrai cette fois) pour s'adresser au public du Lerick's Theater de New York où *The Honor System* allait sortir. Le gouverneur trouva que c'était là une excellente idée. « Je vais vous donner un de mes condamnés à perpétuité. Que diriez-vous d'un assassin? » Quand je lui assurai qu'un meurtrier ferait salle comble, il me dit qu'il allait arranger l'affaire aussitôt.

Fidèle à sa promesse, le gouverneur envoya à New York un condamné libéré sur parole. Ce dernier parla au public à la première du film, en lui déclarant combien il était fier d'avoir été choisi. Les journaux lui accordèrent de nombreux articles et le lendemain, il quitta la ville pour regagner sa place à l'ombre.

Deux semaines plus tard, Fox me rappela.

Fox. — Vous vous souvenez de ce condamné qu'on nous a envoyé pour lancer le film?

Moi. — Oui, patron.

Fox. — Eh bien, il vaudrait mieux que vous évitiez l'Arizona pendant quelque temps.

Moi. — Je ne saisis pas.

Fox. — Le gouverneur Hunt, lui, pourrait vous faire saisir! Ce salopard de condamné a complètement oublié sa parole d'honneur. La dernière fois qu'on l'a vu, il se dirigeait vers le Canada!

The Honor System terminé, nous traversâmes une de ces périodes de calme qui, généralement, engendrent la tempête. Sol Wurtzel avait engagé trois des réalisateurs dont je lui avais parlé. Une descente parmi l'équipe des scénaristes de Sennett nous avait rapporté deux hommes de talent et Leonard Spigelgass était enfin arrivé. Les conférences se succédaient au studio quand la réceptionniste m'appela pour me dire que Tom Mix voulait me voir. Je me souvenais de Mix; à l'époque où je tournais *Life of Villa,* il travaillait pour Selig. Je priai la fille de le faire entrer.

Quelques années peuvent changer l'apparence d'un homme. L'individu qui pénétra dans mon bureau n'était plus le cowboy fringant et élégant que je me rappelais avoir rencontré à la Levy's Tavern. Son chapeau blanc de cowboy pendait sur ses oreilles et le talon de ses bottes était éculé. Il dut lire dans mes pensées et alla droit au but. « Raoul, je suis content de te voir. Je suis acculé, mon vieux. Peut-être peux-tu m'aider à m'en sortir. »

Je lui promis de faire mon possible et il me fit alors un résumé succinct de ce qui lui était arrivé depuis la dernière fois que je l'avais vu. « J'ai misé tout l'argent qui me restait sur Selig. Nous avons fait trois films, trois flops. J'ai dû vendre tous mes biens. » Il oublia de me dire que ces trois films, il les avait également mis en scène.

C'était une histoire banale dans l'industrie cinématographique. Le film fait un four; les cinémas le retirent de l'affiche; on remet de l'argent dans un autre film pour récupérer les pertes; on se retrouve avec un autre navet; on investit de nouveau et ainsi de suite... La faillite en général arrivait vite, mais elle était le lot habituel des indépendants qui essayaient de changer le monde avec de petits capitaux. Les acteurs, s'il y en avait de bons, pouvaient toujours se faire engager ailleurs. Mais si Mix avait investi dans ses films, il en subissait les conséquences, même s'il n'était qu'un petit associé. C'est sans doute cela qui expliquait son changement d'apparence. Cependant malgré ses habits défraîchis, je sentais en lui le même ressort que jadis.

Je crus comprendre qu'il avait aussi des problèmes conjugaux et comme j'en avais eu moi-même, je compatis. « Je ne peux rien te promettre, lui dis-je, mais je vais appeler New York. »

Avant de me remercier et de partir, il ajouta qu'il possédait encore une diligence, quelques chariots et huit chevaux. « J'ai également deux cavaliers. Je loue le tout, moi compris, pour 250 dollars par semaine et le studio se charge de nourrir les bêtes. Qu'est-ce que tu en penses?

— Ça me paraît formidable si j'arrive à persuader Fox de produire un western. C'est tout ce que je peux te dire. Reste en contact avec moi. »

J'espérai que Wurtzel ne serait pas furieux que je passe par-dessus sa tête, mais je tenais à parler à Fox en personne. Ce dernier blagua et plaisanta sur les condamnés du gouverneur Hunt, puis redevint sérieux quand je lui fis part de la raison de mon appel. « Pourquoi faire un western, alors que les scénaristes écrivent de bons drames? Mon garçon, tu ne raisonnes plus en youpin! »

« Ecoutez! » J'espérai qu'il percevrait mon enthousiasme. « C'est un succès garanti. Des westerns et des films comiques, voilà ce que veut le public. On peut tourner le film en extérieurs et ainsi les plateaux seront libres. En outre, ce type a tout ce qu'il faut sauf de l'argent : il a un profil assez indien pour que les femmes en soient folles, il a été Marine pendant la révolte des Boxers et il monte à cheval comme un Comanche. Il fera un cowboy comme on n'en a jamais vu si nous lui donnons cette chance. Vous prenez le tout, chevaux, cavaliers et matériel roulant pour à peine 250 dollars, plus un peu d'avoine. Il vaut mieux accepter, patron, avant que quelqu'un d'autre ne lui signe un contrat. »

Fox bougonna encore un peu, puis me dit qu'il allait en

parler avec Wurtzel. C'était un rappel à l'ordre pour être passé par-dessus la tête de Sol, mais je m'y attendais. Quand Wurtzel entra dans mon bureau et me donna le feu vert, je ne fus pas surpris.

Je déterrai quelques scénarios de westerns et cherchai celui qui pourrait convenir à Mix, me souvenant que pour briller, il fallait que ce dernier fût à cheval. Au sol, il n'avait pas d'allure et marchait en canard, comme Chaplin. Ne trouvant aucun scénario convenant à son personnage, j'entrepris d'en écrire un qui mettrait en valeur son physique et ses talents de cavalier. Il s'agissait d'écrire une histoire conventionnelle; plus il y aurait de clichés, mieux cela vaudrait. Je l'intitulai *The Lone Cowboy*. Mildred Harris, qui épousa plus tard Charlie Chaplin, devait jouer le rôle de Christine.

Quand Mix m'appela et que je lui appris que l'affaire était réglée, il resta sans voix et je crus qu'il s'était évanoui. Lorsqu'il revint à lui, je lui dis que Wurtzel voulait lui signer un contrat pour un film pour 250 dollars par semaine avec une option pour quatre films supplémentaires. Sa voix était tout enrouée lorsqu'il me remercia. Ayant besoin d'un plus grand nombre de cavaliers, je descendis en voiture jusqu'au cirque avant qu'il ne fermât pour la saison. Crazy Wolf avait déménagé de sa cabane de la Fine Arts et je ne l'avais plus revu depuis quelque temps. Je le trouvai au cirque en train de faire son ancien numéro, tombant de cheval et se laissant traîner par lui. Quand il eut terminé, je lui dis que j'avais besoin de lui et lui proposai de venir habiter dans l'écurie derrière ma maison.

« Moi avoir squaw maintenant, patron. Tu veux lui aussi? » me demanda-t-il.

Il s'installa dans mon écurie le lendemain avec sa grosse squaw qui tenait un bébé dans les bras, et deux chiens.

Presque aussitôt, il envoya sa femme cueillir des asperges à 15 cents la brassée pour un maraîcher japonais. Je me demandais comment le bébé arrivait à se nourrir avec sa mère au loin, quand je vis Crazy Wolf le porter jusqu'à une chienne qui venait d'avoir des petits. Il enleva l'un des chiots qui tétait sa mère et déposa le bébé à sa place. Celui-ci se démena auprès des autres et fit un bon repas; apparemment, son père pensait que ce qui était bon pour les petits chiens l'était aussi pour les petits Indiens. Cette manière de nourrir les bébés ne faisait de mal à personne, sauf peut-être au chiot que le nouveau-né avait remplacé.

Une semaine plus tard, nous débarquâmes à Truckee dans le Nevada. Nous avions choisi ce lieu de tournage parce que Tom Mix y avait un ami qui possédait du terrain, un ranch et environ huit cents têtes de bétail. Je comptais y tourner quelques scènes de *The Lone Cowboy*.

Nous commençâmes à travailler le lendemain matin dès qu'il y eut assez de soleil. L'histoire débutait par une vue de Tom chevauchant, solitaire, le long d'une crête sauvage, avec les montagnes et le ciel en toile de fond et à ses pieds une prairie dégagée. Une diligence (la sienne) menée par un attelage de six chevaux (les siens également) fonce à toute allure dans sa direction, poursuivie par deux Indiens. Tom éperonne sa monture, dévale la pente et arrête les attaquants juste au moment où ils tirent sur le conducteur et son escorte. Pan! Pan! Les fidèles colts du héros font tomber les Peaux-Rouges de leurs poneys. (L'un d'eux était Crazy Wolf.) Il s'était attaché un pied à la crinière de son poney pour pouvoir faire ce que le cirque affichait comme « la traîne à la russe ». Le cheval le traîna sur deux kilomètres avant que l'on pût le rattraper. Quand on le remit debout, il ne lui restait plus de fond de culotte.

Les chevaux, sans conducteur à présent, prennent le mors aux dents, mais Tom et son cheval Tony sont trop rapides pour eux. Tom bondit sur l'animal de tête, puis sautant de bête en bête, atteint le siège du conducteur, réunit les rênes et lâche un « Ho! » qui tombe plutôt à plat.

Pendant ce temps, apparaissent environ une douzaine d'hommes, les amis des Indiens morts, galopant vers la diligence qui ralentit. Un voyageur pointe la tête hors de la voiture et crie à Tom de partir de là, mais notre intrépide cowboy attache les rênes au porte-fouet et grimpe sur le toit de la diligence cahotante. De cette position avantageuse, il se met tranquillement à abattre les douze poursuivants, avec une adresse remarquable, compte tenu du fait que ses revolvers n'ont que six cartouches chacun et qu'il a déjà tiré deux fois.

Cette fois-ci les Indiens étaient des cowboys vêtus de peau de daim et coiffés de plumes et ils gagnèrent leurs cinq dollars en exécutant d'autres chutes spectaculaires.

S'étant débarrassé des assaillants, Tom regagne le siège du conducteur et réussit cette fois à maîtriser l'attelage en amenant la diligence dans un endroit charmant, en lisière d'un bois d'érables. Pendant ces instants périlleux, les deux voyageurs n'ont pas été oubliés. Des plans répétés les montrent passant la tête par la fenêtre de la diligence, l'homme s'adressant en criant à Tom et le visage de Christine exprimant toute la frayeur et la peur que requiert la situation. Quand leur sauveur saute à terre, ouvre la portière et, très chevaleresque, aide l'héroïne à descendre, celle-ci s'écrie : « Oh, merci, cher monsieur, de m'avoir sauvé la vie. » La réplique de Tom n'est pas moins nauséabonde : « Ce fut un plaisir pour moi, ma'am. »

Le voyageur, un acteur grand et maigre nommé Alan Hale, jouait à merveille les ivrognes. Il sort de la voiture en agitant une bouteille qu'il offre généreusement d'abord à Christine, puis à Tom. Tous deux la refusent, si bien que lorsque la jeune fille s'écrie : « Cet homme courageux nous a sauvé la vie! » Hale lève la bouteille en déclarant : « Ça s'arrose » et, après avoir avalé une gorgée de whisky (qui n'avait pas été remplacé par du thé froid), fait mine d'en offrir aux chevaux. N'importe quel cowboy sait que lorsqu'un cheval renifle de l'alcool, il secoue généralement la tête. L'attelage se prête bien sûr à ce petit numéro comique et l'héroïne débite un couplet immortel; elle regarde son sauveur avec émotion et murmure : « Cela me réjouit le cœur de vous voir refuser de boire car les lèvres qui ont touché à de l'alcool ne toucheront jamais les miennes. »

Comme elle le presse de lui raconter l'histoire de sa vie, Tom, assis à présent à ses côtés, lui dit : « Quand j'avais seize ans, j'étais cavalier du Pony Express * et je transportais le courrier. » On coupe sur le corral, au relais (le vieux ranch). Tom arrive au galop, descend de son poney écumant (mousse de savon) avec son sac de courrier et saute sur une monture fraîche. Il repart sur la piste semée de dangers, « comme un lapin qui a le feu au derrière », ainsi que le fit remarquer Hale plus tard. Retour au présent. Christine, plus sentimentale que jamais, le questionne : « Avez-vous déjà été capturé par des

* Célèbre service rapide reliant Saint-Joseph (Missouri) à Sacramento (Californie) et inauguré en 1860. (*N.d.T.*).

Indiens, monsieur? » Flash-back au camp indien. Les Indiens s'alignent en double file. Tom, les mains liées derrière le dos, est conduit par un guerrier au visage féroce jusqu'au sommet d'un rocher où le prisonnier, projeté par un grand coup de pied dans le derrière, est obligé de courir entre les deux rangées de guerriers armés de fouets et de bâtons. Mais tenez-vous bien! Du coin de l'œil il a aperçu entre deux tepees un mustang, une longe autour du cou. D'un effort surhumain, il brise ses liens et en quatre enjambées et un saut se retrouve sur le poney. Nuage de poussière... Vaine poursuite...

Christine, suspendue jusqu'alors à ses lèvres, se met à frissonner légèrement tandis qu'il recharge nonchalamment ses revolvers. « Ils ont l'air si dangereux! » soupire-t-elle. « Ils ne le sont que si on ne sait pas s'en servir, ma'am. » Elle pose enfin la question que tout le monde attend : « Vous dites que vous étiez rancher, monsieur. Avez-vous une famille? » « Non, ma'am, je vis tout seul. » La fille s'appuie alors sur l'épaule de son sauveur. Elle le regarde dans les yeux, de très près, mais Tom repousse la tentation avec fermeté. Le devoir l'appelle. Il attache son fidèle cheval, Tony, derrière la diligence, aide la fille et Hale, l'ivrogne, à remonter en voiture, puis se met en route pour aller livrer le coffre-fort. N'oublions pas la scène où Tom défend l'honneur de Christine. Le public voulait du sensationnel? Eh bien, on allait lui en donner! Au moment où un « méchant » se met à insulter l'héroïne, le sous-titre indique : « Ce furent les premiers et les derniers mots qu'il prononça. » Tom lui casse une chaise sur la tête, et ils se battent et roulent sur le plancher, comme il se doit. Quand Tom, vainqueur, se relève, le barman de l'hôtel annonce que la maison offre une tournée générale. Tous, sauf la fille, le héros et le « méchant » vaincu, s'alignent au bar et la bonne humeur est retrouvée.

On entend alors quelqu'un crier : « Christine, ma chérie! » l'héroïne se retourne et se jette au cou d'un petit bonhomme qui vient d'entrer. C'est un gringalet à col dur et boutons de manchettes, mais il est évident que la fille est amoureuse de lui. Elle n'a été gentille avec Tom que parce qu'il lui a sauvé la vie. « Nous nous marions demain », annonce-t-elle rayonnante à son héros. « Nous serions très honorés, monsieur, si vous vouliez bien assister à notre mariage. » Tom, cependant, en a assez vu. Soulevant son Stetson noir, nous lui en avions fourni un spécialement pour le film, il souhaite aux amoureux un bonheur éternel, s'éloigne dans un cliquetis d'éperons, saute sur son cheval et chevauche résolument vers le soleil couchant. Fin...

C'était du mélo d'un bout à l'autre, mais du beau mélo dont le public naïf de l'époque raffolait. Comme certains vieux cinéphiles s'en souviendront, *The Lone Cowboy* fut un immense triomphe.

William Fox déchira le contrat de Mix et lui en fit signer un autre de 500 dollars par semaine, qui se transformèrent en 750 dollars l'année suivante, puis en 1 000 par la suite. Il eut presque une attaque quand Tom, remis en selle après sa période de pénurie avec Selig, lui demanda 10 000 dollars par semaine ou rien. Il les obtint et à partir de ce jour, il put nourrir ses cowboys et s'acheter la plus belle et la plus solide paire de bottes. Il me fut reconnaissant de l'avoir aidé à se remettre dans le circuit et lorsque je perdis mon œil droit, il mit un jour et une nuit pour traverser le désert dans sa Cadillac afin de venir me voir à Salt Lake City et me demander s'il pouvait m'être utile. Sa réflexion, quand il me vit debout et alerte, était bien digne de lui : « T'en fais pas, mon vieux, si tu ne peux plus faire aller ton cheval à hue, tu pourras toujours le faire aller à dia! »

Sur le chemin du retour vers Hollywood, je me rendis compte à quel point il pouvait être entêté. Avant de quitter l'hôtel à Truckee, Sol Wurtzel m'appela en longue distance. « Frank Borzage veut un plan d'une vieille gare de chemin de fer dans le désert. Rien que la gare et le sable! » me dit-il.

Borzage était l'un des réalisateurs de la Fox et un de mes bons amis. Comme je savais que Mix connaissait bien cette partie du Nevada, je lui demandai s'il pouvait me donner un coup de main. « Bien sûr, me répondit-il. Prête-moi ton accessoiriste. » Il sauta dans l'un des camions et démarra. Environ une heure plus tard, ils étaient de retour. « J'ai trouvé exactement ce qu'il te fallait, m'annonça Tom. Tu pourras tourner ton plan sur le chemin du retour. J'aurais dû être là plus tôt, mais il y avait un arbre et j'ai dû l'abattre. »

Nous trouvâmes la gare le lendemain matin et nous nous apprêtions à filmer quand je remarquai un nuage de poussière sur la route de Truckee. C'était Hansen, le directeur de la production. « Remballez le matériel et filez! hurlait-il. Le shérif est en route pour nous arrêter. »

Nous suivîmes tous son conseil, sauf Mix. « C'est pas un insigne de shérif qui me fera fuir », dit-il en refusant de monter dans la voiture. Nous le laissâmes donc et conduisîmes à tombeau ouvert jusqu'à la frontière de l'Etat. Nous la passâmes juste à temps, avant que les flics ne nous rattrapent et ce ne fut qu'alors que j'osai demander à Hansen la raison de cette débandade. « C'est ce foutu arbre que Tom a abattu, me répondit-il. Il semble qu'il ait été planté là par le président Grant. » Tom se calma pendant les deux jours qu'il passa dans la prison de Truckee. Ce fut Wurtzel qui l'en sortit.

L'été indien

William Fox n'était pas homme à laisser ses metteurs en scène se reposer entre deux films. Tout comme Griffith, et avec la même autorité, il exigeait un maximum de rendement. Un tournage achevé, le lendemain matin un nouveau scénario vous était pour ainsi dire déposé à votre porte en même temps que votre journal. C'était sa manière de vous dire : « Assez paressé! Maintenant au travail! »

Je venais à peine de rentrer du Nevada que Wurtzel me remit un scénario intitulé *The Conqueror*. Sa lecture ne m'emballa pas, mais Fox avait prévu William Farnum pour interpréter le rôle principal masculin. Farnum était célèbre à Broadway et ce film devait marquer ses débuts au cinéma. Je me fis donc une raison en me disant qu'au moins je n'aurais pas à diriger un jeune blanc-bec.

Il allait nous falloir un grand nombre d'Indiens pour tourner cette histoire. Je décidai Sol à envoyer Hansen à l'agence de Pine Ridge, dans le Dakota du Sud, pour recruter trente Sioux. Je fus content de les voir arriver car je commençais à en avoir assez d'utiliser des Peaux-Rouges aux yeux bleus. Comme l'avait fait remarquer quelqu'un, ces cowboys aux visages peints et attifés de perruques ressemblaient à des prostituées de bas étage. Je fus tellement soulagé d'avoir des Indiens authentiques sous la main que je commis une grossière erreur : je les logeai tous à l'hôtel d'El Paso, rue Cahuenga.

Je venais d'arriver au studio le lendemain matin quand Zack Plummer, le patron de l'hôtel, fit irruption dans mon bureau en s'arrachant les cheveux : « Faites disparaître ces foutus Indiens de mon hôtel », hurla-t-il. Je parvins à le calmer et appris enfin la raison de sa fureur.

« La nuit dernière, ces va-nu-pieds ont ouvert tous les

robinets des salles de bains et ont rempli les tubs jusqu'à ce qu'ils débordent. Ensuite... — il brandit les poings et prononça des paroles incohérentes pendant une minute — ces enfoirés ont entamé une danse de guerre et se sont mis à chanter pendant que l'eau dégoulinait le long des escaliers et inondait la réception. » Il s'arrêta pour reprendre son souffle et j'eus envie d'éclater de rire. Mon expérience des Indiens m'avait appris qu'ils adoraient voir l'eau couler. Ayant trouvé le secret des robinets, ils ne voyaient aucune raison valable pour les fermer. « Et ce n'est pas fini!... continua Plummer, l'un d'eux s'est fourré la tête dans la cuvette des cabinets et s'est mis à boire. Après quoi il s'est exclamé avec un sourire béat : " Grande Source! " Ensuite il a démoli la cuvette sous prétexte qu'il n'y avait plus d'eau. » Il me lança un regard suppliant : « Faites-les partir, je vous en prie, avant que je les massacre tous. »

Le studio dédommagea le patron de l'hôtel et je priai Hansen d'installer les Sioux dans une auberge mexicaine où il n'y avait qu'un seul tub. Nous ne reçûmes plus de plainte.

Nous n'avions que dix-huit jours pour tourner *The Conqueror* et nous travaillâmes dur pour le terminer en temps voulu. Farnum se plaignit de n'avoir jamais autant trimé de toute sa carrière.

Tout se passa comme sur des roulettes jusqu'à la scène du saloon. Pendant que les électros éclairaient le plateau, Wurtzel arriva, accompagné de Douglas Fairbanks. Doug passait voir Farnum, avec qui il s'était lié d'amitié à New York. Fairbanks nous dit que Sol lui avait projeté *The Lone Cowboy* et que les acrobaties de Tom Mix, sautant sur l'attelage de la diligence pour arrêter les chevaux emballés, étaient parmi les plus beaux plans qu'il eût jamais vus. Je l'invitai donc à s'asseoir en lui assurant que le spectacle allait valoir le coup d'œil... J'apprenais vite l'avantage des relations publiques!

Les Indiens devaient faire une descente sur la ville, la saccager, défoncer les portes du saloon et tuer tous ceux qui s'y trouvaient, y compris les clients qui dansaient sur la piste. Ils avaient apporté leurs tomahawks à tête de pierre mais je les leur confisquai et leur remis en échange ceux du stock des accessoires qui avaient des lames en caoutchouc. Je voulais bien qu'ils se tapent sur la tête, mais je ne tenais pas à ce qu'ils aient des commotions cérébrales!

Lorsque je criai « Moteur! », les Peaux-Rouges défoncèrent la porte, comme prévu, et envahirent le saloon. Les deux caméras filmèrent tout le spectacle ainsi que la bagarre qui s'ensuivit sur la piste de danse. Parmi les Sioux se trouvait un vieux chef du nom de Rain-In-The-Face. Il était trop âgé pour que nous puissions l'utiliser, bien que son physique évoquât encore le jeune chef guerrier qui avait harcelé les pionniers blancs jusqu'à ce que l'armée l'attrape et le parque dans une réserve. Nous avions l'habitude, alors, de placer tous ceux qui ne jouaient pas, derrière les caméras. Je fis donc asseoir le vieux Sioux loin derrière les chefs opérateurs et ne me préoccupai plus de lui. Rain-In-The-Face protesta : il voulait participer à la bagarre, mais je lui fis dire par l'intermédiaire de Stinking Bear, l'interprète, que je craignais qu'on lui fasse du mal.

Comme nous étions à court d'Indiens, j'utilisai les vrais pour les gros plans et pour les plans généraux des cowboys peinturlurés et coiffés de plumes. Les Indiens et les visages pâles tombaient de tous côtés. Cela se passait encore mieux que je ne l'avais espéré. J'étais content. C'est alors que Wurtzel me tapa sur l'épaule pour me montrer ce qui était en train d'arriver et ce ne fut qu'à ce moment que je m'aperçus que Rain-In-The-Face s'était faufilé sur la piste de danse et brandissait son tomahawk. De plus en plus horrifié, je remarquai également que tous les hommes blancs qu'il frappait sur la tête restaient à terre et que du sang coulait pour de bon sur leurs visages.

J'eus la vision de poursuites judiciaires contre tous les membres de la Fox et criai « Coupez! ». Le vieux chef continuait à gesticuler. Il fallut nous y mettre à trois pour le maîtriser et arriver à le ramener à sa chaise. Il n'était pas censé tourner dans le film, mais l'accessoiriste l'avait laissé passer. Son tomahawk était surmonté d'une tête de pierre. Trois « chercheurs d'or » furent hospitalisés et Sol eut 1 500 dollars de dommages et intérêts à payer (le studio ne fut pas poursuivi). Si cela s'était produit de nos jours, les syndicats auraient réclamé dix fois cette somme pour chaque victime.

Fairbanks, une fois la bataille terminée, applaudit mais ne

fit aucun commentaire. Il devait commencer à s'habituer à mon goût de la bagarre. Farnum, qui n'avait jamais rien vu de pareil à Broadway, semblait un peu ébahi, comme s'il n'en croyait pas ses yeux! J'étais moi-même assez stupéfait!

Nous terminâmes le tournage dans les temps, mais toute cette énergie dépensée ne nous servit pas à grand-chose : le film fut un échec. La scène « réaliste » de la bagarre dans le saloon ne suffisait pas à compenser la platitude du sujet. Farnum avait été mal distribué dans le rôle du shérif : il ne mesurait que 1,70 m et pesait environ 90 kilos. Or le public de ce temps-là aimait des représentants de la loi grands, minces et dégingandés. Frank Lloyd, l'un des réalisateurs les plus en vogue de l'époque, l'utilisa par la suite dans *Les Misérables* de Hugo, et Farnum devint l'une des plus grandes vedettes de la Fox.

Wurtzel, quand j'eus terminé *The Conqueror,* me confia que Jack Conway cherchait un Indien pour un rôle à temps complet dans un film dont il faisait le casting. Il me demanda de bien vouloir lui en sélectionner un bon parmi mes figurants Sioux, avant qu'ils ne repartent. Le plus beau était sans aucun doute Running Buffalo. Il mesurait plus de 1,85 m, avait un corps d'athlète et le profil de l'Indien que l'on voit sur les pièces de 5 cents.

« Si tu retiens l'interprète, crois-tu que les autres sauront retrouver le chemin de la réserve? » me demanda Sol qui espérait bien ne pas encore avoir à débourser pour aller à leur poursuite.

« Tu oublies quelque chose! » lui dis-je, et comme il paraissait intrigué, je lui rappelai que l'agence de Pine Ridge avait retenu 45 dollars sur les 50 que chaque Indien gagnait par semaine, et ne devait les leur rembourser qu'à leur retour à la réserve. « Ils y retourneront au pas de course! » lui assurai-je. Je mis la main sur Stinking Bear et le priai de demander à Running Buffalo de ne pas s'éloigner. Je passai le reste de cette journée à me demander pourquoi le visage du grand Sioux m'était si familier, jusqu'à ce que mon esprit me ramène des années en arrière, au spectacle de Buffalo Bill.

En effet, à la Fine Arts, à l'époque où je tournais des westerns de deux bobines pour Griffith, et où j'allais souvent dans les parcs à bestiaux recruter des cavaliers, je tombai un jour sur un cowboy grand et maigre, qui portait moustache et cheveux longs. Il me dit qu'il s'appelait Jim Kidd, qu'il venait de Cheyenne mais en était parti depuis plusieurs années pour venir travailler au Bar D. Ranch, dans l'Arizona. Il attendait à présent qu'un train de marchandises le ramenât au pays. Il ajouta qu'il serait heureux de quitter Los Angeles, cette ville où « les putes vous volent jusqu'à votre chemise ».

MOI. — Ça te dirait de travailler dans le cinéma?

JIM (*méfiant*). — Qu'est-ce que c'est que ce truc-là?

MOI. — Tu te balades à cheval et la caméra te filme à travers l'objectif.

JIM (*un peu blasé*). — Bah! Ce n'est pas la première fois que je servirai de cible! Mais c'est sûrement pas une boîte à images qui ferait du mal à quelqu'un!

MOI. — Tu seras payé 5 dollars par jour.

JIM (*fronçant les sourcils*). — Vous vous sentez bien?

Je lui assurai que je ne m'étais jamais senti aussi bien de ma vie et le conduisis au studio. Comme on tournait sur plusieurs plateaux, j'en profitai pour les lui faire visiter, après avoir réussi à le persuader d'éteindre sa cigarette. Il fut très impressionné et semblait fasciné par tout ce qu'il voyait. Quand le directeur du casting vit mon vieux cowboy, droit comme un i et haut de 1,90 m (il prétendait même mesurer 1,95 m), il l'engagea sur-le-champ. Jim prit une chambre à la pension de famille de Mrs. Elys, pour trois dollars par semaine, ce qui lui laissait bien assez d'argent pour apaiser sa gigantesque soif. Durant les trois années suivantes, je devais l'utiliser dans tous mes westerns. Quand il sut que j'avais été élevé au Texas, je crois qu'il me considéra comme l'un des siens, comme un membre de la grande famille des cowboys. Je lui permis de mettre son cheval dans le corral derrière mon bungalow et il venait souvent s'asseoir sous mon porche pour me raconter sa vie.

Parmi toutes les histoires qu'il me contait, j'aimais surtout celle où le directeur du spectacle de Buffalo Bill embarquait sa troupe du Wild West pour l'Europe. « Quand on s'est retrouvé sur l'Océan, ça s'est mis à tanguer pis que sur un cheval sauvage, et on se baladait sur le pont à quatre pattes, comme des chiens. C'est pour les Indiens que ça a été le plus dur; ils étaient couchés par terre et vomissaient les uns par-dessus les autres. Ça a duré comme ça jusqu'à ce qu'on arrive en Angleterre. C'était pas bien différent du Wyoming, sauf que les gens, ils avaient un drôle d'accent. Les Indiens, ils continuaient à dégueuler, même à terre. On faisait plutôt minable, nous tous. La nuit suivante, on a monté le spectacle dans un immense machin : le Crystal Palace. Notre invité d'honneur, c'était la reine Victoria : une grosse dame, tout endimanchée pour se donner l'air important, ce qu'elle devait être sans doute puisque c'était une reine. Pendant le spectacle, on a eu plein d'applaudissements et de hourras et quand on a eu fini, toute une flopée de rois sont venus nous poser des questions débiles, comme par exemple combien de voleurs de bétail on avait descendus ou si on dévalisait des banques quand on n'avait pas de boulot. Je crois bien qu'ils se payaient un peu notre tête, mais comme les types qui les accompagnaient nous apportaient des paniers bourrés de bouteilles de whisky, on a laissé tomber. Il était gazeux et me faisait éternuer, leur whisky anglais, mais il était sacrément remontant! Quand il a fallu retourner chez nous, ça a bardé. Cette foutue vermine de Sioux cinglés a refusé de remonter sur le bateau. Cody savait que je causais un peu leur charabia et il m'a demandé d'aller discuter avec ces emmerdeurs. Ils voulaient rentrer par le train; y disaient que le grand canoé, c'était de la mauvaise médecine, que ça les faisait vomir et que ça leur faisait mal au ventre! Je leur ai dit qu'ils feraient mieux de rentrer à pied ou à la nage, parce qu'il y avait pas d'autre moyen. Quand ils ont finalement remis les pieds sur le bateau, on aurait dit qu'on les emmenait en prison! »

Je fis quelques westerns de deux bobines et y fis jouer Jim chaque fois. Un jour qu'il devait tourner, il nous fit faux bond. J'envoyai à la pension de famille l'accessoiriste qui revint pour m'apprendre que Jim était malade, au lit, et que Mrs. Elys avait appelé le médecin. J'allai rendre visite au vieil homme, en fin de journée, après mon travail. Il avait bien mauvaise mine, mais il sembla content de me voir.

« J'm'en sortirai pas cette fois, mon vieux. » Sa voix était faible; elle n'avait plus son tonus habituel. « Le toubib est venu et m'a dit que j'avais le foie en compote. Ce charlatan ne veut plus que je touche à une goutte de whisky. Quand je passerai l'arme à gauche, j'aimerais que tu veilles à ce qu'on m'enterre dans mon pays, à Cheyenne. »

J'allai trouver Mrs. Elys et lui demandai de contrôler chaque cowboy qui rendrait visite à Jim et de leur confisquer tout l'alcool qu'ils amèneraient avec eux. Lorsque j'appris qu'elle avait du mal à empêcher le vieil homme de boire, je choisis un grand Sioux pour monter la garde près de son lit. La suite de cette histoire me fut contée par Mrs. Elys et par Jake Sims, l'interprète.

Un jour, Mrs. Elys entendit Jim Kidd hurler. Lorsqu'elle entra dans sa chambre, il essayait de sortir de son lit et luttait avec son gardien. Avant qu'ils aient pu le calmer, il retomba sur son lit et mourut. Personne ne savait ce qui l'avait poussé à se battre avec le Sioux, jusqu'à ce que j'arrive à faire parler Sims. A l'époque où Jim Kidd faisait partie de la troupe de Buffalo Bill, il avait épousé Kitty Boyle, une tireuse d'élite de la veine d'Annie Oakley. L'Indien que je lui avais envoyé avait également travaillé avec Cody. Il s'appelait Running Buffalo. Sims jurait que c'était avec lui que Kitty s'était enfuie. Jim, bien entendu, s'était promis de tuer son rival à la première occasion. Ce n'est que dix ans plus tard, sur son lit de mort, qu'il le retrouva.

Je me souvins de son souhait d'être enterré à Cheyenne et fis les démarches nécessaires. Cela me coûta environ 400 dollars. Au bout d'un mois, je reçus une lettre du shérif de Cheyenne. Un chèque de 1 000 dollars tomba de l'enveloppe. Jim était recherché ' mort ou vif ' pour deux meurtres commis dans le Wyoming. Comme j'étais celui qui l'avait renvoyé, la récompense me revenait. Je me rappelle m'être assis pour relire la lettre du shérif en me demandant si ce n'était pas là la façon de Jim de me rembourser ses frais d'enterrement. A présent, je savais pourquoi le visage de Running Buffalo m'était si familier!

Il était une fois un tapis volant

Au début des années vingt, les agents de cinéma s'abattirent sur Hollywood comme une nuée de sauterelles. Ils engagèrent des acteurs, des réalisateurs, des scénaristes, et d'une manière générale toute personne ayant affaire à l'industrie cinématographique susceptible de lui être inféodée. Ils devinrent à la mode, et on ne pouvait plus désormais être ' quelqu'un ' sans avoir son agent, sinon on était considéré comme un paria, un être en marge de la société. « Il (ou elle) n'a pas d'agent! murmurait la rumeur publique. Il doit y avoir quelque chose dans son passé qui lui fait craindre la publicité! » Les agents venaient presque tous de l'Est, de New York ou de Chicago, très peu de la Côte. Un bon agent valait son pesant d'or.

En 1924, j'eus la chance de tomber sur l'un des meilleurs, Harry Wurtzel, le frère de Sol. Harry était petit, mais il avait le cœur sur la main et lorsqu'il rédigeait un contrat pour l'un de ses clients, la plupart des producteurs l'auraient bien étranglé! Cependant, ils signaient au bas de la page, ce qui était la seule chose importante.

En moins d'une semaine Harry avait obtenu de Sol un *loan-out* *. Je devais me rendre à la United Artists pour réaliser un conte des Mille et Une Nuits avec Douglas Fairbanks. La United Artists était l'enfant prodige de quatre des plus grands noms du cinéma : Fairbanks, Mary Pickford, D. W. Griffith et Charles Spencer Chaplin. Ella Woods, la femme de Frank, était la lectrice des manuscrits.

Comment Harry avait-il réussi à convaincre Fairbanks que

* Acteur, metteur en scène, etc. « prêté » par un studio à un autre. (*N.d.T.*).

j'étais l'homme qu'il fallait pour tourner un film dont l'intrigue sortait tout droit des Contes des Mille et Une Nuits, Dieu seul le sait. Jusqu'à présent, à part mon interprétation de John Wilkes Booth dans *Naissance d'une Nation* qui m'avait valu une certaine réputation, la plupart des films que j'avais mis en scène ne parlaient que de cowboys, de gangsters, de maquereaux, de prostituées et de la racaille de l'Ouest. Mais Harry tenait à ce que je fasse ce film ainsi que Fairbanks, comme je devais m'en rendre compte la semaine suivante en me rendant à la United Artists. Celle-ci avait loué les immenses et vieux studios de la Goldwyn Mayer, au coin de Santa Monica Boulevard et de Formosa.

« Je suis un peu hésitant, Doug, lui dis-je.

— Attends! Il me dédia son grand sourire à la Fairbanks. Viens voir ce que nous avons fait. Je crois que tu changeras d'avis! »

Il me conduisit jusqu'au *back lot* du studio et j'eus le souffle coupé en voyant les décors. C'était William Cameron Menzies qui les avait conçus. Son talent était tel que j'étais persuadé me promener dans les rues de Bagdad! Douglas avait raison : ma décision fut prise à l'instant même. Je mettrai en scène *Le Voleur de Bagdad* et ce serait mon meilleur film. Voilà comment le génie d'un artiste peut agir sur un autre homme.

Dans le bureau de Doug, Ella Woods nous lut le scénario. Il était fidèle aux principaux thèmes des Mille et Une Nuits et, mise à part la présentation à grande échelle, ce n'était pas une histoire compliquée. Les deux rôles principaux seraient ceux du voleur et de la princesse, les seconds rôles, ceux de l'émir, du père de la princesse, et des souverains qui venaient lui demander la main de sa fille. Il me paraissait important que le principal rival du voleur, le prince qui cherchait à le battre à chaque occasion, eût une forte personnalité. Fairbanks avait le physique de l'emploi pour jouer le héros : un rôle où il lui faudrait grimper en haut des murs, sauter d'un balcon à l'autre, de créneaux en créneaux, à la poursuite de la jeune fille qu'il aimait. Doug se maintenait en forme tous les jours dans le gymnase qu'il avait fait installer au studio. Il surveillait son régime et ne touchait ni à une goutte d'alcool, ni à une cigarette. Il était non seulement un grand acteur, mais un excellent athlète.

« Il se peut que nous ayons des problèmes de figuration pour les scènes de foule, s'inquiéta Doug. Il nous faudrait des hommes de type oriental. »

Je recensai mentalement la population d'Hollywood. « Je connais bien *quelques* Syriens, mais il nous en faut deux mille pour remplir la cour du Palais, lui dis-je.

— Où les trouver? » me demanda Doug.

Après avoir longuement réfléchi, j'eus soudain une idée : « A Mexican Town! » C'était le quartier sud de Los Angeles où les Mexicains avaient élu domicile. « Il suffit de recouvrir la tête d'un Mexicain basané d'un voile qui ne laissera voir que ses yeux, son nez et sa bouche, pour qu'il passe à coup sûr pour un Arabe! », lui assurai-je.

Je m'en voulais de ne pas y avoir pensé plus tôt. Peut-être était-ce parce que j'avais partagé si étroitement la vie de ces gens de la frontière sud, pendant le tournage de *Villa,* que je ne pouvais les considérer autrement que comme des Mexicains. Pourtant beaucoup d'entre eux, je m'en souvenais à présent, avaient du sang indien dans les veines, et de ces mêmes Indiens, ne disait-on pas qu'ils étaient venus d'Asie par le détroit de Béring?

« Ce n'est pas idiot, admit Fairbanks, mais comment les trouver? Par petites annonces?

— Le casting s'en chargera », lui dis-je.

Nous discutâmes ensuite du choix de la vedette féminine. Après avoir éliminé plusieurs noms, nous nous mîmes d'accord sur Julanne Johnston, une jeune comédienne qui promettait, un nouveau visage sur la scène d'Hollywood. « Elle a tout pour elle, m'affirma Doug. Elle est belle et quand elle se déplace, comment te dire... c'est comme si elle glissait et sa démarche a quelque chose d'ondulant qui est très séduisant. Qui plus est, elle joue bien. »

Je ne l'avais vue que dans quelques rôles de soubrette et elle m'avait plu. Elle ferait une merveilleuse princesse. « Tu crois que nous pourrions l'avoir? lui demandai-je.

— On l'aura, quitte à ce que tu sois obligé de l'épouser », me répondit Doug en riant.

J'eus du mal à m'endormir. Cela allait me changer des westerns et des films peu sophistiqués que j'avais mis en scène jusque-là. Il fallait que *Le Voleur de Bagdad* soit un grand film;

la moindre imperfection pouvait le réduire à un conte de fées de deuxième ordre. Et même si j'obtenais ce que je voulais et tournais ce film comme je l'entendais, comment savoir quel serait l'accueil du public? Les Années Folles battaient leur plein, la *New Girl* portait la taille aux genoux; le dernier cri était de boire de l'alcool démarqué dans des tasses à thé; l'Amérique envoyait gaiement au diable toutes les contraintes sociales. Les « fous de vivre » sauraient-ils prendre le temps de s'asseoir pour regarder un conte vieux de 3 000 années où même la censure n'aurait su trouver le moindre péché? Tout au fond de moi, une voix me disait que oui et je me détendis.

La United Artists engagea miss Johnston et le directeur du casting ainsi que ses trois assistants sillonnèrent Mexican Town dans quatre grands autobus placardés d'affiches sur lesquelles on pouvait lire : « Tournée gratuite! Venez voir Douglas Fairbanks en chair et en os dans *Le Voleur de Bagdad.* » Cette opération s'avéra doublement rentable : elle amena à Doug ce public dont il aimait tant s'entourer lorsqu'il jouait et, à nous, plus de figurants que nous n'en avions besoin. Le bureau de recrutement passa une journée mémorable à en sélectionner et à en refouler par centaines.

Je cherchais un type de personnage particulier pour jouer le principal rival du voleur. Je m'arrêtai sur un acteur du nom de So-Jin. C'était un Japonais dont l'air à la fois malicieux et vindicatif conviendrait parfaitement au rôle.

Doug commença son entraînement physique pour le film. Je perdis moi-même quelques kilos en parcourant le *back lot* de la United Artists.

Nous nous exercions tous les jours au gymnase et profitions du sauna et de la piscine. Un beau jour, Chaplin entrouvrit la porte du gymnase et fut apparemment ravi de ce qu'il y vit, car par la suite, il s'y rendit tous les après-midi. Il prit l'habitude de se placer au bord de la piscine et de déclamer quelques lignes avant de plonger. Pour Fairbanks, qui adorait jouer des tours, la tentation fut trop forte. Un jour, avant que le petit homme n'arrive, il commanda une cargaison de blocs de glace qu'il fit jeter au fond de la piscine. Charlie récita le plus beau passage de *Gunga Din* ... puis plongea! J'entendis un hurlement semblable à celui d'un chien qui aurait reçu un coup de pied au ventre, et lorsque je me retournai, je vis Charlie qui remontait à toute vitesse à la surface! Il était bleu de froid et ses cheveux bouclés pendaient tristement, raides comme des baguettes. Fairbanks, s'étouffant de rire, essayait de trouer à coups de poing la cloison du sauna. Charlie, qui habituellement surveillait son langage, nous lança ce jour-là, tremblant de froid, quelques injures colorées avec son accent cockney, tout en se précipitant vers sa serviette et ses vêtements.

Le Voleur de Bagdad, le premier film qui coûta un million de dollars, fut tourné en trente-cinq jours. Mitchell Leisen avait dessiné les costumes de la princesse et des autres acteurs; son talent pour créer les habits d'époque complétait à merveille la magie des décors de Menzies. Le tournage ne posa aucun problème et je n'eus qu'à garder les yeux grands ouverts et à me laisser éblouir par l'aisance avec laquelle Fairbanks volait d'un mur de la ville à l'autre sans le moindre effort apparent. Il ne portait que des pantalons bouffants et des escarpins, si bien que cette tenue faisait parfaitement ressortir sa musculature d'athlète. Nul ne sait si la princesse fut séduite par ses vibrantes déclarations d'amour ou par son physique.

J'intensifiai volontairement les scènes d'action afin de maintenir en éveil l'attention du spectateur jusqu'au dénouement extraordinaire de la scène finale. Les princes rivaux prirent plus d'importance que ce qui était prévu dans le scénario. Vers la fin du film, je les fis courir d'un bout à l'autre du Palais à la recherche de l'imposteur et réclamer sa tête sur un plateau. Ce fut moi qui eus l'idée de rendre le voleur invisible. J'espère que ma grossière improvisation n'a pas fait se retourner dans sa tombe l'intelligente Schéhérazade!

J'en étais à ma troisième semaine de tournage lorsque mon père vint me surprendre. Il était passé par le canal de Panama et avait ainsi réalisé le voyage dont il m'avait si souvent parlé. Je l'emmenais tous les jours avec moi sur le plateau. Il connaissait déjà Mary Pickford et sa mère, et Fairbanks lui plut immédiatement. Par contre, il se montra plus réservé à l'égard de Chaplin. Même après un long exil, il faut quelque temps à un Irlandais pour encaisser un Londonien. Mon père se tenait toujours aussi droit et il n'avait pas pris de ventre. Seules ses tempes étaient devenues un peu plus grises.

Mme Pickford me prit à l'écart, quelques jours plus tard, et me confia : « Raoul, ton père est le plus bel homme que j'aie jamais vu. Je suis amoureuse de lui! » Elle l'adorait de loin et mon père demeurait courtois, sans plus, avec elle. Il était l'homme d'une seule femme; ma mère avait été son premier et son dernier amour.

Il y avait tellement de gens qui venaient voir Fairbanks jouer que j'avais du mal à les maintenir derrière les caméras. Mon père eut ainsi l'occasion de rencontrer John Barrymore, John Gilbert et Bill Tilden. Les spectateurs, ce jour-là, semblaient stimuler Doug dans son jeu encore plus que de coutume. Son frère, Robert, le directeur de production, devait sans arrêt placer de nouveaux venus qui se joignaient aux autres sur le plateau, et à leur tour s'émerveillaient et applaudissaient.

Nous avions tout tourné, à part les scènes finales : l'attaque du Palais et la déconfiture des princes rivaux au moment où le voleur et la princesse prenaient la fuite. Les lecteurs des Contes des Mille et Une Nuits se souviendront peut-être de ce tapis magique qui pouvait voler sur l'ordre de son maître et qui permit aux amoureux de s'enfuir. Je me torturai la cervelle pour trouver un procédé rendant mon tapis plausible, sachant que si je ne parvenais pas à y faire croire, tout le film risquait de s'effondrer.

Je découvris la solution en observant un chantier de construction à l'angle de Highland et de Hollywood Boulevard. Les ouvriers métallurgistes travaillaient au sommet du bâtiment et l'un d'eux se tenait debout sur un chargement de poutrelles soulevé par une énorme grue. Cela me mit sur la voie. Si l'ouvrier arrivait à tenir sur les poutrelles, le Voleur et la Princesse devaient pouvoir tenir sur le tapis volant. Je tendrais mon tapis sur un châssis soutenu par des câbles et trouverais un moyen de dissimuler le support. Lorsque j'expliquai mon plan à Fairbanks, celui-ci m'avertit en souriant : « Vas-y, l'Irlandais, mais si tu nous lâches sur un minaret, je te jure que je reviendrai hanter ton sommeil! »

Je n'eus pas de mal à trouver la grue qu'il me fallait. La question était plutôt de savoir où l'installer. Dans le conte, les amoureux s'envolaient par une fenêtre du Palais et survolaient les toits de Bagdad. A moins de créer un phénomène de lévitation hypnotique, je ne voyais pas comment j'allais arriver à les faire décoller du plancher de leur chambre. Je résolus finalement le problème en installant, hors champ, une poulie au plafond et un treuil à bras manœuvré par un figurant. Le résultat fut meilleur que je n'escomptais. Je tendis le tapis sur un châssis et des entretoises en fer. Quand le tambour du treuil se mit à tourner, notre « engin », sur lequel Fairbanks et miss Johnston étaient assis en tailleur, s'éleva devant les yeux de l'assistance impressionnée, puis de minces câbles le tirèrent vers la fenêtre. Une fois que nous eûmes réussi à créer l'illusion d'un envol, le reste fut un jeu d'enfant. Je coupai au moment où le tapis atteignit la fenêtre et le filmai de nouveau lorsqu'il fut rattaché à la grue que j'avais fait placer à l'extérieur du Palais.

Cette grue avait une flèche de 22 mètres de long, ce qui nous permit de faire « voyager » nos deux amoureux en fuite par-dessus la ville. (Miss Johnston avait une doublure.) Pour renforcer l'illusion du vol, je m'installai avec mes cameramen sur la plate-forme la plus haute de la grue, d'où je criai des ordres et d'où je pus tourner des plans en contre-plongée, puis des plans de raccord de passants levant la tête au ciel, les yeux écarquillés. Je terminai par un lent panoramique sur mes deux vedettes. Certaines prises de côté furent tournées de la grue, qui se déplaçait sur une rampe spéciale que nous avions construite sur la place de la ville. Le résultat fut si réussi que j'eus envie d'envoyer un chèque à la caisse de retraite des ouvriers métallurgiques. Les câbles de la grue étaient invisibles, même dans les gros plans, car je les avais fait peindre en blanc. Dans la salle de projection, en regardant les rushes, Fairbanks me saisit impulsivement le bras et le serra affectueusement en me disant : « L'Irlandais, tu es un chef! »

Je ne sais pour quelle raison, mon père qui avait toujours eu de la sympathie pour les groupes minoritaires, mais qui avait tendance à se montrer méfiant à l'égard des étrangers, se prit d'amitié pour So-Jin, notre Japonais. Nous l'invitâmes souvent à dîner et Koda, mon boy, le traita comme un roi. Son concitoyen était acteur de cinéma, ce qui équivalait pour lui à la plus haute des distinctions.

Environ une semaine après la fin du tournage du *Voleur de Bagdad,* mon père reçut un télégramme d'Alice, en provenance de New York. Ma sœur nous embrassait tous deux et nous annonçait son mariage prochain. Mon père fit aussitôt ses valises et j'aurais bien aimé l'accompagner. Nous avions toujours eu un faible particulier pour Alice, le bébé de la famille. Mais Harry Wurtzel ne voulut rien entendre; il n'était pas question que je quitte Hollywood, même pour un ou deux jours. « Ne pars pas, Raoul, me dit Harry. Je suis sur le point de t'avoir un contrat avec la Paramount, le gros morceau! Si tu n'es pas là, le projet tombe à l'eau. » Je laissai donc à regret mon père partir seul, après lui avoir donné un chèque pour le cadeau de mariage d'Alice.

Quand je le conduisis ce soir-là à la gare de Santa Fe et allai lui chercher un porteur, je fus surpris de voir le quai et la salle d'attente envahis par plusieurs centaines de Japonais. Parmi eux, je reconnus So-Jin.

Il me fit signe et comme je lui demandais ce qui se passait, il me répondit avec orgueil : « Nous sommes ici pour accueillir le Prince Impérial du Japon. Il arrive de San Francisco et nous sommes le comité d'accueil. »

Lorsque mon père, précédé du porteur, arriva sur le quai, So-Jin lui serra la main et le présenta à quelques membres du comité, dont le consul du Japon : « Ce monsieur est le père de l'honorable metteur en scène de cinéma. » Mon père prit congé de So-Jin et de ses amis et ils nous suivirent tout au long du quai, jusqu'au train. Avant de s'installer dans son compartiment, mon père se retourna et me dit : « Raoul, c'est gentil de la part de So-Jin d'avoir amené toute une délégation pour me dire au revoir! » Je ne lui ai jamais révélé la vérité!

Le Prince Impérial et sa suite en chapeau haut de forme visitèrent les studios de la United Artists le lendemain. Ernst Lubitsch, un nouveau réalisateur allemand, se trouvait là aussi et les visita en même temps. Il voulait voir les décors de Bagdad avant qu'ils ne soient démontés. Quand Fairbanks le présenta au Prince, il claqua les talons et lui demanda : « Debuis gombien de temps êtes fous arrifé de Chinatown?»

Le Voleur de Bagdad sortit au Liberty Theater de New York à trois dollars maximum l'entrée. Fairbanks m'emmena à New York avec lui. A la fin du film, il monta sur scène et le public l'applaudit à tout rompre. Il m'invita à le rejoindre et les applaudissements continuèrent de plus belle. Les spectateurs aimaient le film et ils nous aimaient aussi; leur accueil nous dédommagea largement de tout le mal que nous nous étions donné.

Dans le *New York Times,* le critique écrivit : « Imaginez une brillante satire des *Mille et Une Nuits* racontés en merveilleuses images, et vous aurez une idée de ce que peut être le nouveau film de Fairbanks... Morris Gest a su créer une atmosphère des plus orientales dans son cinéma... C'est un enchantement, un film tonique et beau, une réussite dans l'art cinématographique qui n'a pas d'égale jusqu'à présent. » Le *Times* le classa parmi les dix meilleurs films de l'année.

La première fois que je fus présenté à Pola Negri, je ne pus la quitter des yeux. A la fois sensuelle et mystérieuse, elle était le type même de la séductrice prête à bondir sur le mâle sans méfiance. Que ce mâle en question fût Rudolf Valentino, voilà qui rendait la situation encore plus piquante!

Je la rencontrai à l'époque où mon contrat avec Fox touchait à sa fin. Harry voulait le renouveler, mais lorsqu'il alla trouver son frère et lui annonça quel devait être mon nouveau salaire, je crois que Sol eut une petite crise cardiaque. Il se tira d'affaire en lui disant qu'il devait d'abord en référer à New York. Harry lui dit alors : « Tu as tout ton temps! Je viens de signer un contrat à Raoul pour qu'il dirige Pola Negri dans un film pour la Paramount... Si tu m'en donnes la permission, bien entendu! » Si Sol l'avait voulu, il aurait pu me forcer à rester à la Fox et m'interdire de travailler pour d'autres studios jusqu'à expiration de mon contrat, mais c'était un homme reconnaissant et je lui avais souvent rendu service. Même s'il ne m'avait rien dû, je crois qu'il ne m'aurait pas mis de bâtons dans les roues car la Fox n'avait pas de film en vue pour moi. Il se contenta donc de hocher la tête en me disant : « Bonne chance! Salue Lasky et DeMille de ma part. »

Le lendemain matin, Harry me conduisit à Melrose and Gower pour me faire rencontrer Jesse Lasky. Depuis l'époque où il était descendu sur la Côte avec DeMille pour monter la Famous Players, le nom de Lasky était synonyme de bonne organisation, bonne direction et bons films. Je savais qu'il était content que je sois venu, mais je ne savais pas très bien pour quelle raison. Etait-ce ma mise en scène du *Voleur de Bagdad* qui me valait cette marque d'intérêt évidente? Cela remontait en fait à bien plus loin, à dix années auparavant, comme je devais le découvrir!

« Nous avons une nouvelle star, me dit Lasky en allant droit au but. Elle est ravissante, séduisante, ambitieuse, et c'est une excellente actrice. Elle a aussi beaucoup de tempérament et elle peut jurer comme un Marine, sinon plus! Elle a refusé déjà trois metteurs en scène et rejeté quatre scénarios que nous lui avons proposés. Elle a déclaré à l'un des réalisateurs que si jamais il lui adressait de nouveau la parole, elle le découperait en petits morceaux! Nous aimerions que tu la prennes en main. »

« Pourquoi moi? demandai-je. Je ne suis pas qualifié pour apprivoiser les mégères! Ou fournissez-vous le fouet en même temps? »

Il se mit à rire : « Tu es bien modeste, Raoul, après la façon dont tu t'y es pris avec Theda Bara! Tu croyais peut-être que nous l'avions oublié? »

Je fis un rapide retour dans le passé. Lasky parlait maintenant de courses de taureaux, de bohémiens, d'un hiver neigeux au cours duquel j'avais eu la chance et le plaisir de diriger l'une des plus exquises actrices que j'aie jamais connues! Me tenait-il responsable du bon déroulement des choses avec Theda? J'étais sur le point de le démentir puis me ravisai. S'il imaginait que j'avais « maté » Theodosia Goodman, la première vamp de l'écran, soit! Je voulais en entendre davantage avant de le détromper. Je l'entendis à peine me dire : « Tu la rencontreras demain matin, à 11 heures. »

Je fis exprès d'arriver à la Paramount avec vingt minutes de retard. On me présenta Pola Negri. Personne ne se plaignit de mon manque de ponctualité et à 11 heures et demie, j'avais déjà oublié tout ce que l'on m'avait raconté sur la célèbre mégère de Lasky. Miss Negri n'était pas grande mais très bien faite. Lorsqu'elle me sourit, je me demandai vaguement si ce n'était pas là une des tactiques de la mante religieuse qui attire d'abord le mâle avant de le détruire. Son visage était angélique quand elle me serra la main, à l'européenne.

« Je vous connais, me dit-elle. Je vous ai vu à l'écran dans mon pays; vous jouiez le rôle d'un pêcheur. Vous rameniez le bateau au port après une grosse tempête. Je vous ai vu aussi assassiner le Président. » A dire vrai, ce ne furent pas précisément ses paroles. Je doute fort que l'homme qui a déchiffré la pierre de Rosette * aurait été capable de transcrire l'étrange anglais dans lequel s'exprimait Pola!

Nous bavardions comme de vieux amis lorsque la secrétaire de Lasky nous interrompit pour me dire que j'étais demandé au téléphone. « C'est M. Valentino », m'annonça-t-elle. Harry Wurtzel m'apprit plus tard que les yeux de Pola lui étaient pratiquement sortis de la tête quand elle avait entendu le nom de mon interlocuteur. « Elle est folle de Rudy, tu verras! » me dit-il.

Lorsque je revins, je gagnai involontairement la sympathie et la confiance de cette fougueuse Polonaise. Je lui dis en effet que Valentino voulait déjeuner avec moi et lui proposai de se joindre à nous. Elle accepta avec empressement, ajoutant même qu'elle n'avait pas pris son petit déjeuner et qu'elle avait très faim. Wurtzel disparut et Lasky nous laissa partir avec un sourire bienveillant.

Rudy nous attendait Chez Lucy, l'endroit *in* de Hollywood à l'époque. Sa beauté romantique et son sourire éblouissant semblèrent déconcerter Pola quelques instants. Mais elle retrouva ses moyens dès que nous fûmes assis et dès lors n'eut d'yeux que pour lui. Je n'étais plus que celui qui les avait présentés l'un à l'autre!

Je me rendis compte que non seulement je saurais comment prendre Pola, mais que si elle y mettait du sien, j'arriverais à la diriger aussi bien que Theda Bara. Elle ne serait jamais docile comme Bara, étant donné son tempérament bouillonnant; elle avait besoin de feu et de flammes pour donner le meilleur d'elle-même et je pressentais en elle un talent inné. Il suffirait de se montrer compréhensif envers elle pour qu'elle égalât les plus grandes stars.

Pola s'arrêta de regarder Rudy, le temps de consulter le menu que lui tendait Roco Lucy. « J'avais faim, dit-elle en se tournant langoureusement vers un Valentino conquis, mais à

* Pierre présentant à la fois un texte en grec et en hiéroglyphes égyptiens, trouvée près de la ville de Rosette dans le delta du Nil et qui permit à Champollion de déchiffrer les hiéroglyphes. (*N.d.T.*).

présent, je suis tout simplement heureuse! Je me contenterai de quelque chose de léger. »

Cela consistait en un hors-d'œuvre, un minestrone, un goulasch aux pointes d'asperges glacées, des blinis, un gâteau et une grande tasse de café noir! Je crus que le serveur n'allait pas avoir assez de place pour inscrire toute sa commande. Il était évident que le fait de tomber amoureuse n'avait en rien altéré son appétit! Lorsque, par la suite, je racontai ce déjeuner à Wurtzel, il s'écria : « Bon sang! Je n'aimerais pas la nourrir le jour où elle sera affamée! »

J'ai gardé un bon souvenir de ce déjeuner, non seulement parce que la nourriture était succulente, mais aussi parce que j'avais pu assister à une sorte de duel amoureux entre deux experts en la matière. Je savais que Rudy m'avait invité à déjeuner afin de me faire une nouvelle proposition en vue d'acheter un de mes chevaux. Il tenait beaucoup à ce cheval. Je savais qu'il n'irait pas jusqu'à me faire d'entourloupette, et pourtant je m'attendais à ce qu'il mît en jeu tous ses atouts pour l'obtenir. Je sentais aussi que je finirais par lui céder. Cependant, Pola me sauva! Elle ne cessa de parler de tout et de rien dans son anglais épouvantable et ne laissa absolument aucune chance à Rudy de dire ce qu'il avait en tête. A une ou deux reprises, celui-ci me lança un regard suppliant, mais il n'y avait rien que je pouvais ou que je voulais particulièrement faire pour lui. Lorsque Pola était lancée sur un sujet, seul un miracle aurait pu la faire taire. Ce jour-là, comme toujours, son sujet de conversation favori était Valentino. Elle acheva son discours en lui disant combien elle l'avait aimé dans ses films : « Vous êtes si vrai, si fort! » Là-dessus, elle soupira et je pensai que si elle jouait avec autant d'émotion en face de la caméra, la Paramount allait faire un triomphe.

A notre retour au studio (Rudy était parti sous prétexte d'un rendez-vous), Lasky nous accueillit avec un sourire entendu. Se détournant légèrement de moi, il demanda à Pola sur un ton de conspiration : « Eh bien, miss Negri, est-ce l'homme qu'il vous faut? Le laisserez-vous vous diriger? » Pola se contenta de sourire avec cet air rêveur qui lui valait la dévotion de tant d'admirateurs. Je croyais qu'elle n'avait pas entendu la question, mais malgré son apparence lointaine, elle l'avait écoutée. « Oh, oui! » répondit-elle. Elle souriait toujours, mais ce sourire ne s'adressait ni à Lasky ni à moi. « Il m'a invitée à déjeuner. Je l'inviterai à me diriger! » ajouta-t-elle. A ces mots, Lasky soupira d'aise.

Deux semaines plus tard, je donnais le premier tour de manivelle de *A l'Est de Suez* avec Pola dans le rôle de l'Eurasienne. L'histoire se passait en Malaisie et la vedette masculine, Godfrey Tearle, interprétait le gouverneur britannique. Ils réussirent ensemble à étoffer un sujet banal, et Lasky et moi étions plus que satisfaits en voyant les rushes. « Je le savais! s'écria Lasky. Elle est fantastique! La Warner et la MGM sont bien attrapées; c'est moi qui l'ai trouvée le premier! »

Les dix premiers jours de tournage se déroulèrent sans accroc. Ma fougueuse séductrice faisait tout pour attirer l'attention de l'impassible gouverneur; mais elle n'alla pas jusqu'à se jeter à ses pieds. Il commençait à montrer un intérêt plus que passager à son égard, mais prenait soin de dissimuler à la colonie ses motifs peu platoniques. Nous étions dans les temps, et les craintes que Lasky avait souvent exprimées à propos d'un éclat de Pola me semblaient sans fondement. Ce fut alors que Charlie Eyton, l'un des principaux actionnaires de la Paramount depuis l'époque de la Famous Players, arriva sur le plateau et déclencha la catastrophe.

Pola, comme toutes les stars que j'avais connues, n'était jamais ponctuelle. Son contrat stipulait qu'elle devait arriver au studio à 9 heures. Or elle y apparaissait rarement avant 10 heures. Je ne lui en tenais pas rigueur car il y avait toujours des plans d'ensemble et des plans de raccord à tourner, si bien qu'en réalité, elle ne nous faisait pas perdre de temps. Eyton cependant sema la pagaille. Il retira son gros cigare de sa bouche et se mit à enguirlander Pola.

« J'ai constaté sur la feuille de présence que vous arriviez toujours en retard », aboya-t-il. Elle se reposait sur sa chaise, picorant dans un plateau que sa domestique, Bonnie, tenait toujours à sa disposition. Pola semblait avoir besoin de nourriture comme d'autres ont besoin d'alcool. Peut-être était-ce sa manière à elle de se recharger après toute l'énergie physique et émotionnelle qu'elle dépensait en jouant. Elle avala un cornichon et traita Eyton de « con déplumé ». Et ce n'était qu'un début! En haussant progressivement le ton et avec un plaisir de plus en plus grand, elle se mit à lui expliquer en détail quel sorte d'individu infect il était! Et comme il restait là immobile, elle bondit de sa chaise, saisit le plateau et le lui jeta à la tête!

Eyton le reçut en pleine poitrine et battit précipitamment en retraite. Non contente d'avoir mis l'ennemi en déroute, elle le poursuivit hors du studio en lui hurlant en polonais et en anglais des injures qui couvraient les crises de fou rire de l'assistance. Puis elle revint, s'accrocha à mon cou et se mit à sangloter : « Je suis désolée de faire ça! Maintenant tu es fâché contre moi et je suis toute triste! » Je dus demander à Bonnie de la ramener chez elle.

Cet après-midi-là, j'allai trouver Lasky dans son bureau et lui affirmai que si l'un de ses actionnaires mettait encore les pieds sur le plateau, je lui laisserais terminer le film lui-même. Il prit bien la chose et m'assura qu'il y veillerait. Ce qui parut surtout l'étonner, ce fut le manque de réaction d'Eyton face à ce déluge d'injures. « Il avait pourtant l'habitude de s'occuper de boxeurs! » me dit-il d'un air perplexe.

« Tu ne connais pas Pola aussi bien que moi, lui dis-je. Quand elle s'acharne sur quelqu'un, elle ne le lâche pas. Pour moi, c'est déjà un miracle qu'elle ne lui ait pas donné un coup de pied dans les couilles! »

Après cet incident, il n'y eut plus d'éclat. C'était un plaisir de voir jouer Pola et j'eus très peu à la diriger. On ne perdit donc pas de temps à retourner des scènes. En outre, elle était aimée de tous et lorsque toute une équipe s'entend bien avec la vedette, le travail de mise en scène n'est plus qu'une affaire technique. C'est l'acteur et non pas le metteur en scène qui fait la prise. Cependant si cela va trop loin et que l'acteur ou l'actrice décide qu'il ou elle n'a pas besoin d'être dirigé, cela peut tourner à la catastrophe. Pola savait tenir le juste milieu entre ces deux attitudes et tout le monde s'en trouvait bien.

Valentino venait fréquemment sur le plateau nous rendre visite et, malgré ma répugnance en général envers les étrangers pendant un tournage (ce besoin qu'avait Fairbanks d'un public pour jouer m'irritait parfois), je ne dis rien car sa présence semblait stimuler le jeu déjà excellent de Pola. Quand elle le repérait, assis derrière les caméras, elle semblait soudain reprendre vie. Je ne sais toujours pas aujourd'hui si Rudy éprouva le même amour qu'elle. Bien qu'il l'admirât et la respectât pour son talent, je le soupçonne fort d'être venu surtout pour marchander mon cheval.

A l'Est de Suez plut énormément à Lasky et à DeMille qui donnèrent une grande réception en l'honneur de Pola. Le tout Hollywood y fut invité. J'aperçus Gloria Swanson qui me fit signe. Je vins m'asseoir à sa table où se trouvaient déjà Alice Terry et Harold Lloyd. J'avais bavardé plusieurs fois avec Gloria depuis le jour où Chaplin nous avait présentés chez Sennett, avant qu'elle soit sous contrat avec la Famous Players. Depuis son mariage avec le marquis de la Falaise, elle avait encore embelli. Tandis qu'Alice racontait à Harold combien elle avait aimé jouer avec Valentino dans *Les Quatre Cavaliers de l'Apocalypse,* Gloria et moi eûmes quelques minutes à nous. « Il faut être bien ignoble pour laisser tomber une aussi jolie femme que vous, lui dis-je. Où est votre mari? »

Elle se mit à rire et posa sa main sur la mienne. « Vous êtes le roi des flatteurs! Les compliments que j'ai subis dernièrement sont si lourds qu'ils m'écœurent. » Elle se tourna vers les danseurs et je crus lire un peu de désenchantement dans ses yeux tandis qu'elle regardait le marquis essayer d'apprendre le *black-bottom* à Marie Dressler. « Mon playboy! elle parlait presque à voix basse. Il a dû naître rien que pour jouer un mauvais tour à sa mère! »

Depuis une brève et malheureuse expérience conjugale, à ma sortie de l'armée, j'évitais d'avoir des rapports sérieux avec les femmes. Je n'étais pas amer, mais je n'étais pas encore débarrassé de mauvais souvenirs. Tout metteur en scène sensé sait qu'il faut éviter comme la peste de fréquenter une vedette féminine en dehors du travail.

Avec Gloria, c'était différent. Elle était mariée et donc moralement et socialement inapprochable, et même si je devinais ses véritables sentiments à l'égard de son époux, cela n'y changeait rien. Peut-être n'était-ce qu'un vieux réflexe dû à mon éducation, mais pour moi, dès que deux personnes avaient prononcé le « Oui, je le veux », l'écriteau « Défense de toucher » était accroché dans leur dos.

J'invitai Gloria à danser et je crois que nous devinâmes nos sentiments mutuels. Je fus cependant soulagé lorsque la danse suivante me permit d'inviter Alice Terry. Avec elle, je n'avais rien à dissimuler.

Vers la fin de la soirée, Adolf Zukor, le président de la Paramount, vint me féliciter sur la manière dont j'avais dirigé miss Negri dans *Suez* et il me laissa entendre que les portes de la Paramount me seraient toujours ouvertes dès que mon contrat avec la Fox expirerait.

Je retournai effectivement à la Paramount plus tard pour réaliser une comédie sophistiquée : *Artists and Models* avec Ida Lupino. A sa sortie, le film reçut un accueil enthousiaste et Jack Pickford me dit, l'air étonné : « J'avais toujours cru que ta conception de la comédie légère consistait à mettre le feu à un bordel! »

Certains événements restent gravés dans la mémoire d'un homme, quand d'autres sont chassés ou oubliés. La mort de ma mère, l'ouragan qui faillit détruire l'*Enniskillen,* l'ami qui s'enfonça lentement avec son cheval dans les sables mouvants, sans que ma corde lui soit d'aucun secours, sont parmi les souvenirs qui reviennent toujours hanter ma mémoire. Le départ de Rudy Valentino pour New York, quelques jours après la réception de Pola, je ne l'ai jamais oublié non plus.

Pola et moi l'accompagnâmes à la gare de Santa Fe. Il devait s'absenter pendant une quinzaine de jours « pour des raisons d'affaires », m'avait-il dit en me promettant qu'il serait de retour, dès que ses papiers seraient signés.

Comme nous descendions de la voiture, quelqu'un reconnut Rudy et Pola. Aussitôt, la foule d'admirateurs se mit à pousser des cris et je dus jouer des coudes pour nous frayer un passage jusqu'au chef de gare, Charlie Pike, un vieil ami à moi. « Il va falloir mettre Valentino à l'abri avant qu'ils ne lui arrachent ses vêtements », lui dis-je. Charlie rassembla une petite armée de porteurs qui formèrent une haie et nous pûmes ainsi entrer dans la gare. La foule déchaînée, comme celle des Parisiens assistant à une pendaison, nous suivit sur le quai. Pola et Valentino se réfugièrent dans le pullman. Quant à moi, je restai sur le quai à bavarder avec Charlie.

Lorsque le chef de train annonça le départ, Valentino vint me dire au revoir. Il avait l'air songeur et les yeux de Pola brillaient comme si elle avait pleuré. Elle eut juste le temps de l'embrasser qu'il était parti. Huit jours plus tard, il mourait dans un hôpital de New York.

Ce fut Wurtzel qui m'apprit la nouvelle. Par une sorte de

télépathie, Pola sut avant moi que Rudy était mort. Lorsque je l'appelai au téléphone, Bonnie me répondit qu'elle s'était enfermée dans sa chambre et qu'elle ne voulait voir personne.

La mort de Rudy fut à la une des journaux. Aux pompes funèbres, la police estima la foule à plus de 30 000 personnes. Au bout du deuxième jour, je commençai à m'inquiéter au sujet de Pola et me rendis chez elle. J'eus du mal à la reconnaître. Cette jeune femme qui une semaine avant était vive et insouciante, n'était plus à présent qu'une femme malheureuse, en deuil de l'homme qu'elle aimait.

Le corps de Rudy fut ramené à Los Angeles par le même train qui l'avait emporté vers l'Est. Tout Hollywood en deuil vint lui rendre un dernier hommage.

Pola fut très digne jusqu'à la fin de la cérémonie puis, quand la foule se retira, elle lâcha mon bras et s'agenouilla sur l'une des marches du caveau. Elle priait, je sortis sur la pointe des pieds pour l'attendre dehors.

Au cours des années, je me suis souvent posé deux questions qui restent sans réponse jusqu'à ce jour. Pourquoi Valentino, sur le quai de la gare m'avait-il dit qu'il me rendait mon cheval, comme s'il ne devait jamais plus le monter? Et qui était cette femme, le visage dissimulé par un voile noir, qui à chaque anniversaire de la mort de Valentino, venait déposer une rose sur sa tombe? Etait-ce Pola Negri?

Les sergents-majors sont éternels

La construction du nouveau studio de la Fox à Westwood était à présent terminée. C'était le studio le plus grand et le plus moderne d'Amérique. Il comportait une vraie ville de cowboys; une rue française qui était une réplique de Montmartre; et une artère de New York, censée représenter Broadway. Une fois tous les bâtiments construits, il restait encore une cinquantaine d'hectares dégagés et accidentés pour tourner des westerns et des scènes de bataille.

Sol Wurtzel resta à la Fox sur la Western Avenue et Winnie Sheehan, qui était arrivé de la Côte Est juste à temps pour la soirée de Pola, devint directeur général et directeur de la production du studio à Westwood.

Mon agent, Harry Wurtzel, me renouvela un contrat de sept ans avec la Fox. Dès que nous eûmes signé le contrat, Sheehan me tendit la pièce *Au Service de la Gloire*. Je fus surpris et un peu inquiet. Je n'avais encore jamais adapté de production théâtrale à l'écran et l'œuvre de Stallings-Anderson avait été saluée par la critique comme le meilleur drame de guerre en langue anglaise.

Sheehan me dit, l'air bougon : « Ecris un scénario découpé à partir de cette histoire et n'y va pas de main morte. » Sol Wurtzel m'apprit par la suite que la Fox avait acheté les droits de *Au Service de la Gloire* 100 000 dollars. Aucune compagnie jusque-là n'avait payé une telle somme pour des droits d'auteur.

J'emportai la pièce chez moi, lus les critiques, pris des notes jusqu'à ce que je sus exactement dans quel esprit j'allais tourner ce film. Ce n'était pas une « pièce en faveur de la guerre », mais contre la guerre. L'action tournait autour des conditions de combat, mais l'idée avancée par les personnages était que la guerre est une farce. Cela se résumait dans le mot du capitaine Flagg : « Nous ne sommes que de la chair à canons, bonne à faire décorer les généraux. » L'auteur, Laurence Stallings, un ancien Marine qui perdit une jambe à Château-Thierry, conçut sa pièce pour illustrer la façon dont on mène une guerre de nos jours. Impitoyablement, il la débarrasse de toutes ces fadaises du style « Battons-nous pour la démocratie ». Quand le lieutenant Moore, au bord d'une dépression nerveuse due à la tension du combat, réconfortait un de ses amis officier et lui demandait : « Que vaut la gloire à présent? », je m'identifiais à lui.

La guerre y était montrée non seulement comme une chose inutile, mais comme un gâchis et une boucherie. Il n'y avait aucune gloire pour ceux qui se trouvaient dans les tranchées. Ils devaient déclencher une offensive ou repousser une attaque ennemie parce que les généraux et le Congrès proclamaient que c'était leur devoir. Je filmerais tout cela dans cet esprit.

Ce qui me tracassait, c'était de ne pouvoir, dans ce film muet, enregistrer le dialogue des chefs. Pour la première fois je répugnais à écrire le découpage d'un film auquel seraient rajoutés par la suite des intertitres. Cela laissait les protagonistes à la merci de n'importe quel sous-titreur intimidé par la censure et comprenant plus ou moins bien les intentions de l'auteur.

A mes yeux, le dialogue terre-à-terre, les jurons des troupes de l'armée et des Marines étaient tout aussi importants que l'action. Je sus que j'avais raison quand je lus ce que le critique Burns Mantle avait écrit : « La présentation de *Au Service de la Gloire* devant un public quelque peu déconcerté a été l'une des premières les plus marquantes de l'histoire du théâtre new-yorkais. Pour la première fois, un auteur a montré la guerre et en a parlé dans un style réaliste qui risquait de bousculer les préjugés d'un public conventionnel. Cela a été un grand choc, surtout pour les femmes. » Etant donné que le son ne devait arriver que deux ans plus tard, je ne pouvais compter sur les dialogues pour frapper le public. C'était par conséquent l'action qui devait faire passer le message et je me demandais si j'en étais capable.

Comme je tenais à avoir les meilleurs acteurs, cela me valut quelques froncements de sourcils. Quand nous engageâmes Victor McLaglen pour jouer le rôle du capitaine Flagg, je me sentis déjà plus à l'aise. McLaglen avait les qualités que son adversaire déclaré énumérait dans la pièce : « Raide comme un piquet, musclé comme un gorille et chrétien en diable. » Nous choisîmes Edmund Lowe pour le rôle du sergent Quirt qui, d'après Flagg, était « le plus dégueulasse des types qui aient jamais porté un uniforme » et dont « l'ignorance du métier de soldat serait toujours beaucoup plus considérable que ce que de petits universitaires comme vous apprendrez jamais. » Quant à notre vedette féminine pour le rôle de Charmaine, nous finîmes par la trouver parmi les plus jolies filles venues du Mexique : elle s'appelait Dolores del Rio.

Dans la pièce, la rivalité entre le capitaine et le sergent au sujet de Charmaine, la fille de l'aubergiste, est exacerbée par des querelles antérieures au cours desquelles Flagg casse Quirt et où l'un se retrouve le supérieur de l'autre. Cette rivalité est le thème central du film sur lequel l'action crépite comme de la mitraille sur un toit. Au départ, j'étais anxieux. Eddie Lowe était un professionnel, par contre c'était la première fois que Dolores del Rio et Victor McLaglen jouaient des rôles importants. Quand Dolores-Charmaine reprochait à Flagg de ne pas l'emmener à Paris — « Je ne pourrai pas rester sage si tu me laisses toute seule » — et quand à son supérieur qui lui disait : « Nous serons derrière vous, Flagg », McLaglen rétorquait — « A quelle distance, mon général? » — je sus que j'avais là deux grandes vedettes.

Avant de commencer à tourner, j'insistai pour que les trois acteurs principaux lisent la pièce au lieu de mon scénario, pensant qu'elle leur serait plus utile que mes indications pour se mettre dans l'ambiance et comprendre leur rôle. Quirt avait un dialogue formidable : « Les capitaines et les généraux défilent, mais les sergents-majors sont éternels. » Il se moquait de Flagg : « Tâche de te faire tuer, fais-moi ce plaisir, ne serait-ce que pour une fois. » Tels étaient les propos que tenait le sergent Quirt à l'homme qu'il adorait et haïssait à la fois. Je tournai cette scène, qui était censée se dérouler dans un poste de commandement situé dans une cave française aménagée plutôt que dans un décor à la Fox.

Pour les scènes de bataille, j'avais fait creuser deux tranchées parallèles à l'extrémité du terrain, l'une pour les Marines, l'autre pour les Allemands. C'était la première fois que je fixais la caméra sur une *dolly* * et, soucieux de réalisme, je fis un lent travelling sur la tranchée des Marines. C'était une journée sombre et lugubre; il avait plu toute la nuit; le capitaine Flagg sortit de son abri, éclaboussant ses hommes de boue et maudissant les salauds qui, à Washington, les avaient envoyés au front : « On est bien ici, non? Les pieds dans la gadoue et de l'eau jusqu'au cul, comme des cons, pendant que les généraux s'envoient du champagne dans un bordel français en expliquant aux putes comment ils la gagnent, cette foutue guerre! Allons-y — les Boches sont planqués au passage à niveau. A l'attaque! » McLaglen se servait là des propres mots qu'il avait entendus de la bouche d'un Marine. Heureusement que nous n'avions pas le son!

Gertrude Lawrence et Bea Lillie, qui venaient d'Angleterre, arrivèrent en Californie au moment où nous commencions le tournage de *Au Service de la Gloire*. Elles faisaient partie de la *Charlot's Revue* dans une troupe anglaise comprenant quarante ravissantes Tillersgirls. J'en utilisai quelques-unes dans différentes séquences du film. Anglais lui-même, McLaglen était leur préféré. Un jour que, comme à son habitude, entre deux prises de vues, il avait perché une fille sur chacun de ses genoux et leur racontait ses escapades, sa femme apparut.

McLAGLEN. — Bon sang! C'est ma femme!

MOI. — Ne bouge pas! Je vais te prendre en photo et lui dire que c'est pour la publicité.

McLAGLEN. — Elle ne te croira jamais

Il se leva d'un bond, laissant ainsi tomber les deux filles sur le derrière et celles-ci se relevèrent, l'air navré, en frottant leurs jolies petites fesses.

L'un des points forts de la pièce tenait à ce que le public sentait la présence de l'ennemi, mais ne le voyait réellement qu'au moment où un lieutenant alsacien se rendait. Dans le film, on ne devinait les Allemands qu'à travers un rideau de fumée qui provenait des faux tirs de grenades et de mortiers. Je suivais en cela l'histoire originale et fis ainsi économiser au studio le prix qu'il aurait payé pour engager des figurants supplémentaires.

* Petite grue pour faire des travellings. (*N.d.T.*).

Beaucoup de scènes de bataille furent tournées à l'endroit où se trouve actuellement la Century Fox. Nous tournâmes la plupart d'entre elles la nuit, comme j'aurais rêvé de le faire dans *Life of Villa.* L'éclairage artificiel fut un événement presqu'aussi important que le son dans l'histoire du cinéma. Maintenant que je me familiarisais avec les lampes à arc, je me demandais souvent comment nous nous étions débrouillés quand le soleil était notre seule source de lumière. Les explosions et les feux rendaient mieux de nuit, c'est pourquoi je demandai à Ted Green, l'homme des explosifs qui avait succédé à Garibaldi, de faire des heures supplémentaires pour renforcer les scènes d'action et compenser ainsi les intertitres que la censure rendrait sans doute ineptes.

Etant donné que les habitants du coin commençaient à se plaindre du bruit, je risquais de m'accrocher une fois de plus avec la Loi, comme cela m'était déjà arrivé le jour où la police de New York m'avait accusé d'avoir tenté de mettre le feu à l'Hudson. Nous tînmes un conseil de guerre. Il fallait à tout prix continuer à faire « exploser des bombes et sauter des mines » et si nous continuions ainsi, j'avais toutes les chances de me retrouver en prison. Il fallait donc trouver une solution.

Nous la trouvâmes avec l'aide de mes assistants : quand les gendarmes arrivèrent et demandèrent qui était le responsable de cette voie de fait publique, l'un des assistants-réalisateurs s'avança et monta dans le fourgon. Dès qu'ils eurent franchi le portail, Ted Green se remit au travail jusqu'au retour des policiers. C'est ainsi que mes quatre assistants allèrent à tour de rôle au poste pour être interrogés et que nous pûmes terminer les scènes avant que ce fût mon tour d'être embarqué.

La dernière explosion fut couronnée par l'arrivée d'un Italien en pantoufles et pyjama bariolé qui se précipita sur nous en hurlant : « Qu'est-cé qué cé tout cé boucan? Boum, Boum, toute la nouit. Yé né peux pas dormir. Yé souis dans mon bain et yé réçois lé foutu plafond sour la tête! » Le directeur de la production parla d'argent et le calma en lui promettant que la Fox payerait tous les dégâts. Sol Wurtzel me dit plus tard que la facture avait dépassé 75 000 dollars. Je m'attendais à me faire enguirlander, mais personne ne sembla attacher d'importance à cet incident.

Comme la ligne de front, dans l'histoire, passait par une

ville française coupée en deux entre Allemands et Américains, je n'eus pas à tourner d'importantes scènes de tranchées. La majeure partie de l'action se résumait à la tentative des Marines de déloger l'ennemi de la gare et de l'hôtel de ville. Pour détendre l'atmosphère par quelques notes comiques, j'avais demandé à Ted MacNamara, le conducteur de la moto du capitaine Flagg, de siffler son supérieur dès que celui-ci avait le dos tourné. Flagg, rarement sobre, et n'arrivant pas à savoir qui le mettait ainsi en boîte, donnait à MacNamara 20 dollars pour découvrir le coupable. Lorsque MacNamara (Kiper) accueillait un détachement de prisonniers « allemands » en sifflant comme un voyou de Brooklyn, le capitaine découvrait la supercherie et l'envoyait rouler à terre du bout de sa botte.

La scène où Flagg accusait Quirt de s'être délibérément tiré dans la jambe sonnait si juste qu'on imaginait sans peine qu'ils pourraient réellement en venir aux mains, surtout au moment où Lowe (Quirt) narguait l'autre au sujet de Charmaine : « Imagine-la, assise sur mes genoux, allumant ma cigarette dans la cuisine pendant que toi tu évites les tirs de mitrailleuses! » Ils jouaient de manière si tendue qu'ils nous mirent presque mal à l'aise. Cependant il n'y eut pas de bagarre et la scène fut un triomphe.

Nous filmâmes le dernier acte de la pièce dans la « rue française » de la Fox, à l'intérieur d'une auberge aménagée en un bistrot typiquement provincial sur lequel nous avions accroché une enseigne au nom de « Cognac Pete's ». Après les scènes de bataille, l'action retombait fatalement, mais je comptais sur les intertitres pour la soutenir.

Nous n'eûmes qu'une prise à refaire pour la séquence finale : quand le capitaine, épuisé, refusait tout d'abord d'avancer malgré les ordres reçus, puis changeait d'avis et déclarait : « Non, j'y vais. Quand on vous dit de mourir, il faut obéir », Quirt, selon le scénario, devait oublier sa blessure et le suivre clopin-clopant en criant : « Hé, Flagg, attends-moi! », mais dans son empressement, Lowe oublia complètement de boiter. Pour indiquer que la solidarité des Marines transcende les différends personnels, je demandai à Flagg de passer un bras autour des épaules de Quirt tandis qu'ils avançaient péniblement vers le champ de bataille. J'avais idée que l'auteur ne chicanerait pas là-dessus.

Par chance, la sortie de *Au Service de la Gloire* n'aurait pas pu tomber mieux, puisqu'elle eut lieu au moment même où le public attendait un film qui démystifiât la guerre. C'était comme si Stallings et Maxwell Anderson avaient écrit leur pièce en pressentant le désaveu national des idéaux de guerre de Woodrow Wilson. Ils étaient en quelque sorte les porte-parole de l'Amérique protestant contre notre engagement dans la guerre en Europe. Comme l'expliquait Joseph Wood Krutch dans *The Nation,* cette pièce était une démonstration vivante des conséquences de la guerre qui donne naissance à une « anti-civilisation avec son langage, sa philosophie et toute une culture aussi différente de la vie normale que la culture et la philosophie de l'âge de pierre ». Si mon film réussissait à transmettre ne serait-ce que la moitié de ce message, je m'estimerais satisfait.

Le succès que j'obtins justifia la manière dont je racontai cette histoire. En un mois, au Roxy Theater de New York, *Au Service de la Gloire* fit 780 000 dollars de recettes. Les deux dernières semaines, sur la demande du public, il fut projeté sans interruption vingt-quatre heures sur vingt-quatre.

Outre la publicité habituelle dans les journaux, le film obtint une bonne presse auprès du ministère de la Guerre qui soutenait qu'il était responsable d'une augmentation substantielle des engagements dans les Marines. Le film reçut aussi un autre genre de publicité qui hérissa les bonnes âmes de la censure : un spectateur qui savait lire sur les lèvres fit fureur en déclarant que Flagg et Quirt s'exprimaient avec une grossièreté inimaginable, comme cela ne s'était jamais vu à l'écran. D'autres qui savaient également lire sur les lèvres, constatèrent la même chose et nombreux furent ceux qui retournèrent une deuxième fois voir le film pour vérifier si cela était exact. Il était fréquent à Broadway d'entendre quelqu'un dire : « Allons au Roxy *voir* le capitaine Flagg traiter le sergent Quirt de sale con! »

Le *New York Times* qualifia le film « d'œuvre puissante » qui démystifiait la guerre et à laquelle pouvaient très bien s'appliquer parfois ces lignes de Kipling : « Un moment où les dix commandements n'existent plus et où l'homme est la victime de ses désirs ». Le *Times* sélectionna *Au Service de la Gloire* comme l'un des dix meilleurs films de 1926.

Une semaine après la fin du tournage de ce film, je déménageai de Los Feliz qui devenait trop construit pour satisfaire mon goût des « grands espaces ». Je trouvai un acquéreur pour Loma Linda et achetai une maison donnant sur la plage de Malibu. Crazy Wolf retourna au cirque. Je mis mes chevaux en pension, m'installai avec sept chiens et une bande de chats et me délectai d'une vue sans frontières.

Tous mes amis connaissaient ma passion pour les animaux. Un de mes invités raconta un jour à tout le monde que mes chiens avaient mieux mangé que lui. C'était avant que j'eusse acheté Jimmy. Un de mes amis italiens avait ouvert un magasin d'animaux sur Santa Monica Boulevard et un après-midi que j'y passais, il me dit confidentiellement : « J'ai un atèle. » Celui-ci me conquit en se mettant debout et en venant me serrer la main. L'Italien en voulait 80 dollars; j'en offris 40 et l'obtins pour 60. Jimmy se conduisit fort bien pendant le trajet jusqu'à Malibu, assis sur le siège arrière, les bras croisés, comme un client de taxi, jusqu'au moment où des camions qui passaient ébranlèrent la voiture et l'effrayèrent. Puis il se débattit quand j'essayai de le faire entrer dans la maison. Dans la lutte, Jimmy se sauva. Je ne le revis plus jamais.

Ici aurait dû se terminer son histoire, si Herbert Brenon, un de mes voisins, n'était arrivé hors d'haleine et ne m'avait demandé : « Avez-vous vu un gorille? » Je répondis que non. « Eh bien, il y en a un dans les environs », me dit-il. « J'étais dans les toilettes, assis sur le trône, quand la porte s'est ouverte, un gorille est entré et il est venu me serrer la main. »

MOI. — Tu t'es encore saoulé, ma parole!

SIR HERBERT. — Ne sois pas idiot. Je te jure que je l'ai vu.

Ce ne fut que des années plus tard que je lui racontai l'histoire du singe. Il éclata alors de rire et m'avoua que, vu de sa position assise, il avait vraiment cru avoir affaire à King Kong.

Au Service de la Gloire terminé, je ne pouvais pas tenir en place. Pour la première fois de ma vie, tout ce que j'avais fait depuis que j'avais quitté oncle Matthew à Veracruz me semblait sans importance. Mes premières aventures au Texas et dans le Montana se teintaient d'irréalité, comme si elles étaient arrivées à quelqu'un d'autre. Dans un an, j'aurais quarante ans. Qu'avais-je fait? J'avais de l'argent, mais qui savait combien de temps allait durer Hollywood? Une lubie lui avait donné naissance, une autre pouvait le détruire. Bridget O'Connell, ma vieille gouvernante, me voyant dans cet état fiévreux, aurait mis cela sur le compte du printemps et m'aurait donné un bon dépuratif.

Lionel Barrymore, un ami rescapé des vieux jours de la Biograph, me proposa un autre remède : « Sors et laisse-toi un peu vivre, Raoul! Tu ne fais que travailler et jouer les gardiens de zoo! » Je suivis son conseil et demandai à Winnie Sheehan une semaine de congé. Il me l'accorda et je persuadai Barrymore de descendre en voiture avec moi à San Pedro pour prendre le bateau pour San Francisco. Le *Yale* et le *Harvard,* bateaux jumeaux qui faisaient la navette entre Los Angeles et la baie, étaient connus comme « bordels navigants », leurs passagers se composant de filles de la nuit, de souteneurs, de joueurs, de veuves joyeuses et de pickpockets. Dans le grand salon, il y avait deux bars et un orchestre.

Lionel et moi nous assîmes à une table dans un coin éloigné et attendîmes que le « spectacle » commençât. Quand l'orchestre entama *Happy Days Are Here Again,* le salon se transforma en un lieu de carnaval peuplé de danseurs ivres, de maquereaux racolant pour leurs clientes, de pickpockets au travail autour des bars bondés et de joueurs ratissant les gogos aux tables de jeu. Tandis que nous observions leurs vils manèges, je dis à Lionel combien je trouvais dommage que Jack London ne fût pas avec nous — quelle belle histoire il aurait tirée de cette épave flottante!

Soudain on entendit un hurlement sauvage. Nous vîmes entrer en courant dans le salon une fille nue qui cherchait un endroit pour se cacher. Elle était suivie par un homme tout aussi nu et ils dégringolèrent l'escalier des cabines, pourchassés par une furie qui brandissait un balai de cabinet. A les entendre crier quelques minutes plus tard, il était évident qu'elle les avait rattrapés. Les buveurs ne prêtèrent aucune attention à cette intervention et continuèrent à faire bombance. Plusieurs filles passèrent devant notre table en nous faisant de l'œil.

Deux des plus jolies s'avancèrent nonchalamment vers nous et l'une d'elles nous demanda : « Gentlemen, pouvons-nous nous joindre à vous? » Lionel les invita à s'asseoir en leur disant : « Sachez bien, mesdames, que nous ne sommes pas des gentlemen. Je suis écrivain — mes livres ont été publiés en plusieurs langues. Mon ami que voici est cinéaste. Il a mis en scène la plupart de mes romans et est devenu mondialement célèbre. »

Le garçon arriva et Barrymore commanda une bouteille de vin français. Mon ami continua à leurrer les deux filles en leur disant que son livre comprenait deux très bons personnages qu'il pensait qu'elles pourraient magnifiquement interpréter « sous la direction de notre grand metteur en scène ». Le garçon apporta la bouteille de vin qui fut rapidement terminée et nous en commandâmes aussitôt une autre. Les deux filles étaient assez jolies; d'après moi, elles devaient avoir dans les vingt-cinq ans.

Lorsque fut éclusée notre deuxième bouteille, une grande camaraderie s'établit entre nous. Lorsque nous eûmes un peu dansé avec les filles et bu notre troisième bouteille, nous étions pas mal partis. Nos compagnes portèrent un toast à Lionel pour célébrer son talent d'écrivain. Quand elles lui demandèrent le titre de son dernier roman, il leur répondit fièrement : « L'amour libre ». L'une des filles remarqua : « Vous avez dû l'écrire en pensant à ce bateau! On y baise à l'œil et une honnête prostituée n'a pas une chance de se faire un sou! »

J'étais un peu plus jeune que Lionel et je tenais plutôt bien l'alcool. Barrymore se leva en titubant et avec un large geste de la main me déclara : « Beesark, elles sont à toi! » Il s'inclina devant nos deux amies et descendit d'un pas mal assuré l'escalier pour regagner sa cabine, marmonnant sa citation favorite de Shakespeare : « Etre ou ne pas être... »

Les filles étaient également bien parties lorsqu'elles me raccompagnèrent à ma cabine. Elles insistèrent pour entrer et partager ma chambre, m'expliquant qu'elles n'en avaient pas. « C'est bon, dis-je, il y a une place pour vous deux dans le lit du dessus. » Elles commencèrent à se déshabiller et je dois dire qu'elles étaient bien roulées. Celle qui s'appelait Mabel eut quelques difficultés à atteindre le lit supérieur, et Ida et moi dûmes la soulever pour l'aider. Je me déshabillai à mon tour et sautai dans le lit du dessous. Après trois essais infructueux pour arriver dans son lit, Ida tomba carrément sur le derrière et s'écria, dégoûtée : « Oh! La barbe. Je vais dans votre lit! » Quand on est un jeune homme et qu'on tombe sur une pute tout excitée, on a vraiment gagné le gros lot!

De retour à Malibu, j'errai à travers la maison, essayant de lire des scénarios et tournant comme un ours en cage. A mon insu, je souffrais de désœuvrement. Un metteur en scène entre deux films peut devenir comme une âme en peine. Je me reprenais à haïr l'humanité lorsque Winnie Sheehan me téléphona. Il avait un nouveau scénario à me proposer.

Têtes brûlées, dans lequel jouèrent McLaglen, Lowe, et El Brendel dans un rôle comique, fut un bon film et rapporta de gros bénéfices au box-office. Lili Damita, l'actrice vedette (qui plus tard épousa Errol Flynn), contribua à son succès. Le tournage se déroula sans problèmes, comme tous ceux où se trouvaient McLaglen et Lowe.

Une fois de plus, Sheehan me mit en garde contre les dangers de la censure, mais malgré cela, nous eûmes des difficultés avec le bureau de Hays *. El Brendel s'avançait vers McLaglen, tirant une soubrette par la main, et lui disait : « Je t'ai amené un beau terrain à prospecter! » Il déroulait alors une carte devant McLaglen tout en montrant la fille d'un air innocent. Les augustes gardiens de la morale publique virent cette scène d'un mauvais œil. Nous arrivâmes tout de même à la garder, mais ce fut de justesse.

Sheehan paraissait plus décidé que jamais à me faire travailler et je ne demandais pas mieux car cela m'empêchait de broyer du noir. Mes chats et mes chiens commençaient à avoir de nouveau confiance en moi. Je reprenais goût à la vie.

Il y a une chose dont je me souviens bien au cours du tournage de *The Loves of Carmen* que je commençai alors que les dernières scènes de *Têtes brûlées* étaient encore dans la salle de montage, c'est la manière dont Dolores del Rio traitait ses amoureux, en véritable mante religieuse. La belle Mexicaine était à présent une star accomplie. Etant donné la façon dont elle jouait les Casanova femelles dans la vie, je savais que je n'aurais pas de mal à la diriger. Elle passait d'un admirateur à l'autre comme Rahab de Jéricho *. En voyant leurs mimiques

* Hays Will, président de la M.P.P.A. (Organisation des producteurs, fondée par les gros intérêts de Hollywood). Son nom est attaché au « Code de la Pudeur » ainsi appelé pour ses nombreux interdits et rédigé par un jésuite, le Père Lord, en 1930. (*N.d.T.*).

* Prostituée qui, selon la Bible, cacha les espions de Josué venus reconnaître la ville de Jéricho. (*N.d.T.*).

d'adoration, il me vint une idée. J'envoyai chercher une douzaine de roses. Dolores me sourit lorsque je lui tendis la rose la plus longue et lui expliquai comment elle devait s'en servir. Quand le soupirant qui, de toute évidence, se considérait comme le mieux placé, s'agenouilla humblement à ses pieds, elle se servit de la fleur comme d'un doux fouet pour le faire ramper. Les spectateurs furent ravis et la critique excellente.

Women of All Nations fut un four parce qu'il ne pouvait en être autrement. Un troisième film avec McLaglen et Lowe, c'en était trop pour le public; j'avais craint cela dès le début. J'aurais dû l'intituler *La Société des Nations,* car il échoua aussi lamentablement qu'elle. Greta Nissen, la vedette, avait été très bonne dans son interprétation et je fus désolé pour elle car c'était son premier rôle au cinéma.

Au lieu de me terrer à Malibu en attendant un autre scénario, je ne décollai plus des bureaux de la Fox et enquiquinai tout le monde. Deux semaines passèrent ainsi et tout ce que j'obtins de Sheehan fut des promesses. J'en étais arrivé au point où seul le travail pouvait chasser mes idées noires. Faire un film était désormais l'unique attrait qu'Hollywood présentait à mes yeux; la bonne chère avait perdu sa saveur, le clinquant ne m'impressionnait plus, une folle soirée ressemblait à une autre, tout était pourri. Cet univers aurait aussi bien pu être celui du paddock de Santa Anita. Tout allait mal. Je m'assis et boudai; c'est alors que le téléphone sonna.

C'était Joseph Schenck qui dirigeait la United Artists. Schenck (prononcez Skenk) jouissait d'une grande autorité dans le milieu du cinéma et quand il parlait, tout le monde l'écoutait. A ce moment, j'aurais même écouté le convoyeur d'un troupeau de yaks d'Ulan Bator.

SCHENCK. — C'est vous, Beesark? (Plusieurs personnes commençaient à m'appeler ainsi. C'était le surnom que j'avais donné à une prostituée et il me resta.)

MOI. — C'est lui-même.

SCHENCK. — J'ai une ravissante jeune femme dans mon bureau.

MOI. — Félicitations!

SCHENCK. — Idiot! C'est à vous qu'elle s'intéresse.

MOI. — Pourquoi?

SCHENCK. — Elle voudrait que vous réalisiez un film pour elle. Elle s'appelle Gloria Swanson.

Je lui dis que j'arrivais. Je n'avais pas revu Gloria depuis la soirée de Pola. J'avais composé son numéro de téléphone un jour où je me sentais vraiment à plat, mais j'avais raccroché avant qu'elle ne réponde. Aujourd'hui, elle voulait me voir. A la vitesse à laquelle je me rendis à la United Artists, j'aurais pu gagner la course d'Indianapolis!

Lindbergh venait d'atterrir au Bourget, mais en voyant Paris, il ne dut pas éprouver plus de joie que moi lorsque je vis Gloria. Je dus me retenir pour ne pas la serrer dans mes bras, tant elle était belle. Ce qui me plaisait surtout chez cette femme éblouissante, c'était sa simplicité. Je ne l'ai jamais considérée comme la marquise de la Falaise. Pour moi, elle était tout simplement Gloria, aussi nature que le soleil, un être humain, chaleureux et sans prétention. Je crois que le public l'aimait autant pour son naturel que pour son talent d'actrice.

GLORIA. — Que signifie Beesark?

MOI. — C'est un mot que j'ai inventé.

GLORIA. — Il est bon?

MOI. — Certaines personnes le pensent.

Elle plissa son nez quand je détournai la conversation et me dit : « Allons chez moi. »

Je regardai Schenck. « Joe m'a parlé d'un film », lui dis-je.

Elle devint sérieuse : « Oui, j'ai vu trois fois *Au Service de la Gloire* et j'aimerais que tu me diriges. »

« C'est plus facile à dire qu'à faire. J'ai une peine de sept ans à purger à la Fox », lui répondis-je.

« Arrange-toi pour obtenir un *loan-out* », me répliqua-t-elle. Wurtzel t'a bien prêté à Fairbanks et à Lasky. Pourquoi ne pourrait-il pas faire la même chose pour moi? »

Schenck se frotta les mains et nous fit un large sourire en nous assurant: « Ça ne posera pas de problème. Sheehan a une dette envers moi. Je m'en charge. »

Dans le grand salon de la maison de Gloria à Beverly Hills, nous discutâmes de scénarios pendant que la domestique servait le thé. Je n'avais encore jamais goûté cette boisson chère aux Anglais et aux Chinois. Je ne connaissais que le café, bien que je me souvienne que mon père prenait parfois une tasse de thé de Formose allongé d'une rasade de whisky. Quand je vis

Gloria lever sa tasse avec le petit doigt en l'air, je me décidai à avaler ce breuvage même si je devais en mourir. Schenck pouvait me traiter d'Irlandais mal dégrossi si cela lui faisait plaisir, mais je tenais absolument à ce que Gloria pense que j'avais acquis quelques bonnes manières. Henri, son mari, passait sa vie dans les salons et je me demandais si cela n'avait pas un rapport avec le fait qu'elle l'avait épousé.

Elle reposa sa tasse et soupira : « Raoul, mon chou, il *faut* que tu m'aides. Trouve une histoire qui nous plaise à tous les deux et je l'achète. J'ai lu à peu près vingt scénarios et ils me font tous frémir d'horreur. »

Je cessai un instant de l'admirer pour réfléchir. En attendant que la Fox me remette derrière une caméra, j'avais jeté un coup d'œil sur quelques nouvelles de Somerset Maugham. L'une d'elles : « Miss Thompson » m'avait particulièrement intéressé. Elle avait été adaptée au théâtre sous le titre de *Rain*. Mais aurais-je le courage, moi, de transformer Gloria, cette jeune femme sage, en une prostituée? Ce serait à elle de décider.

Après que je lui eus brièvement résumé l'intrigue, elle haussa les sourcils et me dit : « Tu veux dire qu'ils ont chassé cette Sadie je-ne-sais-quoi de San Francisco pour prostitution? Mais c'est ridicule! La prostitution est un passe-temps national. Si tu ne me crois pas, va faire un tour du côté du Strip *. »

« Et puis ce n'est guère un rôle pour la marquise de la Falaise! », lui fis-je remarquer.

« Ça y est, voilà que tu recommences à sortir mes titres de noblesse. Quel puritain d'Irlandais tu es! Qui te dit que je ne saurais pas rouler des hanches aussi bien que la reine des putains? »

Gloria acheta les droits de la pièce une semaine plus tard. Elle était comme une enfant avec un nouveau jouet. « S'il te plaît, fais-moi un beau personnage de putain, veux-tu? me suppliait-elle. Rajoutons quelques scènes d'amour bien poivrées qui feront sauter les spectateurs dans leurs fauteuils. »

Je commençais à prendre goût au thé, surtout lorsque je le buvais en compagnie de Gloria. J'essayai d'être objectif en rédigeant les scènes d'amour supplémentaires. En temps ordi-

* Quartier de boîtes de nuit, de dancings, de maisons de jeu, dans certaines grandes villes américaines. (*N.d.T.*).

naire, cela aurait été facile. La passion, sauf pour les amoureux, est un sentiment niais. Mais sous son œil critique, j'étais au supplice. Si j'écrivais des scènes trop réalistes en dépassant les trois secondes réglementaires de baiser ou en montrant un objet évocateur comme un lit, la censure les couperait et me trancherait le cou par la même occasion. Si les scènes étaient trop timides, Gloria ferait la grimace et me traiterait de poule mouillée. Pris ainsi entre deux feux, il m'était difficile d'être objectif. Le juste milieu serait de corser le dialogue et de tempérer l'action. Par exemple, quand nous arrivâmes au moment de la pièce où le Sergent O'Hara devait ramener Sadie du Palais du Gouverneur sous une pluie torrentielle, Gloria me suggéra : « Je voudrais faire ce trajet à califourchon sur le dos de O'Hara. » Je voyais déjà les rangées de censeurs s'évanouir les unes après les autres, mais je lui dis que j'étais d'accord. Quand vint le moment de tourner cette scène, je proposai à Gloria de porter un imperméable long par-dessus sa robe, ce qui paraîtrait plus décent vu le temps; elle n'y vit pas d'inconvénient. La censure laissa passer la séquence et je me demandai vraiment où résidait la différence morale.

Le choix d'un extérieur adéquat ne posa pas de problème. Les scènes qui devaient se dérouler à Tutuila, dans les Samoa américaines, nous les tournâmes dans l'île de Catalina. William Cameron Menzies, qui avait fait un travail de premier ordre pour *Le Voleur de Bagdad,* se mit à préparer les décors de Pago Pago tandis que Gloria, Schenck et moi discutions de la distribution. Nous allions arrêter nos choix d'un commun accord, lorsque la censure nous tomba dessus. Au bureau de Hays, on nous informa qu'il était impossible de faire sortir le film sous le titre de *Rain.*

« La barbe! tempêta Gloria. Nous sommes fichus maintenant. Ces pudibonds ne sont pas des êtres humains!

« Ils sont payés pour ne pas l'être », lui fis-je remarquer. J'étais ennuyé car il était toujours difficile de penser clairement en sa présence. Un esprit malin dut me souffler : « Appelons-le tout simplement *Sadie Thompson!* »

Impulsivement, elle me sauta au cou et m'embrassa. Les trois minutes réglementaires de baiser datant de 1896, lorsque John Rice embrassait longuement Widow John, s'envolèrent par la fenêtre.

C'est alors que je me trouvai confronté à un nouveau problème de distribution. *Sadie Thompson* comprenait sept ou huit rôles importants si l'on comptait Ameena, la grosse femme du commerçant. Il fallait que je trouve un pasteur fanatique pour accuser Gloria : Lionel Barrymore semblait parfait pour le rôle du révérend Davidson et Schenck l'engagea. Pour le docteur McPhail, nous choisîmes Charles Lane, un acteur de théâtre professionnel, qui avait joué dans plusieurs films de premier ordre. Quant à l'intendant Bates, ce serait Will Stanton, un comédien anglais très convaincant dans les rôles d'alcooliques, qui le jouerait. Nous eûmes du mal à trouver une actrice pour jouer Mrs. Davidson, cette obsédée, et finîmes par prendre Blanche Friderici. Pour Joe Horn, le commerçant, nous choisîmes parmi les acteurs disponibles celui qui était le plus bedonnant et ressemblait le plus à un ivrogne. Il s'appelait Jim Marcus et il choisit sa propre Ameena pour nous aider : une grosse femme pleine d'entrain, moitié Polynésienne moitié Américaine, qui joua son rôle comme une professionnelle.

Avec deux acteurs de second rôle pour jouer les Marines, il ne nous manquait plus à présent qu'un bon sergent O'Hara. Je fis faire des essais à des acteurs qui défilèrent les uns après les autres, mais Gloria les élimina tous, y compris Eddie Lowe. Lorsque nous arrivâmes au bout de la liste, Schenck me prit à part. Il se mordilla les lèvres avant de parler puis lâcha le morceau : « Tu es un bon metteur en scène et un bon acteur. Je t'observe et j'aime ce que je vois. Tu es aussi un imbécile. Ce film ne démarrera jamais si ce n'est pas toi qui joues le rôle du sergent. C'est ce qu'elle attend! »

Je commençais à comprendre. Voilà pourquoi Gloria avait refusé quelques-uns des meilleurs acteurs d'Hollywood! Elle voulait que ce soit moi qui joue le héros! Falaise nous ferait-il des ennuis? Je finis par me persuader que ce playboy de marquis n'aurait pas tellement le droit à la parole. Quand Gloria voulait quelque chose, elle l'obtenait, et elle m'obtint. Lorsque je lui annonçai que j'aimerais jouer le sergent, elle me dit, l'œil malicieux : « Tu feras un excellent O'Hara, Raoul »

Menzies avait fini de construire la boutique du commerçant à environ deux cents mètres de la plage au nord de Catalina. Il y avait là un vieux débarcadère qui servirait de base navale et où le *Orduna* s'amarrerait pour décharger des vivres et charger le fret à emporter. La majeure partie de l'action devait se passer chez le commerçant Horn, seulement coupée par deux gros plans sur le palais du gouverneur. Les bâtiments de la base navale et les huttes du pays ne figureraient que comme toile de fond dans les plans d'ensemble. Dans la version théâtrale, toute l'histoire se déroulait en huit jours. Comme je n'aurais pas l'occasion de tourner de scènes de foule ou de scènes tirées en longueur, je savais avant de commencer que j'aurais du mal à faire suffisamment de métrage. La pièce comprenait trois actes, dont le dernier se composait de deux scènes. J'aurais à m'appuyer sur le mime et les intertitres pour éviter la monotonie d'un dialogue presque ininterrompu.

Arrivé sur le lieu de tournage, j'étais prêt à commencer à filmer une heure plus tard. Comme entrée en matière, je débutai avec les scènes d'intérieur dans la boutique du commerçant où figuraient Ameena, la femme de Horn, et deux Marines. Pour allonger le film, j'ajoutai une séquence dans laquelle la grosse Mrs. Horn criait à Joe que le *Orduna* était arrivé. En retravaillant le découpage quelque temps auparavant, j'avais eu l'intention de couper cette scène et de commencer avec l'officier Bates ramenant Miss Thompson du débarcadère. Si jamais cette scène s'avérait superflue, le problème serait réglé au montage. Du moins aurais-je ménagé mes arrières.

Jim Marcus, le corps rembourré et le visage savamment maquillé, avait tout à fait l'allure d'un commerçant imbibé d'alcool. Quand il sortait en bâillant de sa chambre à coucher, j'avais presque l'impression qu'il sentait le gin! Je me risquai à tourner les scènes d'ouverture aussi longues que possible, avant de prendre ma place devant les caméras pour annoncer que quelqu'un arrivait. Quand la femme du médecin et celle du pasteur entrèrent, je pris un autre risque en leur faisant dire mot pour mot tout le dialogue de cette scène, tel qu'il était dans la pièce. J'espérais que les intertitres seraient fidèles au texte original, afin que leur pieuse conversation à propos du salut des indigènes et de la victoire sur le mal eût assez d'effet sur le public pour l'empêcher de s'endormir.

En allongeant le script, je ne trahissais ni l'auteur, ni le climat de sa nouvelle. Je voyais dans cette œuvre l'un des réquisitoires les plus féroces contre l'esprit évangélique. La monotonie de la pluie avait servi à Maugham à accentuer le conflit des personnalités et à souligner l'acharnement avec lequel Davidson partait en « croisade ». Je voulais à tout prix arriver à faire passer dans mon film les intentions de Maugham.

Si Gloria personnifiait si bien la petite prostituée voyante, ce n'était pas seulement à cause de ses bottines à talons hauts, de ses bas à jour et de son ombrelle, mais surtout à cause de son amour pour son rôle, qu'elle interprétait avec une sorte de charme amical et un naturel inné. Au moment où elle entrait, en minaudant, dans le salon du commerçant, accrochée au bras de l'officier Bates, tout en discutant avec entrain, elle avait laissé sa véritable identité sur le rivage. La marquise de la Falaise avait disparu, laissant place à Sadie Thompson, la prostituée de tous les ports du monde.

Elle me jugea d'un coup d'œil tout en me tendant la main : « Comment allez-vous, sergent? » me demanda-t-elle. Les deux Marines eurent droit au même accueil, comme si elle mesurait leur valeur intrinsèque. Elle s'approcha de moi entre deux prises et me demanda si j'étais content d'elle. Je hochai la tête : « Tu es assez convaincante. Continue comme ça. » Même avec Gloria, je suivais la règle de mon vieux maître. « Ne dites jamais à un acteur qu'il est excellent. Laissez-lui toujours croire que vous attendez plus de lui. »

Lionel Barrymore, face à la caméra, se transforma en un inquisiteur pourchassant les hérétiques. A cette époque, il approchait de la cinquantaine et les traits de son visage, aiguisés par les années, lui donnaient un air ascétique. Il eût été aussi convaincant dans le rôle de Savonarole ou d'un juge sans pitié au sortir de la bataille de Culloden. Quand il annonçait un cas de choléra à bord de la goélette qui devait les conduire à Apia, on aurait cru John Knox contemplant avec délice la vengeance de Dieu s'abattant sur les pécheurs.

J'avais prévu pour ce film une série de rôles de premier plan. Toute la distribution, jusqu'aux acteurs secondaires, comportait de longues scènes de dialogue. Pourtant Gloria et Barrymore tirèrent la couverture à eux. Ce n'était pas voulu de leur part, mais cela résultait de leur extraordinaire performance d'acteurs. Il me fallut un grand effort de volonté, ou de courage, pour passer devant les caméras alors que je sentais que c'était derrière elles qu'était ma véritable place. Ce fut pourtant l'occasion pour moi de découvrir quelque chose d'important : jouer dans un film et le tourner à la fois renforce l'attention que l'on porte aux autres acteurs. Lorsque j'avais joué le rôle de Booth dans *Naissance d'une Nation* ou celui du jeune Villa, sous la direction de Griffith et de Cabanne, j'avais pu dire mon texte sans me préoccuper de personne si ce n'est de celui qui parlait dans le mégaphone. Maintenant, je me sentais près d'avoir le trac. Je pouvais bien *leur* dire ce qu'ils devaient faire et comment ils devaient le faire, mais qui allait me le dire, à *moi?*

Gloria avait dû deviner mes hésitations, car elle vint à mon secours avec son tact habituel. « Souviens-toi que tu es O'Hara, un Marine qui a fait ses preuves. Tu es amoureux de moi et je commence à être attirée par toi », me dit-elle. Ces mots auraient pu être prononcés par un metteur en scène et ils me redonnèrent confiance.

Le rire de Barrymore et son « Mets-y le paquet, Beesark! » m'encouragèrent également. Dans la scène où je devais le jeter à la porte de la chambre de Sadie, alors qu'il était en train d'arrêter le gramophone, je lui envoyai un coup de pied un peu plus fort qu'il n'était nécessaire, mais il me le pardonna. Il avait l'habitude de faire de petits apartés à voix basse. Ainsi, après avoir déclamé : « Même si elle s'enfuyait à l'autre bout du monde, je la poursuivrais! » il me fit un clin d'œil et ajouta tout bas : « Qui ne le ferait pas? » De même après avoir promis à Sadie : « A toute heure du jour ou de la nuit, si vous avez besoin de moi, j'accourrai », il ne put s'empêcher de détourner la tête et d'ajouter : « J'espère que Falaise ne m'a pas entendu! »

Le marquis nous avait accompagnés sur le tournage. Au début, il remua beaucoup d'air sur les plateaux et agaça tout le monde. Mais Gloria dut lui faire une remarque, car brusquement on ne le vit plus. « Il est à la pêche » ou « Il chasse » furent les seules explications qu'elle voulut bien nous donner. Vu la désinvolture avec laquelle elle disait cela, j'en déduisis qu'elle se moquait pas mal de ce que pouvait bien faire son époux.

Gloria et Barrymore eurent beaucoup de plaisir à travailler dans *Sadie Thompson*. Lionel était tellement pris par son rôle qu'il finit même par prêcher entre les prises de vues. Il alla un jour jusqu'à me reprocher d'être un mauvais Catholique, à la suite de quoi je le priai de réserver ce genre de discours pour la caméra. « Je veux bien te servir de cobaye si cela peut t'aider, lui dis-je, mais n'oublie pas que je ne suis qu'un être humain. » L'habitude que j'avais prise, enfant, de sécher la messe, m'avait sans doute rendu indifférent à toute religion organisée. Pensant que cela pourrait aider mon jeu, j'essayais de me sentir concerné par ce qui allait arriver au révérend Davidson, mais je ne réussissais pas à éprouver de véritable pitié pour lui.

Dans la scène où je ramenais Gloria du palais du gouverneur à califourchon sur mon dos, des figurants hors-caméra, perchés sur des échelles, nous arrosèrent de « pluie » avec des tuyaux d'arrosage. Comme je trébuchais dans la boue, Gloria s'agrippa à mon cou et me murmura à l'oreille : « Si tu me laisses tomber, je t'étrangle! » La longue robe et les jupons qu'elle portait permirent à la scène de passer à travers les mailles du bureau de Hays, en dépit des prédictions de Lionel qui était certain que la censure nous enverrait tous les deux à la prison de Saint-Quentin. Par contre, il avait raison pour la scène où j'essayais de consoler Sadie dans sa chambre après qu'elle s'était disputée avec ce fanatique de révérend. La remarque de Barrymore devant le lit froissé : « Ces baisers m'ont plutôt l'air d'avoir duré trois minutes que trois secondes! » aurait pu sortir de la bouche de Davidson en personne. Et en effet, ce fut une scène que le public ne vit pas.

Barrymore avait beau jouer avec facilité et presque d'instinct, il n'en était pas moins inquiet dans son for intérieur. « J'ai peur d'attirer à moi tous les feux de la rampe. Tu es sûr que je ne prends pas trop de place, Beesark? » me demanda-t-il d'une voix anxieuse, comme s'il avait besoin d'être rassuré. « Ne t'en fais pas, lui dis-je, Menzies peut toujours agrandir le décor! » Après quoi, il joua mieux que jamais.

Maugham, avec sa connaissance intime du cœur humain, savait que tous ses personnages, à part Davidson et son épouse acariâtre, devaient prendre le parti de Sadie. Le commerçant Horn par exemple, prenait sa défense lorsqu'il disait au Dr McPhail : « Nous avons tous commis dans notre vie des actes dont nous ne nous vantons pas »; et même la sournoise Mrs. McPhail essayait d'être gentille avec elle. Cependant les lecteurs et les futurs spectateurs, du moins je l'espérais, devaient voir dans le pasteur un adversaire convaincant et même envoûtant. Moi-même, à un moment donné, je me surpris effectivement à l'admirer pour sa vocation inébranlable, et l'instant d'après, à le détester. C'est dans cette ambiguïté que réside le génie de Maugham.

Je devais résoudre le problème de la pluie. Il y avait bien les tuyaux d'arrosage, mais l'incessant déluge, aussi décourageant pour l'esprit que les délires du révérend, devait être fabriqué en studio. Nous tournâmes donc ces scènes d'averse plus tard, à la United, de la manière suivante : en déversant de l'eau du haut d'un toit en tôle ondulée, nous obtînmes un effet de pluie torrentielle que nous filmâmes en plans moyens et longs. Et grâce à des ventilateurs qui soufflaient sur l'eau à l'horizontale, nous réussîmes à donner l'impression que l'on était en pleine mousson.

C'était un plaisir de voir avec quel art et quelle délicatesse Gloria passait de la pécheresse provocante à l'émouvante convertie. Après avoir réglé ses comptes avec Mrs. Davidson et lui avoir crié : « Ce qu'il lui faut à votre mari, c'est une bonne purge », et avoir traité ce dernier de sale menteur, elle succombait devant le changement de tactique du pasteur. Ce dernier avait compris que des conseils amicaux l'atteindraient plus que des sermons autoritaires. J'imaginais le malin plaisir que prendrait Barrymore à jouer cette scène. Quand vint mon tour d'entrer dans la chambre de Sadie, accompagné des deux autres Marines, pour lui annoncer que son départ pour Sydney était arrangé, son repentir et sa décision de retourner à San Francisco pour expier ses péchés en prison avaient l'air si sincères que je me sentis réellement malheureux.

Lorsque Barrymore se dirigeait vers la porte de la chambre de Sadie, puis s'arrêtait brusquement comme s'il se rendait soudain compte qu'il était minuit, il interprétait de manière saisissante cette situation de l'homme déchiré entre le devoir et le désir, sans qu'il y eût rien dans son attitude que la censure pût lui reprocher. Sa façon de joindre les mains et d'incliner la tête traduisait parfaitement le conflit aigu où se débattait Davidson l'homme de Dieu et Davidson l'homme de chair. Au moment où il saisit la poignée de la porte et se décida finalement à l'ouvrir, je coupai sur une averse torrentielle, rien que pour le plaisir de défier le bureau de Hays. Quoi qu'il en soit, la censure laissa passer la scène.

Lorsque, le lendemain matin, les garçons de plage découvraient le pasteur gisant sur les rochers, la gorge tranchée, la scène semblait presque tomber à plat après ces grands moments de haine et d'exhortation. Malgré tout, les gens de Hays crièrent au scandale en voyant la séquence où le Dr McPhail prenait dans sa main la lame de rasoir avec laquelle Davidson s'était suicidé. Selon le Code, on n'avait pas le droit de montrer un instrument de mort, on ne pouvait que le mentionner. Un tel ergotage nous obligea à tourner à nouveau cette séquence. Cependant, cela ne me gêna pas le moins du monde; le film était bon et j'en étais fier.

Douglas et Mary m'invitèrent à une soirée à Pickfair dès mon retour à Hollywood. Somerset Maugham était là. Il paraissait content des avant-premières du film et ravi de l'interprétation de Gloria. « C'est exactement ainsi que j'imaginais Sadie », me dit-il. « J'ai trouvé la performance de Barrymore et votre interprétation du sergent remarquables. » Il manifesta sa joie en s'en prenant à la censure. « Pourquoi coupent-ils toujours les meilleures scènes? Ils sont pires que les hommes d'Eglise! »

La United Artists sortit le film à l'étranger et les lettres des fans commencèrent à affluer. Quelques-unes étaient particulièrement savoureuses et ce fut l'occasion pour Barrymore de me traiter de maquereau.

Paris

Cher Monsieur,

J'admire beaucoup la façon dont vous interprétez le Marine dans le film, et surtout votre gentillesse pour Sadie, parce que je suis aussi du métier. Je suis Basque, j'ai dix-huit ans et ces deux dernières années, je suis devenue une Parisienne très avertie. Je fais le trottoir rue Bergère et suis quelquefois arrêtée par les « flics » sur le boulevard des Italiens où c'est interdit. J'aimerais arriver à travailler à la maison de la rue Blondel, mais mon plus grand rêve est d'aller à Hollywood. Au cas où vous auriez besoin d'autres Sadies, je joins une photo. Pas mal, hein? P.S. Qu'est-ce que vous portez dans vos caleçons? Ce que nous, on appelle un Big Boy? *Si c'est le vôtre, alors je crie comme les Américains : « Whoopee! »*

Inez MALAQUIAS

Yokohama

Honorable Walsh,

Compliments respectueux. Je vois votre Sadie Thompson deux fois et je trouve qu'il bat Kabuki. Je travaille au lit, et apprends beaucoup d'anglais des marins américains. Je suis payée 500 yen la leçon, ha! ha! Vous jouez le sergent avec un beau sentiment pour la dame putain. Peut-être vous venez au Japon? Conservez l'adresse inscrite et vous passerez de grands moments sur ma natte, toute la nuit, à l'européenne. Pas de danger de tomber du lit au Japon, ha ha.

Chicki NAGOTO

Monsieur,

En tant que membre de la Société Harold Bell Wright pour la défense de la morale en littérature, etc., j'ai été révulsée par votre apparente indulgence pour une fille de joie dans le film Sadie Thompson. *Comme cela arrive si souvent dans de pareils films, le contenu latent est beaucoup plus lubrique que ce qui est visible. Manifestement, voilà une femme impudique dont le train-train quotidien consiste à se déshabiller devant tous ceux qui sont prêts à payer, prêtant ainsi ignoblement son corps à n'importe quel homme dépravé aux passions débridées.*

Ceci est pour vous informer, M. Walsh, que moi et notre comité avons vu votre film cinq fois et que chaque fois nous l'avons trouvé scandaleusement dégoûtant.

Florabelle TOTTEN

Barrymore siffla quand il lut cette dernière lettre : « Cinq fois! C'est une consécration! »

J'ai beaucoup aimé celle-ci, écrite par une admiratrice anglaise :

Cher Monsieur,

J'applaudis votre sympathique interprétation du sergent-marine dans votre dernier film. Comme vous pouvez vous en douter, je fais le même travail que Sadie. Je suppose qu'il était naturel pour moi de trouver Davidson écœurant bien que Barrymore l'ait brillamment joué. Le révérend Davidson souffrait de toute évidence de ce que nous appelons dans l'Angle-

terre du Nord The Birmingham bends *. *Le meilleur des hommes peut manquer de vigueur entre les cuisses, si vous voyez ce que je veux dire. J'espérais jusqu'à la dernière minute que Sadie donnerait au moins au pauvre bougre un ' coup de main '.*

Cissy ELDRIDGE

Je reçus également une lettre de Pago Pago me proposant un avenir sans souci avec privilèges conjugaux, si je voulais bien prendre le bateau. Une fille de Saint-Louis nommée Callie joignit à sa lettre un instantané la montrant au bras d'un souteneur qui prélevait 50 % de ses gains. Callie me demandait si je pouvais la mettre en contact avec quelqu'un à Los Angeles. J'eus envie de lui répondre qu'à Hollywood, nous appelions ces gens-là des agents.

Gloria donna une soirée, comme d'habitude somptueuse, pour fêter ce qu'elle appelait son «meilleur film ». Sa voix, au téléphone, était gaie quand elle me demanda : « Tu viens, n'est-ce pas, Raoul? »

Je me rendis chez elle et arrêtai ma voiture devant l'allée. La maison était toute illuminée comme sur un plateau, la nuit, et de la rue j'entendais la musique et les rires. Je restai là un bon moment à réfléchir. Que faisais-je ici? Gloria était mon amie, mais ce n'était pas cela qui m'avait conduit jusqu'à sa porte. Pour une fois, je fus sincère avec moi-même. Je courais après une femme mariée comme un adolescent follement amoureux. Si cela continuait, nous ferions les délices des journalistes avides de potins. « *Adiós,* Gloria », dis-je tout bas. Je fis un signe d'adieu devant sa porte et repartis. Arrivé chez moi, je préparai en hâte ma valise, puis pris la route de Caliente, où je me plongeais dans l'univers des tables de jeu et des courses de chevaux.

* Maladie des caissons. (*N.d.T.*).

Cyclope

En 1926, la Warner Brothers, au bord de la faillite, conclut un marché avec la Bell Telephone Company pour utiliser leur procédé Vitaphone. Il en résulta des séquences mi-parlées mi-musicales avec un accompagnement synchronisé dans *Don Juan,* un film muet dans lequel jouait John Barrymore. Depuis le début de l'année, la Fox avait produit une série de courts métrages sonores et d'actualités avec le procédé Movietone, mais cela n'avait eu aucun effet sur le public. De nombreux critiques ne virent dans cet accompagnement partiel du son qu'une mode passagère et les spectateurs se rangèrent à leur avis.

Ce ne fut qu'en octobre 1927, le jour où Al Jolson chanta *Mammy* dans *Le Chanteur de jazz* devant un public transporté, que le monde réalisa qu'un miracle s'était produit.

L'arrivée du son mit un terme à un grand nombre de carrières prometteuses mais permit le démarrage de beaucoup d'autres. Les acteurs ne pouvant plus compter sur les sous-titres devaient dire à présent leur texte comme au théâtre. C'est ainsi que, paradoxalement, le film parlant rapprocha le cinéma du théâtre, tout en l'en écartant davantage du fait que le son lui donnait la possibilité d'élargir son champ d'action. En effet, grâce au microphone, on pouvait désormais suivre et enregistrer les acteurs dans le monde réel.

Comme il fallait s'y attendre, la réaction de Hollywood devant ce miracle de la science fut une réaction de panique et de méfiance. Qu'allait-il advenir des vedettes, masculines ou féminines, si célèbres fussent-elles, qui auraient le malheur de bégayer ou de parler d'une voix trop aiguë? John Gilbert, le jeune premier qui avait succédé à Valentino dans les rôles d'amoureux, surtout comme partenaire de Greta Garbo, tomba soudain en disgrâce à cause de sa voix grinçante. Du jour au lendemain, les professeurs de diction et d'élocution firent fureur. Les fondations du monde du cinéma vacillèrent tandis que le progrès se moquait des craintes et des malheurs individuels.

Alors que je prenais mon petit déjeuner un matin, le groom de mon hôtel à Caliente me remit un télégramme de Sheehan qui disait : « Où es-tu? Essayé de te joindre hier. Arrive en vitesse. Le ciel s'écroule. » Deux heures plus tard, je traversais la frontière et fonçais sur l'autoroute jusqu'à Hollywood. Mes vacances étaient terminées, il était temps de retourner à l'école!

Je trouvai Sheehan assis derrière son bureau couvert de coupures de presse et tirant nerveusement sur son cigare. « Il était temps! me dit-il, le cinéma s'en va à la dérive et pendant ce temps, toi, tu t'amuses! »

« De quoi s'agit-il? » lui demandai-je.

Il saisit l'un des articles et le jeta vers moi. C'était un communiqué à propos d'un film entièrement sonore que la Warner avait produit et qui allait sortir le mois suivant. « Qu'est-ce que c'est que cette histoire de son? lui demandai-je. Vas-y doucement! Rappelle-toi que je ne suis qu'un cowboy! »

« Va faire un tour au Beverly Theater, et tu comprendras », me lança-t-il.

J'arrivai à temps pour la première séance et écoutai parler l'écran. C'était bien une révolution, en effet, mais le film m'agaçait. La banalité des décors et le trac évident de la vedette féminine me donnaient envie de bondir et de me mettre à hurler. Il me vint alors une idée : si l'on arrivait à compenser ce dialogue lassant en l'entrecoupant de scènes d'action supplémentaires, on pourrait peut-être aboutir à un film très excitant.

Je me levai et j'allais partir quand des éclats de voix sortant de l'écran, au début des actualités, retinrent mon attention. Là, sous mes yeux, un camion Movietone de la Fox filmait une grève de dockers. Les cris sortaient de la bouche d'un homme qui était à coup sûr un dirigeant syndicaliste. Ses paroles ne m'intéressaient guère, mais par contre je fus frappé par ce reportage sonore filmé en extérieur. Je repris ma voiture et dépassai la limitation de vitesse tout le long du trajet jusqu'au studio.

Sheehan commença à parler, mais je lui coupai aussitôt la parole et criai : « Je vais mettre en scène le premier long métrage sonore tourné en extérieur! » J'ajoutai devant son air ahuri : « Tiens-toi bien! Ça va être le coup du siècle! »

Il m'envoya une bouffée de fumée au visage et me dit : « Pour l'amour du ciel, assieds-toi et explique-moi maintenant ce que tu manigances.

— J'ai besoin d'un bon camion-son d'actualités et d'un scénario de western.

— En enfer, les gens réclament de l'eau glacée. Mais continue! »

Je lui racontai comment j'avais réagi au dialogue guindé et aux décors de théâtre dans le film de Beverly. « Fournis-moi seulement le camion et je te produirai un film avec le son *et aussi* toutes les bonnes vieilles scènes d'action. Le public en tombera à la renverse! »

Il me regarda fixement pendant une bonne minute sans rien dire, puis il bondit de son fauteuil et contourna son bureau pour venir me serrer la main. D'une voix émue et un peu rauque, il s'exclama : « Et bien, l'Irlandais, je crois que tu as trouvé une mine d'or! »

Lorsque Sheehan voulait quelque chose, il agissait vite. Il était sept heures du soir à New York quand il appela Ed Farrow, le directeur de la Movietone. Comme il n'était pas là, Sheehan, après avoir essayé de le joindre à Manhattan, à un cocktail au Village et à une première au Roxy, finit par le trouver chez lui. Je l'entendis crier : « Je me fous qu'il soit au lit ou non avec Sylvia Pankhurst! Il me le faut au bout du fil, et vite! »

Ed expliqua que le camion Movietone le plus proche se trouvait à San Francisco. « Expédiez-le-moi immédiatement! » lui ordonna Sheehan, après quoi il se radoucit, le remercia et raccrocha. Il y avait dans ce petit César de la Fox autant de diplomatie que d'autorité.

Sheehan entama un autre cigare et me dit alors : « Ecoute-moi bien! C'est ton film. S'il ne marche pas, je clouerai ta peau d'Irlandais sur le mur d'une écurie. Mais il se peut que ça marche, alors n'en parle à personne. Si c'est une réussite, on aura une tête d'avance sur les autres studios. »

Après avoir discuté sur des scénarios, nous tombâmes

d'accord pour retenir *The Caballero's Way,* une histoire de O. Henry. Le casting avait plein de cowboys disponibles et le sujet comportait beaucoup d'action. « Rentre chez toi pour réfléchir et écrire ton découpage. Je me charge du reste », me dit Sheehan en ajoutant : « Et surtout, ne parle pas dans ton sommeil! »

Je passai la nuit à écrire et j'étais déjà au studio quand Sheehan arriva. « Ça me plaît, Raoul, me dit-il en me rendant le scénario. Sauf le titre.

— Qu'est-ce qu'il a ce titre? O. Henry l'a bien aimé, lui! remarquai-je.

— Nous ne sommes pas O. Henry, me répondit-il. Pour une nouvelle, ça va, mais pour un film parlant, ce n'est pas assez fort. Il nous faut un titre qui ait plus de force dramatique.

— Que dis-tu de *In Old Arizona*? proposai-je.

— C'est déjà beaucoup mieux! Il répéta le titre plusieurs fois, approuva puis me dit : « Bon, maintenant passons aux acteurs.

— Pour le rôle féminin, il nous faudrait une fille saine, qui donne l'impression d'avoir vécu au grand air. » Après un moment de réflexion, je lui suggérai Annet Boyd. Il acquiesça de nouveau : « Nous lui signerons un contrat si ce pirate qu'elle appelle son agent veut bien entendre raison.

— Et qui jouera le rôle du Kid? demandai-je.

— Toi! me répondit-il. Où veux-tu tourner?

— A Bryce Canyon, dans l'Utah. »

Nous étions un jeudi. Le dimanche de la même semaine, je demandai à Archie Buchanan, mon assistant, de charger le matériel pour le départ. Suivant à la lettre les ordres de Sheehan, je fis exprès de ne pas lui dire où nous allions. Nous emportâmes un minimum de matériel et la troupe d'acteurs se composait seulement d'Annet Boyd, de moi et de trois cowboys, dont Bear Valley, celui du fauteuil roulant. Les autres figurants, si nous en manquions, je comptais les trouver sur place. Nous quittâmes Hollywood de nuit, comme des voleurs. Notre convoi comprenait un camion Movietone, une camionnette pour les accessoires et deux automobiles, ce qui était peu pour aller tourner un film sonore dans le désert.

Je me sentais plein d'optimisme. Si le chef-opérateur avait

été capable de filmer une grève, il ne pourrait que réussir mieux encore une intrigue classique.

Le soleil et le ciel dégagé étaient de bon augure pour notre premier jour de tournage, et du point de vue technique, nous n'aurions pas pu trouver de meilleur endroit pour tourner. Le héros de O. Henry, Cisco Kid, était un Mexicain. Mon séjour au Mexique m'avait donné un hâle qui convenait pour jouer ce rôle. Quant aux cowboys, ils étaient assez maigres pour passer pour des Indiens. Le public ne devina jamais que leurs longs cheveux noirs avaient été confectionnés avec des queues de cheval que l'on avait collées à l'intérieur de leurs bandeaux. Ils ne détonnèrent absolument pas lorsque je les mêlai à quelques Crows et quelques Pieds-Noirs, mais je continuais à me demander pourquoi tant de cowboys avaient les yeux bleus.

C'était la première fois que je devais me préoccuper à la fois du dialogue et de l'action. Le son ne me permettait plus d'être uniquement attentif à l'image; à présent, les personnages se parlaient entre eux, laissant au réalisateur le soin de fignoler l'image, sauf au moment des grandes scènes où l'action reprenait le dessus. J'avais déjà pressenti cette difficulté en écrivant le scénario. Les tâcherons, qui jusqu'ici avaient écrit les scénarios, n'étaient plus de mise. Avec la venue du son, il fallait non seulement savoir construire une intrigue, mais aussi savoir écrire.

J'allais devoir également m'habituer à me passer du mégaphone, à veiller à ce que tous ceux qui gravitaient autour de ce fichu camion-son évitent de parler. Les signes de la main et du bras, pour la plupart inutiles, étaient de bien pauvres substituts à la voix du metteur en scène.

J'avais presque terminé la seconde partie des deux bobines, donc du film, quand un cavalier vint, de la ville voisine, me prévenir que Sheehan m'avait appelé. Je téléphonai au studio le matin même. Winnie jubilait. Lui qui ne s'emballait jamais, je savais qu'il était sincère en me disant : « Tu te souviens de la scène où tu fais frire du bacon? Et bien je l'entendais tellement bien grésiller que ça m'a donné faim! » Il s'était fait projeter les rushes des deux premiers jours de tournage et il fut si enthousiasmé qu'il me demanda de prolonger le film de trois bobines. « Fais un long métrage! me cria-t-il. Réécris le scénario en conséquence. Tu peux rester là-bas un an si tu veux! »

Pour un film aussi long, il allait me falloir des accessoires supplémentaires. Je réfléchis une minute puis lui demandai de contacter Pat Jones. Ce dernier gagnait bien sa vie en louant des chevaux et des véhicules aux studios de cinéma. « Dis-lui de charger une diligence sur un camion et de m'envoyer six chevaux pour un attelage », dis-je à Sheehan. Bear Valley ferait le cocher dans les scènes complémentaires qui commençaient à se préciser dans mon esprit. Pauvre O. Henry! J'espérais qu'il ne se retournerait pas dans sa tombe. Quand j'aurais terminé cette version de son histoire, il serait difficile de deviner ce qui serait de lui ou de moi!

La diligence et l'attelage arrivèrent à temps et je me mis à filmer les poursuites que j'avais rajoutées dans le scénario. Dans l'une d'elles, Bear Valley devait dévaler la colline en diagonale vers la caméra. La foule habituelle de badauds était venue de la ville voisine, à cheval ou en voiture, et des jeunes s'amusaient dans le champ de la caméra. Je fus obligé d'interrompre le plan à plusieurs reprises pour les refouler. Lorsque je fis signe à Bear Valley de fouetter ses chevaux, il oublia que sa voix était enregistrée et cria : « Fais-moi déguerpir ces emmerdeurs et je te descendrai la colline sur le cul s'il le faut! » Nous dûmes refaire le plan, mais plus personne ne nous dérangea par la suite. En effet, la plupart des hommes se retirèrent, choqués que leurs femmes aient été exposées à un langage si cru.

Dès que nous eûmes terminé les scènes de poursuite, nous quittâmes le désert pour les collines où je comptais tourner quelques scènes du Kid en train de se renflouer en faisant une attaque à main armée. La seule route existante était dangereuse et couverte de grosses pierres. J'aurais dû m'en méfier en voyant Bear Valley avoir tant de mal à conduire sa diligence. Lorsqu'il eut disparu, je fis démarrer les autres. Le camion Movietone cahota et s'arrêta, mais nous parvînmes finalement au palier où je devais tourner la scène. Nous nous préparions à filmer, tandis que Bear Valley attendait le signal pour entrer dans le champ de la caméra, quand Ed Nolan, l'ingénieur du son, m'apprit la mauvaise nouvelle : « Le camion est fichu, monsieur Walsh! » Comme je lui demandais si les dégâts ne pouvaient être réparés, il haussa les épaules et me répondit : « A Los Angeles, peut-être — s'ils trouvent les pièces de rechange. Sinon, il faudra s'en procurer un autre. »

J'étais sur le point d'éclater, mais je me ravisai. A quoi bon! Je m'étais félicité d'avoir tout prévu. Je ne pouvais m'en prendre qu'à mon manque d'expérience. Quelle idée avais-je eue de prendre cette route pleine d'ornières? Il ne me restait plus qu'à arrêter le tournage et à rentrer à Hollywood. Ce fut, je crois, à partir de ce moment-là que les dieux commencèrent à se moquer de moi.

Je demandai à Buchanan d'embarquer le matériel et de rassembler tout le monde, et dès que je le pus, j'appelai Sheehan. Il resta sans voix jusqu'au moment où je lui dis que je pourrais probablement terminer le film sur l'un des terrains du studio. « Il va falloir que je réécrive quelques séquences finales puisque nous n'aurons plus les montagnes, lui expliquai-je. Fais construire des façades de maisons en adobe. J'aurai aussi besoin d'un décor intérieur. Mettez-vous au travail dès maintenant, car nous partons ce soir. »

Nous dînâmes dans le petit hôtel de la ville. Personne n'était en forme. Même Bear Valley, qui d'habitude était la bonne humeur personnifiée, semblait découragé et laissa la moitié de son steack dans son assiette. Les gens de cinéma, je m'en aperçus, sont ainsi faits : ils participent complètement au film et prennent à cœur toute interférence ou accident de parcours.

Le coffre et le siège arrière de la voiture étant encombrés de matériel, je m'assis à côté du chauffeur. Il avait dû prendre un verre de trop pour noyer son chagrin, toujours est-il qu'il conduisait à tombeau ouvert et que lorsque je lui demandai d'aller moins vite pour attendre les autres, il se contenta de grogner sans ralentir pour autant. Nous évitâmes de justesse des pierres et des animaux, et allâmes même jusqu'à disperser un troupeau de cerfs. La seule chose qu'il ne parvint pas à éviter fut un énorme *jack-rabbit* *. Les phares avaient dû éblouir la bête car elle sauta sur le pare-brise, de mon côté, et passa au travers. Il n'y avait pas de glace de sécurité. Ford devait en équiper ses voitures l'année suivante. Je reçus donc

* Espèce de gros lièvre d'Amérique. (*N.d.T.*).

en plein visage le lapin tué sur le coup, en même temps qu'une pluie d'éclats de verre.

Je faillis perdre connaissance et je savais que j'étais grièvement blessé. Le chauffeur repentant arrêta la voiture tandis que les autres accouraient pour voir ce qui nous était arrivé. « Mon Dieu! s'écria Buchanan, tu as le visage tailladé de partout! »

Mon œil droit était plein de sang et lorsque je posai la main sur l'œil gauche et regardai les phares, je ne parvins pas à les voir. Mon menton saignait aussi. Quand j'ôtai la main de sur mon œil, je m'aperçus que mon manteau de tweed beige était devenu rouge. Je tâchai d'arrêter le sang à l'aide de mon mouchoir, mais il fut immédiatement trempé. Le conducteur, aux petits soins pour moi à présent, me tendit des vieux chiffons. Les médecins me dirent par la suite que c'était un miracle qu'il n'y ait pas eu d'infection, vu l'état de ces chiffons pleins d'huile et de saleté. Cependant, ils me permirent d'arrêter en grande partie l'hémorragie. J'envoyai alors le conducteur chercher un médecin à Cedar City. De mon œil gauche, j'aperçus la lune qui se levait, mais quand je le fermai, j'étais aveugle.

L'infirmière faillit s'évanouir lorsque j'entrai dans le cabinet du médecin. « On dirait qu'on vous a donné des coups de hache », me dit celui-ci en me conduisant à sa table d'examen. « Montez là-dessus, nous allons voir un peu cet œil. » Il m'annonça presque aussitôt en secouant la tête : « Je vais être franc avec vous. Vous ne verrez plus jamais de cet œil. Mais on arrivera peut-être à le sauver. » Je ne sais plus combien de points de suture il fit sur ma paupière, mes joues et mon nez. A présent que je commençais à me remettre du choc, la douleur arrivait par vagues. Je demandai une gorgée de cognac, mais le médecin prit un air sévère. « Nous ne buvons pas d'alcool dans l'Utah », me dit-il. Je me suis demandé, par la suite, s'il savait que les cowboys de l'Utah que nous avions engagés pour le film, étaient pratiquement ivres du matin au soir et que mon chauffeur l'était à tel point qu'il n'avait pas pu éviter un *jack-rabbit*.

Lorsque j'arrivai à Salt Lake City, le lendemain à l'aube, j'avais tellement de bandages autour de la figure que je ressemblais à une momie. Buchanan et quelques membres de la compagnie avaient dû alerter tout le monde pendant que le docteur me recousait, vu la rangée de médecins qui m'attendaient à la gare. L'un d'eux me dit qu'il avait été prévenu par Winnie Sheehan, d'autres étaient venus de la part de Doug Fairbanks et de Tom Mix, et deux autres encore de la part de Bill Fox. J'avais sous la main une équipe médicale suffisante pour faire marcher un petit hôpital.

Je fus tout ragaillardi lorsqu'une jolie fille, plus loin sur le quai, me regarda fixement puis me sourit. Les choses n'allaient pas si mal, après tout! Dieu avait peut-être créé Adam avec deux yeux au cas où il viendrait à en perdre un! Après avoir remercié l'assemblée, je choisis le médecin de Sheehan, simplement parce qu'il avait été le premier à me parler. Il me conduisit à l'hôpital. Buchanan s'occuperait du reste. J'avais besoin de soins de toute urgence. Cependant, je ne perdis pas le nord pour autant car je me souviens, lorsque l'infirmière m'ordonna d'un air très digne de me déshabiller et de me mettre au lit, lui avoir proposé d'en faire autant. Je crus d'abord qu'elle allait éclater en sanglots, mais elle se ravisa, comprenant que je la taquinais. « Rien n'est perdu pour vous si vous pouvez encore penser à des choses pareilles! » me répondit-elle avec ironie.

Le médecin m'examina, regarda ma feuille de soins, poussa un grognement puis sortit. Dès que l'infirmière et lui furent partis, je me levai. J'allais me rhabiller lorsqu'on frappa à la porte. C'était Tom Mix, fidèle à lui-même, avec son large sombrero blanc et son grand sourire. Il me dit qu'il avait presque grillé le moteur de sa Cadillac en traversant le désert d'une seule traite pour venir me voir. « J'ai roulé toute la journée et toute la nuit », m'annonça-t-il, puis, après m'avoir regardé attentivement, il ajouta : « Tu me parais en pleine forme, à moins que tu ne nous caches quelque chose sous ce torchon! » Il m'avait apporté un grand panier de fruits, du moins un panier contenant une bouteille de whisky et une bouteille de cognac camouflées sous des fruits. Ce Hennessy cinq étoiles me fit plus d'effet à cet instant que si l'on m'avait offert tout le champagne de France.

« J'ai pensé que ça te ferait plaisir de boire un coup! » me dit-il en souriant et en remplissant deux verres. Ces Mormons, ils gardent leurs bouteilles pour eux! » Nous parlâmes métier. Les films « parlants » étaient un véritable mystère pour lui.

« Je crois que je vais me retirer et m'acheter un ranch, m'annonça-t-il. Ce ne sont plus des films qu'ils font, mais des disques. »

Nous nous sentions tous deux parfaitement bien lorsque le médecin et l'infirmière réapparurent. Je réussis à cacher mon cognac sous le matelas et Tom eut juste le temps de laisser tomber son sombrero sur la bouteille de whisky. Quand l'infirmière lui annonça qu'il était temps de partir, il me dit au revoir et sortit en reprenant son chapeau au passage! La bouteille de whisky, à présent découverte, m'accusait comme si elle avait pu parler. Le médecin, sans laisser à l'infirmière le temps de protester, sauta sur l'occasion : il acheva de me rebander le visage, grogna de nouveau, puis quitta la pièce en emportant la bouteille avec lui. Je terminai le cognac après un dîner sans saveur, et dormis jusqu'au matin d'un sommeil rempli de cauchemars peuplés d'infirmières chevalines et de *jack-rabbits* féroces.

Alors que je somnolais, l'infirmière vint m'apporter la liste des personnes qui m'avaient appelé et renifla mon haleine d'un air méfiant. Griffith, Frank Woods, Doug et Mary, Chaplin, Gloria Swanson, Pola Negri, les deux frères Wurtzel, Lionel Barrymore, Dolores del Rio, Lili Damita — la liste était interminable et j'étais encore assez lucide pour apprécier ce que c'était que d'avoir de vrais amis. Le cognac aussi aidant, ce fut à ce moment précis que je décidai de ne plus m'inquiéter de mon œil avant d'avoir consulté un spécialiste. Si je devais le perdre, et bien tant pis! Il me resterait toujours l'autre! Tout comme lord Nelson, Barbe-Noire et la mule que le vieux Bacon utilisait pour extraire ses souches!

Le médecin avait donné des ordres : je n'avais pas le droit de parler au téléphone. Celui-ci se mit à sonner alors que l'infirmière venait de sortir. C'était mon père, et son rude accent irlandais me remit tout à fait en train. Il avait passé sa journée à essayer de me trouver. C'était Bill Fox qui l'avait prévenu. Il commença par me demander ce qu'avaient dit les médecins et, après que je l'eus assuré que j'étais en bonne forme, il me promit de rappeler le lendemain.

Ce matin-là, on me fit un examen complet : gouttes dans les yeux, rayons lumineux, etc., et on me saoula de questions : voyais-je la lumière lorsque l'on me recouvrait l'œil gauche?

Non, je ne la voyais pas. Mon œil droit me faisait-il mal? Oui, atrocement mal. Aucune autre douleur? Si. Je souffrais de la tête comme si un cheval l'avait piétinée. On m'enveloppa de nouveau de bandages et j'annonçai alors à mon médecin que je retournais à Los Angeles par le premier train. « Mais... », commença-t-il. Je lui coupai la parole et le remerciai.

« Vous êtes décidé, je ne peux pas vous empêcher de partir, me dit-il. C'est peut-être mieux ainsi. Dès que l'inflammation diminuera, ne tardez pas à consulter un spécialiste. » Il me répéta le diagnostic du médecin de Cedar City : « Vous ne verrez jamais plus de votre œil droit, mais on pourra peut-être le sauver. Sinon... » Il fit mine de couper quelque chose avec ses doigts comme avec des ciseaux et je compris ce que cela signifiait : sinon, on me l'enlèverait.

Je demandai à Archie Buchanan, qui se trouvait toujours dans les parages, de me retrouver à la gare avec une réservation de wagon-lit. Lorsque je descendis du taxi, il me tendit un paquet. Je n'ai jamais su comment il s'était débrouillé pour faucher deux flacons de cognac, mais ils me permirent de dormir durant presque tout le voyage.

Winnie Sheehan et Sol Wurtzel m'accueillirent à la gare. Il me semblait qu'il y avait une éternité que je n'avais pas vu ma maison de Malibu. Les deux hommes restèrent avec moi boire un verre et Sheehan me taquina à propos de mon accident. « Je n'aurais jamais cru qu'un foutu lapin aurait le dessus sur un Irlandais! me dit-il. Quoi qu'il en soit, tout New York a menacé de me tuer si je ne te forçais pas à te reposer. »

Mes chats et mes chiens m'accueillirent comme si j'étais l'enfant prodigue et firent de leur mieux pour me montrer qu'ils compatissaient à mon malheur. Lorsque mon œil se remit à me faire souffrir, je demandai au docteur Ray Irvine de venir me voir. « Cet œil est très vilain, me dit-il, tout en retirant sa lampe de sa tête et en la tapotant contre son pouce. Je pense qu'il va falloir l'enlever. »

J'appelai Sheehan pour le prévenir que j'allais être hospitalisé. Quand je lui demandai comment il comptait terminer *In old Arizona,* il me répondit de ne pas m'en faire. Je n'appris que plusieurs semaines plus tard que Irving Cummings avait fini le film avec un nouveau camion-son. Warner Baxter m'avait remplacé pour jouer le Cisco Kid et Dorothy Burgess avait remplacé Annet Boyd. Ils réussirent à garder tous les plans d'ensemble où on ne voyait pas trop mon visage, ainsi que mes scènes de poursuite à travers le Bryce Canyon. Les scénaristes de Sheehan durent, bien sûr, remanier mon scénario initial. C'est ainsi que se fit *In old Arizona,* le premier film sonore tourné en extérieur. Il obtint un immense succès au box-office. J'avais fait tout ce que j'avais pu et Sheehan ne reparla plus de me clouer au mur d'une écurie!

Je téléphonai à mon père qui était arrivé à Los Angeles et l'invitai à dîner.

Il n'avait pas changé; à part ses tempes un peu plus grisonnantes, il avait conservé l'allure du Big Tom de mon enfance. Il me demanda quel jour je devais entrer à l'hôpital.

« Demain matin, lui répondis-je. Je n'ai pas peur des hôpitaux, ni des médecins, ni des infirmières. Ils ont un travail à faire, et je leur fais confiance. »

Il me dit alors d'un ton paternel : « Dieu, mon fils, dans son infinie sagesse, a doté l'homme de deux jambes, de deux bras et de deux yeux. Ainsi, s'il venait à perdre l'un d'eux, il lui resterait toujours l'autre pour continuer. Pense au grand amiral Nelson. Il n'avait qu'un seul œil, et il lui a permis de voir la ravissante lady Hamilton! »

Mon père se tut un moment, courba la tête comme il en avait l'habitude lorsqu'il réfléchissait, puis se mit à me raconter l'histoire de « Connely-le-Borgne », le plus grand resquilleur de tous les temps. On disait qu'il avait réussi à entrer dans le Metropolitan Opera House sans billet, ainsi qu'à Madison Square Garden et aux Polo Grounds. Mais son plus bel exploit avait été d'assister sans payer à un match de boxe entre les deux professionnels Dempsey et Carpentier. Il était passé très vite devant le caissier, un gros paquet sous le bras, lorsqu'il avait été brutalement empoigné par un homme qui lui avait réclamé son billet. Connely l'avait traité de pauvre cloche et lui avait déclaré que s'il ne le laissait pas entrer, le match n'aurait pas lieu. « J'ai leurs gants de boxe dans cette boîte », lui avait-il assuré. Le pauvre homme l'avait cru et l'avait laissé passer. Il n'y avait rien dans le paquet et Connely s'en était débarrassé au plus vite!

Avant de s'en aller, mon père me dit encore : « Mon fils, tu as perdu un œil, mais ne va pas perdre ton sens de l'humour et surtout ne perds jamais ta bonne réputation. »

Le Dr Carlton Wells était connu pour être le meilleur ophtalmologiste de l'Ouest. Comparé aux autres médecins à qui j'avais eu affaire, il était courtois sans jouer les grands patrons. Il me fit asseoir sur une chaise et procéda à un examen complet de mon œil. Son diagnostic confirma le précédent. L'œil « suintait ». Il allait falloir me l'enlever.

« Que dois-je faire? lui demandai-je en regardant sa table d'opération. M'allonger là pendant que vous me l'arrachez? »

Il sourit et riposta vivement : « C'est sans doute ainsi que cela se passerait dans certains de vos films! J'en ai vu plusieurs, et on ne peut pas dire que vos hommes de l'Ouest soient des tendres! »

Je devais être opéré à 4 heures cet après-midi-là et le Dr Wells m'en donna la raison : « Si nous n'agissons pas rapidement, la vision de votre œil gauche risque de s'affaiblir. » L'opération fut loin d'être le supplice auquel je m'attendais. Wells était assisté de trois médecins et j'interrompis leur travail en lui demandant de retirer son masque pour que je puisse l'identifier. « Qu'est-ce que vous pensiez? Que j'étais Billy The Kid? » me demanda-t-il en riant, tandis que l'un de ses assistants me faisait une anesthésie locale. « Ça va vous faire mal », m'avertit-il. Je me tins alors tranquille et le laissai travailler. Au bout de ce qui me parut n'être qu'une minute, il avait terminé et parlait de recoudre ma paupière supérieure. « Si vous voulez un œil de verre, il faudra faire de la chirurgie esthétique », me dit-il. « Pas question! lui répondis-je. Chaque fois qu'il y aurait de la bagarre, je serais obligé de le mettre dans ma poche! »

Il n'y eut pas d'hémorragie. J'avais perdu un œil, mais la terre n'allait pas s'arrêter de tourner pour autant. Je pouvais continuer à monter à cheval, à danser et à commander à boire. En me voyant dans la glace avec mon bandeau sur l'œil, je crus voir Black Bart, le voleur de diligences. Si jamais je décidais de devenir un bandit, je n'aurais besoin que de la moitié d'un masque!

Sheehan et Wurtzel vinrent me chercher à l'hôpital. Ils s'appliquèrent tous deux à ne faire aucune allusion à la perte de mon œil. En nous rendant à Malibu, nous parlâmes cinéma et Sheehan me dit qu'il avait une histoire à me faire lire, dès que je m'en sentirais le courage, bien sûr.

Me remettre au travail, voilà ce qu'il me fallait! J'avais beau me croire sûr intérieurement que cet accident ne changerait rien à ma carrière, j'avais besoin de me le prouver. C'est pourquoi je lui répondis : « Aujourd'hui même! Je me sens prêt à diriger Victor McLaglen dans le rôle du Petit Chaperon Rouge! »

Christophe Colomb n'a découvert que l'Amérique

Le crack du marché financier d'octobre 1929 ne fit pas plus d'impression sur moi qu'une quelconque nouvelle de première page dans le journal. Je n'avais pas placé d'argent à l'époque. Je me contentais de tenter ma chance dans quelques parties de poker entre amis, aux dés ou aux courses, dès que j'avais l'occasion de descendre à Caliente. Certains de mes amis furent durement touchés. Je fus étonné cependant de ne pas arriver à éprouver plus de peine pour eux. Il semble que si l'on n'est pas soi-même un spéculateur endurci, les pertes du voisin vous laissent assez froid. Ma réaction se teintait peut-être aussi d'une sorte de bonne conscience, satisfait que j'étais de ma conduite sage, et elle n'était même pas rachetée par ce sentiment de suivre les voies du Seigneur qui était le refuge de plus d'un dévot. Je ne fus vraiment touché que par la chute de l'empire de la Fox.

William Fox, qui était né en Hongrie, était venu aux Etats-Unis tout enfant. Il avait grandi à New York et travaillé laborieusement dans l'industrie du prêt-à-porter. Il fit ses débuts dans le monde du cinéma quand il acheta pour 1 600 dollars un nickelodeon à Brooklyn. Onze ans plus tard, il fondait la Fox Film Corporation. En 1929, il avait investi dans la Fox Film, le Groupe Loew's et le Gaumont British, quelque 300 millions de dollars. En 1930, il était ruiné.

Le plein effet de la crise ne se fit ressentir qu'environ un an plus tard, mais le jeudi de sinistre mémoire, l'épée de Damoclès était suspendue sur toutes nos têtes et nous savions que nous marchions sur une corde raide qui pouvait casser à tout instant.

Pendant la semaine qui suivit ma sortie de l'hôpital, je ne fis pas grand-chose; je me reposai et profitai de ce que Lionnel Barrymore aimait appeler mon zoo. Quand je ne jouais pas avec mes chiens et qu'une horde de chats de différentes couleurs et tailles voulait bien me laisser un moment de répit, je me plongeais dans la pile de courrier qui m'attendait. Je n'étais pas encore habitué à lire d'un seul œil. Je tâchais de me raisonner : je n'aurais plus à fermer un œil pour viser le pigeon! Par contre il me faudrait apprendre à tirer de l'épaule gauche!

Tout en lisant les messages de sympathie et en m'efforçant de ne pas m'apitoyer sur mon sort, je me dis que dans les coups durs, soit on a plus d'amis que l'on ne s'en connaît, soit on n'en a pas un seul. Par exemple, j'avais donné à Hattie McDaniel son premier rôle au cinéma, mais elle n'avait aucune raison de se souvenir si bien de moi. L'Oscar qu'elle remporta plus tard fut bien mérité, ne serait-ce que pour les encouragements désintéressés qu'elle m'adressa. Je reçus des centaines de lettres, toutes sincères et réconfortantes, et il m'arriva d'en relire certaines une demi-douzaine de fois. A la fin de la semaine, j'en eus assez de ma seule compagnie! Je décidai de sortir, d'affronter le monde et de le reconquérir.

Sheehan, que j'appelai, fut volontairement sarcastique. « Est-ce que tu peux conduire d'un seul œil? On n'est pas prêt à couvrir d'autres accidents! » Sa mise en boîte me remit dans le bain et je lui dis en criant que je conduisais certainement mieux d'un seul œil que lui avec deux. En disant cela, je ne risquais rien : Winnie n'avait jamais conduit de sa vie! Il utilisait les chauffeurs du studio ou bien prenait des taxis.

J'ignorais tout du pot de retrouvailles qui m'attendait dans mon bureau. Ils étaient tous là, ceux qui composaient la troupe de choc de Sheehan, affalés dans des fauteuils, les pieds sur ma table de travail : Frank Borzage, David Butler, Allan Dwan, John Ford, Bill Wellman, Howard Hawks, Al Green...

Sheehan n'aimait pas que l'on boive au studio, mais, pour une fois, il fit une exception et me dit en me tendant un verre : « Il est un peu tôt, mais à ta santé quand même! » John Ford me prédit avec humour que j'aurais un mal fou à convaincre les gens que je n'avais pas eu l'œil crevé en regardant par le trou d'une serrure. « Avec ce bandeau noir, tu vas avoir plus de succès que jamais avec les femmes! » me dit-il. Le fait que ces hommes travaillaient ensemble ne les empêchait pas d'être amis. Je les regardai les uns après les autres : John Ford et « Wild » Bill Wellman, bourrus et rassurants; Al Green et

Howard Hawks, l'air calme et assuré. Le visage de Frank Borzage reflétait cette douceur qui lui valut d'être reconnu comme l'un des plus grands cinéastes de scènes d'amour, un rival en cela de David Butler qui sut si bien mettre en valeur le charme de la jeune Shirley Temple. Allan Dwan, le metteur en scène de plusieurs films à succès, depuis que la Famous Players était devenue la Paramount, souleva une bouteille. « Peux-tu lire l'étiquette? » me demanda-t-il. Je la lus et tout le monde applaudit. « Méfiez-vous de lui, dit Sheehan, il a un alibi, maintenant! »

Mes amis se retirèrent tard dans l'après-midi. Si le petit vice-président de la Fox avait eu quelques centimètres de plus, il aurait fait un excellent acteur. Il y avait en lui plusieurs personnages. Comme hôte, il s'était montré l'un des nôtres, très détendu. Dès que nous fûmes seuls, il parla travail : « Pour en venir à ce film, il nous le faut très vite... »

En passant devant le magasin des accessoires, j'aperçus un grand jeune homme aux larges épaules, qui transportait un fauteuil rembourré. Il déchargeait un camion et ne me vit pas. Je le regardai prendre sous son bras un imposant sofa Louis XV comme une plume, tout en attrapant une chaise de l'autre main. Lorsque, après les avoir déposés, il revint vers le camion, je m'approchai de lui.

« Comment t'appelles-tu? » lui demandai-je.

Il m'examina attentivement. « Je vous connais! C'est vous qui avez mis en scène *Au Service de la Gloire*. Mon nom, c'est Morrison. »

Il ajouta qu'il venait d'obtenir son diplôme de la U.S.C. * et qu'il voulait travailler dans le cinéma. « Voilà où j'en suis! » m'avoua-t-il en regardant ses grandes mains d'un air triste.

« Qu'est-ce que tu sais faire, à part transporter des accessoires? » lui demandai-je. J'aimais le son de sa voix et sa façon de bouger. Il était grand, mais il se déplaçait avec aisance.

Il me répondit en souriant : « Je sais jouer au foot! »

« Je te crois sans peine! » lui dis-je. Il devait mesurer environ 1,95 m et peser quelque 90 kilos. Il pouvait peut-être faire l'affaire. « Voyons jusqu'à quel point tu veux être acteur.

* University of South California. (*N.d.T.*).

Laisse pousser tes cheveux et reviens me voir dans deux semaines. »

Depuis que Sheehan m'avait remis le scénario de *La Piste des Géants,* la veille, j'avais fait faire des essais à plusieurs acteurs pour le rôle principal. Je trouvais que le sujet aurait mieux convenu à un documentaire sur les voyages. « On n'a pas besoin de mots pour décrire des déserts, des vallées et des rivières. La caméra s'en charge, dis-je à Sheehan. Ce qu'il nous faut, c'est de l'action et le scénario en manque totalement.

— Débrouille-toi, me répondit Sheehan sans s'émouvoir. Souviens-toi que ce sera le premier western parlant tourné en extérieur!

— Et *In Old Arizona* alors, qu'en fais-tu?

— O. Henry n'a jamais eu l'intention d'écrire un western. C'était ton idée, pas la sienne! Tandis que *La Piste des Géants,* quelle que soit la manière dont tu le tournes, ne peut être que cela. »

J'aurais pu lui répondre que c'était lui qui m'avait demandé de rajouter trois bobines à *In Old Arizona,* mais je préférai me taire. Cela ne servait pas à grand-chose de discuter avec lui. Je l'avais déjà vu se ranger à mon avis pour ensuite faire exactement le contraire de ce que je voulais. Ce petit César avait un code moral bien à lui.

L'histoire était relativement simple, mais il me fallait un éclaireur et un chef de convoi pour conduire un petit groupe de pionniers à travers les plaines. Le rôle féminin ne présentait aucune difficulté. J'éliminai une demi-douzaine d'actrices et engageai finalement Marguerite Churchill.

Je parcourus ensuite la liste des acteurs disponibles, mais aucun d'entre eux ne me satisfit. Apparemment, nous manquions de Cooper et de Gable. Tom Mix aurait été parfait, mais il tournait au Texas. Alors qui? Je fis passer des essais à quelques comédiens « possibles », mais Sheehan les refusa tous. C'est alors que je me souvins du jeune footballeur de la U.S.C. Nous n'avions toujours trouvé personne lorsqu'il se présenta. Ses cheveux avaient poussé et je me mis à reprendre espoir. Après qu'on l'eut revêtu d'un pantalon et d'une veste en daim, je le plaçai devant la caméra et Sheehan, lorsqu'il vit le résultat, me dit d'un air bougon : « Qui est-ce, ce type-là? Sait-il monter à cheval? Où as-tu été le dénicher? »

« C'est un de tes employés, tu ne le savais pas? » lui répondis-je. Quand il me dit, mécontent, qu'il n'avait pas le temps de faire la connaissance de tous les préposés aux accessoires de la Fox, je lui suggérai d'améliorer ses rapports avec ses employés. « Tu risques de rater le coche! J'ai l'impression que celui-ci est un acteur né », lui fis-je remarquer.

« Pas si vite! Et sa voix? » questionna Sheehan.

J'avais été obligé de faire passer à Morrison le premier essai sans le son parce que j'étais pressé. J'enregistrai sa voix au deuxième essai et Sheehan approuva : « Elle me paraît bonne, mais il faut en voir plus. Ce serait trop bête de tomber sur un autre John Gilbert! »

Au troisième essai, je fis lire à mon protégé plusieurs scènes du scénario. Pour un universitaire, il ne lisait pas mal, mais il tombait dans le piège classique des débutants : il était trop emphatique.

« Ecoute! lui dis-je. Je ne demande qu'à t'aider. Pense que sous ton costume, il n'y a pas seulement ton corps, il y a aussi ton esprit. Tu es dans la peau d'un éclaireur de l'Ouest, d'un homme de la plaine. Alors joue sans t'énerver, comme tu le fais certainement sur un terrain de foot. Parle doucement mais avec autorité, et regarde ceux à qui tu t'adresses droit dans les yeux. »

Il saisit presque immédiatement ce que j'attendais de lui. Je tenais mon acteur principal! Il suffisait de lui donner quelques indications. Sheehan le regarda, l'écouta et ronchonna de nouveau : « Il fera l'affaire. Comment s'appelle-t-il déjà? »

« Morrison. »

Ce nom, par contre, ne lui plaisait pas. « Ça fait pasteur. Aucun effet! » Il prit alors un crayon et se mit à griffonner une liste de noms qu'il éliminait au fur et à mesure. Aucun d'eux ne me séduisait. Je parcourus en esprit les livres d'histoire en m'arrêtant sur le nom des pionniers américains. J'en vins à la Révolution et me souvins d'un nom qui m'avait toujours plu. Lorsque je le dis à Sheehan, il leva la tête et sourit d'un air entendu, comme s'il y avait pensé lui-même : « Bien sûr! » Il reprit son crayon et lut à haute voix ce qu'il venait d'écrire. « Wayne. Pas Mad Anthony. Simplement John. John Wayne. Fais-le entrer. »

Cela ne se présentait pas mal. Mon protégé rendait bien sur un cheval. Il avait pris, je ne sais d'où, la position un peu voûtée et décontractée d'un convoyeur de l'Ouest. Jack Padgin, le responsable du bétail, en ferait un vrai cavalier. Je me flattais à présent de découvrir des talents et lorsque j'appris que Wayne plaisait à miss Churchill, mon enthousiasme grandit encore plus. Quand deux vedettes ont trop de liens entre elles, cela peut donner deux résultats. Ou bien chacune donne le meilleur d'elle-même, ou bien l'une des deux éclipse l'autre. Mais avec eux, je n'avais rien à craindre. Mon héroïne avait beau être ravissante, toute l'attention du jeune Wayne était concentrée sur son rôle. Si Lady Godiva avait traversé le plateau à cheval, le crâne rasé, je parie à coup sûr qu'il ne lui aurait même pas accordé un regard.

Nous devions commencer le tournage de *La Piste des Géants* à Yuma, dans l'Arizona. Ce ne fut que lorsque Ben, troisième frère Wurtzel et directeur de production de la Fox, vint me demander ce que je pensais des quatre individus qui étaient venus de New York, que j'appris que Sheehan avait assuré ses arrières. Il avait engagé quatre vieux routiers du théâtre pour soutenir Wayne, notre nouvelle découverte. A eux quatre, ils semèrent plus de bouteilles vides de whisky dans les plaines de l'Ouest que tous les pionniers réunis!

Avant de partir pour Yuma, Wayne me présenta un jeune homme du même gabarit que lui et qui jouait dans son équipe de football. « M. Walsh, auriez-vous un rôle dans le film pour mon ami? » Il avait l'air gêné, comme s'il craignait de m'en demander trop. Lorsque je lui demandai le nom de son ami, il me répondit : « Ward Bond. » Je l'engageai donc pour faire un conducteur de convoi. Il devait en conduire plus d'un dans les années à venir! En aidant un copain, Wayne avait fait un beau cadeau aux amateurs de cinéma.

Dans les premières scènes tournées à Yuma, nous filmâmes la marche des pionniers à travers le désert et le long du Colorado. Comme Sheehan avait aimé les rushes, nous remballâmes le matériel et gagnâmes Sacramento pour tourner les scènes de rivière. Nous changeâmes si souvent de lieu de tournage que les trajets empiétèrent sur nos journées de travail, mais je réussis à rester dans les temps. Quand nous arrivâmes à St. George, dans l'Utah, et que nous mîmes en route les plans du cañon, j'avais même un peu d'avance.

Padgin était un bon moniteur et Wayne un si bon élève qu'on

aurait dit qu'il avait passé sa vie sur un cheval plutôt que sur un terrain de football. Sa stature lui donnait de l'autorité et il commençait à prendre cette voix nasillarde que des milliers de spectateurs allaient adorer. Il était facile à diriger et il ne s'écarta jamais de son rôle.

De l'Utah, nous retournâmes en Californie, dans la Sierra, pour tourner quelques scènes dans le Sequoia National Park. Puis nous pliâmes bagages une fois de plus pour gagner le nord du pays.

La Piste des Géants devait se terminer à Moiese dans le Montana, sur une cavalcade de bisons. Au cours du trajet, je fis décharger le matériel pour filmer Wayne conduisant le convoi à travers les montagnes Rocheuses, les vraies, là où le décor était superbe. Les pistes étaient si rudimentaires que les chariots culbutèrent et que les roues se brisèrent réellement, tel qu'on le voit dans le film. Cela ne fut pas d'ailleurs du goût de nos quatre New-Yorkais, qui se plaignirent que de tels accidents les empêchaient de se saouler tranquillement. Lorsqu'ils voulurent amener un plus grand nombre de femmes avec nous et que je m'y opposai, je crois bien qu'il auraient tous filé... seulement il n'y avait nulle part où aller! Nous avions suffisamment de figurantes en capeline, et j'avais hâte d'atteindre notre dernier extérieur, non seulement pour finir à temps, mais aussi pour éviter que l'atmosphère ne s'envenime. Déjà les nuits tournaient à l'orgie.

Malgré ma hâte de terminer le film, je fus obligé d'ajouter une séquence qui ne figurait pas dans le scénario. Sheehan m'avait dit de me débrouiller pour faire un film d'action, et l'histoire manquait sérieusement de tonus. Je m'en rendis compte alors que nous étions toujours dans la Sierra. Nous avions des kilomètres de pellicule où l'on voyait le convoi traverser à gué les rivières, avancer péniblement à travers la région sauvage des cañons et gravir lentement les montagnes. Ces scènes devaient décrire les épreuves qu'avaient endurées les pionniers, et les opposer à celles où ils voyageaient avec aisance à travers les plaines. Mais j'avais besoin d'un moment fort, de quelque chose qui ferait comprendre aux spectateurs à quel point les pionniers mettaient effectivement leur vie en jeu au cours de semblables migrations.

L'occasion que j'attendais se présenta lorsque nous fûmes

bloqués par une gorge profonde et abrupte, au fond de laquelle coulait une rivière tumultueuse. En d'autres circonstances, cela aurait signifié une journée de perdue, mais je tenais à ce que le convoi traversât ce cañon. Comment faire? Je me souvins alors des rouleaux de grosses cordes que j'avais fait mettre dans quelques chariots, sans avoir une idée précise ni de l'endroit ni du jour où j'en aurais besoin. Elles allaient me permettre de faire descendre quelques chariots, quelques chevaux et des bêtes, et de tourner ainsi une séquence saisissante. Un petit nombre de figurants descendraient tant bien que mal au fond de la gorge avec les autres comédiens. Comment feraient-ils après pour remonter? Nous verrions cela plus tard. A ce moment précis, cela m'était égal de tout abandonner, tant qu'il me resterait les caméras et la pellicule.

Il ne manquait pas d'arbres ni de rochers au bord du canyon pour fixer les cordes. Après que Padgin et moi eûmes montré à Wayne et à Bond comment les attacher, ils se mirent à travailler avec acharnement. La Ligue des alcooliques ne fit pas grand-chose si ce n'est de se mettre dans nos jambes. Il était midi lorsque nous fûmes prêts à tourner. Je n'aurais pas rêvé d'un ciel plus lumineux pour filmer. Les parois de la gorge, sans une ombre, étaient entièrement éclairées par le soleil.

Le premier chariot fut lentement abaissé jusqu'au fond du cañon. J'avais placé une caméra dans la vallée et l'autre au sommet. A la suite du chariot, je fis descendre deux chevaux retenus par des cordes et les deux caméras filmèrent les pionniers en train de se laisser glisser le long d'une corde lisse. Dès que les caméras se mirent à tourner, Wayne reprit son rôle. J'avais écrit en vitesse quelques lignes pour lui, mais il improvisa pendant presque toute la descente. Le voyant ainsi faire de grands gestes des bras et crier des ordres, je me demandai où était passé le jeune joueur de football. C'était un grand acteur que j'avais sous les yeux.

La descente du dernier chariot fournit à la scène plus de réalisme et de suspense que je n'en avais espéré. Environ à mi-chemin de la pente, un nœud de la corde qui le retenait dut lâcher. Le chariot, suspendu, pencha dangereusement de côté. Puis il alla s'écraser en mille morceaux au fond du cañon, dans l'eau blanche. Je retins mon souffle jusqu'à ce que je fusse certain que les deux caméras avaient filmé la scène. Je tenais maintenant le moment fort de mon film. Moiese était la prochaine étape. Dès que la cavalcade de bisons serait tournée, les quatre New-Yorkais pourraient bien se saouler à mort, peu m'importerait.

Moiese était alors une petite ville de cowboy du Montana, qui n'avait qu'un seul hôtel, mais le plus grand troupeau de bisons des Etats-Unis contrôlé par le gouvernement. Washington avait donné à la Fox l'autorisation d'utiliser le troupeau à condition que les bêtes n'aient pas à en souffrir. Je ne pensais pas que les petites brimades des quelques Indiens que j'avais engagés leur feraient du mal. Me remémorant la manière dont nous conduisions les bêtes à l'époque où j'étais cowboy, je me dis que pour le troupeau, ce serait plutôt une partie de plaisir. Nous nous installâmes à l'hôtel et je louai une douzaine de cabanes en bois pour loger ceux qui n'avaient pas trouvé de chambres.

J'avais décidé de consacrer tout le temps qui nous restait à la grande scène finale. Dans la soirée, je rassemblai tous les acteurs et leur exposai le plan de travail du lendemain. Chaque matin avant de commencer à tourner, Jack Padgin et Archie Buchanan, mon premier assistant, me retrouvaient pour discuter le programme de la journée et voir si j'y avais apporté des modifications. Un matin, juste après notre réunion, nous entendîmes un hurlement suivi d'une kyrielle de jurons, venant de la troisième cabane. C'était celle de Tully Marshall, l'un de nos convoyeurs. J'envoyai Buchanan voir ce qui se passait et il revint, hilare, en nous disant que Tully n'arrivait pas à mettre la main sur son dentier.

La dentition proéminente et chevaline de Tully avait déjà provoqué pas mal de fous rires dans l'équipe. Quand je le vis pour la première fois, je m'étais demandé s'il n'avait pas acheté son dentier dans les sous-sols de chez Macy *.

Padgin, qui connaissait bien la région, ne parut pas étonné.

« Je parie que c'est une bande de rats qui l'a fauché. J'ai éjecté trois de ces lascars de ma chambre hier soir. »

Buchanan me rappela que la dernière scène que nous avions tournée la veille était un gros plan de Tully en train de remplir

* Le plus célèbre grand magasin à New York. (*N.d.T.*).

sa gamelle à la « roulante » puis allant se rasseoir auprès des autres convoyeurs. Comme la lumière était devenue mauvaise, nous avions décidé d'interrompre la scène et je comptais la terminer à la première heure le lendemain. « Comment vas-tu expliquer qu'il a perdu ses dents en allant de la roulante au feu de camp? » me demanda Buchanan avec beaucoup de bon sens.

« Aucun problème! lui répondis-je. Je le filmerai de dos. Et quand il sera assis près du feu, il n'a qu'à écraser ses haricots dans son assiette. De toute façon, on ne s'apercevra de rien puisqu'il baisse toujours la tête quand il mange. »

Un autre esclandre se déclencha dans la cabane de Bill Mack. Mack était un acteur de composition qui servait de doublure sur l'un des chariots. Je réexpédiai Archie aux nouvelles et il revint pour m'apprendre que Mack avait perdu sa perruque.

« Encore un coup des rats! insista Padgin. Les petits salopards comptent sans doute s'en faire un nid! »

Buchanan prit un air catastrophé : « On est vraiment dans le pétrin maintenant. Tu avais dit hier soir à Bill qu'aujourd'hui on filmerait sa mort, quand il se fait piétiner par les bisons. Il aura le crâne aussi lisse que le derrière d'un nouveau-né! Tu as l'intention de le faire scalper par les Indiens ou quoi? »

C'était vraiment un sale coup mais il y avait sûrement un moyen de s'en sortir. Il suffisait d'y réfléchir. « Tu as entendu parler des vieux de la vieille qui mouraient avec leurs bottes aux pieds, n'est-ce pas? » Buchanan acquiesça et je poursuivis : « Mack n'en sait rien encore, mais il va mourir avec son chapeau sur la tête! » Ce qu'il fit, et fort bien!

Ce fut ensuite au tour de l'habilleuse de nous interrompre. Elle arriva, toute agitée, pour nous annoncer que miss Churchill avait perdu ses boucles d'oreilles. C'en était trop! Je criai à Padgin : « Pour l'amour du ciel, débarrasse-moi de ces sacrés rats avant qu'ils n'emportent ce foutu scénario! » Il dut passer le mot aux voleurs, car nous n'eûmes plus d'ennuis.

Je fis l'inspection de tous les chariots avant de repartir. J'exigeais toujours que Padgin les « vieillisse » en collant des fausses pièces sur les bâches et en les couvrant de boue et de cendres. Ward Bond gardait toujours sa bâche bien crasseuse. Il devenait presque aussi utile que Wayne.

J'avais fait savoir qu'il me fallait des Indiens. Dès que nous eûmes réglé la question des rats, une quarantaine de Pieds-Noirs et de Crows vinrent nous demander de les engager. Ce que je fis aussitôt. A les voir pousser leurs cris et donner des coups de talon à leurs poneys, je me dis que la scène de cavalcade serait réussie.

C'était les rangers qui avaient délimité le parcours des bisons. Quand ils firent sortir les bêtes de leurs enclos, en stipulant bien que les Indiens et les autres cavaliers devaient toutes les ramener, j'avais placé les caméras des deux côtés de la piste, à une distance sûre. Les bisons empêchant le convoi d'avancer, le martèlement des sabots accompagné des cris des « chasseurs » indiens nous valurent une scène des plus vivantes.

Je criai « Coupez » au moment où Wayne amena les chariots en dehors du champ de la caméra et je me mis à compter les bisons que les Indiens forçaient à regagner leurs enclos. Il n'en manquait pas un seul et aucun n'était blessé. J'envoyai alors Buchanan me chercher Wayne.

Ce dernier descendit de cheval et me fit son sourire de côté. « Ça allait, M. Walsh? » Il était sûr de lui cette fois et paraissait déjà connaître la réponse.

De retour dans ma cabane, je lui dis de s'asseoir et commençai : « C'est ton premier film, John. Moi, c'est mon dix-huitième. Je n'en ai jamais tourné un seul durant lequel j'ai eu tant de mal à tenir les rênes. Je tiens à vous féliciter, toi et ton ami, ne serait-ce que parce que vous êtes restés sobres. »

Il me regarda bien en face « Vous m'aviez engagé pour jouer, pas pour me saouler. Ward pense comme moi. »

« Il y a un vieux dicton qui dit que lorsque l'équipage se mutine, le capitaine est perdu, continuai-je. Si je m'en suis sorti, c'est en grande partie grâce à vous deux. Ne te laisse jamais aller, John! Il faut qu'on continue comme ça tous les deux. »

Le jour où Steve Brodie n'a pas sauté

Après la chute de l'empire de la Fox, Darryl Zanuck et son associé, William Goetz, reprirent les studios de la Côte Ouest, où Winnie Sheehan et Sol Wurtzel avaient travaillé si dur et si longtemps pour fonder la Twentieth Century Fox.

Zanuck était un directeur de studio dynamique et travailleur. Il n'était pas plus grand que Sheehan et avait la même habitude que lui de mâchonner son cigare. La liste de sa production avec la Warner était impressionnante. Il m'engagea pour mettre en scène le premier film qu'il produisait pour la nouvelle compagnie. Intitulé *Les Faubourgs de New York,* ce film racontait l'histoire de Steve Brodie, connu pour avoir sauté du Brooklyn Bridge. George Raft devait interpréter Brodie, et Zanuck voulait engager Wallace Beery pour lui donner la réplique. Bien que ce dernier fût sous contrat avec la MGM, Darryl réussit à l'obtenir. Beery était difficile et trouvait toujours quelque chose à redire. Quand il apprit que le tournage allait durer vingt-cinq jours, il se mit à vociférer : « A la MGM, on ne tourne *jamais* un film en moins de soixante jours! » Nous essayâmes de le convaincre, mais il ne voulut pas céder sur ses horaires : « Je travaillerai jusqu'à 17 heures, pas une minute de plus. » Pour l'amadouer et sentant que sinon on n'avancerait jamais, Zanuck accepta ses conditions en espérant que nous arriverions à le filmer dans nos temps. Trois jours plus tard, je donnais le premier tour de manivelle avec Fay Wray, cette ravissante et excellente comédienne dans le rôle de l'héroïne. Zanuck, qui voulait étoffer la distribution, engagea également Jackie Cooper, l'enfant prodige.

Diriger Raft et Beery s'avéra être aussi difficile que d'essayer d'empêcher un lion et un tigre de se battre. Dès le premier jour, Raft me prit à l'écart, l'air mécontent : « Raoul, je n'ai aucune confiance dans ce type-là. Il est capable de m'attaquer par derrière et de m'assommer. » Je lui dis de ne pas s'inquiéter : « Si Beery cherche la bagarre, je me charge de lui. Maintenant, retourne travailler. » George me remercia, mais il paraissait encore sceptique.

Environ une heure plus tard, Beery vint me trouver à son tour. « Raoul, ronchonna-t-il, je n'ai pas confiance dans ce métèque. Il paraît qu'il sait jouer du couteau. » « Je me charge de lui! » m'entendis-je répéter. Les deux hommes durent me faire confiance car, à part quelques échanges de regards menaçants, sans doute pour ne pas perdre leur réputation de durs, je n'eus plus d'ennuis. En fait, ils avaient tous deux un cœur d'or et une générosité folle. Une fois qu'ils eurent vidé leur sac, leur jalousie professionnelle s'évanouit et ils devinrent par la suite de bons amis.

Le tournage se passait bien. Seuls les départs de Beery, qui quittait le plateau tous les jours à cinq heures pile, m'agaçaient. Etant donné notre emploi du temps très serré, je voulais emmagasiner le plus de pellicule possible dans la journée, mais à cause du compromis de Zanuck, je ne pouvais rien faire, sauf en vouloir à Beery. En le voyant ainsi partir, Raft protesta : « Si ce salaud a le droit de se tirer, je m'en vais aussi. » Je ne dus qu'à ma chance d'Irlandais de ne pas faire de dépassement.

La Twentieth Century avait construit toute une rue dans laquelle se trouvait une réplique du fameux cabaret de McGurk à New York, dans le Bowery. Ayant tourné dans le véritable Bowery pour *Regeneration,* je pus donner des indications pour la construction du décor. Dans le cabaret, il y avait deux bars identiques à ceux de chez McGurk et nous allâmes jusqu'à compter les chaises et les tables pour être sûrs qu'il y en avait le même nombre qu'à New York. Mais ce n'était encore qu'un décor comme un autre jusqu'au moment où nous y introduisîmes vingt-cinq girls bien en chair, qui furent immédiatement baptisées « La Troupe de la Viande »! On engagea également une trentaine de figurants chargés de les reluquer d'un œil brillant.

J'avais remarqué que Beery et Trixie Carter, celle qui avait les formes les plus généreuses parmi les membres de la troupe, s'étaient entichés l'un de l'autre. Je ne fus pas surpris de voir Beery arriver un matin avec un sourire mielleux. Il avait quelque chose à me demander et je croyais savoir ce que c'était. « Tu sais, Raoul, commença-t-il, toi et moi on a toujours été d'excellents amis, n'est-ce pas? » Je fus obligé de le reconnaître et il en profita instantanément. « J'aimerais que tu me rendes un service. Est-ce qu'il te serait possible de donner un petit rôle à Trixie, n'importe quoi du moment qu'elle ait un bout de dialogue et que ça lui fasse gagner un peu d'argent. »

J'avais déjà calculé mon coup. « C'est d'accord, Wally! » lui dis-je. Il me fit un sourire à se fendre la bouche qui s'évanouit dès qu'il apprit ce que je comptais lui extorquer en échange. « ... A condition que tu travailles jusqu'à 18 heures. »

Il n'apprécia guère cette heure supplémentaire, mais ses sentiments pour Trixie l'emportèrent sur sa paresse naturelle. « D'accord! » grogna-t-il. J'eus l'impression que nous n'étions plus tellement bons amis, mais j'avais réussi à retarder le couvre-feu d'une heure. Quand j'annonçai à Zanuck que je comptais donner un rôle parlant à une des grosses danseuses, il ne parut pas enchanté jusqu'au moment où je lui révélai mon chantage. Il eut alors un sourire radieux : « Epatant! Ecris-lui un rôle. Donne-lui un fauteuil avec son nom dessus, une loge privée, n'importe quoi pourvu que cet imbécile aille travailler! » J'obtins même mieux. Pour que Beery conservât sa bonne humeur, je mijotai une petite scène où Trixie, assise à une table du cabaret, bavardait avec son gros amoureux. Après cela, Beery resta sur le plateau aussi longtemps que j'eus besoin de lui, sans avoir réalisé le moins du monde que je lui avais encore joué un tour.

Je voulus absolument que Trixie apprît une vieille rengaine : « Tu as fait de moi ce que je suis aujourd'hui-i-i-i, j'espère que tu es content! » Je la fis répéter pendant que l'on réglait les éclairages et demandai à la maquilleuse de lui mettre quelques gouttes de glycérine dans les yeux. Lorsqu'elle lui chanta cet épouvantable morceau de mélo, les yeux de Beery s'embuèrent, eux, sans l'aide de glycérine. A la fin de la scène, toutes les filles de la « Troupe de la Viande » se mirent à applaudir frénétiquement Trixie, et Beery, la voix un peu enrouée, nous dit alors : « Bon sang, elle a du talent cette petite! Vous avez vu comme elle a éclaté en sanglots! Pour une débutante, c'est pas mal, non? »

Après avoir tourné la scène où Carrie Nation, « l'évangéliste » du Kansas qui, appliquant sa devise : « A bas l'alcool, boisson du diable! », faisait une descente dans la boîte et y cassait toutes les bouteilles à coups de hachette, nous remballâmes notre matériel et prîmes le train pour New York. C'est là que nous devions nous rendre, sur le pont de Brooklyn, d'où Steve Brodie avait fait son célèbre saut et avait survécu afin de pouvoir nous raconter son exploit. Ce voyage de près de 500 kilomètres nous fit perdre du temps, mais il n'y avait pas de pont de Brooklyn plus proche. Le film devait se terminer sur le saut de Brodie et j'allais avoir le loisir, dans le train, de manigancer un tour à jouer à Raft.

Avant qu'il ne vienne sur le tournage, j'avais fait soigneusement cacher le mannequin que nous avions prévu pour le saut, en avertissant l'accessoiriste que je le renverrais si jamais Raft s'apercevait de quelque chose. La vedette arriva dans une limousine avec chauffeur et accompagné de son homme-à-tout-faire, « Killer * » Mack Gray, qui en fait n'était pas bien dangereux. Il était même plutôt timide et les gens l'aimaient bien. Il souffrait d'une hernie : c'est cela qui lui avait valu son terrifiant surnom. En effet, en yiddish, « killer » signifie hernie.

J'allais droit au fait, car le succès de mon tour dépendait de mon entrée en matière. « George, nous avons des ennuis, commençai-je. La doublure que j'avais engagée pour sauter a eu la frousse et s'est défilée. Je ne peux pas retarder plus longtemps le tournage. Il faudra que tu sautes à sa place. »

Raft n'était pas seulement un dur à l'écran. Il avait été élevé dans la zone où, disait-on, il s'était frotté à de vrais gangsters. Pourtant, à cet instant, je crus qu'il allait s'effondrer et pleurer dans le giron de Mack Gray.

« Je te préviendrai quand nous serons prêts! » et avant qu'il ait eu le temps de répondre, je m'éloignai.

J'étais en train de parler à mon chef opérateur quand Mack arriva en courant. Il me tira par le bras et me glissa : « Raoul, George ne sait pas nager. »

« Qu'il ne se fasse pas de soucis pour ça! répliquai-je. Je ferai placer des canots de sauvetage tout le long de la rivière! » Je le traînai jusqu'au garde-fou et le laissai méditer devant les quelque neuf mètres de hauteur que Ralf allait devoir sauter.

* « Le Tueur ». (*N.d.T.*).

« Mais, je ne vois qu'un seul canot! » me souffla-t-il en me l'indiquant d'une main tremblante.

« Les autres sont sous le pont! lui assurai-je. Et maintenant va dire à George que nous sommes prêts. »

Mack revint trois minutes plus tard. « Notre chauffeur... » Sa voix s'étrangla et il s'arrêta.

« Qu'est-ce qu'il a votre chauffeur?

— Il est du coin. Il dit qu'il y a bien deux cents personnes qui ont déjà sauté de ce pont et qu'elles se sont toutes noyées!

— Evidemment! Rien de plus facile. Elles voulaient se suicider et elles n'avaient fait venir personne pour les repêcher! Là, c'est différent. Allons, viens! Je vais aller parler à George encore une fois. »

Raft était assis dans un coin, à l'arrière de la voiture. Il était si pâle qu'on aurait dit qu'il avait le mal de mer. « Je veux appeler mon agent, souffla-t-il.

— Tu veux qu'il saute à ta place? Je vais te dire quelque chose : il ne le fera pas. D'ailleurs, il est en Californie.

— Mais nom d'un chien, est-ce que tu te rends compte de ce que tu me demandes de faire? » Son ton commençait à monter maintenant.

« Brodie était plus fort que toi, alors? lui demandai-je pour l'aiguillonner. Il s'en est bien tiré lui, non? Puisque tu joues son rôle, il faut que tu ailles jusqu'au bout. »

Il s'agita nerveusement. « Et si je ne marchais pas, qu'est-ce que tu ferais?

— Tu y mets vraiment de la mauvaise volonté, ça m'étonne de toi, George. Tout ce que je te demande de faire, c'est de te laisser tomber dans l'eau. On se charge de tout, et tu seras à l'affiche absolument partout. N'aimerais-tu pas la gloire?

— Et si je me tue? Il semblait sur le point de s'évanouir.

— On doit tous partir un jour ou l'autre, et la Twentieth Century te fera un enterrement fantastique! » lui répondis-je en haussant les épaules. « Alors, pour l'amour du ciel, veux-tu bien venir? » S'il descendait de sa voiture, je saurais que je l'avais eu.

Il en descendit, blanc comme un linge, mais la tête haute. Lorsqu'il me dit : « Je suis prêt! » je le priai de passer par-dessus le garde-fou et de se mettre debout sur une poutrelle. « Ne bouge pas et tiens-toi bien! » lui conseillai-je tandis que la caméra se mettait en marche. Ses doigts, qui s'accrochaient au garde-fou étaient complètement blancs, mais toute panique semblait l'avoir abandonné et je me rendis compte tout à coup que ma vedette était un homme extrêmement courageux. Si j'avais dit « Saute! » il m'aurait obéi.

La caméra s'arrêta sur un gros plan. J'appelai alors George : « Viens voir, j'ai quelque chose à te montrer. »

En riant, je lui montrai du doigt l'accessoiriste qui arrivait avec le mannequin dans les bras. C'était à mon tour maintenant de me sentir nerveux et je réalisai à retardement que ma petite plaisanterie me retombait dessus!

« Je te faisais juste marcher! lui dis-je, en me détestant. On voulait simplement voir jusqu'où tu irais. »

Il me lança un regard accusateur et déclara : « Quand tu en auras le temps, rappelle-toi que tu m'as aussi fait pisser dans mon froc. »

George Raft raconta cette histoire à tout Hollywood et ne m'adressa plus la parole pendant le reste de l'année.

Un grand seigneur

ALORS que nous étions tous deux entre deux films, John Barrymore m'appela un matin pour me proposer d'aller pêcher l'espadon à Catalina. « Il paraît qu'il y en a des gros en ce moment, me dit-il. Ça risque d'être intéressant! Je n'ai joué qu'une fois dans un film où il y avait un poisson, c'était dans *Moby Dick.* »

Ce fut par une belle matinée, le lendemain, que nous montâmes à bord de l'*Avalon,* qui venait de sortir du chantier. « Le soleil, je te le laisse, me dit John de fort mauvaise humeur. Moi, je vais piquer un roupillon. » Il s'allongea à l'ombre sur un banc pour cuver tout l'alcool qu'il avait ingurgité, la veille, chez W. C. Fields. Ce comédien avait l'habitude de cacher plusieurs flacons de gin ou de bourbon sous des buissons ou autres cachettes autour de sa maison, et choisissait quelques invités pour s'embarquer dans cette étrange chasse au trésor! A en juger d'après la gigantesque gueule de bois de John, le butin de la veille avait dû être de taille!

Barrymore dormait toujours quand le bateau accosta. Il me jeta un regard chargé de haine au moment où je le réveillai. Dès que nous fûmes à terre, il voulut tout de suite se remettre à boire. Je lui suggérai d'embarquer une caisse de Jack Daniels et de louer un petit bateau qui nous emmènerait à la pêche. Mais cela ne l'enthousiasma guère : « Pas tout de suite. Dans l'état où je suis, si un espadon mordait à l'hameçon, il me ferait basculer par-dessus bord! Emportons plutôt quelques bouteilles avec nous. »

On ne peut pas dire que nous étions précisément assoiffés en revenant de notre promenade, mais nous avions une faim de loup. John, qui n'avait pratiquement pas ouvert la bouche jusqu'ici, retrouva la parole dès que nous fûmes assis à table.

Il me parla surtout de son métier d'acteur de théâtre. « Au théâtre, me dit-il, on est traité comme un gentleman. Les horaires de répétition sont décents et une fois sur scène, on ne se permet pas de vous importuner. Pas besoin de *retakes* ni de toutes ces foutaises. Sur un plateau de cinéma, on n'est qu'une marionnette à la merci d'un metteur en scène absurde, d'un chef opérateur ou d'un électricien qui ne sait pas distinguer son cul d'un projecteur. On passe plus de temps assis sur une chaise à se morfondre qu'à jouer la comédie. » Il soupira puis, voyant une jeune femme s'approcher de notre table en lui souriant, se leva avec cette élégance qui le caractérisait.

« Vous êtes John Barrymore! » Son accent me disait qu'elle venait de Londres, ce qui me fut confirmé lorsqu'elle ajouta : « Je vous ai vu dans *Hamlet* l'année dernière. Vous étiez divin! Je suis une passionnée de Shakespeare et je n'ai jamais vu le Prince interprété de manière aussi éblouissante! »

John s'inclina devant le compliment et l'invita à s'asseoir, mais elle s'excusa : « Je suis avec des amis. Cependant... », elle hésita, puis prenant une profonde inspiration, ajouta : « C'est sans doute indiscret de ma part de vous questionner, mais voyez-vous, le Poète n'est pas clair à certains moments. A votre avis, monsieur Barrymore, Hamlet a-t-il eu des relations sexuelles avec Ophélie? »

Barrymore parut se concentrer pendant une minute, puis il donna son opinion : « Seulement dans la troupe de Chicago, madame! »

Nous fîmes le tour de l'île en bateau pendant toute une semaine et nous ne rencontrâmes que des requins. Barrymore était furieux. Dans son langage théâtral, il injuriait avec une véhémence étudiée le batelier, Catalina, ses habitants, le ciel, etc. « Quel est l'imbécile qui a osé dire qu'il y avait des espadons ici? Je parie qu'il y en a plus dans le lac de Toluca. »

Le dernier soir, au restaurant, John demanda avec humeur au serveur ce qu'il avait à nous offrir. Cherchant visiblement à nous être agréable, celui-ci nous répondit qu'il y avait de l'espadon frais au menu! John le regarda fixement, l'air abasourdi : « Où l'ont-ils attrapé ce petit morveux? Ce n'est pas possible, il a sûrement dû se rendre. »

Le lendemain matin, sur la route du retour, John me dit, amer : « Je ne remettrai jamais les pieds dans cet endroit. La seule chose qu'on arrive à prendre là-bas, c'est de la fiente de mouette sur la tête. »

Harry Wurtzel avait l'air très content de lui lorsqu'il se percha sur un coin de mon bureau et m'annonça que Ed Hatrick voulait me voir. Hatrick était le représentant sur la Côte de la Cosmopolitan Pictures de Hearst et il avait un bureau à la MGM.

« Qu'est-ce qu'il veut? » demandai-je. J'avais déjà rencontré Ed Hatrick dans des réceptions, mais je n'avais jamais parlé cinéma avec lui. « Si c'est pour un film, je ne pense pas que Zanuck soit d'humeur à me « prêter ». Il n'est pas comme Winnie Sheehan. »

Wurtzel se mit à tripoter un crayon. Il semblait plus nerveux qu'en arrivant. « Il y a quelque chose qui se prépare. Je le sens. Tu ferais mieux d'y aller. »

Hatrick était un New-Yorkais grand et mince, d'un genre bien différent des gros hommes d'affaires aux éternels cigares avec lesquels j'avais l'habitude de traiter. Il était pressé de parler et j'en compris la raison dès qu'il ouvrit la bouche. « Le chef veut que vous réalisiez un film pour la Compagnie. » A la façon dont il disait cela, on aurait dit qu'il s'agissait d'un ordre du roi! Il se radoucit et devint obséquieux comme tous ceux qui, au cours d'une conversation, mentionnaient le nom de son patron : William Randolph Hearst. Je me demandais si je devais m'incliner!

« Quel genre de film? » demandai-je. Devant une telle présomption, j'éprouvai un sentiment de révolte digne de mon grand-père, le rebelle. A cette époque, Hearst n'était pour moi qu'un homme de presse parmi d'autres, qui avait fait fortune, comme le disaient des rumeurs peu flatteuses.

Hatrick lança un coup d'œil à Wurtzel qui opina et me transperça d'un regard glacial. « Les vedettes seront Marion Davies et Bing Crosby », continua Hatrick. Il me vanta sa marchandise : le scénario était une excellente comédie écrite par Donald Ogden Stewart, et Nacio Herb Brown et Arthur Freed étaient en train d'en écrire la musique. « Le titre sera *Going Hollywood*. C'est Walter Wanger qui doit le produire », acheva-t-il.

« Affaire conclue! » lui dit Harry, et pour une fois je ne lui en voulus pas de prendre la décision pour moi, même si l'agent de Hearst pensait qu'il était évident que j'accepterais son offre. J'aimais bien Bing Crosby. La première fois que je l'avais vu, c'était à l'Ambassador's Coconut Grove où il chantait dans la troupe des Rhythm Boys. Marion Davies était une autre star prometteuse que j'avais envie de diriger. Dès qu'on la voyait jouer à l'écran, on ne pouvait croire, comme le disaient les ragots, que ce n'était que grâce à Hearst qu'elle était une star.

Hatrick me fit descendre de mon nuage. « Nous aimerions que vous commenciez à tourner d'ici un mois. Le chef veut vous rencontrer. » Le chef de quoi? Mon sang d'Irlandais se mit à bouillonner. Qu'est-ce que cela signifiait? Que cet ennemi mortel de Pulitzer voulait se faire passer pour un chef indien? Ou alors que ce titre, dans la bouche de Hatrick, ne trahissait que basse flatterie? Lorsque je découvris plus tard que M. Hearst ne ressemblait en rien à Running Buffalo ou à Sitting Bull, j'eus du mal, malgré tout, à me faire à ce nom de « chef », et je ne pus jamais l'appeler autrement que M. Hearst, même quand il commença à m'appeler par mon prénom. Il y avait quelque chose en lui qui incitait au respect.

« Nous pouvons nous envoler pour San Simeon tout de suite. » Le roi avait parlé! Et une heure plus tard, nous étions dans l'avion.

Les bâtiments blancs de San Simeon se dessinaient sous les ailes de l'avion privé de Hearst, comme un palais en sucre dans un conte de fées. Bien entendu, il se dressait au sommet d'une haute colline, d'où il dominait la mer et la vallée. Tandis que nous tournions dans les airs pour atterrir sur la piste de la propriété, je vis des bisons en train de paître en compagnie de zèbres. J'aperçus aussi dans d'autres prés des daims et des élans aux longs bois. Tandis que nous atterrissions, je m'amusais à imaginer ce que pouvait bien penser le troupeau de chameaux apparemment satisfaits de se trouver dans ces prairies fertiles plutôt que dans leur désert natal.

Il est impossible de bien décrire San Simeon. Il faut le visiter lentement et méthodiquement pour pouvoir assimiler ses somptueuses extravagances. Six ou sept cottages d'invités, les piscines, les jardins, les courts de tennis, dénonçant tous une indifférence totale à la dépense, formaient un motif géométrique autour de ce joyau qu'était la demeure principale en haut de la colline. Avec un revenu annuel de quelque 15 millions de dollars, son propriétaire pouvait se permettre de satisfaire toutes ses folies, et il les réalisait avec le plus grand faste. Tout en étant dans le style du pays, et élégante, cette demeure semblait refléter le clinquant et l'opulence qui caractérisaient parfois l'architecture d'Hollywood pendant les années trente. Les 175 hectares qui entouraient San Simeon et les quelque 40 kilomètres de rivage californien étaient des éléments auxquels il fallait se résoudre, comme à cette chose incompréhensible qu'était la dette nationale.

J'aurais pris Albert pour le maître d'hôtel, même s'il avait laissé son gilet rayé à l'office. Il nous accueillit dans les formes après que les gardes nous eurent passés l'inspection devant le portail principal. « M. Hearst m'a donné l'ordre de vous loger à la Della Robbia, monsieur », me dit-il. Je sentis lorsqu'il s'inclina légèrement devant moi qu'il se demandait pourquoi un étranger borgne, chaussé de bottes et vêtu d'une veste froissée, devait être si bien traité. Les boiseries de la maison où je devais loger semblaient patinées par les années, et les meubles anciens étaient tous de très grande valeur. Quand Albert m'apprit que le lit à baldaquin avait appartenu à Napoléon Ier, je m'y étendis de tout mon long et songeai à ce que le vieux Dr Echinelle aurait dit en voyant son ancien assistant occuper le lit de l'empereur que son père avait soigné.

Le maître de San Simeon me reçut dans la suite du dernier étage de sa demeure. Lorsque je sortis de l'ascenseur, il se tenait debout devant une cheminée de marbre venue de quelque palais italien et regardait par la fenêtre. Je remarquai sa haute stature lorsqu'il se retourna avec un sourire accueillant et vint me serrer la main. Quand Hatrick avait parlé de lui comme du « chef », j'avais résolu de ne pas me laisser impressionner, mais je faillis l'appeler moi-même ainsi lorsqu'il me dit en souriant : « C'est fort aimable à vous d'être venu! »

Il était affable, impeccablement habillé, aimable sans condescendance, et il s'efforça de me mettre à l'aise tout en me donnant l'impression que ce serait lui, et non pas moi, qui dirigerait l'entretien.

Comme entrée en matière, il me laissa entendre combien il

avait aimé *Le Voleur de Bagdad.* « C'est une très belle histoire, comme toutes celles des Contes des Mille et Une Nuits, me dit-il. Mais à mon avis, sans votre concours, le public n'en aurait pas saisi toute la magie. » Il cita plusieurs autres de mes films, dont *Sadie Thompson* et *Au Service de la Gloire* qui lui avaient également beaucoup plu. « La plupart des hommes célèbres n'ont qu'un seul sujet, poursuivit-il. Mais vous, vous êtes passé de films de pure imagination à des films qui traitaient de religion ou de guerre et tous sont des réussites. Je dois vous féliciter de votre éclectisme. » J'eus soudain la malicieuce envie de lui annoncer que j'envisageais sérieusement de mettre en scène Le Petit Chaperon Rouge. Je crois qu'il m'aurait cru.

Il en vint enfin au film que je devais tourner avec Bing Crosby et Marion Davies. « Wanger m'a certifié que le rôle conviendrait à Marion, me dit-il. Quand vous aurez lu le scénario, je veux que vous soyez tout à fait franc. Si vous n'êtes pas d'accord, je tiens à ce que vous me le disiez. » Je l'en assurai et nous discutâmes des autres acteurs prévus jusqu'à l'apparition de Marion, qui entra en compagnie de Ed Hatrick.

Je l'avais souvent vue à l'écran, mais je ne l'avais jamais rencontrée. Blonde, souriante, tout à fait charmante, elle me rappela Mary Pickford, à tel point que je m'attendais presque à ce qu'elle me demandât : « Comment va mon grand frère aujourd'hui? » Elle dégageait la même chaleur humaine que Mary. Avant de repartir pour Hollywood, je parlai un bon moment avec elle, attentif au timbre de sa voix qui, j'en étais certain, passerait très bien au son. Elle ne se départit pas un instant de son charme provincial, ce qui prouvait qu'elle n'essayait pas de me séduire en posant. Marion était nature. Et j'aimais les gens ainsi.

De retour au studio de la Cosmo, Wanger, Hatrick et moi-même rongeâmes quelques crayons en terminant le choix des acteurs de *Going Hollywood.* Nous nous décidâmes pour Patsy Kelly et Ned Sparks, et je réussis à obtenir Fifi d'Orsay, la Canadienne française. Le chic de cette brune mettrait en valeur l'image de la fille toute simple qui était celle de Marion Davies. Quand Freed et Brown eurent fini d'écrire les chansons et la musique, M. Hearst téléphona à Wanger et invita toute la troupe à répéter à San Simeon.

Je m'installai de nouveau à la Della Robbia. Cette fois,

j'avais apporté mon équipement de cheval, et je laissai Marion et Bing répéter leurs numéros tandis que j'allais explorer les collines de San Simeon sur l'un des alezans de mon hôte. Je me connaissais assez pour deviner où j'allais passer le reste de mes heures de loisirs. Old Pancho, qui avait servi la famille Hearst pendant plus de quarante ans, mettait son point d'honneur à tenir les selles et les harnais en parfait état.

Je lui empruntai une corde, et ses yeux de Mexicain endormi s'écarquillèrent quand il me la vit attacher par un bout à un poteau et par l'autre autour de ma taille pour l'étirer. Une fois que je l'eus bien détendue, je crois que je lui fis un peu peur en sautant à travers une ou deux boucles. Au début, je ratai plusieurs fois, mais je finis par réaliser que ma maladresse était due à la perte de mon œil. J'avais repris le coup de main lorsque M. Hearst arriva, et sans descendre de son cheval, s'arrêta pour me regarder. Sans doute parce que je me sentais un peu ridicule, je fis deux sauts dans une double boucle, rien que pour le plaisir.

Si je m'étais attendu à ce qu'il applaudisse, je me trompais. Il se contenta de remarquer sur un ton plutôt sec : « Vous êtes né à New York, paraît-il. Ne me dites pas que vous avez appris ces tours à Central Park? »

Je tendis la corde à Pancho. « Non, monsieur, à Veracruz, et avec un type très intelligent qui s'appelait Ramirez. »

« Un moment de jeunesse mal employé, sans doute! » me dit-il. Puis, se tournant vers le vieux Mexicain, il lui demanda : « Y a-t-il un de vos cowboys qui sache manier le lasso comme M. Walsh? »

Le contremaître secoua la tête avec force : « Non, *patrón*, ils sont trop paresseux et trop gros. »

« C'est une chose à méditer! décida mon hôte. On ne devrait jamais vieillir, ni trop manger. » Il remit les rênes à Pancho et se tourna vers moi. « J'aimerais aller voir les ours. Venez, si cela vous dit », me proposa-t-il.

La ménagerie de San Simeon était aussi grande et aussi variée que bien des zoos municipaux. Je fus particulièrement impressionné par les ours. Toutes les espèces, mâles et femelles, devaient y être représentées; il y avait même cinq ours polaires. « Il fait trop chaud pour eux », dit Hearst en ordonnant au gardien-chef d'appeler San Luis et de demander d'envoyer deux camions de glace. Sur le chemin du retour, je commençai à faire un peu connaissance avec cet homme. Il avait une véritable passion pour les animaux.

Ce soir-là, à dîner, on me présenta à Winston Churchill. Harry, le secrétaire particulier de Hearst, avait ordre d'inviter en permanence les personnalités agréées par son patron, afin qu'elles pussent profiter de son hospitalité mondialement connue. Il semblait être pourvu d'antennes qui fonctionnaient chaque fois qu'un personnage important faisait son apparition. Churchill, l'homme qui quelques années plus tard devait déclarer à son peuple qu'il ne pouvait lui offrir que son sang, sa sueur et ses larmes, grommela quelques mots à mon intention, puis retourna à son hôte. Il avait tout du bouledogue, jusqu'à l'air renfrogné! Quand par la suite, j'eus l'occasion de mieux le connaître, je découvris que sous son apparence grognon, il cachait une chaleur et une intelligence rares.

A table, je fus placé à côté de Marion Davies. Elle évita de parler cinéma et m'apprit qu'elle était de New York. Elle se souvenait avoir entendu son père parler de Big Tom Walsh. « Qui sait? me dit-elle en souriant. On s'est peut-être rencontré quand on était enfant. Etes-vous jamais allé à Rockaway Beach? » Quand je lui assurai que j'en avais exploré chaque centimètre, elle parut enchantée : « Alors, c'est décidé, quand je serai devant la caméra, je vous considérerai comme M. Walsh, mais partout ailleurs vous serez pour moi Rockaway! » Ce surnom me resta, mais elle fut la seule personne à l'employer.

Nous répétâmes à San Simeon pendant une semaine, puis retournâmes à la Cosmo pour commencer le tournage. *Going Hollywood* était une comédie musicale toute simple qui tournait autour d'une amourette. Son intérêt résidait plus dans les chansons que chantaient Marion et Bing, et dans les machinations de miss d'Orsay, que dans l'intrigue elle-même. Don Stewart avait écrit un bon dialogue et des scènes de comédie qui évitaient à l'histoire de se traîner en longueur. Nous tournâmes les scènes d'intérieur sur deux plateaux de la MGM équipés pour le son, et les scènes d'extérieur dans mon ranch à Encino.

Quand M. Hearst vit les rushes de la première semaine, il me félicita et consentit à nous appeler, Marion et moi, par nos prénoms. Harry Wurtzel, devant cette soudaine marque de familiarité, m'assura : « Il t'a à la bonne! Je te parie qu'il va te faire cadeau d'un ours polaire! »

Je commençais à prendre goût à l'hospitalité du patron de la Cosmo et j'eus bientôt une autre occasion de l'apprécier après le tournage de *Going Hollywood*. En effet, tous les acteurs furent invités à prendre le train ou l'avion pour assister à la première à San Simeon. Hearst me proposa d'y rester la semaine. Le samedi suivant, au cours d'un dîner, j'eus donc l'occasion de rencontrer des personnages tels que Winston Churchill, le général Mac Arthur, Howard Hugues, Somerset Maugham, J. Edgar Hoover, Will Rogers, John Barrymore, etc.

Je prenais le café dans la bibliothèque avec Lionel Barrymore lorsque Ernest Hemingway et Gary Cooper, qui étaient de grands amis, vinrent se joindre à nous. Gary, natif du Montana, adorait que je lui conte mes vieux souvenirs de Butte. Il avait promis à Hemingway qu'il me ferait raconter mes deux histoires sur Oklahoma Charlie, le malade de Doc Echinelle, celle du joueur et celle du shérif sans pitié. Cela me gênait de parler ainsi devant un grand écrivain, mais Gary insista. « Si cela avait été moi, M. Walsh, me confia Hemingway quand j'eus fini mon récit, j'aurais réuni ces histoires en une seule; j'aurais commencé avec Oklahoma Charlie et le shérif enfants, et je les aurais fait grandir ensemble. Puis j'aurais repris Oklahoma Charlie trente ans plus tard. Au cours d'une partie de poker, sur un coup de colère, il tue deux joueurs. C'est alors au shérif qu'incombe le triste devoir de mettre son meilleur ami en prison. Le juge arrive, le procès commence, le jury déclare Oklahoma Charlie coupable et le condamne à être pendu. »

Hemingway poursuivit : « Et voici le meilleur moment de l'histoire. Le shérif supplie le juge de faire venir un autre shérif de Billings pour exécuter la pendaison. « Je n'ai pas le cœur de faire ça, monsieur le juge. Oklahoma et moi, on est « amis depuis trente ans, alors je préfère encore rendre mon « insigne et quitter la ville! » A ces mots, Oklahoma Charlie se lève et s'adresse au juge : « Quand le temps est venu pour « un homme de se marier, il cherche la meilleure compagne; « quand il est malade, il cherche le meilleur médecin, et quand

« un homme va être pendu, il veut l'être par le meilleur shérif « — et le meilleur c'est mon plus grand ami, le shérif Coates. » Par conséquent, le lendemain, les habitants de la ville voient le shérif passer la corde autour du cou de son meilleur ami, lui serrer la main, prendre les brides du cheval sur lequel est assis Oklahoma, faire avancer lentement le cheval, sans se retourner une seule fois pour regarder son ami pendu à l'arbre. Il rend son insigne, quitte la ville et on ne le revoit plus jamais. » Bien entendu cette histoire me fut racontée par Hemingway avec beaucoup plus d'éloquence.

Les anniversaires avaient une grande importance pour le ménage Hearst. W. R. célébrait toujours les siens en donnant des soirées dignes des Contes des Mille et Une Nuits, et qui ressemblaient beaucoup à une représentation de commande : 400 invités devaient arriver dans des costumes convenant au thème que Hearst avait choisi pour l'occasion. Ces thèmes allaient de l'Espagne au Tyrol, au cirque, à l'Ouest, à la Guerre civile, et ainsi de suite. Malheur à l'invité négligent qui se présentait dans un costume qui ne convenait pas! On ne lui disait rien, mais il ne recevait plus jamais d'invitation.

Cette année-là, la villa de bord de mer de Marion Davies à Santa Monica, qui comprenait cent dix pièces, avait été choisie pour cette fête et Marion avait proposé le thème du cirque.

Tout le gratin de Hollywood et quelques personnages moins célèbres avaient été invités; nous étions deux cents. W. R. avait mis à notre disposition une pièce pleine d'accessoires, digne des garde-robes des plus grands studios.

J'allai trouver Marion qui, m'avait-on dit, me cherchait. Elle posa la main sur mon bras et tourna les yeux vers une table d'invités où la discussion paraissait s'enflammer. Le fils d'un financier d'Hollywood, surnommé « Lloydy Poo » par les gens de cinéma, avait trop bu, comme d'habitude, et son langage grossier commençait à dépasser les bornes. « Tâche de le faire taire, Rockaway! me supplia Marion. W. R. est furieux! »

J'allai à la table de Lloydy et l'engageai à se calmer un peu. Il me traita aussitôt de « borgne enfoiré ». A nous deux, nous n'avions que deux yeux (il avait perdu son œil gauche dans un accident et l'avait remplacé par un œil de verre), mais cela

Marlène Dietrich
rend visite à Mae West
et Raoul Walsh
sur le plateau
de **Klondike Annie.**
(Coll. Jacques Lourcelles).

ıes Cagney
ıd visite
Errol Flynn
Raoul Walsh
· le plateau
La Charge
ntastique.
ll. Jacques Lourcelles).

Un panorama de l'Ouest typique de Raoul Walsh : on descend les chariots à l'aide de cordes. Tournage de **The Big Trail (La Piste des Géants).**

Raoul Walsh et Errol Flynn
pendant le tournage d'**Aventures en Birmanie.** (Coll. Jacques Lourcelles).

Raoul Walsh avec sa femme Mary
et Irving Berlin à Villefranche.

Avec Gregory Peck et la réplique d'une frégate de quarante canons de l'époque de Nelson qu'il utilisa pour le tournage de **Capitaine sans peur.**

Gregory Peck,
Ann Blyth,
et Raoul Walsh
pendant le tournage de **Le Monde lui appartient.**
(Coll. Jacques Lourcelles).

Jane Russell, Argentina Brunetti
et Raoul Walsh
sur le plateau de
Les Implacables.

Raoul Walsh indique un jeu de scène
aux interprètes de
Le Roi et quatre reines,
Jean Willes et Clark Gable.
(Coll. Jacques Lourcelles).

Avec les conseillers militaires du film.
(Coll. Jacques Lourcelles).

Raoul Walsh posant avec les interprètes de **Les Nus et les Morts.**
(Coll. Jacques Lourcelles).

Deux moments du tournage de **Esther et le roi.**
(Coll. Jacques Lourcelles).

ne nous empêcha pas de nous regarder de travers. Je lui conseillai de la boucler, sinon je me verrais contraint de lui arracher son œil de verre. Il bondit, s'emmêla les jambes et trébucha en débitant un chapelet d'injures. Je m'assis à califourchon sur son ventre et lui enfonçai mon doigt dans l'orbite, quand je sentis Marion m'attraper par le bras. « Je t'en prie, Rockaway! me glissa-t-elle en se retenant de rire. C'est son bon œil! » Je laissai Lloydy Poo se remettre debout et il tituba jusqu'à la porte en hurlant qu'on pouvait tous aller se faire mettre.

L'orchestre reprit et W. R., selon son habitude, demanda à Marion la première danse. Bing Crosby et Arthur Freed vinrent alors bavarder avec moi. Arthur me félicita d'avoir vidé Lloydy Poo et Bing me déclara qu'ils avaient composé une chanson en mon honneur. Il se mit à chanter :

Rollicking Rockaway Raoul
When clad on a beach in a towel
He's tremendous, stupendous and grand.
He's the lay of the land, the land.
Oh, the Bowery, the Bowery,
He'll never go there anymore
And now that we're through
MGM can go screw, says
Rollicking Rockaway Raoul *.

Dès que les gros bonnets de la MGM eurent vent de la chansonnette, ils nous bannirent à vie, Bing et moi, de leur studio. Ils auraient bien voulu aussi renvoyer Arthur Freed, mais il avait avec eux un contrat de fer que Louis B. ne pou-

* *Rollicking Rockaway Raoul*
Ceint sur la plage d'une serviette
C'est le plus grand, le plus fort, le plus chouette,
L'idole des foules, des foules.
Oh, le quartier de Bowery
Jamais il n'y remettra les pieds
Et maintenant qu'on a fini,
La MGM peut se faire enculer
Comme le dit
Rollicking Rockaway Raoul.

vait rompre; ce fut une chance pour la MGM, car Arthur allait écrire les paroles de *Chantons sous la pluie.*

L'orchestre jouait encore quand Bing et Arthur me laissèrent. Marion et W. R. dansaient dans un coin qui leur était tacitement réservé. Il était bien entendu que personne n'avait le droit d'inviter Marion pour cette première danse. Il y avait un homme de haute stature que j'avais déjà remarqué, surtout parce qu'il était en habit au lieu d'être déguisé. Je m'étais demandé ce qu'il faisait là. Prétendant être un prince roumain, il avait réussi, par son comportement, à se mettre à dos tous les hommes de la soirée. Les femmes mariées semblaient être son terrain de chasse favori, et il ne ratait pas une occasion de leur faire des avances, surtout si elles étaient jolies. Dans tout autre endroit que Tinsel Town * où la moralité aurait été plus stricte, il aurait certainement reçu une balle dans la peau. Il se fraya un chemin en jouant des coudes à travers la foule des danseurs et se dirigea vers Marion et W. R. J'eus du mal à en croire mes yeux lorsque je le vis ‘ séparer ’ le couple et, après avoir rejeté son hôte contre le mur, prendre Marion dans ses bras.

Je savais que W. R. avait horreur de la violence et je ne voulais pas embarrasser Marion. Mais je savais aussi qu'il fallait la sortir de là, aussi je me précipitai à son secours. Le prince me saisit au collet; je lui envoyai un coup de poing dans le nez et l'étendis d'un droit à la mâchoire. Buster Keaton, déguisé en gorille, traversa alors le salon et compta jusqu'à dix la défaite finale du prince.

J'eus soudain l'impression d'avoir été trop loin. Tout le monde s'était arrêté de danser quand j'avais frappé le prince. Je craignais d'avoir offensé W. R. Mieux valait disparaître!

Le téléphone sonnait quand j'arrivai chez moi. C'était Marion. « Rockaway, pourquoi es-tu parti? » Quand je lui avouai que je croyais avoir offensé W. R., elle me gronda comme un enfant. « Tu es saoul, ou quoi? W. R. a levé un toast à ta santé et a bu son *second* verre de champagne de la soirée en ton honneur! Tu es un héros, pauvre idiot! »

Le lendemain, après avoir assisté aux courses à Santa Anita avec Churchill et Harry, je les invitai à passer un moment chez

* Surnom de Hollywood. (*N.d.T.*).

moi. J'avertis Felix, mon maître d'hôtel, des habitudes de Churchill : « Ne lui sers pas à boire dans un verre. Sers-lui une bouteille, c'est ce qu'il aime »

Jusqu'ici, Winston n'avait fait aucune allusion à mon accrochage avec le « prince », mais en fumant son cigare, il parut s'en souvenir. « C'est bien fait pour lui, me dit-il. A propos, quand vous viendrez en Angleterre, surtout, faites-moi signe. J'aurai deux membres des Communes à vous indiquer. Je serais ravi que vous leur régliez leur compte! »

Felix vint m'annoncer que Butch voulait entrer. J'acquiesçai. Il ouvrit alors la porte et laissa passer mon lion de deux ans, que j'avais élevé dès le berceau. Il était assez docile, mais Harry ne le savait pas. Il se réfugia précipitamment derrière le divan. Winston se contenta de jeter un regard distrait à Butch. « Oh! un lion, murmura-t-il sans grand enthousiasme. Les Boers en avaient un apprivoisé dans le camp où ils m'avaient emprisonné. »

Je dus mettre la main dans la gueule de Butch et m'étendre à côté de lui pour que Harry se décide à sortir de sa cachette.

« Walshie! remarqua Winston, avec ce fauve qui rôde dans la maison, je suppose que vous n'êtes pas marié. »

Harry Crocker répondit à ma place : « Raoul est le célibataire le plus valable de Hollywood. »

« Et il le restera tant qu'il ne confiera pas ce noble fauve à un zoo », acheva Winston.

Comment exaspérer un nazi

PENDANT toute une période, les cinémas programmèrent deux films pour le prix d'un seul, afin d'attirer plus de spectateurs. Les studios débitaient à la chaîne ces films de remplissage. Dans les trois années qui suivirent, je devais en diriger cinq. Il n'y avait rien de très stimulant ni de très intéressant à tourner ce genre de films, et je me demandais si je ne ferais pas mieux de me retirer dans mon ranch et de monter un élevage de chevaux.

C'est alors que je tombai sur Jim Timmony, l'imprésario de Mae West. Mae était une nouvelle étoile dans le ciel de Hollywood, la bombe qui allait crever les écrans de cinéma. « Elle est terrible! s'écria-t-il. Il n'y a pas d'autre mot pour la décrire. » Après m'avoir dit quelques horreurs sur le juge qui avait donné trente jours de prison à Mae sur l'île de Blackwell à la suite de son arrestation en pleine représentation de sa pièce *Sex*, Timmony me confia : « J'ai dû me rendre à l'hôtel de ville pour obtenir qu'on ne la garde que dix jours. » Sur quoi, il m'invita à déjeuner au Brown Derby.

Il attendit le café pour mc faire sa proposition. « Mae va être l'héroïne de *Annie du Klondike* », me dit-il sur un ton si révérencieux qu'on aurait dit qu'elle allait jouer le rôle de la Vierge Marie. « Nous aimerions que ce soit vous qui la dirigiez. »

Le film devait être produit par la Paramount où Ernst Lubitsch était responsable de la production; pourquoi, personne n'en savait rien, car c'était un brillant metteur en scène. Je connaissais Lubitsch et je l'appréciais. Je réfléchis une minute à l'offre de Timmony, puis lui donnai mon accord. « Mae sera contente, m'assura-t-il. Elle vous a réclamé quand nous avons signé son contrat. »

Mae avait écrit le scénario et nous eûmes plusieurs entretiens pour le mettre au point. Ma principale objection venait de ce que son scénario comportait trop de personnages secondaires, trop d'Indiens et pas assez de chefs. Cependant nous finîmes par garder le plus de figurants possible car Mae, avec son cœur d'or, insista : « Donne-leur une chance, ils ne seront pas gênants et ils ont besoin d'argent. »

Nous eûmes des ennuis dès le début du tournage. Notre vedette en était la responsable involontaire. Les caméras devaient commencer à tourner à 9 heures précises et Mae arrivait toujours au studio deux heures en avance. Il fallait au moins une heure pour la coiffer car elle était très pointilleuse à ce sujet. S'habiller lui demandait à peu près le même temps, ce qui fait qu'elle arrivait sur le plateau avec une bonne demi-heure de retard. Je passais sur son manque de ponctualité car je connaissais son besoin de perfection; mais à la production, ils virent cela d'un mauvais œil. Lubitsch se décida finalement à venir en personne faire la leçon à Mae.

Il arriva sur le plateau au moment où Mae venait de faire son apparition, et il commit l'erreur de la chapitrer. « Pourquoi êtes-vous toujours en retard? » gronda-t-il. Mae ne lui laissa pas le temps d'ajouter un mot. Elle brandit le petit miroir qu'elle tenait à la main et lui en assena deux coups sur la tête avant qu'il ait eu le temps de réaliser ce qui lui arrivait. Il fit demi-tour et s'enfuit, poursuivi par Mae qui jurait comme un charretier en faisant tournoyer son miroir comme un club de golf. Une centaine de figurants, qui attendaient dans un couloir pour entrer sur un autre plateau, applaudirent avec enthousiasme.

Lorsque Mae revint, elle s'était un peu calmée, mais ses yeux étincelaient encore de rage. « Si ce clown allemand ose encore m'approcher, m'annonça-t-elle, je l'étrangle! » Sur ces mots, elle se mit au travail et fut éblouissante. Elle continua à arriver tous les matins une demi-heure en retard, et je la soupçonnai de le faire exprès, avec l'espoir que Lubitsch réapparaîtrait afin d'avoir le plaisir de l'écraser.

Harry Crocker se montra insistant : « M. Hearst voudrait savoir si cela vous plairait d'aller en Europe. Il part avec un groupe d'amis pour le Pays de Galles et aimerait que vous soyez des leurs. »

Notre arrivée à Londres, au Dorchester, dix jours plus tard, était digne de celle d'un émir et de sa suite.

Le lendemain matin, dans le hall, Harry me tendit une lettre. Elle portait le cachet de l'ambassade d'Allemagne qui l'avait fait parvenir en mains propres. Je laissai Harry me la lire.

« J'ai l'impression qu'ils veulent que vous tourniez un film en Allemagne, me dit-il. Von Ribbentrop vous invite cordialement à déjeuner à 13 heures pour rencontrer le baron Eugène von Renslaw. Ne me regardez pas comme ça, protesta-t-il, je n'y suis pour rien. » Ce fut quand il ajouta : « Si j'étais vous, j'accepterais, ne serait-ce que pour voir ce qu'ils ont derrière la tête », que je décidai de m'y rendre.

Le comte Von Ribbentrop était ambassadeur d'Allemagne en Angleterre. Je l'avais rencontré alors qu'il était négociant en vins à Hollywood, avant qu'Hitler lui fasse gravir les échelons du nazisme et lui donne un portefeuille. A l'époque où il vendait du champagne, c'était un brave homme et je me demandais si sa promotion l'avait changé.

En fait, je retrouvai à peu près le même homme que j'avais connu.

Il semblait simplement un peu plus raide, et cette fois, il claqua des talons en me serrant la main. Il avait gardé la même bonhomie et m'avait chaleureusement recommandé auprès du baron. Les deux hommes parlaient anglais, ce qui compensait mon ignorance de l'allemand.

A table, la conversation se brancha sur le cinéma. « L'Allemagne, je regrette d'avoir à le dire, soupira von Renslaw, a pris du retard dans sa production cinématographique. Par contre vous, les Américains, vous allez de l'avant, et je dois vous en féliciter. »

L'ambassadeur me demanda discrètement combien de temps je comptais rester en Angleterre. Je lui répondis en plaisantant que si nous ne partions pas avant la fin de la semaine, Hearst achèterait probablement le Pont de Londres et le ferait transporter à San Simeon. Pendant une minute, je crois bien qu'ils me prirent au sérieux. Le baron eut l'air suffoqué et posa rapidement à son ami une question en allemand. Ce ne fut qu'à ce moment que von Ribbentrop éclata de rire. J'allais apprendre très vite qu'avec les nazis, lorsqu'on faisait de l'humour, il fallait mettre les points sur les i!

L'ambassadeur ramena la conversation sur le cinéma et sa proposition ne me prit pas de court. « Nous aimerions énormément que vous tourniez un film en Allemagne, me dit-il sur un ton assez détaché. Réfléchissez-y bien sûr. Ni le baron ni moi ne voudrions interrompre vos vacances. »

A ces mots, von Renslaw fronça les sourcils et se mit à lui parler en allemand. Il lui tint un discours pendant quelques minutes puis, se tournant vers moi, s'excusa en souriant : « Herr Ribbentrop n'était pas au courant des derniers ordres du Führer. Si cela est possible, Herr Walsh, nous aimerions avoir votre réponse tout de suite. J'ai mon avion personnel à Hendon et nous pouvons être à Berlin à l'heure du dîner. »

L'ambassadeur avait bien préparé le terrain, et voilà qu'à présent le chien de garde de Hitler me traquait. J'eus soudain l'impression que cette proposition cachait quelque chose et ce fut surtout la curiosité qui me poussa à leur donner mon accord.

J'appelai Harry au Dorchester et, après lui avoir résumé la situation, le priai de prévenir Hearst que si je n'étais pas de retour dans une semaine, je lui laissais mon lion.

La Manche était un peu agitée pendant notre voyage et les moulins de Hollande semblaient les gardiens géants des interminables canaux. Il faisait encore jour lorsque nous atterrîmes à l'aéroport de Kaiserhof et nous rendîmes à l'hôtel Adlon.

On entendait claquer des talons de toute part dans le hall de l'hôtel. Le baron signa le registre pour nous deux en m'annonçant pompeusement que j'étais l'invité du gouvernement allemand. « Si vous voulez bien me retrouver ici dans une heure, nous dînerons ensemble », me proposa-t-il.

En défaisant le sac que Harry m'avait apporté à l'aéroport, avant mon départ de Londres, je découvris un petit volume dont le titre n'était qu'une suite de numéros et qui renfermait tout ce qu'un esprit curieux aurait voulu connaître sur l'Allemagne depuis l'incendie du Reichstag. Je soupçonnai Harry de l'avoir chipé à un de ses amis diplomates. Après en avoir lu quelques pages, je le glissai dans ma poche avant d'aller rejoindre le baron. Si l'on m'avait fouillé, ce petit livre aurait pu me faire condamner pour espionnage.

Von Renslaw m'attendait comme prévu. Il m'emmena au Horscher, l'un des meilleurs restaurants de Berlin. Je fus surpris de voir le couvert mis pour quatre personnes et j'en compris la raison en voyant deux ravissantes jeunes filles venir s'asseoir avec nous.

« Ce seront vos hôtesses pendant votre séjour à Berlin », me déclara le baron sans se lever.

Il nous quitta à la fin du repas en me laissant en compagnie de Hilda et de Gretchen. Celles-ci, après m'avoir fait faire le tour des boîtes de nuit, voulurent absolument m'emmener au Palais des Sports pour écouter le discours du Führer.

Le nouveau Palais des Sports avait été construit pour contenir cent mille personnes, et quand nous arrivâmes, nous le trouvâmes bondé. Cependant, un homme en uniforme nazi noir (avec un crâne et des os en croix sur sa casquette) dégagea la voie pour nous laisser passer. Je vis Hitler d'assez près, debout sur le podium, haranguant la foule d'une voix stridente avec des hurlements entrecoupés des « Heil! » de la foule chaque fois qu'il reprenait souffle. C'était le même petit homme un peu trapu que l'on voyait dans la presse et aux actualités. Ses cheveux noirs tombaient sur son front, et, debout, un pouce passé dans sa ceinture, il débitait un flot de paroles incompréhensibles pour moi. Les filles l'écoutèrent attentivement et firent le salut nazi quand le Führer descendit de son estrade.

Sur la route du retour dans la voiture, je me demandai ce qui donnait tant de pouvoir à ce petit homme. La foule avait crié son enthousiasme tout au long d'un discours qui m'avait paru être celui d'un fou. Je devais apprendre plus tard que ce jour-là, Hitler avait prôné la défense de la minorité sudète en annexant la Tchécoslovaquie.

A l'hôtel, dans l'immense salon de ma suite, trois maîtres d'hôtel arrivèrent en poussant devant eux deux grandes tables roulantes chargées d'assez de victuailles pour nourrir une armée. Nos verres furent aussitôt remplis de champagne. Hilda et Gretchen avaient beau être minces et très bien faites, cela ne les empêcha pas d'avaler plus de nourriture que je n'en aurais mangé en une semaine.

Le repas terminé, Hilda me dit que Herr Doktor Wolfgang

Rudolph viendrait me prendre le lendemain à 10 heures pour me conduire aux studios UFA. Tout en enfilant leurs manteaux pour partir, les deux filles me souhaitèrent une bonne nuit. Je leur baisai la main (j'avais repéré ce petit truc au restaurant). Elles s'arrêtèrent sur le seuil de la porte et, après un échange de quelques mots, Hilda nous quitta. Gretchen, la plus sexy des deux, referma alors la porte, sourit et s'avança vers moi. Elle ne parlait pas anglais, je ne parlais pas allemand, mais l'amour n'a pas besoin de paroles.

Le lendemain à 10 heures, je me retrouvai dans la voiture avec le Doktor, en route pour les studios UFA. Il m'annonça que le baron avait suggéré qu'on m'emmenât au grand palais de Potsdam, après la visite des studios, et ajouta qu'une surprise m'attendait là-bas. En effet, à mon arrivée, je fus accueilli par mon ancien cameraman de l'époque de Pancho Villa : Herr Aussenberg. Nous tombâmes dans les bras l'un de l'autre. Il était devenu chauve et avait beaucoup grossi. Le Doktor me fit faire le tour des plateaux et la seule chose qui me frappa fut le manque total d'équipement moderne. Je ne vis que deux caméras et un système d'éclairage défectueux. Les plateaux étaient poussiéreux et il y régnait une atmosphère d'abandon. S'ils comptaient me faire tourner un film ici, ils auraient à y faire quelques aménagements, sinon je reprendrais au plus vite l'avion pour Londres.

Herr Doktor parut soulagé que la visite soit terminée. Il me demanda par l'intermédiaire d'Aussenberg ce que je pensais de leur installation et je lui donnais une réponse aussi diplomatique que possible. Sur quoi il grommela, fit signe qu'il s'en lavait les mains et se remit à parler avec Aussenberg. En entendant le mot « Potsdam », je jetai un coup d'œil à mon ami. Celui-ci me donna quelques explications : « Je dois t'accompagner au vieux palais de Potsdam, la résidence préférée du Kaiser. Il a été transformé en musée et ils pensent que tu pourrais t'en inspirer pour tourner un film. » De quels « ils » s'agissait-t-il? Il ne me le dit pas, mais ce devait être de von Renslaw et autres personnages nazis d'importance.

L'autoroute me plut; elle était bordée d'arbres et il y faisait frais. Je préférai cela à la capitale. Tandis que la Mercedes avalait les kilomètres, j'essayai de questionner Aussenberg, mais il me fit comprendre qu'il ne pouvait pas parler en présence du chauffeur. Tout ce que je réussis à savoir fut qu'il était à présent chef opérateur aux studios UFA. Son haussement d'épaules en mentionnant les studios en disait long. L'endroit, à coup sûr, ne lui plaisait pas plus qu'à moi.

Il y avait un restaurant en face du palais, et Aussenberg me proposa d'y déjeuner avant de continuer à faire du tourisme. « Le guide nous attendra », me dit-il. Le voyage m'avait donné soif et je fis largement honneur à la bonne chère allemande pendant le repas, ce que j'allais regretter plus tard.

« Nous pouvons parler maintenant, me confia Aussenberg quand le serveur se fut éloigné. Nous n'en aurons peut-être plus l'occasion par la suite. Dans l'Allemagne de Hitler, comme tu dois commencer à t'en apercevoir, tout le monde s'espionne. Notre chauffeur est un caporal de la *Abteilung* et il répète tout ce qu'il entend. Tu dois te poser des questions sur ce film qu'ils veulent que tu mettes en scène? »

« Dis-moi la vérité, veux-tu? » le suppliai-je. Depuis que j'avais rencontré l'ambassadeur nazi et von Renslaw à Londres, je sentais que ce film était un subterfuge. « Qu'est-ce qu'ils cherchent? Ils ne veulent pas vraiment que je tourne un film, n'est-ce pas? »

Aussenberg regarda autour de lui, sans doute par habitude, avant de me répondre. « Tu as raison, Raoul, ils veulent autre chose.

— Quoi?

— Je n'en sais rien. Si je le savais, je te le dirai.

— Que peux-tu me dire alors? »

Il soupira. « Je suis Juif, tu ne l'ignores pas. S'ils ne m'ont pas peint un J en jaune sur le dos, c'est que je leur suis encore utile. J'ai honte de te le dire, mais je fais des films antisémites dont ils se servent pour leur propagande. J'ai réussi à faire passer ma famille en Suisse et j'espère l'y rejoindre dès que possible. En attendant, j'avale des couleuvres et je suis obligé de m'aplatir devant eux. C'est ma seule façon de survivre. Ils surveillent tous mes faits et gestes et ils me croient inoffensif. Maintenant, nous ferions mieux d'y aller. »

Notre guide n'était pas au rendez-vous. Comme Aussenberg ne recevait que des réponses très vagues à toutes les questions qu'il posait, il me proposa de nous joindre à une visite organisée. « Tout cela n'est que de la poudre aux yeux pour t'impressionner », réussit-il à me glisser.

Je n'avais jamais beaucoup apprécié les visites guidées, surtout celles de vieux bâtiments qui sentaient la poussière et la décrépitude. Quand j'étais enfant, j'avais reçu une raclée pour m'être enfui au cours d'une visite au Smithsonian Museum de Washington où mon père nous avait emmenés. Cependant je m'y soumis, n'eût été que pour Aussenberg et parce que j'étais de plus en plus curieux de savoir ce que mes hôtes attendaient de moi.

Notre groupe se composait de vingt touristes, tous allemands. Le guide ressemblait à un montagnard qui viendrait d'atteindre un sommet des Alpes. C'était un homme enjoué, vêtu d'une culotte de peau et coiffé d'un chapeau tyrolien. Il ne lui manquait que le piolet et la corde.

Chaque porte de chaque foutue pièce devait être ouverte à l'aide d'une clé puis soigneusement refermée après que le Tyrolien y avait débité son petit laïus. Lorsque nous arrivâmes à la chambre du Kaiser, je demandai à Aussenberg s'il y avait des toilettes. La bière faisait son effet...

Tandis que le groupe avançait, Aussenberg murmura quelques mots à l'oreille du guide qui secoua la tête. « Il dit qu'il n'y en a pas dans le Palais », me transmit-il d'un air désolé.

Il y avait dans la chambre une cheminée devant laquelle des générations de Hohenzollern avaient dû probablement venir réchauffer leurs derrières par les matins d'hiver. J'attendis que le guide fasse sortir les touristes, puis fis un clin d'œil à Aussenberg et m'avançai vers le foyer. Je l'entendis parler au guide dans l'embrasure de la porte, mais j'étais trop occupé pour prêter attention à leur conversation.

J'obéissais encore à la loi de la nature lorsque j'entendis un rugissement suivi d'une cascade de sons gutturaux. Je tournai la tête et vis alors l'alpiniste me fusiller du regard tandis qu'une douzaine de Bavarois curieux me regardaient par-dessus son épaule. Ils tendaient le poing et sautaient de tous côtés en me criant des « *Schwein* » et des « *Hund* ». Je n'étais, de toute évidence, pas du tout populaire. J'avais profané un « lieu sacré », mais je me sentais mieux.

De retour à l'hôtel, je tombai sur Hilda et Gretchen qui m'attendaient dans le hall. Après m'avoir adressé quelques mots de bienvenue, elles me demandèrent si j'aimais la musique. « On joue une œuvre de Wagner ce soir à l'Opéra. Le Führer sera là », m'annoncèrent-elles.

La loge royale était située exactement en face de la nôtre. Je pus donc observer à loisir le petit homme trapu avec sa moustache en brosse à dents et l'expression de mécontentement qui déformait son visage glacial. L'une des filles me confia que les compagnons du Führer étaient Heinrich Himmler et Joseph Goebbels.

A la moitié du dernier acte, il y eut un remue-ménage dans la loge de Hitler. Quelqu'un avait dû lui apporter un message. Quand le rideau tomba et que les lumières se rallumèrent, la loge royale était vide. Nous retournâmes à l'hôtel, et de nouveau eûmes droit à des tables couvertes de nourriture et de bouteilles de champagne. Nous les bûmes toutes et, une fois de plus, les filles dévorèrent à belles dents.

Mes deux ravissantes guides commençaient à être bien gaies, à rire et à parler en allemand. Buveur de cognac, j'avais du mal à ingurgiter autant de champagne qu'elles. Après le dîner, Gretchen quitta la pièce et j'entendis l'eau couler dans la baignoire; puis Hilda se dirigea à son tour vers la salle de bains. Au bout d'un moment, elle me cria de venir les rejoindre et je me dis que si cela était une vieille coutume allemande, j'étais pour!

Le lendemain, au petit déjeuner, le baron von Renslaw me demanda si j'aimais la chasse. Cela me changerait du tourisme, pensai-je. La dernière fois que j'avais tiré sur un daim, c'était dans le Montana.

Dans la voiture qui nous conduisait à travers un paysage boisé, von Renslaw parla de généralités mais n'aborda jamais le sujet des films. Cela ne pouvait pas durer longtemps ainsi; ils allaient sûrement me dévoiler bientôt leur jeu. Nous arrivâmes dans l'après-midi dans la cour pavée d'un château qui aurait pu dater de l'époque des chevaliers teutoniques. Il y avait là d'autres voitures, toutes noires; des gens se précipitèrent à notre rencontre et les claquements de talons devinrent parfaitement assourdissants.

Je rencontrai plusieurs généraux et fus présenté à Himmler, monocle à l'œil et tout. Je l'étudiai tandis que nous pénétrions à l'intérieur du château et pris la décision de lui faire jouer le rôle de Judas le jour où je mettrais l'histoire sainte en scène. Le déjeuner de chasse fut gargantuesque et, au milieu du repas, Hitler et son gros feld-maréchal Goering firent leur entrée. J'étais certain à présent que l'on faisait tout pour que je rencontre le Führer. Quelqu'un devait essayer de se servir de moi à des fins politiques, et je n'aimais pas cela du tout.

Hitler m'examina des pieds à la tête et son regard s'attarda sur mon bandeau. Il hocha mécaniquement la tête et s'apprêtait à me tourner le dos quand le baron mentionna le nom de Hearst. Cela parut lui faire instantanément de l'effet. Le maître de l'Allemagne me serra alors cordialement la main, mais j'aurai préféré mourir plutôt que de claquer des talons. Je me contentai de lui lancer : « Bonjour! » Le Führer glissa quelques mots rapides au baron tout en me jetant des coups d'œil furtifs. Puis tous deux allèrent rejoindre Goering qui se tenait dans l'embrasure d'une fenêtre. Après une conversation animée, Hitler et Goering s'éloignèrent et le baron revint s'asseoir près de moi. C'était la première fois que je voyais Hitler sourire.

« Herr Hitler est un fervent admirateur de votre ami M. Hearst, me déclara von Renslaw. Chaque jour, il se fait traduire ses éditoriaux, généralement à l'heure du petit déjeuner. Il partage particulièrement les opinions de M. Hearst sur le communisme. »

Dès que le Führer fut parti, les chasseurs prirent leurs fusils et se dirigèrent par groupes bruyants vers une clairière qui se trouvait à environ dix minutes à pied du château. Je notai qu'il y avait dix buttes de pierre; deux fusils furent placés sur chaque talus, et j'entendis les cris des rabatteurs dans les bois.

J'occupais un poste de tir avec le baron. Un grand cerf coiffé d'une magnifique paire de bois bondit dans la clairière et se figea, le nez au vent. Von Renslaw le visa soigneusement puis tira droit au cœur de l'animal. Je venais d'assister à mon premier crime nazi.

D'autres cerfs qui sortaient des bois furent aussitôt abattus dès qu'ils s'arrêtèrent. Ce n'était pas un sport, c'était un massacre. Je déchargeai alors mon fusil et regardai le spectacle jusqu'à la fin.

— Vous n'avez pas tiré, remarqua von Renslaw.

— Non, en effet! lui répondis-je.

Il haussa les épaules, remit son arme encore fumante à un domestique, et nous regagnâmes la voiture.

Avant de me déposer à l'hôtel Adlon, le baron m'informa que le maréchal Goering m'invitait à déjeuner le lendemain dans sa maison de campagne. Je l'entendis à peine. J'étais en train de penser à la pose grotesque qu'avait prise le petit Goebbels pour se faire photographier, un cerf criblé de balles à ses pieds et le chasseur bombant le torse comme s'il venait d'abattre Goliath! Cependant, sur la route, j'avais pris note des paroles du baron lorsqu'il m'avait dit que le Führer souhaitait que je transmette à M. Hearst ses sentiments les meilleurs et qu'il serait très honoré que M. Hearst vienne lui rendre visite au cours de son voyage en Europe.

Avant l'arrivée du baron, le lendemain, je m'obligeai à lire et à apprendre par cœur les pages du petit livre de Harry Crocker. La propriété de Goering se trouvait à deux heures de voiture de Berlin, et sur la route, le baron, revenant au cinéma, me demanda si j'avais une idée de film. « Pourquoi pas un film sur la reconstruction de l'Allemagne? m'amusai-je à lui proposer. Nous pourrions montrer la modernisation de l'armée et le nombre de sous-marins qui sortent des chantiers de Kiel... » Von Renslaw leva la main en signe de protestation.

« Herr Walsh, la plupart des choses dont vous me parlez sont des informations secrètes. Le Gouvernement s'opposerait formellement à ce qu'on les dévoile! » Ce fut à mon tour de hausser les épaules. « Quelqu'un a dû parler, lui dis-je sans sourciller. J'ai lu tout cela dans l'*Examiner* de Los Angeles. » Le baron retournait encore mes paroles dans son épaisse cervelle d'Allemand quand nous arrivâmes à la propriété de Goering.

Des policiers militaires entouraient la demeure. Nous gravîmes les hautes marches du perron, traversâmes le grand vestibule et entrâmes dans l'immense salon de réception du maréchal. Le commandant en chef de l'aviation allemande examinait quelques papiers à son bureau quand nous fûmes annoncés. Il souleva sa lourde masse de son fauteuil, vint nous serrer la main et commença à parler en allemand avec le baron. J'entendis le nom de Hearst revenir à plusieurs reprises dans la conversation, puis le maréchal me demanda dans un anglais assez correct si j'étais content de mon séjour. Après quoi, il se remit à bombarder von Renslaw de questions. Les deux hommes durent parler de mon ‘ projet ’ de filmer le réarmement de l’Allemagne, car Goering avait l’air très irrité lorsqu’il se tourna vers moi.

« Est-il vrai que l’Amérique s’intéresse à notre pays au point de publier dans la presse quotidienne ce que nous, nous considérons comme des informations confidentielles? » me demanda-t-il.

Quitte à risquer le peloton d’exécution, il valait mieux aller jusqu’au bout! J’acquiesçai donc le plus sérieusement du monde : « Quand je serai de retour là-bas, je vous enverrai quelques journaux et vous verrez par vous-même! »

Von Renslaw et notre hôte corpulent discutaient toujours avec animation quand nous passâmes à table.

En voyant Goering se gaver de nourriture, je ne m’étonnai plus de son gros ventre. D’après ce que j’avais pu voir jusqu’ici, les repas dans cette nouvelle Allemagne ressemblaient à des concours d’empiffrage. Goering, entre deux bouchées, amena le nom de Hearst dans la conversation.

« Il paraît que M. Hearst a une très belle collection d’œuvres d’art. Je suis moi-même un collectionneur. Quand vous aurez terminé, je vous montrerai mes tableaux. »

Il me conduisit dans une pièce spacieuse et, de sa démarche en canard, passa d’un tableau à un autre, en laissant tomber des noms aussi illustres que ceux de Rembrandt, Van Dyke, Monet et Donatello. Je m’efforçai de paraître impressionné, bien que je me souvîns avoir entendu dire que ce flasque individu avait volé la plupart de ces toiles. Je le vis alors interroger du regard von Renslaw qui nous suivait de près, et comme le baron lui répondait d’un signe de tête affirmatif, Goering me désigna un banc au centre de la galerie. « Asseyons-nous un instant, me dit-il. J’ai une question à vous poser. Votre ami, Hearst, possède un tableau représentant Friedrich von Steuben, le général allemand qui aida le général Washington à entraîner l’armée continentale dans votre guerre d’indépendance. Le Führer a manifesté un très vif intérêt pour ce portrait et aimerait l’acquérir. »

Ainsi c’était cela qu’ils voulaient! Le film n’avait donc été qu’un prétexte. Je dus me retenir pour ne pas éclater de rire. Ils allaient me demander maintenant d’intervenir auprès de Hearst pour le pousser à se défaire de ce tableau!

Goering me demanda ensuite s'il était déjà arrivé à M. Hearst de vendre certaines de ses œuvres d'art. J'eus le plaisir de lui apprendre que ce que M. Hearst achetait, il ne le vendait jamais. Goering me demanda alors : « Pensez-vous, dans ce cas, qu'il serait prêt à le donner au Führer en échange d'un des tableaux, au choix, que vous avez vus dans ma galerie d'art? »

J'hésitai un instant, puis lui confiai qu'il était très difficile pour moi de répondre à sa question. Mais Goering ne se découragea pas pour autant : « Eh bien alors, Herr Walsh, pensez-vous que M. Hearst serait assez aimable pour donner le portrait de von Steuben au Führer? » Je roulai une cigarette, l'allumai, en tirai quelques bouffées et décidai de jouer ma carte maîtresse.

« Herr Marschall, commençai-je, juste avant la Première Guerre mondiale, M. Hearst a acheté huit grandes colonnes grecques. Il fallut deux immenses cargos pour les transporter en Amérique. Ils étaient en pleine mer lorsque la guerre éclata, et l'un de vos sous-marins fit couler l'un des cargos, si bien que quatre colonnes de marbre reposent actuellement au fond de l'Atlantique. Les quatre autres entourent la splendide piscine de M. Hearst. Celui-ci regrette infiniment celles qu'il a perdues. Je suis convaincu que M. Hearst vous donnera le portrait de von Steuben si vous lui rendez les quatre colonnes que votre sous-marin a fait sombrer. »

Le moins que l'on puisse dire, c'est que le maréchal fut absolument abasourdi. En fait, il me donna une poignée de main des plus froides quand nous le quittâmes.

Le baron von Renslaw me déposa à l'hôtel Adlon. Sa voiture s'éloigna et ce fut la dernière fois que je le vis. Cependant les négociations n'étaient pas terminées, car le jour suivant allait être le clou de cette comédie.

Le téléphone sonna à 10 heures du matin. C'était Hilda qui m'informait qu'elle m'attendait dans le hall pour me conduire à l'aéroport.

En me dirigeant vers la réception, je la vis en train de parler à un homme élégant, coiffé d'un chapeau mou et tenant une serviette à la main. Hilda me fit signe puis se dirigea vers la sortie avec l'étranger et alla m'attendre dans sa voiture.

Après avoir parcouru quelques kilomètres, elle me prit la

main et me confia : « Herr Walsh, je dois vous parler d'un sujet très délicat. Le monsieur avec lequel vous m'avez vue parler dans le hall était Herr Hjalmar Schacht, notre ministre des Finances. Il a offert de vous donner 2 400 000 reichmarks, ce qui équivaut à environ 300 000 dollars, si vous arriviez à obtenir le portrait de von Steuben pour notre Führer. »

Cette dernière tentative de la part du maréchal Goering me surprit grandement. Je me demandai si ce salopard voulait que je vole le tableau ou que je me mette à genoux et supplie M. Hearst de le donner au Führer. Je priai Hilda de transmettre à Herr Schacht qu'il pouvait garder ses 2 400 000 reichmarks et que je le considérais comme la pire des lavettes pour avoir envoyé une femme faire son sale boulot à sa place.

Arrivé à l'aéroport, je sortis de la voiture et laissai Hilda là, le regard perdu. Pauvre fille, les nazis lui avaient donné une mission qu'elle n'avait pas réussie à remplir. L'avion décolla et je m'assoupis jusqu'au moment où le copilote alluma la radio. Je voulais oublier l'Allemagne, mais elle ne me lâchait pas! En effet, Hitler à la radio hurlait et tempêtait, comme une prostituée furieuse expliquant à son client qu'elle se fiche pas mal de sa carte de crédit.

Je fus alors frappé par une pensée. Je me souvins du soir où j'étais allé à l'Opéra et où le Führer était assis dans la loge royale. J'aurais pu me faufiler dans sa loge comme je l'avais fait quand j'avais tiré sur le président Lincoln dans *Naissance d'une Nation* et que j'avais sauté sur la scène en criant « *Sic Semper Tyrannis!* ». J'aurais été arrêté et exécuté, mais je sais aujourd'hui que j'aurais évité au monde de grandes souffrances et sauvé la vie de millions d'êtres humains.

A mon retour d'Allemagne, M. Hearst me reçut à Saint-Donat, le magnifique château qu'il possédait dans le Pays de Galles. Je fus heureux de retrouver là-bas Churchill, lord Beaverbrook, Marion Davies et Harry Crocker. Ils insistèrent tous pour que je leur raconte mon séjour chez les « boches ».

W. R. fut enchanté par mon histoire de colonnes : « Je suis ravi que vous ayez soulevé la question de ces colonnes grecques, Raoul. C'était la meilleure façon de mettre un terme à toutes ces négociations. » Lord Beaverbrook approuva à son tour : « Pas de colonnes, pas de tableau! »

Après le dîner, Hearst fit un petit discours condamnant à la fois les communistes et les nazis qu'il détestait tout autant. On aurait dit qu'il assemblait ses idées pour écrire un éditorial. « Non seulement ils méprisent les idéaux américains, mais le peuple américain lui-même. Que ce soit les communistes, les fascistes ou les nazis, ce sont tous des rats qui rongent les fondations de la société civilisée. » Hearst dénonça les Américains qui cherchaient à se rallier et à collaborer avec « ces ennemis publics d'un monde libéral » et se demanda pendant combien de temps l'Angleterre et l'Amérique allaient continuer à tolérer l'intolérance. Il réclama la déportation immédiate de tous les agitateurs politiques. « Qu'ils retournent dans leur pays d'origine! Nos pays sont généreux et hospitaliers mais il n'y a pas de place pour les traîtres et les ingrats. »

Churchill et Beaverbrook applaudirent et Harry Crocker en profita pour me faire signe et quitter discrètement la table. Je m'excusai auprès de Marion et allai retrouver Harry dans le vestibule. Il tenait un télégramme à la main.

« Je suis désolé, Raoul! me dit-il. Ce télégramme est arrivé il y a trois jours. Je l'avais mis dans ma poche et je l'avais complètement oublié. »

Les mots tremblaient devant mes yeux : mon père venait de mourir. Mon frère George m'avait câblé la dépêche de New York. Je la tendis à Harry. Après qu'il l'ait lue et m'ait présenté ses condoléances, je le priai de n'en rien dire pour l'instant ni à Marion ni à W. R. « Réservez-moi une place sur le prochain avion pour New York, lui demandai-je. Et ne leur donnez la nouvelle qu'après mon départ. »

Le vol du retour se passa sans incident. Bridget O'Connell, cet impérissable vestige de la vieille Irlande, répondit à mon appel de l'aéroport de New York. Quand je lui demandai de me passer George, elle m'apprit qu'il avait regagné la Floride après l'enterrement. Je dus l'écouter me raconter tous les détails de la mort de Big Tom.

« Ma foi, le cher homme n'a pas souffert. Ça s'est passé pendant son sommeil et personne n'en a rien su jusqu'au matin. » Elle pleurait en me disant qu'il lui avait laissé assez d'argent pour retourner au pays, à County Clare. « Dieu ait son âme, je pourrai encore une fois voir le soleil se lever derrière Slieve Callan avant ma mort. »

Elle me supplia de venir la voir, mais je réalisai que New York, à présent que mon père n'y était plus, n'offrait plus aucun intérêt pour moi. Sans Big Tom, ce n'était à présent qu'une ville comme une autre. Je me fis pardonner par Bridget et envoyai un télégramme à George pour lui dire que j'étais de retour aux Etats-Unis.

Là-dessus, je pris l'avion pour la Californie.

Mon amitié avec Warner

Le jour où je signai mon contrat de sept ans avec Jack Warner, il m'avoua : « J'ai essayé de vous faire quitter la Fox depuis le premier jour où vous y êtes entré. » Je ne me doutais pas alors que ces sept années allaient en réalité durer quelque trente ans.

« Je vous ai rencontré à la Biograph, à New York, vous vous souvenez? Il y a bien longtemps de cela! » me dit-il.

Je me souvenais également de l'époque où les quatre frères Warner avaient plus de 20 millions de dollars de dettes, et comment Jack, grâce à son obstination et à sa persévérance, avait réussi, après un rude combat, à reconstruire leur royaume.

En 1939, Jack était un homme d'affaires sans pareil, un fabricant de talent, qui de plus avait le don d'extraire de Hollywood toutes ses richesses. Il avait chargé Hal Wallis de la production et à eux deux, ils surent sélectionner les scénarios les plus intéressants et choisir les vedettes qui les interpréteraient le mieux. Ce fut l'un des secrets de Jack : trouver le meilleur « véhicule » et s'en servir pour construire une star.

Travailler à la Warner était une aubaine pour un metteur en scène. A cette époque, le studio comptait vingt plateaux sonorisés et ultra-modernes. Il avait une réputation extraordinaire à maintenir. En tant qu'innovateur de films sonores, la compagnie ne recherchait que ce qui était de qualité supérieure. Douze ans avaient passé depuis que le public de la première s'était levé pour applaudir Al Jolson chantant *Mammy*. La liste des acteurs qui démarra avec des noms tels que John Barrymore, Warner Oland, Clara Bow et Mary Astor dans les années vingt-cinq, comprenait à présent Bette Davis, James Cagney, Pat O'Brien, Errol Flynn, Edward G. Robinson, Barbara Stanwyck et beaucoup d'autres acteurs dont le studio pouvait s'enorgueillir

Le premier film que je mis en scène pour la Warner fut *The Roaring Twenties* avec Jimmy Cagney, Humphrey Bogart, Priscilla Lane et Gladys George. Cagney avait joué dans *Sinner's Holiday,* le premier film de la Warner tourné avec le procédé Vitaphone en 1930. Son cachet, qui en 1931 était de 450 dollars par semaine, s'élevait dix ans plus tard à plus de 360 000 dollars.

J'aimais la façon dont le critique Leonard Kirstein résumait les caractéristiques du personnage Cagney : « Personne n'exprime plus clairement en termes visuels, les délices de la violence, les accents de sadisme sous-jacent, la tendance à la destruction et à l'anarchie qui font l'essence même du sex-appeal américain. »

The Roaring Twenties était un film policier, brutal, qui se déroulait en pleine prohibition. Cagney y jouait le rôle d'un soldat de retour de la guerre qui, ne trouvant pas de travail, se lançait dans le trafic de l'alcool. Ce fut le troisième film et le dernier dans lequel Bogart et Cagney jouèrent ensemble. A eux deux, ils faisaient une paire formidable. Quand ils mouraient, le public acceptait leur mort sans sourciller. Je compris vite que si l'on ne devait jamais tuer un Gable, un Flynn, un Cooper ou un Peck, le public et les critiques adoraient voir un Cagney ou un Bogart se faire abattre.

Cagney et moi étions tous deux New-Yorkais d'origine, lui de l'est de la ville, moi de l'ouest. Kipling avait tort... non seulement nous nous rencontrâmes, mais nous devînmes de grands amis. Je devais diriger Jimmy dans trois autres films, et aujourd'hui encore, nous sommes les meilleurs amis du monde.

Mon film suivant pour la Warner s'intitulait *Une femme dangereuse,* avec George Raft, Humphrey Bogart, Ida Lupino, Ann Sheridan et Alan Hale.

Raft m'adressait à nouveau la parole. Il semblait avoir oublié l'incident des *Faubourgs de New York*. Son jeu s'était amélioré depuis le jour où je lui avais dit de sauter du pont de Brooklyn. Il se souvenait mieux de son texte et il s'habillait mieux. Lui aussi était devenu une vedette à part entière.

Bogart n'était pas encore célèbre et ne jouait que les seconds rôles. Mais il commençait déjà à être connu sous le nom de « Bogey le Râleur ». « Je me demande bien comment j'ai pu atterrir dans un métier pareil », aimait-il dire à qui voulait l'entendre. Il jouait au cinéma depuis 1930, année où il était apparu dans un film de la Fox intitulé *A Devil With Women.* Avant cela, il n'avait joué qu'au théâtre *.

Son expérience d'acteur était similaire à celle de John Barrymore; tous deux haïssaient, ou faisaient mine de haïr, tout ce qui se rapportait au cinéma. John maudissait les longues heures de travail et Bogey lui faisait écho : « Ils vous sortent du lit avant le lever du soleil, et vous font trimer jusqu'à son coucher. Au théâtre, je commençais à 8 heures du soir et à 11 heures j'avais terminé. J'avais tout le reste de la soirée et le lendemain pour me distraire et me rattraper sur la bouteille. Travailler dans le cinéma, c'est bon pour les nanas. » Bogart pouvait continuer ainsi indéfiniment!

Au théâtre, il gagnait 250 dollars par semaine, au cinéma, 1 250. Quand j'en avais assez de l'entendre rouspéter, je lui rappelais qu'il ne crachait pas sur le gros chèque qui tombait toutes les semaines, et à cela, il me répondait toujours d'un air mauvais : « C'est la seule chose qui me botte dans ce sale métier! »

Durant le tournage en extérieur de *Une femme dangereuse,* Bogart trouva un autre sujet de récrimination : les parois des chambres de l'hôtel où étaient logés les acteurs étaient trop minces. La chambre de Bogey attenait à celle de l'acteur qui jouait le rôle du shérif. Bogey cracha son venin le lendemain au petit déjeuner : « Je n'ai rien contre un homme qui tire son coup, mais j'estime qu'il y a un temps et lieu pour chaque chose. Je ne sais pas qui se trouvait dans le lit du shérif hier soir, mais j'avais l'impression d'entendre un sacré tremblement de terre. »

Raft et Bogart furent excellents dans leurs rôles de conducteurs de camion, mais la jolie et talentueuse Ida Lupino tira involontairement toute la couverture à elle. La scène dans la salle du tribunal où elle piquait une crise de colère en fit une

* En fait, Bogart avait déjà joué de petits rôles dans *Life* de Travers Vale (1920), dans *Broadway's Like That* de Murray Roth (1930) et dans *Up The River* de John Ford (oct. 1930). (*N.d.T.*).

star du jour au lendemain et lui valut un contrat de sept ans avec la Warner.

Jack Warner m'appela un jour dans son bureau et m'annonça : « L'Irlandais, j'ai une histoire qui est faite pour toi! » Je pris le scénario et en lus le titre. Il s'agissait de *La Grande Evasion* de John Huston.

Warner m'apprit que Raft avait refusé le rôle principal parce qu'il ne voulait pas mourir à la fin du film. Nous bavardâmes pendant un moment puis il me demanda de passer chez Raft. « Va le voir! me dit-il. Il changera peut-être d'avis. »

Je restai deux heures à tenter de convaincre George qu'il allait passer à côté d'un bon film, mais il resta inflexible et me répéta qu'il ne voulait pas mourir.

« Mais il faut que tu meures! essayai-je de lui faire comprendre. C'est le rôle d'un « méchant » qui a tué deux hommes. La censure ne marchera que si on te fait mourir! »

« Dis à Jack Warner de laisser tomber », s'entêta George.

Warner se mit à soupirer quand je lui racontai mon entrevue avec Raft.

« On ne peut pas démarrer, lui dis-je, avant d'avoir trouvé quelqu'un pour le remplacer. Que penses-tu de Bogart, cet acteur de second rôle? Je crois qu'il a assez d'étoffe pour jouer ce personnage de « dur ». »

« Il en est déjà un de dur, du moins en est-il convaincu, me dit Warner en me regardant de haut. On dirait qu'il en veut à tout le monde. Il a même été jusqu'à raconter récemment que j'étais une tapette. Mais si tu veux tenter le coup, vas-y. »

La Warner engagea donc Bogart et lui donna Ida Lupino pour partenaire.

La majeure partie du film se déroulait dans la Sierra Nevada, près du mont Whitney, à environ 3 000 mètres d'altitude. La poursuite en auto (la plus longue que j'aie jamais filmée jusqu'alors) commençait dans le désert et se terminait quand Bogart abandonnait sa voiture et allait se cacher derrière des rochers, très haut dans la montagne. L'heure du déjeuner arrivant, je demandai à Tony Gaudio, le cameraman, d'être prêt à redémarrer dès que nous aurions fini le repas. Puis, après avoir dit à l'accessoiriste de cacher la roulante dès qu'elle arriverait, je grimpai rejoindre ma vedette.

Je trouvai Bogart assis sur le rocher le plus large, transpirant comme un bœuf, exténué, car il n'y avait pas d'ombre, et râlant encore plus que de coutume. Lorsque je lui demandai s'il appréciait les grands espaces, il me répondit que les grands espaces pouvaient aller se faire foutre. « Je les échangerai avec joie contre un salon, une chambre et une salle de bains. Quand on pense à tout ce qu'un acteur doit endurer pour gagner son pain dans ce foutu métier... cet hôtel miteux, minable d'hier soir... »

« Ne me dis pas que les amoureux t'ont encore empêché de dormir! » le taquinai-je.

Il m'ignora et continua à se plaindre, cette fois du petit déjeuner indigeste à son goût qu'on lui avait servi.

Puis il me déclara qu'il avait de nouveau faim. Je retirai mon chapeau et m'éventai le visage; c'était le signal convenu avec l'accessoiriste qui me cria aussitôt d'en bas : « Ils ont oublié d'envoyer la roulante! »

Bogey bondit de son rocher et se remit à vitupérer. « Bordel de merde! Je m'esquinte à grimper jusqu'ici et ils ne sont même pas foutus de me nourrir. Ça, je le dirai au Syndicat... »

Je le laissai gueuler pendant cinq minutes puis, comme nous en étions convenus, l'accessoiriste m'appela de nouveau.

« La roulante vient d'arriver! Les déjeuners sont là! »

Je lui criai de les faire monter.

Sans cesser de rouspéter, Bogey empoigna son plateau de nourriture et jura de plus belle à la vue de son contenu. J'ignorais que c'était la première fois qu'il déjeunait de cette manière.

« Regarde-moi ça! s'écria-t-il en brandissant une banane. Et ce foutu sandwich doit dater de l'année dernière. Qu'est-ce que c'est que ce truc-là? Un cornichon? Et ça, une olive et un beignet... Je me demande comment ils peuvent s'offrir un tel luxe! Bon Dieu, les détenus de la prison de Saint-Quentin sont mieux nourris que ça! »

Malgré son éternel mauvais caractère, Bogart fut superbe. Le public pleura quand il le vit payer les frais d'une opération chirurgicale pour une jeune fille infirme, et trembla pendant le hold-up et la longue poursuite qui s'ensuivit avant sa mort. Cette interprétation valut à Bogart la célébrité; désormais il n'allait plus jamais jouer de seconds rôles.

En lisant tous les éloges que les critiques avaient écrits sur lui, Bogey se contenta de grommeler. Il semblait préoccupé par autre chose, et je crois qu'il maudissait encore Jack Warner de lui avoir envoyé un déjeuner infect.

Cela commençait à faire un bon moment que je tournais film sur film sans m'arrêter. Je fis donc ma valise, sautai dans ma voiture, et pris la route de Lexington (Kentucky) pour assister à la vente des poulains. Il est toujours risqué d'acheter un cheval aussi jeune, mais si j'en trouvais un qui me plaisait, je comptais l'expédier par train à Hollywood Park *.

Je mis quarante-huit heures d'affilée pour me rendre à Lexington. Les ventes commençaient à l'aube. Je fis le tour des poulains, et comme je n'en voyais aucun qui me tentât vraiment, je finis par retourner à l'hôtel.

« Ils ne sont pas fameux, s'pas? » me dit un vieil homme en bottes et en Levis qui m'avait repéré tandis que je gravissais les marches de l'hôtel. « Je vois que vous avez une plaque d'immatriculation de Californie sur votre voiture, monsieur. Si vous êtes acheteur, vous ne trouverez rien de bon ici. Mais j'ai entendu dire qu'il y a un certain Simpson, à Lancaster, qui a un très beau poulain. »

Je m'y rendis le lendemain, regrettant presque mon voyage. Je trouvai la maison de Simpson tout simplement en demandant à des gens où elle se trouvait. Environ trois kilomètres plus loin, je m'engageai dans l'allée d'une ferme blanche et coquette, et sans réfléchir, me mis à klaxonner avec le sans-gêne hollywoodien, au lieu d'aller frapper à la porte. Lorsque celle-ci s'ouvrit, je réalisai immédiatement que mon voyage avait vraiment valu la peine!

Elle était blonde, et de loin la plus jolie fille que j'avais vue de ma vie. Au lieu de m'en vouloir de mon coup de klaxon intempestif, elle me sourit et mon cœur se mit à faire des bonds tandis que je descendais de ma voiture et me présentais.

* Le plus grand hippodrome de Hollywood créé en 1944 par Warner, Walsh et Humphrey Bogart. (*N.d.T.*).

« C'est bien ici! » me dit-elle. Ils sont bleus, pensai-je, en regardant ses yeux! « Je suis Mary Edna », ajouta-t-elle. Puis elle m'indiqua du doigt un bâtiment rouge : « Vous trouverez mon grand-père derrière l'écurie. »

Je m'y rendis et faillis me heurter à un homme de grande taille et de large carrure. Il me jeta un regard, puis se remit à soigner un joli poulain qui avait une profonde blessure à la tête. « Cet idiot s'est pris les pattes dans une clôture », me dit l'homme par-dessus son épaule. Il laissa tomber le chiffon dont il venait de se servir dans un seau de désinfectant et me fit face. « Qu'est-ce que je peux faire pour vous, monsieur? »

Pendant qu'il la soignait, j'avais eu le loisir de bien observer la bête. Pour un poulain si jeune, il avait un large poitrail, le dos bien droit et une croupe puissante. « J'aimerais vous l'acheter », lui répondis-je.

L'homme secoua la tête. « Il risque de perdre un œil. Un cheval borgne ne peut pas courir, si c'est cela que vous avez en tête. Mieux vaut attendre et voir ce qui va se passer. »

Un bon point pour son honnêteté, pensai-je. La plupart des gens du Kentucky vendraient un cheval unijambiste. Mais à présent, j'avais une excuse pour revenir et revoir peut-être ainsi la blonde Mary Edna. La blessure mettrait au moins une semaine pour cicatriser... et beaucoup de choses pouvaient arriver en une semaine.

Nous retournâmes à la ferme et Simpson me fit entrer dans une cuisine de style rustique. « Nous avons de la visite, Mary Edna! annonça-t-il. Mais c'est vrai que tu l'as rencontré avant moi. On prendrait bien un petit café. »

Le vieil homme me demanda d'où je venais. Quand je lui appris que j'étais un Californien d'adoption, il me dit en hochant la tête : « Alors vous avez dû venir pour la vente des poulains!

— Un vieux, à l'hôtel, m'a parlé de votre poulain, lui expliquai-je. Et j'en suis heureux.

— Ça pourrait mettre un bout de temps avant qu'on soit fixé pour son œil. J'ai pas l'intention de vendre un cheval en mauvais état. »

Après nous avoir servi un café, Mary Edna regarda le vieil homme : « Je dois aller à Lancaster faire quelques courses, lui dit-elle. Est-ce que tu as besoin de quelque chose, grand-père? » « Demande donc quand mon dentier sera prêt », lui répondit-il.

J'avalai mon café d'un trait et lui proposai de la conduire. En jetant un coup d'œil rapide autour de la ferme, je n'avais remarqué ni voiture ni camion. « C'est bien aimable à vous! me remercia le grand-père. Dolph a pris la camionnette pour aller faire recharger la batterie de la Ford. Je vous suis bien reconnaissant. » Tout en me demandant qui pouvait être ce « Dolph », j'assurai au vieil homme que je reviendrais le lendemain, et nous montâmes en voiture.

Ma compagne resta muette pendant presque tout le trajet. Elle me fit seulement quelques compliments sur ma voiture et me dit que leur Ford commençait à être vieille et que leur camionnette tombait tout le temps en panne. Quand nous fûmes à quelques kilomètres de la ville, elle me demanda ce que je faisais en Californie. Je lui mentis par habitude. Aucun metteur en scène avec un minimum de bon sens, n'ira dire à une étrangère, si belle soit-elle, ce qu'il fait dans la vie. Cela n'apporte que des ennuis, car toutes les jeunes filles rêvent de devenir des stars.

Je lui « avouai » donc que la voiture appartenait à ma société de Los Angeles. J'en rajoutai en lui expliquant que j'étais vendeur de voitures et que mon patron m'avait envoyé à Lexington pour lui acheter deux poulains. Elle me laissa porter ses achats en protestant un peu, mais je sentais qu'elle était contente que je sois là. J'espérais qu'elle le serait encore davantage par la suite.

« Dolph », je l'appris lorsque nous nous engageâmes dans l'allée de la ferme, était en réalité Adolphe, son grand échalas de frère. Il m'observa attentivement, et je dus passer l'examen avec succès car il me sourit amicalement avant d'aller décharger la voiture. Cependant, je décidai de m'en aller. Il faut savoir ne pas s'imposer.

Ce ne fut qu'au bout d'une semaine que Mary Edna m'appela par mon prénom et me permit de lui tenir la main tandis que nous nous rendions à Lancaster. J'étais le seul homme de la région à savoir aussi bien conduire d'un seul œil et d'une seule main! Comme j'allais tous les jours à la ferme prendre des nouvelles du poulain, je me rendis compte que je devais me déclarer vite avant que la blessure ne soit guérie... et elle était déjà presque cicatrisée!

Je choisis un samedi soir pour inviter Mary Edna, ses sœurs, son grand-père et Adolphe à dîner à Lexington. Un pourboire généreux incita le maître d'hôtel à nous soigner. Au cours de ce repas délicieux, j'en appris long sur la culture du tabac et sur la vie d'autrefois dans cette région.

Comme j'avais amené Mary Edna et sa famille dans ma voiture, cela me permit de les raccompagner et de pouvoir parler en tête à tête avec Mary Edna après qu'ils furent partis se coucher. La nature semblait s'être faite ma complice en créant une nuit romantique. Il y avait un beau clair de lune, une douce brise soufflait à travers les saules, les grillons jouaient des sérénades aux grenouilles et vice versa.

Mary Edna voulut compter des canetons; elle s'agenouilla et en prit quelques-uns dans ses bras. Soudain, je me retrouvai à genoux à ses côtés. Je la pris contre moi, avec ses canards, et lui demandai de m'épouser.

Le lendemain, je fis part de mes sentiments pour Mary Edna à son grand-père.

Je devais retourner sur la Côte. Je voulais emmener Mary Edna avec moi, mais pour cela il fallait obtenir un certificat de mariage et trouver un prêtre sur-le-champ. Le grand-père nous donna sa bénédiction et nous achetâmes le certificat à Lexington. Dans l'après-midi, je garai ma voiture devant une vieille église décrépie. Une Noire, accompagnée de deux petits enfants, y faisait le ménage. Quand je lui demandai où se trouvait le prêtre, elle disparut puis réapparut avec un Noir d'une quarantaine d'années, qui respirait la bonté.

Je savais que Mary Edna n'avait rien contre les Noirs. Elle m'avait parlé d'un médecin noir qui avait été le seul à bien vouloir se déplacer pour sa mère, par une nuit de grande tempête. « Aucun des médecins blancs ne voulut même répondre au téléphone, me dit-elle. Avant que la ligne ne fût coupée, grand-père réussit à joindre celui-là. Il vint à pied de Lancaster et ne quitta pas ma mère jusqu'à ce qu'elle meure. » Quand je lui demandai si cela l'ennuyait d'être mariée par un prêtre noir, elle me répondit : « C'est un homme de Dieu, non? »

C'est ainsi que le révérend Jefferson nous maria et que sa femme fut notre témoin.

Trois jours plus tard, je pris ma femme dans mes bras pour franchir le seuil de la porte de mon ranch à Encino. Je la déposai dans le salon lambrissé et je crois qu'elle s'imagina un moment être dans un hôtel. Puis elle vit sur les murs les photos de toutes les vedettes que j'avais dirigées. « J'en ai vu quelques-uns dans des films, me dit-elle. Sont-ils tous tes amis? »

Félix, le maître d'hôtel, entra à cet instant et la dérouta encore plus en annonçant : « M. Gable, au téléphone, monsieur. »

Je m'excusai auprès de Mary et allai parler à Clark. Il voulait acheter ma maison, comme d'habitude (je le fis attendre encore trois ans, puis finis par la lui vendre). Avant de raccrocher, je l'invitai à passer prendre un verre pour lui présenter quelqu'un qui m'était très cher.

Au moment où je reposais l'écouteur et me retournais, je vis Mary Edna qui me fixait comme si j'avais eu deux têtes. « Tu connais Clark Gable! » me demanda-t-elle tout bas. On aurait cru qu'elle parlait de Dieu en personne.

Ce fut alors que je me décidai. Je la serrai très fort dans mes bras et lui expliquai qu'en réalité je ne vendais pas de voitures d'occasion. Quand je lui avouai que j'étais metteur en scène, elle pencha sa tête blonde et s'exclama : « Oh, Raoul! »

A présent que j'étais démasqué, je m'attendais un peu à ce qu'elle me demande de faire du cinéma. Jusqu'à ce jour, elle ne me l'a jamais demandé.

Les stars et moi

« J'ai deux choses à te dire, me déclara Jack Warner en s'appuyant contre le dossier de son fauteuil et en prenant son air sérieux. Cagney veut que tu le diriges dans *The Strawberry Blonde,* et Ann Sheridan me prend pour Dracula. » Nous avions déjà discuté de ce film et je croyais que la distribution des rôles était réglée. Personne ne m'avait dit que Ann était en mauvais termes avec le studio.

« Après avoir lu le scénario, elle a refusé net, reprit Warner, l'air mécontent. Essaie de lui parler. Sers-toi de ton charme irlandais, peut-être t'écoutera-t-elle. »

Au lieu de m'écouter, Ann se mit à vitupérer. « Tu peux retourner dire à ce vieux tyran que c'est à moi de jouer maintenant. Quand la Twentieth Century a voulu m'engager pour une comédie musicale, il n'a pas voulu me « prêter ». Je lui rends donc la monnaie de sa pièce, et je ne travaillerai pas dans ce foutu film même s'il doublait mon salaire. »

J'essayai de la persuader d'oublier le passé. « Ça peut être un sacré film, Ann, avec toi, Cagney, Olivia de Havilland, Alan Hale, Jack Carson; je suis sûr que ça fera un succès. Et tu joueras le premier rôle. Il paraît que les costumes de la Belle Epoque qu'ils ont créés sont formidables. »

J'aurais aussi bien pu m'adresser à un mur. Je n'avais plus qu'à retourner au studio faire part à Warner de sa réaction. Jack se renfrogna. « Qui pourrait-on trouver pour la remplacer? grommela-t-il. C'était un rôle pour Sheridan et elle le sait. C'est du chantage! »

Avant qu'il ait terminé sa phrase, un nom m'était venu à l'esprit. J'avais vu récemment cette femme dans un film à la Columbia et quelques années auparavant, je l'avais regardée dans son numéro de danse à Caliente. Elle travaillait avec son oncle et ils étaient à l'affiche sous le nom des Cansinos. J'avais parlé d'elle à Winnie Sheehan qui avait envoyé Joe Pincus, un « talent scout * » de la Fox, pour voir ce qu'elle valait. Pincus l'avait engagée. En fait, il délirait sur elle. Mais aussitôt, un imbécile de la Fox l'avait fait jouer dans un film de série B, et depuis elle n'arrivait pas à sortir de cette catégorie. Elle était apparue dans quelques films à la Columbia, mais n'avait jamais eu de premier rôle.

« J'ai la fille qu'il vous faut! » annonçai-je à Warner.

Il parut soulagé. « Qui ça?

— Rita Hayworth.

— Jamais entendu parler d'elle, mais vas-y. »

Quand on a fréquenté assez longtemps le milieu du cinéma, on sait que le succès est souvent une affaire de hasard. Rita Hayworth allait s'en apercevoir quand elle devint une star, du jour au lendemain, en jouant Virginia Brush dans *The Strawberry Blonde.*

Olivia de Havilland et James Cagney furent remarquables. Comme le disait un critique : « ... Ce n'est pas la première fois qu'ils sont excellents, mais cette fois, ils se surpassent. » Lorsque Jimmy (Biff Grimes) sortait de prison après y avoir été envoyé sur de fausses accusations, Olivia (Amy Lind, sa femme) l'attendait dans un parc sur le banc de leurs premières amours. Leurs retrouvailles fut une des scènes les plus émouvantes que j'ai jamais tournées.

Quant au critique du *Times,* il écrivit : « *Strawberry Blonde* est un joyeux voyage dans les années 1900. Cagney incarne un dur au cœur tendre... Mais Rita Hayworth vole toutes les scènes où elle joue avec lui et Olivia de Havilland; c'est elle qui domine le film. »

La guerre ne tue pas seulement des êtres humains, elle permet aussi à des hommes d'affaires ambitieux de devenir millionnaires du jour au lendemain. L'industrie cinématographique ne se porte jamais mieux qu'en ces temps de troubles.

* Employé d'un studio, chargé de découvrir de nouveaux talents. (*N.d.T.*).

Lorsque l'Allemagne envahit la Belgique et les Pays-Bas, la Warner ne perdit pas de temps et me donna à mettre en scène *Sabotage à Berlin,* une comédie réaliste sur la guerre. Errol Flynn, la vedette attitrée du studio, devait ramener un groupe de pilotes américains (Ronald Reagan, Alan Hale et Arthur Kennedy) hors de l'Allemagne nazie après que leur bombardier eut été abattu. Flynn et ses hommes, tout le long de leur route jusqu'en Hollande, où un bateau les attendait pour les conduire en Angleterre, se sortaient de manière cocasse de tous les pièges que leur tendait l'ennemi.

Sabotage à Berlin, sans aucun doute le précurseur de *Hogan's Heroes,* fut l'un des premiers films de guerre à être tourné. Il sortit au bon moment et fut très bien reçu.

Je commençais maintenant à être étiqueté comme un metteur en scène de films où ne figuraient que des hommes. Il y avait en effet peu de place pour une femme dans toutes ces scènes de gangsters tirant à la mitraillette, de Marines prenant une île d'assaut, de shérifs poursuivant des hors-la-loi ou de soldats renégats incendiant une ville. Je fus donc ravi quand *L'Entraîneuse fatale* me donna l'occasion de diriger une grande star : Marlene Dietrich.

Le scénario était adapté d'une pièce de Jerry Wald et de Richard Macauley. Les répliques caustiques et argotiques que se lançaient Raft et Robinson lorsqu'ils se disputaient les faveurs de la patronne du café (Marlene Dietrich) aboutissaient à la scène orageuse au cours de laquelle le réparateur de lignes télégraphiques (Robinson) meurt en tombant du haut d'un pylône, en essayant de tuer son collègue (Raft). Cette peinture réaliste de deux amis tombant amoureux de la même femme et dans laquelle Dietrich domine, fait de *L'Entraîneuse fatale* un film nerveux et violent qui est encore apprécié de nos jours.

Malgré l'excellente critique du *New York Times* sur *Aventures en Birmanie,* l'Angleterre le retira de l'affiche après la première représentation et la presse et la radio britanniques le démolirent. Un journaliste cita la scène où Errol Flynn, debout sur la tombe d'un officier anglais, brandissait le drapeau américain. D'après les Anglais, cette scène laissait entendre que les parachutistes américains, débarqués avant eux, avaient repris tout seuls la Birmanie aux Japonais.

En réalité, le seul but du film était de décrire, sous son jour véritable, le comportement des hommes à la guerre.

Nous tournâmes les scènes de jungle dans une région broussailleuse et marécageuse aux environs d'Orange (New Jersey). Errol était dans ses bons jours, étant donné que lorsqu'il ne tournait pas, il écrivait ses mémoires. Cela lui laissait à peine le temps d'avaler une demi-douzaine de verres, ce qui pour lui équivalait à l'abstinence totale!

La première devait avoir lieu à New York, et le bureau des relations publiques décida d'y envoyer Flynn pour rencontrer les journalistes. Jack Warner me fit venir dans son bureau et me dit de préparer mes valises. « Ecoute, l'Irlandais, commença-t-il, et je savais qu'il était inquiet, car ce n'était qu'alors qu'il se servait de mon surnom, lâcher Flynn tout seul à New York, c'est jouer avec le feu. Il va falloir que tu serves de chaperon à cet imbécile. Si tu ne le surveilles pas, il nous mènera tout droit à la faillite. »

Je ne pus m'empêcher de penser que malgré la vitesse à laquelle Flynn dépensait l'argent de la compagnie, cela prendrait encore pas mal de temps.

La suite de Flynn à l'hôtel Waldorf Towers comprenait un grand salon avec une chambre de chaque côté. Flynn inspecta les lieux puis déclara : « Il faudra bien que ça aille! » Le fait que cela coûtait 100 dollars par jour à la Warner ne l'impressionnait nullement.

Il s'affala dans un fauteuil confortable et me fit un sourire malicieux. Je sentais qu'il allait m'appeler « l'Oncle ». Il avait commencé à me surnommer ainsi chaque fois qu'il voulait me demander un service, puis peu à peu, il en avait pris l'habitude et maintenant m'appelait rarement par mon vrai nom.

« Tu sais, l'Oncle, quand on y réfléchit bien, nous rendons un sacré service à la compagnie en venant ici. Et comme ce sont *eux* qui payent la note, on va en profiter, non? »

Il décrocha le téléphone et un quart d'heure plus tard, on nous apporta de quoi boire : du whisky, du gin, du cognac et deux magnums de champagne dans des seaux à glace! Flynn n'avait qu'une seule éthique : le « beau geste ». Il me confia un jour que lorsqu'il achetait du parfum pour l'offrir, il demandait toujours du Chanel n° 10. « Je n'aime pas que mes femmes ne soient qu'à demi rassurées! » me dit-il.

Comme l'alcool lui avait ouvert l'appétit, il commanda du caviar, des huîtres et une demi-douzaine de bouteilles de Guiness. « C'est bon pour les gonades, m'expliqua-t-il. Et puis surtout j'aime ça. »

Il se rua sur la nourriture, puis me fit un clin d'œil. « Ils me doivent bien ça, l'Oncle, après tout ce qu'ils m'ont fait endurer dans ces marécages de merde. J'ai cru qu'on ne les trouverait jamais ces Japs! »

Après s'être frotté le bout du nez, il alla appeler un de ses amis : Steven Radcliff. La conversation s'acheva sur un : « J'arrive! J'ai un gangster borgne avec moi. Je l'amène aussi. »

Radcliff et Errol avaient l'air de frères jumeaux; du moins l'étaient-ils dans leur façon de dépenser de l'argent. L'appartement de Steven sur la 5e Avenue donnait sur Central Park et comprenait la moitié de la maison qui avait appartenu à Jacob Astor. Il était rempli de jeunes filles nubiles et Flynn en accapara une aussitôt. Comme d'habitude, il choisit la plus jolie et lui fit son grand numéro de charme.

En retournant à l'hôtel, il m'annonça : « L'Oncle, je suis amoureux! » Comme il tombait amoureux environ deux fois par semaine, je n'y prêtai aucune attention. Il appela un fleuriste et lui demanda d'envoyer six douzaines de roses rouges tous les jours de la semaine à son nouvel amour. Il fit mettre les fleurs sur sa note d'hôtel. Là non plus, je ne dis rien. Mais quand il acheta deux caniches à pedigree, 500 dollars pièce, je me dis qu'il était temps d'agir.

« Ecoute, Baron! Je lui pris le récepteur des mains et raccrochai. Je me fiche pas mal de ce que tu fais de tes heures de loisir, et toi et Jack Warner vous pouvez vous engueuler tant que vous voulez à propos de tes notes de frais, mais pour l'amour du ciel, recevons les journalistes. On est venu pour ça, bon sang! »

« Tu as sans doute raison », me répondit-il en prenant un air aussi contrit qu'il le pouvait, c'est-à-dire un mélange de « va-te-faire-foutre » et de « noblesse oblige ». « J'adore rouler les producteurs, tu le sais bien et puis je suis fou de cette adorable garce, l'Oncle, vraiment fou. »

Nous reçûmes la presse le lendemain dans notre suite et Errol répondit aux questions des journalistes avec cette intuition innée qui ne manquait jamais de les séduire. *Aventures en Birmanie* obtint donc d'excellentes critiques et le Baron Flynn se remit à dépenser de plus belle l'argent de la Warner.

Notre mission une fois accomplie, j'abandonnai Flynn et allai rôder dans Manhattan. Je retournai dans tous les endroits qui m'avaient été chers dans mon enfance. La vieille maison de la 48e Rue avait été transformée en appartements bon marché; la forge de Patsy Sullivan n'existait plus depuis longtemps; il n'y avait plus de voiliers sur le canal de l'East River; l'East River et l'Hudson River ne ressemblaient plus qu'à de gigantesques égouts. Ils en avaient jusqu'à l'odeur. Les pêcheurs d'aloses étaient partis ailleurs. Quant à la maison de Riverside Drive où j'étais tombé amoureux de Virginia O'Hanlon et lui avais offert ma médaille en or, c'était à présent un grand building.

Après avoir erré toute la journée dans la ville, je retournai au Waldorf pour y trouver Flynn si ivre qu'il arrivait à peine à parler. En général, c'était lui qui plaquait ses compagnes, mais cette fois, ça avait été le contraire. Lorsque j'entrai, il était en train de boire du cognac au goulot et il m'annonça en me regardant d'un œil vague : « Tonton, je vais me jeter par la fenêtre! »

Je lui ôtai la bouteille des mains, et comme je lui faisais remarquer qu'il était un peu tard pour se suicider, il voulut bien attendre jusqu'au lendemain. « Mais je le ferai, je te le jure! » me dit-il. Il me fit promettre d'aller voir la fille et s'endormit. Comme il ronflait doucement dans son fauteuil, je fus content de pouvoir descendre au bar un moment.

A mon retour, il était tout à fait réveillé. « Tu l'as vue? me demanda-t-il. Qu'est-ce qu'elle t'a dit?

— Elle voulait savoir à quelle heure tu allais sauter pour venir voir le spectacle! »

Et ce fut la fin de la courte idylle de Flynn. Les noms dont il traita la fille ne sont guère publiables!

Nous retournâmes à Hollywood en avion parce que selon Flynn « les trains, c'est bon pour les paysans ». Jack Warner m'invita à déjeuner et me demanda aussitôt à quoi avait servi tout cet argent. « Je t'avais dit de le surveiller, me dit-il. Qu'est-ce que ce pitre a fait de toutes ces fleurs?

— Il est tombé amoureux, lui expliquai-je.

— Bon Dieu! Encore? »

Il réfléchit un instant, puis fronça les sourcils. « Passe encore pour les fleurs et les bonbons, admit-il, mais qu'est-ce que ce crétin a bien pu fabriquer avec ces *deux* caniches? »

Jusqu'à présent, la plupart de mes films pour la Warner avaient eu un budget d'environ un million de dollars. *La Charge fantastique,* qui coûta plus du double, fut une exception. Le scénario était une version romancée de la vie de George Custer qui s'acheva à la bataille de Little Bighorn en 1876. Errol Flynn y jouait le rôle de Custer, Olivia de Havilland celui de sa femme Libby, Sydney Greenstreet celui du général Winfield Scott, et Anthony Quinn celui du chef indien Crazy Horse. Quant à Arthur Kennedy, qui interprétait Sharp, le trafiquant d'armes, il nous fit un « Comanchero » des plus ignobles.

La plupart des westerns donnaient de l'Indien l'image d'un sauvage peinturluré et méchant. Dans *La Charge fantastique,* je m'efforçai de le montrer comme un individu qui n'attaquait que lorsque ses droits, définis par un traité, étaient violés par des Blancs. Le meilleur moment du film se situait après la Guerre civile, lorsque Custer était nommé commandant du Fort Lincoln dans le territoire du Dakota. Tombé en disgrâce, à cause de Sharp qui avait manigancé l'échec de son traité avec les tribus indiennes, Custer était envoyé par le président Grant combattre Crazy Horse et ses hommes.

J'avais du travail sur la planche. L'armée de Custer, le 7ᵉ de cavalerie, comptait 300 hommes. Il me fallait pour cela des figurants qui sachent monter à cheval, mais la Guilde des acteurs n'allait pas me laisser les choisir. Elle tenait à le faire elle-même, et je ne sais pour quelle raison, refusa tous les cowboys professionnels que j'avais en vue. Il en fut de même pour mes 400 « Indiens ».

Le matin du premier jour de tournage, j'observai les « cavaliers » et les « guerriers Peaux-Rouges » essayer d'enfourcher leurs chevaux. En d'autres circonstances, cela m'aurait fait rire... Quelques-uns réussirent à grimper sur le dos de leurs montures, mais la moitié d'entre eux essayaient de monter du mauvais côté et la plupart durent être hissés sur leurs selles.

Voilà les intrépides cavaliers que m'envoyait la Guilde... Malheureusement, je n'avais pas le choix.

Dans la toute première scène, nous eûmes des ennuis. Une quarantaine de « Peaux-Rouges » tombèrent de leur cheval avant d'atteindre la rivière où ils devaient rejoindre le gros des guerriers Sioux. Une douzaine d'hommes furent piétinés et il fallut en envoyer vingt d'urgence à l'hôpital. Une poignée de mes « Indiens » étaient « morts » et jusque-là pas un seul coup de feu n'avait été tiré!

Russ Saunders, mon assistant, appela le studio et lui demanda d'envoyer soixante nouveaux cavaliers pour remplacer ceux qui avaient été blessés. Quelqu'un dut être impressionné par le nombre d'accidents, car nous eûmes droit à tout un hôpital en plein air comprenant deux grandes tentes, des lits, des médecins et des infirmières. Nous étions parés pour aller à la guerre!

Lorsque les cars démarrèrent du studio le lendemain matin à 6 heures, ils étaient suivis par une ambulance.

Cette deuxième journée fut une répétition de la veille, sauf que cette fois, ce fut au tour des hommes du 7e de cavalerie de tomber de cheval. Notre hôpital s'avéra bientôt trop petit et les ambulanciers n'eurent pas un moment de répit.

J'avais envie de mordre quelqu'un! Je n'avais pas encore remplacé mes « Indiens » que ma cavalerie se transformait à vue d'œil en une troupe d'infanterie, incapable même de marcher! J'aurais mieux fait de rester dans mon ranch à Encino, maugréai-je en mon for intérieur, et m'en tenir uniquement à l'élevage de chevaux.

Aucun metteur en scène ne sait ce qui se passe dans la tête de la Guilde. Par bonheur, elle changea d'avis avant que je ne devienne fou. J'obtins soudain tous les bons cowboys que j'aurais dû avoir dès le début. En quittant le studio le lendemain, je fus acclamé par de nombreux cavaliers « de métier » qui avaient travaillé avec moi pendant des années. Nous nous mîmes en route pour le lieu de tournage. Comme la veille, l'ambulance suivait les cars, mais cette fois-ci, il y avait un autre véhicule qui fermait la marche... Antony Quinn avait loué un corbillard!

Cela ne fut pas sans impressionner certains mauvais cavaliers que j'avais encore. Ils sautèrent des cars en marche et retournèrent à pied au studio. Bon débarras! pensai-je, maintenant on va pouvoir travailler.

Comme je l'ai déjà dit, j'aimais commencer un film par les scènes les plus dures. En tête de liste venait celle de la bataille de Little Big Horn où les Sioux prenaient Custer au piège, le tuaient et exterminaient, jusqu'au dernier, tous les hommes du 7e de cavalerie. A présent que j'avais de vrais cavaliers, je pus, dans la même journée, faire massacrer le « boy general » et son régiment et filmer les Indiens en train de se retirer du champ de bataille et de se diriger vers le soleil couchant en chantant leurs chants de victoire.

Ted Sennett, dans *Warner Brothers Presents,* écrivit sur le film ces phrases flatteuses : « Raoul Walsh se surpasse... Avec des caméras alignées qui filment alternativement des gros plans du régiment désespéré de Custer et des Indiens féroces, et des vues panoramiques de l'ensemble de la bataille, Walsh révèle un talent de cinéaste avec lequel seuls Howard Hawks et Michael Curtiz peuvent rivaliser. La mortelle embuscade dans laquelle tombent Custer et ses hommes... égale *La Charge de la brigade légère* de Curtiz. » Un tel compliment me dédommagea largement de tous les ennuis que j'eus avant de pouvoir commencer à tourner.

Le jour où je visionnai le premier montage de *La Charge fantastique* avec Jack Warner, je l'entendis me dire, quand la lumière se ralluma : « C'est un des meilleurs films de Flynn. Si Custer est vraiment mort ainsi, l'histoire devrait l'applaudir. »

Flynn et son agent, Lou Wasserman, entrèrent en trombe dans le bureau de Warner un matin, et quand il en ressortit, Errol était tout sourire. Son salaire avait été doublé. Il passa dans mon bureau m'annoncer la bonne nouvelle.

Il étendit nonchalamment une de ses longues jambes sur le bord de la table et me déclara : « Tonton, je vais m'acheter le plus beau yacht qui ait jamais navigué sur le Pacifique. Quand nous aurons terminé notre prochain film, je t'emmènerai faire le tour du monde. »

Ce soir-là il m'emmena dîner au Mocambo. C'était une boîte de nuit luxueuse sur le Strip, très prisée par les gens de cinéma. Errol commanda du champagne et du caviar pour commencer, puis me fit un grand sourire et se mit à regarder autour de lui.

Quelques couples dansaient au son de l'orchestre. C'est alors que Flynn repéra la commère Hedda Hopper qui portait un de ses fameux chapeaux. Elle dansait, et lorsqu'elle et son partenaire passèrent devant notre table, Flynn me dit tout bas : « Tonton, je vais me venger de cette garce pour le torchon qu'elle a écrit sur moi. »

Il se leva et s'avança sur la piste de danse. Lorsque Hedda passa près de lui, il lui envoya un coup de pied énergique dans le derrière et le fameux chapeau fit un vol plané par-dessus le piano avant d'aller atterrir sur le tapis.

Tout le monde s'arrêta de danser tandis que Hedda portait machinalement la main à son postérieur (sans doute pour s'assurer qu'il en restait quelque chose) et que Flynn, l'air très content de lui, regagnait sa place.

Billy Wilkerson, le patron, se précipita pour calmer le public, puis reconduisit une Hedda sans chapeau à sa table. Je ne sus jamais ce qu'il advint de son danseur. Il avait tout simplement disparu, croyant peut-être que le prochain coup de pied allait être pour lui.

Au cours de l'hiver 1942, le génie autodestructeur de Jack * Barrymore touchait presque à son comble. Les médecins auraient eu du mal à trouver en lui beaucoup d'organes vitaux qui ne soient pas gravement atteints. La mort ne le prit pas par surprise. Ce fut une guerre d'usure. Elle l'attaquait sans cesse pour se retrancher ensuite devant sa vitalité obstinée. Il souffrait de syncopes dont une personne normale ne se serait jamais remise. Le vieux bagarreur luttait de toutes ses forces.

Durant l'une de ces crises qui le clouaient au lit dans sa maison de Tower Road, le peintre John Decker et moi nous demandâmes ce que nous pourrions faire pour lui rendre la vie plus douce. Un cadeau, peut-être? Mais que peut-on offrir à un homme qui a tout, même un foie ravagé? Certainement pas une bouteille de fine Napoléon, et pourtant cette idée me tracassait. Je possédais justement ce trésor, une de ces bouteilles si vieilles et si précieuses qu'elle aurait dû figurer dans la devanture de chez Tiffany. Nous considérâmes les conséquences

* Surnom américain de John. (*N.d.T.*).

médicales et morales d'un tel présent. Après tout, notre ami ne survivait que grâce à sa force de caractère. Un élixir apaisant pouvait se révéler être un rempart temporaire contre la mort. Au pire, il ne pourrait pas lui faire beaucoup plus de mal. Au mieux, il pourrait lui faire du bien.

Decker doutait que l'on arrivât à faire passer la bouteille sans encombre jusqu'au lit de Barrymore. « Il est gardé par une infirmière redoutable qui est un mélange du dragon de saint Georges et de Carrie Nation *, m'expliqua-t-il. Elle a déjà refoulé certains vieux compagnons de beuverie de Jack. Moi, j'ai même été jusqu'à grimper sur une échelle pour atteindre la fenêtre de sa chambre, mais elle l'a repoussée et j'ai failli me casser le cou! » ajouta-t-il en grimaçant de douleur. « Errol, toujours intrépide, a tenté de forcer la porte d'entrée, mais ce grand monstre de femme l'a littéralement soulevé dans ses bras et l'a déposé dans le jardin. C'est vrai qu'en ce moment Errol n'a pas la forme, mais je suis certain qu'elle l'aurait cloué au tapis même s'il avait été dans ses bons jours. »

Je savais que Decker avait souvent tendance à exagérer, mais j'avais déjà recueilli des échos semblables. Je réfléchis donc à la situation toute la nuit, débouchai la vieille bouteille de fine et en bus quelques gorgées pour trouver l'inspiration. Son effet fut magique! Si Napoléon avait eu cette bouteille à Waterloo, nous serions tous Français aujourd'hui. Un plan se dessina dans mon esprit.

Le lendemain, je me présentai à la maison de Tower Road vêtu d'un costume de flanelle sombre que je réservais généralement pour les enterrements. Je portais une serviette à la main dans laquelle j'avais glissé la bouteille de fine enroulée dans des pages de vieux scénarios. Quand le cerbère vint m'ouvrir la porte, je pris l'air austère d'un homme d'affaires, tout en lui faisant un grand numéro de charme. Je m'aperçus immédiatement qu'en effet elle était plus forte que moi. « Je suis Harleigh P. Wigmore, lui annonçai-je. Je suis assureur à la Old Massachusetts Reliable. L'homme d'affaires de M. Barrymore m'a informé qu'il désirait ajouter quelques noms à la liste de ses bénéficiaires. »

* Carrie Amelia Moore (1846-1911), chef de la Ligue antialcoolique américaine. (*N.d.T.*).

Ma déclaration fit son effet! Une lueur d'envie s'alluma dans ses yeux de glace. « Je suis Hattie Shivers, l'infirmière à domicile », m'informa-t-elle d'un petit air modeste.

« Votre nom me dit quelque chose », lui confiai-je. Le tour était joué! Elle m'escorta jusqu'à la chambre du malade et se retira à contrecœur.

Mon ami, étendu sur son lit, l'air défait, me murmura quelques mots de bienvenue, puis me demanda précipitamment : « Pourquoi portes-tu ce costume d'enterrement? Qu'est-ce que ça veut dire? Tu fais des essayages pour mes obsèques? » Je jetai un regard inquiet vers la porte fermée et lui fis signe de se taire. « Je t'ai apporté un petit cadeau », lui dis-je à voix basse. Cependant mes précautions furent inutiles car Barrymore se mit à déclamer un de ses aimables discours : « Ne faites jamais confiance à un Irlandais qui vous apporte des cadeaux... »

Je m'approchai de la porte et sortis la bouteille. Jack la regarda fixement tandis que je lui expliquais ma tactique. « Ingénieux, très ingénieux! murmura-t-il. Je t'assure que cet ogre fait partie de la conspiration des médecins pour sauvegarder la race humaine. Mais ils ne m'auront plus longtemps! »

Il se mit à boire à la bouteille comme un bienheureux, et la perspective de la mort lui parut une gigantesque farce. « Je lègue mon foie à la Smithsonian Institution * pour leurs salles consacrées à la Guerre civile. Il représentera le champ de bataille de Gettysburg après la canonnade. Sid Grauman m'a déjà demandé mes testicules pour les graver dans le ciment de l'entrée du Chinese Theater **. C'est une idée très estimable! Ils ont fait plus de chemin qu'aucune paire de pieds de sa collection! »

Ce fut à ce moment-là que miss Shivers réapparut. Je jouai mon rôle en gribouillant n'importe quoi sur les pages de scénario. « Maintenant, dis-je à Jack, si vous voulez bien mettre vos initiales au bas de la clause E du paragraphe 20... nous n'aurons plus besoin de votre signature que sur la dernière page. »

* Institut scientifique fondé à Washington (1846) en vue de « populariser les connaissances humaines ». (*N.d.T.*).

** Palace construit par Sid Grauman faisant partie de la légende hollywoodienne. A l'entrée se trouvent des empreintes hétéroclites, dans le ciment, de célébrités de Hollywood. (*N.d.T.*).

Barrymore griffonna sur le scénario et envoya un baiser en direction de la harpie pour détourner son attention.

Miss Shivers en fut toute confuse et se mit à glousser nerveusement. « Oh! vous alors, quel charmeur! murmura-t-elle. Je ne suis qu'une vieille sorcière, vous savez. »

« Beau est qui bien fait, entonna Jack. Si seulement j'étais sur pied, je bondirais de ce lit de douleurs et je vous prouverais ma reconnaissance en vous faisant connaître les transports de l'ivresse. »

L'infirmière étouffa de nouveau un petit rire confus et sortit précipitamment de la chambre. Aussitôt Jack se remit à boire à la bouteille. « Tu viens d'assister à ma représentation d'adieu de don Juan! » me dit-il en riant.

Plus on approche de la fin, plus on revient en arrière. Nous parlâmes du bon vieux temps, des bons moments que nous avions passés ensemble et de son ambition de devenir, très jeune, un artiste; de l'époque où il avait travaillé pour Hearst comme dessinateur humoristique et de l'irrésistible attirance de tous les Drew-Barrymore pour la scène et à laquelle il avait succombé malgré lui. Nous parlâmes aussi de la grande époque de Broadway.

Adieu était en effet le seul mot qui convenait... Quelques mois plus tard, après avoir reçu les derniers sacrements de son grand ami le Père John O'Donnell, John Barrymore mourait à l'hôpital de Hollywood.

Errol Flynn m'avait demandé de venir le conseiller sur un cheval qu'il voulait acheter. C'était un beau cheval hongre. Après l'avoir regardé sous toutes les coutures, je découvris qu'il avait un genou enflé. Je déconseillai donc à Errol de l'acheter et nous retournâmes chez lui. Au moment où nous arrivions, nous trouvâmes John Decker dans l'allée. Il nous apprit la triste nouvelle de la mort de Jack Barrymore. « J'ai essayé de joindre Lionel, nous dit-il. Il tourne à Saint-George. Je lui ai envoyé un télégramme. J'étais à l'hôpital avec Jack quand il a pris la route du non-retour. Je me suis arrangé avec les Malloy Brothers pour qu'ils conservent son corps jusqu'au retour de Lionel. Je n'ai pas fermé l'œil depuis deux jours. Je rentre chez moi me coucher. »

Errol et moi entrâmes tristement dans la maison. Errol passa derrière le bar et commença à nous servir à boire. Quand je lui demandai où était Alex, son valet de chambre russe, il me répondit : « Hier, c'était son jour de congé et il a fait la foire. Maintenant, il est en train de récupérer. » Nous nous installâmes dans deux gros fauteuils, face à un large divan où Jack s'était souvent assis pour nous raconter des histoires paillardes sur sa vie au théâtre. « Je le vois encore assis là! » soupira Errol.

Il se leva alors pour aller répondre au téléphone. D'après ce que j'entendais, c'était certainement son avocat qui l'appelait. Errol m'annonça qu'il devait aller signer quelques papiers et me demanda si cela ne m'ennuyait pas de l'attendre pour que nous dînions ensemble. Nous vidâmes un autre verre de cognac, puis Errol me quitta.

Je ne sais pas ce qui me prit... Je saisis l'annuaire téléphonique, cherchai l'adresse des Malloy Brothers et me rendis chez eux. Chemin faisant, je me dis que les Irlandais étaient vraiment un peuple de fous — des nomades qui errent à la surface de la terre. Vous les rencontrerez de par le monde — le poète, le bagarreur et l'ivrogne. Il me semblait que j'étais les trois à la fois!

Dick Malloy fut surpris de me voir. Il avait commencé par être acteur de composition et avait joué dans certains de mes films. Il me demanda ce qu'il pouvait faire pour moi et je lui répondis que j'aurais aimé emmener le corps de Barrymore chez un de ses amis qui était perclus d'arthrite et qui ne pouvait pas venir lui dire adieu. Malloy ouvrit un petit bar et remplit deux verres. « C'est une requête très inhabituelle, me fit-il remarquer. Mais puisque c'est vous, je vous le donne à condition que vous me le rameniez dans une heure. » Après avoir obtenu ma promesse, Malloy me laissa pour aller « habiller » Jack. A nous deux, nous le chargeâmes à l'arrière de ma camionnette et je partis.

En me faufilant entre les voitures, je me demandais ce qui arriverait si un flic m'arrêtait et découvrait que je transportais un cadavre! Arrivé chez Flynn, je courus demander de l'aide à Alex que je trouvai derrière le bar en train de boire de la vodka à la bouteille. Je le priai de m'aider à porter M. Barrymore dans la maison, prétextant qu'il était trop saoul pour marcher. Quand nous l'eûmes installé sur le canapé, Alex s'exclama : « Je n'ai jamais vu M. Barrymore aussi ivre. On dirait qu'il est mort! »

Nous eûmes du mal à l'asseoir bien droit. Alex me redit combien M. Barrymore avait l'air mal en point, mais je lui assurai qu'il était simplement ivre mort. Je le priai alors de servir à boire à mon ami. « Cela pourrait l'aider à revenir à lui », expliquai-je. Alex s'exécuta et posa le verre sur la table basse. Je lui demandai ensuite de faire chauffer du café, ce qui pourrait également faire du bien à M. Barrymore, et Alex disparut dans la cuisine.

En entendant la voiture de Errol se garer, je m'assis dans l'un des fauteuils en face de Jack et essayai de prendre l'air le plus naturel possible. Errol entra, déposa des papiers sur la table, puis vit Barrymore assis sur le canapé. Il poussa un hurlement et se précipita hors de la maison. Je sortis sur le perron et l'aperçus, debout, derrière un gros buisson de lauriers-roses. En me voyant, il se remit à hurler : « Sors-le de cette maison, espèce de fou d'Irlandais, avant que j'aie une crise cardiaque! »

Dans le salon, je trouvai Alex debout devant Jack et lui tendant une tasse de café. Je lui avouai que je ne pensais pas que le café lui serait d'aucun secours, et que nous ferions mieux de l'emmener chez un médecin. En le transportant de la maison à ma camionnette, je vis la tête de Flynn émerger du buisson de lauriers-roses. Je repris le volant et retournai chez les Malloy Brothers.

Pour me racheter de mon horrible tour, je pensai que c'était la moindre des choses d'aider Lionel à s'occuper des préparatifs de l'enterrement. Je choisis l'un des plus beaux costumes de Jack et peignai ses cheveux comme il l'aimait. Spencer Tracy, Clark Gable, Errol Flynn, John Decker et moi accompagnâmes le cercueil jusqu'au caveau. Quand la porte se referma, nous restâmes un moment têtes baissées, puis nous nous éloignâmes lentement.

Mon film suivant fut *Gentleman Jim,* l'histoire de James J. Corbett, l'homme qui devint champion du monde de boxe en battant John L. Sullivan.

Errol Flynn y jouait le rôle principal, Alexis Smith celui de la jeune fille de bonne famille et Ward Bond celui de John L. Sullivan. Ce rôle plaisait à Flynn et il se conduisit correctement tout le long du film. Il s'exerça même assidûment dans le gymnase pour se mettre en forme pour les nombreux combats que nous devions tourner.

Nous utilisâmes le plateau 22, le plus grand du studio, pour filmer le combat de boxe de *La Nouvelle-Orléans*. Le chef opérateur, cherchant à économiser de l'argent sur la figuration, dressa une grande toile de fond sur laquelle il peignit cinq cents spectateurs en train d'assister au match. Mais la Guilde des acteurs eut bientôt vent des personnages peints sur la toile et nous obligea à la retirer et à la remplacer par de vrais figurants. Flynn et Ward Bond se donnèrent tellement à fond dans le combat que les figurants applaudirent pour de bon.

L'une des scènes les plus réussies est celle où William Frawley, le manager de Corbett, donne une soirée triomphale en l'honneur du nouveau champion. En plein milieu de la soirée, John L. Sullivan fait soudain irruption dans la salle, et son apparition provoque un silence de mort. Lorsque, d'un geste hésitant, il ôte son chapeau, la foule des invités l'observe anxieusement, croyant qu'il est venu prendre sa revanche. Gentleman Jim détend alors l'atmosphère en s'adressant à lui avec simplicité.

CORBETT. — Bonjour, John — ça va?

SULLIVAN. — Juste un peu fatigué.

Sullivan baisse les yeux sur le paquet qu'il tient à la main et se met à le défaire. C'est la fameuse ceinture portant l'inscription « Championnat poids-lourds mondial ». La voix de Sullivan est basse et enrouée.

SULLIVAN. — Je l'ai portée longtemps, Jim — prends-en soin.

CORBETT. — Je ferai de mon mieux. La première fois que je t'ai vu combattre, je n'étais qu'un gosse — personne ne t'arrivait à la cheville. Ce soir, j'étais content que tu ne sois pas le Sullivan d'il y a dix ans!

Une expression de surprise se peignit sur le visage déconfit de l'ex-champion.

SULLIVAN. — Tu le penses encore maintenant?

CORBETT. — Ne sois pas idiot. C'est ce que j'ai pensé en montant sur le ring.

SULLIVAN. — Eh bien tu sais Jim, c'est très chouette de ta part de me dire ça. Je ne sais pas ce qui se serait passé il y a dix ans. Si j'étais plus rapide à cette époque — en tout cas aujourd'hui, personne n'est plus rapide que toi. J'avais l'impression de m'attaquer à un fantôme. Et autre chose, ce nom de « Gentleman » qu'on te donne, j'sais pas trop ce que ça veut dire. Tu as peut-être apporté à la boxe quelque chose dont elle avait besoin et que je ne lui ai jamais donné. J'en sais rien. Mais ce que je sais, c'est que si c'est pas facile d'être un bon perdant, c'est encore plus difficile d'être un bon gagnant. Et je sais ce soir que je serre la main d'un nouveau champion et d'un gentleman.

CORBETT. — Merci, John... Quand mon tour viendra, si je pouvais sortir avec la moitié des amis que tu as et avoir la moitié du respect que le monde te porte, je m'estimerais heureux.

SULLIVAN. — Tu peux en être sûr, Jim. On dit déjà qu'un nouvel âge de la boxe a commencé avec toi.

CORBETT. — Peut-être, mais il n'y aura jamais un autre John L. Sullivan.

Sullivan lâche la main de Jim, se retourne et quitte la pièce.

L'année suivante, j'expédiai trois petits films : *Intrigues en Orient, Du sang sur la neige* et *Saboteurs sans gloire*.

Beaucoup de mes films seraient tombés dans l'oubli sans l'aide de ces fidèles héros de cinéma — ces « acteurs et actrices de composition » dont le grand talent m'a aidé dans plus d'un moment difficile :

Walter Brennan, James Gregory, Robert Ryan,
Edward G. Robinson, James Whitmore, Henry Hull,
Raymond Massey, Franck McHugh, Thomas Mitchell,
William Frawley, Dean Jagger, Peter Lorre,
John McIntyre, Agnes Moorehead, Jo Van Fleet,
Judith Anderson, Marjorie Main.

Certains d'entre eux, parmi les hommes, pouvaient rivaliser avec Flynn dans le domaine de la boisson. Un jour, l'un d'eux que je ne nommerai pas, se soûla tant et si bien qu'il fallut le planquer dans un hôtel bon marché et l'enfermer à clé. Mais malgré son isolement, il devenait de plus en plus ivre, et personne ne comprenait où il se procurait de l'alcool, car sa porte était fermée à clé nuit et jour. Un soir, l'infirmier qui lui apportait ses repas et avait la clé de sa chambre sur lui, retourna sur ses pas et aperçut un étranger en train d'appuyer quelque chose contre la serrure. Ce « quelque chose » était en réalité une bouteille de whisky avec une longue paille qu'il avait fait passer à travers le trou de la serrure. Un homme aussi ingénieux ne peut être qu'un bon acteur!

Ce fut à cette époque que les studios et les agents se livrèrent une petite guerre. Mon expérience personnelle avec les agents avait été bonne, mais les studios les considérèrent soudain comme une bande de pirates, et leurs fermèrent leurs portes. Ainsi, lorsqu'il s'agit d'engager des acteurs et de leur signer des contrats, ce furent les studios et non plus leurs agents qui s'en occupèrent.

Cette loi ne toucha pas les agents de longue date comme George Chasen, Art Parks, Herb Brenner, Howard Ruben ou Phil Gersh. Les autres firent preuve d'autant d'ingéniosité que les acteurs de composition. Ils transportèrent leurs échelles, grimpèrent par-dessus les murs et les grilles des studios et firent leur entrée dans les bureaux des producteurs en annonçant : « Nous sommes ici pour représenter nos clients », et portèrent ainsi un rude coup à la ligne de front des studios. Ce furent les agents, finalement, qui gagnèrent la guerre.

Robert Mitchum me fit une grande impression; c'était un acteur né, comme j'en avais rarement rencontré. Il venait des marécages de la Caroline et avait vagabondé à travers le pays sur des trains de marchandises, évitant les écoles avec lesquelles il ne voulait rien avoir à faire. Heureusement pour le public américain, Bob, par un matin ensoleillé, sauta d'un train à Los Angeles et décida d'aller faire un tour à Hollywood. Comme il était très beau garçon, l'un des studios s'en empara.

Dans *La Vallée de la peur,* un western psychologique différent de tous mes autres films, j'eus le plaisir de lui faire jouer le rôle d'un jeune homme traqué par des tueurs qui veulent se venger du crime commis par son père.

Le film était soutenu par les brillantes interprétations de Judith Anderson, qui par son infidélité, était responsable du crime du père, et par celle de Teresa Wright, sa fille très sensible. Nous filmâmes Mitchum en plan large, poursuivi au loin par le fils implacable de Judith (John Rodney) qui, accroupi au sommet de la montagne, attendait que Mitchum fût dans sa ligne de tir pour l'abattre. Ce climax convenait parfaitement à l'atmosphère tendue du film.

Tout Hollywood pleura la disparition de David Wark Griffith qui mourut à l'âge de soixante-dix ans dans la ville qu'il avait contribué à bâtir. Dans la loge maçonnique à laquelle Griffith avait appartenu, Donald Crisp fit l'éloge du grand homme qui avait été le pionnier du cinéma et avait révolutionné cet art en réalisant *Naissance d'une Nation.* Avant de mourir, Griffith avait exprimé le désir d'être enterré dans le petit cimetière de Crestwood, dans le Kentucky, là où il avait passé une grande partie de son enfance.

En 1949, dans un article de *Box Office,* A. H. Miles, le directeur d'un théâtre de la ville d'Eminence (Kentucky), s'éleva fortement contre le manque d'hommages rendu par Hollywood à la mémoire de D. W. Griffith. Il présentait à l'appui une photo de sa tombe abandonnée qui ne portait même pas une plaque à son nom. La Guilde des metteurs en scène décida de se réunir. Comme j'avais travaillé avec Griffith à l'époque de la Biograph, on me désigna pour aller voir sur place ce lamentable état de choses.

Je pris l'avion pour Eminence, où je devais rencontrer Miles. Celui-ci m'assura qu'il ferait son possible pour obtenir de Mrs. Duncan, une parente éloignée de Griffith, l'autorisation de transporter le corps de ce dernier dans un lieu plus approprié. Une fois l'autorisation obtenue, le corps de Griffith reposa auprès de son père et de sa mère. Je fis ensuite venir le beau monument funéraire que les membres de la Guilde avaient choisi pour son repos éternel. Depuis celui-ci se dresse fièrement dans le cimetière de Crestwood.

Quelque temps après, je reçus la lettre suivante : « Monsieur, au nom de la famille de D. W. Griffith, je tiens à vous remercier ainsi que la Guilde des metteurs en scène de votre don. Le monument, les fleurs et la clôture font un petit paysage exquis. Dimanche dernier, cinq cents personnes sont venues voir la tombe. Je n'aurais pu rêver d'un plus magnifique monument. Celui de Will Rogers à Claremore dans l'Oklahoma est le seul que je connaisse de ce genre. Mais l'hommage des cinéastes de Hollywood qui le domine en fait de loin le plus beau. »

Merci encore! Mrs. Griffith Duncan (nièce de D. W.), La Grange.

Coups et contrecoups

Je tournai d'affilée, et en un minimum de temps, quatre films avec, respectivement, Kirk Douglas, Alan Ladd, Robert Mitchum et Robert Stack. Je réussis même à en boucler un cinquième (avec Joel McCrea et Virginia Mayo), grâce à l'aide précieuse de Russ Saunders, mon assistant depuis quinze ans, et à celle de Sid Hickox, le meilleur et le plus rapide cameraman de ma connaissance.

Russ avait le don magique d'établir un plan de tournage qui permettait de venir à bout de cinq à dix pages de scénario par jour. Quant à Hickox, il pouvait filmer tout ce que vous vouliez à condition d'avoir suffisamment de lumière.

Nous commençâmes à tourner le cinquième film, *La Fille du désert,* un western trépidant, à Sedona dans l'Arizona. Je comptais filmer les scènes d'ouverture dans un cañon, à environ vingt kilomètres de la ville. Nous avions donc besoin de camions et la Warner en avait. Je ne prévoyais aucune difficulté, mais comme d'habitude les ennuis vinrent à nous.

Le jour où je m'apprêtai à aller sur le lieu de tournage, Russ entra dans ma chambre d'hôtel en compagnie de deux espèces de brutes. « Si vous avez l'intention d'utiliser vos camions, me dit l'un d'eux, faut pas y compter. » Je me tournai vers Russ qui m'expliqua : « Il paraît qu'on devra utiliser ceux de la Navajo Trucking Company. J'y ai jeté un coup d'œil, ce sont de vrais tas de ferrailles! »

Il était évident que c'était un coup monté, mais je fis mine de marcher. « Combien de camions votre compagnie peut-elle nous fournir?

— Cinq, me répondit l'un des escrocs.

— Nous en avons besoin d'au moins quinze. Il nous en faut six rien que pour les groupes électrogènes, lui dis-je.

— Nous les aurons, m'assura l'autre. Le temps de faire cuire vos patates, et on est de retour. »

Dès qu'ils furent partis, j'appelai Jack Warner pour lui apprendre ce qui se passait et lui annoncer que je partais tourner le film à Gallup, au Nouveau-Mexique. Warner n'était pas homme à se perdre en paroles inutiles. « Envoie-les se faire foutre, me répondit-il. Qu'est-ce que tu attends pour partir? »

Russ, après avoir annulé nos réservations, fit embarquer en vingt minutes toute l'équipe dans les voitures. Avant de partir, je me rendis à la cuisine et demandai au cuisinier une pomme de terre crue que je déposai sur le bureau de la réception. « Donnez ça aux hommes de la Navajo Trucking Company quand ils reviendront », dis-je au réceptionniste, et devant son air intrigué, j'ajoutai : « Dites-leur simplement que je n'ai pas eu le temps de la faire cuire. »

Nous tournâmes *La fille du désert* malgré la chaleur torride, la poussière et une inondation. Dans le *New York Times* le film reçut une bonne critique que je trouvai bien méritée!

Le tournage terminé, Mary et moi nous nous envolâmes pour Acapulco où nous passâmes quelques jours de vacances délicieux.

De retour à Hollywood, j'appris que Flynn recommençait à boire. « Les médecins lui ont dit qu'il était en train de crever ou quelque chose dans ce goût-là, me dit Jack Warner d'un air sombre. Va donc voir ce qui se passe. »

Flynn me devança en me téléphonant le premier. Il avait quelque chose à me dire. Quand je pénétrai dans son gigantesque salon, il commença par nous servir deux verres puis m'annonça que les médecins lui avaient donné à peu près un an encore à vivre.

— C'est l'alcool? demandai-je.

— Pour l'amour du ciel, ne dis pas de bêtises, me répondit-il. Du bon alcool n'a jamais fait de mal à personne. Ce sont mes foutus poumons.

— Qu'est-ce qu'ils ont? Je ne l'avais jamais entendu se plaindre de ses poumons.

— D'après ces charlatans, ils sont plus troués que du gruyère. Ils fuient. C'est pour ça que je tousse.

Personnellement, j'étais plutôt d'avis que sa consommation de cigarettes (environ une centaine par jour) était excessive, mais il n'était pas d'humeur à être contredit. Je lui débitai alors platement la phrase rituelle... De l'ami à qui on avait prédit la même chose il y a soixante ans et qui aujourd'hui allait sur ses quatre-vingt-douze ans...

— L'Oncle, je t'adore! m'interrompit-il, mais laisse tomber. Ecoute d'abord ce que je vais faire. Après, on pourra parler d'autre chose.

— Et qu'est-ce que tu vas faire?

— Je vais profiter de la vie au maximum. S'il ne me reste qu'une année à vivre, je te jure qu'elle sera joyeuse!

Le terme est faible, en l'occurrence, pour décrire ses folies ultérieures. J'entendis dire qu'il se droguait. Il se mit à boire pratiquement deux fois plus et son regard devint vague. Lui qui était toujours si bien habillé avant, ressemblait maintenant parfois à un clochard.

Il se reprit cependant pour jouer dans un film à Pebble Beach. J'appris ce qui s'était passé en revenant d'Arizona. Flynn avait la manie de faire « casquer » ses producteurs. C'était chez lui une espèce de religion et rien, à part l'alcool et les femmes, ne lui procurait plus de plaisir. Il remonta la Côte dans sa voiture personnelle pour se rendre sur le tournage, puis déclara au directeur de la production que le voyage avait achevé ses pneus. Il en acheta aussitôt quatre neufs qu'il mit sur le compte du studio. Puis il courut les magasins et acheta pour 800 dollars de bijoux pour la vedette féminine du film, dépense qu'il fit porter également sur le budget de la Warner.

Le directeur de la production accepta les deux factures tout en se promettant de déduire cette somme du salaire de Flynn à la fin du tournage. Mais Flynn avait un bon agent! Une clause de son contrat stipulait qu'en aucun cas le studio ne pouvait réduire son salaire sans son consentement.

Il se replongea dans ce qu'il appelait la belle vie. Comme il buvait trop et se droguait, il lui arrivait souvent de parler de manière extravagante et d'être incapable de se concentrer plus de deux minutes sur un sujet quelconque. J'assistai, impuissant, à la chute d'un homme que j'aimais comme mon fils, car je savais que ni moi ni personne n'aurions pu l'arrêter.

Je tâchai de rester près de lui le plus souvent possible. J'étais une des rares personnes qu'il acceptait d'écouter. Mais quand il avait absorbé trop d'alcool ou de drogue, il ne me parlait même plus.

Il avait toujours eu une drôle de conception de l'humour. Un après-midi, je m'arrêtai chez lui, mais Alex, son valet de chambre, m'apprit que son maître dormait. J'aimais bien Alex, car je connaissais son dévouement et l'affection sincère qu'il portait à Flynn. Il me confia, visiblement troublé : « M. Walsh, je crois que M. Flynn est devenu fou. La nuit dernière, il a fait quelque chose de terrible.

— Que s'est-il passé?

— Il a invité à dîner quelques producteurs avec leurs femmes... des gens corrects, M. Walsh, pas comme toute cette racaille qu'il a fréquentée ces derniers temps! »

Je devinai qui étaient ces invités pour la plupart. Il y avait encore quelques familles « bien » à Tinsel Town. Flynn, quand il était lui-même, fréquentait toujours les gens de la bonne société. Alex poursuivit :

« ... le dîner s'est déroulé à merveille jusqu'aux entrées. C'est à ce moment que M. Flynn a plutôt étonné ses invités. Il avait gardé en réserve huit filles pour servir les entremets. »

Je hochai la tête. « Des jolies filles, je pense!

— Très jolies... Et elles étaient toutes nues comme des vers, si vous voulez bien me pardonner l'expression », me dit Alex.

A la fin du printemps, Mary et moi eûmes l'agréable surprise d'apprendre par Marion Davies que W. R. nous invitait à nous joindre à lui et à une quinzaine de ses amis pour un voyage au Mexique.

A notre arrivée, nous fûmes accueillis par Bill Dwyer, qui dirigeait le ranch de W. R. Cinq limousines nous conduisirent par des chemins de montagne accidentés jusqu'au Ranch Babicora. Hearst possédait là environ 500 000 hectares, 75 000 têtes de bétail et 1 500 chevaux. Bill Dwyer m'apprit plus tard que W. R. avait offert au gouvernement mexicain quelque 10 000 chevaux pour sa cavalerie. Babicora était impeccablement tenu vingt-quatre heures sur vingt-quatre, au cas où W. R. y viendrait, et, d'après ce qu'il nous dit dans la voiture, il n'y était pas venu depuis plus de vingt ans.

Près de cinq cents Mexicains, jeunes et vieux, femmes et enfants, guitaristes et chanteurs, s'étaient rassemblés pour nous accueillir le long du chemin qui remontait jusqu'à l'immense ranch. Ils se mirent à agiter les bras et à crier quand W. R. descendit de voiture. Hearst avança lentement vers eux et s'arrêta en voyant une douzaine de vieillards se détacher de la foule en joie et venir vers lui. Dwyer expliqua à W. R. que ces hommes étaient présents lors de sa dernière visite à Babicora, il y avait vingt ans de cela. W. R. sourit, serra la main des douze vieillards, puis se tournant vers Dwyer, lui dit que pour célébrer l'événement, il donnait trois jours de congé à tout le monde. L'assemblée commença à applaudir, à brandir d'immenses sombreros et à entonner un chant de bienvenue en l'honneur du maître de Babicora.

Cette énorme propriété comprenait une petite ville pittoresque avec un bazar, une boutique d'apothicaire, une cordonnerie, une forge, un magasin de confection, une entreprise de pompes funèbres et une école attenante à une ravissante petite église qui n'avait pas de cloche dans son clocher.

Un jour que je me promenais dans la petite ville avec W. R., nous rencontrâmes le vieux *padre.* M. Hearst lui demanda comment il faisait pour appeler les fidèles aux offices puisqu'il n'y avait pas de cloche.

« Le Bon Dieu là-haut nous indique l'heure avec le soleil! » répliqua le vieil homme.

Bill Dwyer m'apprit plus tard que W. R. avait commandé une cloche à Chichucheca pour la petite église de Babicora.

« L'amitié et la coopération du Mexique sont aussi importantes pour nous que celles du Canada, me confia W. R. en revenant au ranch. C'est un vaste marché pour les exportateurs américains et il produit beaucoup de denrées précieuses pour nous. »

Je passai les trois jours suivants à cheval, heureux de me retrouver sur une selle. J'avais des chevaux à Encino, mais les pistes là-bas n'avaient rien de comparable aux larges vallées luxuriantes de Babicora.

La troisième nuit, un vent terrible coupa les lignes téléphoniques. Dwyler, qui avait appris que j'étais avec Villa pendant la révolution, me proposa de l'accompagner à Chihuahua, où il allait faire hâter la réparation des lignes et de m'emmener voir la veuve de Pancho.

Deux heures plus tard, nous rangions la voiture devant une jolie maison entourée de grands arbres et d'un jardin fleuri. Dwyler me présenta à la señora Luz Villa et lui dit que j'avais suivi son mari pendant la révolution. Elle nous invita aimablement à nous asseoir et nous proposa une tasse de café. Je lui racontai ma rencontre avec le général à Juárez, le long et dangereux voyage, le tournage des grandes batailles, et comment son mari avait conduit ses hommes à la victoire. Il était bien triste de penser qu'un homme qui avait fait la guerre jusqu'au bout, qui en était sorti sain et sauf, qui s'était retiré dans son ranch pour y mener une vie paisible, était mort assassiné.

Le café terminé, Bill proposa à la señora Villa de m'emmener dans le patio voir la voiture de Pancho. Puis il s'excusa et nous dit qu'il devait se rendre à la Compagnie de téléphone et qu'il me reprendrait au retour.

Nous contemplâmes la voiture du général criblée de balles et la señora me confia avec tristesse : « Pancho repose dans une tombe solitaire à Parall. Le gouvernement ne m'a pas donné la permission de ramener son corps ici, dans le tombeau que j'avais fait construire pour lui dans le cimetière de Chihuahua. Il craignait que cela incite le peuple à faire une autre révolution. » La domestique vint à ce moment avertir la señora que des touristes voulaient voir la voiture. Nous rentrâmes à l'intérieur et j'aperçus la domestique qui récoltait 55 cents pour chaque touriste qui pénétrait dans le patio. Je pris congé de la señora et m'éloignai.

J'attendais sous un arbre l'arrivée de Bill quand un vieux péon, le teint basané, enveloppé dans un châle rayé, un petit sac de cuir à la main, traversa la rue et m'adressa la parole dans un anglais hésitant : « Señor, moi vieil homme, femme à l'hôpital, je n'ai pas d'argent, mes enfants pas à manger. Moi soldat dans la révolution avec Pancho Villa. Lui, bon ami à moi et quand s'en va, me donne son pistolet. » Il fouilla dans son vieux sac, en sortit un revolver et me le présenta. « Señor, me demanda-t-il, peut-être tu aimes acheter arme de Pancho Villa et moi avoir de l'argent pour nourrir mes enfants. » Il contempla le pistolet d'un air triste, l'embrassa et me le tendit. « Je donne à toi pour 25 dollars américains », me dit-il. Je passai l'arme dans ma ceinture et lui donnai l'argent. Il me remercia et repartit tristement.

Sur le trajet du retour, au sortir de la ville, j'exhibai fièrement ma nouvelle acquisition à Bill : « C'est le pistolet de Pancho Villa, je viens de l'acheter! » Bill se mit à rire : « Vous ne l'auriez pas par hasard acheté à un vieux péon enveloppé dans un châle? A mon signe de tête affirmatif, il ajouta : Vous savez, il vend à peu près dix pistolets de Pancho Villa par mois! » Comme nous gagnions la montagne, je jetai l'arme dans les buissons en disant : « Bill, il a monté un sacré numéro, ce vieux. Rien que pour ça, il mériterait un Oscar. Comme le dirait P. T. Barnum, « il y a un imbécile qui naît toutes les minutes sur la terre ». Il m'a vraiment eu, le requin! »

Nous passâmes encore une semaine dans ce paradis, puis vint le jour du départ. Tous les habitants de Babicora, jusqu'aux bébés et aux chiens étaient sortis pour crier « *Vaya con dios* ». Quelques femmes pleuraient en serrant la main de Hearst. J'aperçus le vieux padre murmurer quelques mots à l'oreille d'un jeune garçon qui disparut dans la foule. Au moment où nous allions démarrer, la nouvelle cloche de l'église se mit à carillonner dans les paisibles collines pour nous souhaiter bon voyage. Je ne suis jamais retourné à Babicora.

Si vous demandiez à Jimmy Cagney, aujourd'hui, quel est, à son avis, son meilleur film, il vous répondrait probablement que c'est *L'Enfer est à lui*. J'étais tombé par hasard sur cette histoire de gangsters en lisant des scénarios. Elle fut adaptée par Ivan Goff et Ben Roberts d'après le scénario original de Virginia Kellogg. Dès les premières pages, je sus que c'était un sujet pour Cagney. Il n'y avait que lui pour jouer le rôle de ce paranoïaque hargneux faisant une fixation sur sa mère.

Il interprétait le chef d'une bande de voleurs de trains et de bandits; Virginia Mayo faisait Velma, son impudente et infidèle épouse; Margaret Wicherly, sa vieille mère adorée et possessive; Edmond O'Brien, le policier en civil.

Je n'avais encore jamais dirigé un film avec des scènes aussi éprouvantes. Je devais garder présent à l'esprit que Cody Jarrett n'était pas un tueur ordinaire; c'était aussi un épileptique, incapable de se couler dans un moule quelconque, un grand instable qui pouvait entrer dans des crises de fureur contre la société, et l'instant d'après pleurnicher dans le giron de sa mère. Avec un tel scénario, je devais prendre quelques risques. Je voulais faire une scène où l'on verrait Cagney sur les genoux de sa mère. Même les cameramen se montrèrent sceptiques quand je fis prendre la pose à Cagney et à Wycherly. Mais nous réussîmes la scène grâce au jeu absolument excellent des deux acteurs, et elle fut applaudie par les critiques comme l'une des meilleures du film.

Je savais que je pouvais faire confiance à Cagney. Il avait toujours été facile à diriger. Mais il me stupéfia littéralement dans la scène du réfectoire, qui est probablement l'un des plus remarquables numéros d'acteur qui soit. A table, la nouvelle passe de bouche en bouche que sa mère est morte, et lorsque Cody l'apprend, on le voit se raidir, devenir fou furieux, sauter sur la table, traverser en trombe le réfectoire en hurlant le nom de sa mère, jusqu'à ce que les gardiens parviennent à le maîtriser et le ramènent dans sa cellule.

Nous tournâmes la fin de *L'Enfer est à lui* à Torrance, en Californie. Ce sont des scènes, qui, aujourd'hui encore, bouleversent le public. Cagney, cerné par les gendarmes, grimpe au sommet d'un gigantesque réservoir de gaz et les défie de le prendre vivant. « Je suis le maître du monde, Ma! » hurle-t-il, puis il tire deux coups de feu dans le réservoir, et quand celui-ci explose, disparaît dans le brasier.

Errol Flynn me téléphona un soir pour me demander de passer le voir. Comme il était près de minuit, je me souviens avoir dit à Mary qu'il devait avoir des ennuis pour appeler à une heure aussi tardive, et je partis en hâte de la maison.

En entrant dans la cour de Flynn, je remarquai à la lueur du clair de lune que la pelouse et les lauriers-roses mouraient de soif et que tout semblait à l'abandon.

Un désordre extrême régnait dans le salon où Flynn avait donné de si nombreuses et joyeuses soirées. Des journaux traînaient par terre et les cendriers étaient pleins. Que faisait donc Alex? Flynn m'apprit, en marmonnant, qu'il l'avait quitté. « Tout le monde m'a laissé tomber, sauf toi, l'Oncle, me dit-il. Tu es mon seul ami, le seul qui a toujours été là, c'est pour ça que je t'ai appelé. Pour qu'on puisse pleurer ensemble en se disant adieu. »

Je fus surpris par le changement qui s'était opéré en lui. Amaigri, des cernes noirs sous les yeux, les traits tirés et le teint pâle, c'était le fantôme de Flynn que j'avais devant les yeux. J'en étais malade.

Il nous servit à boire et reprit : « Si j'avais suivi ton conseil, je ne serais pas obligé de quitter le pays cette nuit. Le gouvernement prétend que je lui dois plus de 75 000 dollars. Il a déjà fait une saisie sur la maison, mais je ne lui laisserai pas avoir mon yacht. Il est mouillé à Ensenada. Je vais y aller dans un moment, et ensuite je partirai, Dieu sait pour où. C'est tout ce qu'il me reste, l'Oncle. Souhaite-moi bonne chance. »

Je fis tout pour le dissuader de partir, mais il ne voulut rien entendre. L'idée de le saouler à mort me traversa l'esprit, mais je l'écartai, car le temps d'en arriver là, je risquais moi-même d'être empoisonné par l'alcool.

« Tu as vu bien pire, lui dis-je. En deux films, tu auras réglé tes impôts. Tu ne peux pas t'enfuir comme ça! »

Il devint agressif et se mit à incendier le monde entier. Puis il se calma un peu, essaya un de ses vieux sourires et haussa les épaules : « Je suis malade, l'Oncle. Mes poumons sont fichus et les toubibs ont déclaré que mon foie était pourri. Alors, qu'est-ce ça peut bien faire l'endroit où je vais crever! »

Il vida son verre et me demanda de l'aider à faire ses bagages. « Il n'y a plus que nous pour nous en occuper », constata-t-il.

Quelques instants plus tard, il installa ses valises dans le coffre de sa Bentley. Puis il me serra contre lui et me dit : « *Adiós* l'Oncle, ça a été bien. »

Je le regardai s'éloigner en pleurant d'un seul œil. Je ne le revis jamais.

Après un film de guerre, un western et un film de gangsters, je me retrouvai tout à coup en pleine « Royal Navy » avec *Capitaine sans peur,* qui réunissait Gregory Peck et Virginia Mayo.

Nous passâmes environ trois semaines dans les studios de la Warner à Londres pour tourner les scènes d'intérieur. C'est là que nous construisîmes, sur leur plus grand plateau, une frégate de l'époque de Nelson, armée de quarante canons.

Nous nous rendîmes ensuite en France, à Villefranche, pour les scènes de mer. Je ne savais vraiment pas où trouver des vaisseaux d'époque pour représenter l'escadre française que Hornblower, après avoir dévasté les ports américano-espagnols du littoral Pacifique, devait attaquer seul en attendant l'arrivée du reste de la flotte britannique.

René Dubois, mon assistant, me demanda alors s'il pouvait aller à Marseille. Il prit la vedette de la compagnie et revint, l'air triomphant pour m'annoncer que lui, René Dubois, avait résolu notre problème. Il ne réclama pas d'augmentation de salaire, et pourtant, après l'avoir entendu, je lui en aurais volontiers accordé une.

« Il y a de vieux bateaux mouillés autour de l'île d'If qu'on pourrait avoir si on arrivait à les remorquer. Je connais un armateur sur la Canebière qui est très habile. Combien voulez-vous en acheter? »

C'est ainsi que nous acquîmes notre escadre ennemie. L'ami de René engagea une vingtaine de charpentiers pour retaper quatre schooners que j'achetai pour trois fois rien. En moins d'une semaine, nous eûmes les canons et même les faux sabords et les ancres caponnées.

La frégate de Hornblower devait être une réplique aussi fidèle que possible de la maquette qui se trouvait au studio de Denham. Je comparai les agrandissements de celle-ci avec le travail de nos très habiles bricoleurs. Finalement, nous obtînmes une imitation assez fidèle, d'autant plus que les scènes de mer seraient nécessairement filmées en plans lointains et ne montreraient que les manœuvres de position et les dégâts subis par la frégate au fur et à mesure que l'ennemi la prenait d'assaut. Les gros plans, nous les avions déjà tournés à Londres.

Peck se battait contre l'ennemi jusqu'au naufrage de son bateau et un grand nombre d'hommes courageux mouraient pour la joyeuse Angleterre et « la belle France ». Nous reçûmes un bon accueil de la critique et les résultats du box-office furent excellents.

Il y eut une scène que nous n'arrivâmes jamais à tourner. Je voulais avoir quelques plans de raccord de châteaux et de forteresses pour les placer en début de film, au moment où Hornblower houspillait le roi d'Espagne à Lima et à Valparaiso.

J'indiquai à Peck comment amener le bateau de côté afin que nous puissions le prendre contre les bâtiments à terre.

C'est alors qu'une jeune fille apparut au balcon d'une des maisons qui bordaient le rivage, et se mit à nous regarder manœuvrer. Aux sifflements de l'équipage basque, je réalisai que la jolie demoiselle avait oublié de s'habiller. Je regardai Peck qui me sourit et leva les bras au ciel dans un geste d'impuissance. Les marins furent incapables d'accoster, car chacun se voyait déjà sur le balcon en train de faire l'amour avec la fille.

Je passai mon microphone à Dubois qui lui cria en français d'aller se mettre quelque chose sur le dos si elle voulait nous regarder. Elle rentra aussitôt à l'intérieur et nous retournâmes orienter les voiles pour une nouvelle manœuvre. La fille réapparut alors vêtue en tout et pour tout d'un immense chapeau.

Les hommes commencèrent à grimper aux mâts comme des singes et oublièrent de carguer le hunier, si bien que nous allâmes heurter le dock par le travers et débarquâmes presque dans la rue principale de Villefranche. Tandis que je me relevais sur le pont, je vis la fille agiter les bras et crier. Il ne me resta plus qu'à envoyer Dubois voir la demoiselle pour la persuader avec un peu d'argent de rester à l'intérieur, du moins jusqu'à ce que nous ayons amarré le bateau. Dubois prit une petite somme, réquisitionna la vedette, et on ne le vit plus avant le lendemain matin!

La santé de W. R. Hearst s'altérait depuis le printemps 1951. Il avait fêté son 88ᵉ anniversaire quelques mois auparavant quand je reçus un coup de téléphone de Rose Davies, la sœur de Marion, me demandant de passer à la maison de Beverly Hill. Marion, en effet, avait jugé préférable d'installer Hearst là où il serait le mieux et le plus vite soigné.

Je trouvai Marion complètement effondrée. « C'est sa jambe, Rockaway, me dit-elle en pleurant. Les médecins disent qu'il a la gangrène et ils veulent l'amputer. S'il te plaît, empêche-les de faire ça. Oh, je t'en prie! »

Installé dans une des chambres du haut, l'homme massif et robuste que j'avais connu semblait à présent perdu dans un gros fauteuil. Je lui pris la main, surpris de sa fragilité. Je n'avais plus devant moi que l'ombre de cet hôte si accueillant, qui avait reçu tant d'amis et tant de célébrités dans son domaine féodal.

« C'est gentil d'être venu, Raoul, me dit-il faiblement. Les seules visites que je reçois sont celles des médecins qui viennent me faire des piqûres. »

Marion essaya de garder à la conversation un ton enjoué, mais visiblement W. R. n'écoutait qu'à moitié. Elle finit par regarder sa montre et partit appeler l'infirmière.

Lorsque nous fûmes seuls, je dis à Hearst que Marion craignait une éventuelle amputation. Il parut s'éveiller et secoua la tête. « Il n'en est pas question, pas question. Dès que j'aurai retrouvé mes forces, je retourne à San Simeon. J'étouffe ici. »

Il mourut deux jours plus tard.

Pendant longtemps, je n'arrivai pas à imaginer que mon vieil ami n'était plus là, en train de préparer son prochain anniversaire et de me taquiner en me demandant quel genre de rêves j'avais fait dans l'immense lit de Napoléon.

Inutile de se demander pour qui sonna le glas quand il s'en alla. Il sonna pour moi.

Je n'ai jamais rencontré un type aussi bien que Gary Cooper, ni de meilleur ami. Nous avions souvent pêché la truite dans les lacs de la Sierra, nous nous étions cachés sur le Sacramento, par les froids matins d'hiver, pour surveiller le vol des oies et des canards qui émigraient du Canada vers le Sud. Et voilà que nous nous retrouvions à nouveau pour le tournage des *Aventures du capitaine Wyatt.*

Cooper interprétait le rôle d'un éclaireur de l'armée américaine en guerre contre les Indiens Séminoles. Nous allâmes tourner le film dans les Everglades de Floride.

Avant de quitter Hollywood, le syndicat de Chicago nous obligea à engager un cameraman supplémentaire, un de ses membres nous menaçant sinon de nous interdire tout tournage en Floride. Nous étions coincés et ils le savaient. C'est ainsi qu'en plus de Sid Hickox, mon cameraman, nous fûmes obligés d'embaucher un autre cameraman. Quant au syndicat de New York, alors que nous avions déjà deux maquilleurs, il nous força à en prendre encore un autre.

L'opérateur de Chicago, qui touchait 750 dollars par semaine, s'avéra être un photographe de *Newsweek,* qui ne s'était jamais servi d'une caméra Technicolor. Il se tourna donc les pouces pendant les six semaines de tournage, dévoré par les moustiques et payé pour ne rien faire.

A cette époque, en Californie, on payait généralement les maquilleurs 275 dollars par semaine. Le syndicat de New York réclama et obtint qu'on payât ses membres 400 dollars, plus un repas chaud chaque jour, sous peine d'un dédommagement. Comme nous tournâmes la plupart des scènes dans les marais, tous les autres membres de l'équipe se débrouillèrent avec leur plateau de repas froid et le pantin de New York reçut son dédommagement. Ce fut la seule et unique fois où je vis un maquilleur gagner 400 dollars par semaine pour aller à la pêche.

La faune des Everglades n'aimait pas beaucoup l'équipe caméra. Pourtant Sid Hickox jura qu'il avait presque réussi à placer sa caméra sur un alligator. Je fus obligé d'engager des gens du pays pour nous débarrasser des serpents à sonnettes inamicaux et des mocassins d'eau. Les habitants étaient ravis, car en plus de l'argent qu'ils recevaient du studio, ils gardaient tous les serpents qu'ils tuaient ou capturaient. Ils les mettaient vivants dans des sacs et les emmenaient au laboratoire Fish & Game où l'on extrayait leur venin. Puis on les tuait dans une conserverie et les découpait en tranches prêtes à être vendues comme une spécialité gastronomique de la Floride. Quant aux peaux, elles étaient vendues aussi pour la fabrication des ceintures ou des rubans de chapeaux. Jamais les hommes des marais n'avaient eu la vic si belle!

Cooper et les autres acteurs jouèrent brillamment. Pour compenser l'hostilité de la faune, le soleil nous permit de terminer le film dans les temps et la plupart des critiques assurèrent que le paysage à lui seul valait le billet d'entrée.

Cooper, qui se plaignait d'avoir donné des litres de son sang précieux aux moustiques et aux sangsues, rentra à Hollywood avec une peau de serpent qu'il prétendait avoir arraché dans un accès de rage à son propriétaire.

Les stars et les agents de Hollywood tinrent un concile. Il en résulta une montée en flèche des salaires, qui atteignirent des prix démentiels. On devait payer des acteurs comme Elizabeth Taylor et Richard Burton un million de dollars pour quelque trois mois de travail.

Ce fut probablement le coup le plus rude qui fût porté à l'industrie cinématographique. Il devint dès lors impossible financièrement de construire de grands décors et de nombreux extérieurs durent être éliminés. On fut obligé de n'engager que des acteurs de second plan dont les salaires étaient bas. On réduisit l'embauche des figurants de 75 %. Tout le monde souffrit de cet état de choses, sauf les stars. Les syndicats devinrent féroces et les électros se mirent à montrer les dents.

C'est ainsi qu'un jour, dans une scène que je tournais avec Rock Hudson et Yvonne de Carlo, je voulais que le rideau d'une fenêtre derrière eux bougeât. J'envoyai l'accessoiriste chercher un petit ventilateur électrique et lui demandai de le brancher. Il secoua la tête et me déclara qu'il ne pouvait pas faire cela. Quand je lui répondis que je le brancherais moi-même, il préféra m'avertir : « M. Walsh, si vous faites ça, tous les électros quitteront le plateau. » Je terminai la scène et le rideau resta donc immobile.

Les producteurs finirent par réagir. Par contrecoup, Hollywood produisit moins de films et se tourna vers des cieux plus cléments. On découvrit qu'on pouvait réaliser des films à moitié prix en Angleterre, en France, en Espagne, en Italie, au Mexique.

On était en 1951 et l'exode continue...

Tous les studios réduisaient leurs budgets, et à cause des syndicats et des salaires exorbitants, on tournait la plupart des films en vingt-huit jours et même moins.

Telle était la situation lorsque Jack Warner acheta les droits d'adaptation du célèbre roman de Leon Uris : *Battle Cry,* et me donna le scénario.

Je n'eus aucune difficulté à réaliser *Le Cri de la victoire,* car le commandant des Corps de Marines, apparemment impressionné par la grandeur du sujet, nous prêta tous les chars, camions et embarcations de débarquement dont nous avions besoin et mit en outre à ma disposition plusieurs compagnies de Marines basées à l'est de Porto Rico.

Lorsque nous eûmes terminé le film au camp de Pendleton en Californie, le commandant nous envoya ses félicitations et exprima la conviction que *Le Cri de la victoire* ferait augmenter les enrôlements dans les Corps de Marines.

J'appris un soir par la radio que Sammy Davis, Jr. venait de perdre un œil dans un accident de voiture à San Bernardino County, près de Covina. Comme il m'était arrivé la même chose, je résolus d'aller lui rendre visite pour lui raconter comment je m'étais débrouillé avec un seul œil. Une heure plus tard, je roulais à petite allure sur Foothill Road, dans un brouillard assez dense.

Je m'arrêtai dans un bar sur le bord de la route. Deux individus à la mine patibulaire étaient assis à une table et un troisième était accoudé au bar. Ce dernier, lorsque je demandai au barman dans quel hôpital se trouvait Sammy Davis, me demanda si je comptais aller le voir. A ma réponse affirmative, il se mit à crier en direction des deux autres : « Eh, les amis, en voilà un qui aime les nègres! » Mon sang ne fit qu'un tour; je lui envoyai mon poing dans la figure et son nez se mit à saigner. Il me servit alors un punch solide que j'esquivai et je l'envoyai à terre de deux droits dans la mâchoire.

Avant même d'avoir pu faire ouf, ses deux copains me sautèrent dessus, me jetèrent à terre et se mirent à me tabasser. Mais j'entendis le barman sortir de son comptoir, armé d'un fusil. « Foutez le camp, salopards, avant que je vous flingue! » hurla-t-il. Voyant qu'il ne plaisantait pas, ils ramassèrent en hâte leur ami et se dirigèrent vers la porte.

Je me relevai en chancelant et demandai son fusil au barman. « Sûrement pas, bon sang! cria-t-il. Un coup de feu dans le bistrot et je perds ma licence. » Juste après lui avoir expliqué que je voulais seulement leur faire peur, on entendit démarrer une voiture et le barman me dit d'un air soulagé : « Pas la peine, ils sont partis. »

J'étais blessé à la tête et je saignais. Le barman me fit asseoir et partit chercher une serviette propre pour nettoyer la blessure. Il constata qu'il n'y avait pas besoin de points de suture et me pria de garder la serviette sur la tête. Puis il sortit une bouteille de cognac de derrière le comptoir et remplit deux verres en me disant : « Je n'avais jamais vu ces hommes. C'était des étrangers. Mais, monsieur, si vous comptez aller à l'hôpital avec ce brouillard, ça m'étonnerait que vous le trouviez. » Je suivis donc son conseil, pris ma voiture et rentrai chez moi.

Tout cela est arrivé il y a vingt ans et je n'ai jamais rencontré Sammy Davis, Jr.

Certaines personnes prétendent que Jack Warner est extrêmement avare. Pour ma part, je ne l'ai jamais constaté. En fait, il me gratifia de deux fortes primes pour des films que j'avais tournés en dessous du budget prévu, et en une année j'eus droit à trois augmentations de salaire.

Il me « prêta » à la Twentieth Century-Fox pour tourner *Les Implacables,* interprété par Jane Russell et Clark Gable. Clark, tout comme Gary Cooper, adorait les grands espaces et, au début de l'été, il aimait m'accompagner à la chasse au puma, avec une meute de chiens, dans les montagnes de l'Utah. C'était un merveilleux compagnon de randonnée.

Nous avions besoin dans le film d'un immense troupeau de bœufs à longues cornes, et comme il n'y en avait pas de cette sorte aux Etats-Unis, nous dûmes aller tourner au Mexique. Deux semaines avant de démarrer, je m'envolai pour Durango que je connaissais déjà pour y avoir accompagné Villa quarante ans auparavant. A l'époque où Pancho y avait fait fuir les fédéraux et libéré les prisonniers, ce n'était qu'un village. Aujourd'hui, c'était une grande ville aux rues pavées, bordées de hauts buildings, d'arbres et de parcs fleuris. Il y avait aux alentours de Durango, disait-on, plus de bêtes à longues cornes qu'à tout autre endroit au nord de la frontière.

Ce fut Carlos, le gendre du gouverneur, qui vint à mon secours. Très populaire parmi les éleveurs de bétail, adorant le cinéma et pratiquant l'anglais, il me permit de passer des contrats avec plusieurs propriétaires de ranch pour rassembler un troupeau, et me demanda dix jours pour engager des cavaliers. Pendant ce temps-là, je louai une maison pour Gable et moi, non loin de l'endroit où j'avais tourné la « bataille » entre les hommes de Villa et les fédéraux, à l'entrée de la ville. Les tranchées avaient disparu depuis longtemps, mais les souvenirs demeuraient.

Nous tournions depuis une semaine quand je vis débarquer, un matin de bonne heure, un individu moustachu, un revolver sur la hanche, qui se présenta comme le chef d'une association d'éleveurs. Sentant qu'il y avait des ennuis dans l'air, je demandai à un ami de Carlos de me dire ce dont il s'agissait.

« C'est Rodrigo Diaz, murmura-t-il. Ce n'est pas un type commode. »

Diaz attaqua : « Vous n'avez pas payé assez pour le troupeau, gronda-t-il. On veut plus! » Il fit le geste de froisser des billets entre le pouce et l'index.

Carlos, que j'avais fait envoyer chercher, arriva dans un nuage de poussière. Mis au courant de l'affaire, il rétorqua d'un ton sec : « Nous avons un contrat. Je vais lui dire deux mots à ce *chingado!* » et là-dessus, il se dirigea vers Diaz et lui parla rapidement en espagnol. Ce dernier se contenta de hausser les épaules en secouant la tête. Carlos, mon protecteur, bondit alors dans sa voiture, démarra dans un nuage de poussière deux fois plus gros et revint peu après au volant d'un camion rempli de soldats.

Ce fut la fin de l'incident. Les soldats, après avoir débarrassé Diaz de son fusil, le poussèrent dans le camion. « Vous pouvez y aller, maintenant, M. Walsh! m'assura Carlos en souriant. Mais je vous conseille de quitter la ville dès que vous aurez terminé le film! »

Jane Russell gagna l'affection de tous les enfants de Durango entre dix et douze ans en louant toutes les charrettes de glace de la ville et en conduisant les heureux marchands dans la cour de la plus grande école mixte. Un jour, Carlos en la regardant, soupira : « Voilà une femme qui a un cœur d'or. » Comme tous les hommes qui l'entouraient, Carlos était amoureux de Jane et il n'essayait pas de s'en cacher.

Je flânai un soir sur la plazza lorsque je vis deux jeunes garçons en train de s'amuser avec une mouffette apprivoisée. L'un d'eux, qui parlait un peu l'anglais, me fit comprendre que c'était une mouffette désodorisée et me demanda si je voulais l'acheter. Je fis signe que non et lui dis que je préférerais la lui louer.

Arrivé à la maison que je partageai avec Gable, j'entrai sur la pointe des pieds et déposai le petit animal dans le salon. Il se dirigea droit vers la chambre où Clark se reposait. La réaction de ce dernier fut immédiate : « Skipper! Mais où donc es-tu passé? Il y a une mouffette dans ma chambre! »

« Tu divagues! lui criai-je du salon. Tu es saoul ou quoi? »

« Saoul, tu parles! Cette foutue bestiole est en train de grimper dans mon lit! »

Reprenant mon sérieux, j'entrai dans sa chambre. « Ah oui! c'est une mouffette, en effet. Sors tout doucement de ton lit, Clark! Mets-toi contre le mur et siffle, ça les effraie! »

La mouffette vagabondait joyeusement sur la couverture brodée, s'arrêtant de temps en temps pour renifler et cligner des yeux. Gable, pétrifié, le dos au mur, sifflait l'air de *Old Man River,* en improvisant nerveusement.

La mouffette, sans doute attirée par la mélodie, glissa du lit et se dirigea vers son hôte dégoûté.

« Continue, Clark, ne t'arrête pas, quoi qu'il arrive! » lui dis-je en prenant l'animal par le cou tandis que Gable entonnait *If I love you.* Je fis exprès de tourner le postérieur de la mouffette vers le mur.

Clark, indigné, me supplia : « Ne mets pas son cul sous mon nez! Tourne-le dans l'autre sens avant qu'elle se mette à péter! »

J'obéis lentement en m'efforçant de ne pas éclater de rire. Tenant la mouffette par le cou avec des précautions excessives, je me dirigeai vers la porte. « Ça a marché! dis-je à Clark par-dessus mon épaule. Je vais la lâcher dans le jardin. »

« Mets-la dans un avion, sinon cette petite horreur va encore rappliquer! » hurla-t-il.

Le lendemain, il raconta à qui voulait l'entendre que j'avais attrapé une mouffette à mains nues et il jura que lui n'aurait pas touché à cette infection pour un million de dollars.

Un temps pour rire, un temps pour pleurer

La mort d'Humphrey Bogart en 1957 prit Hollywood par surprise.

Trois jours plus tôt, j'étais passé le voir pour le plaisir de l'entendre râler sur le cinéma. Il m'avait paru aussi intolérant et irascible que d'ordinaire et rien ne laissait soupçonner qu'il était malade.

« Que veux-tu que je te dise? grogna-t-il. Que je raffole de ces heures de travail interminables et de ces metteurs en scène mal embouchés qui vous font retourner des scènes qu'ils vous ont mal indiquées au départ?

— C'est un métier qui rapporte, non? lui fis-je remarquer.

— Le proxénétisme aussi! répliqua-t-il. Et un maquereau choisit ses heures de travail, lui! »

Il rit de sa comparaison et ajouta : « Tu sais, je ne t'ai jamais tout à fait pardonné de m'avoir fait crever de faim sur cette montagne, pendant le tournage de *La Grande Evasion*. C'était vraiment salaud! »

Pourtant, je ne sais pas pourquoi, j'eus l'impression qu'il ne voulait pas que je m'en aille. Naturellement, je me suis demandé par la suite s'il avait eu le pressentiment qu'il allait mourir. En lui souhaitant une bonne nuit, je ne me doutais vraiment pas que je ne le reverrais plus.

Si Bogey a rencontré saint Pierre, ce dont certaines personnes ne semblent pas convaincues, il l'a probablement remis à sa place. J'imagine la conversation : « Maintenant, écoutez-moi bien, Pierre. Les hôpitaux et les médecins m'ont pris la moitié de mon argent et l'entrepreneur des pompes funèbres m'a volé le reste. Le voyage pour monter jusqu'ici coûte diablement cher. Alors, je suppose que vous voudrez bien me garder avec les autres acteurs sur le nuage n° 9. »

A Hollywood, les gens superstitieux prétendent que lorsqu'un homme meurt, deux autres le suivent peu après. Je jouais sur la pelouse avec mes chiens, quand je reçus un appel en provenance de Seattle. « Un journaliste désire te parler », vint me dire Mary.

C'était un correspondant de *Life* et il alla droit au but. « M. Walsh, votre ami Errol Flynn vient de mourir. Quand je l'ai interviewé il y a quelques jours, il a tellement parlé de vous que j'ai pensé que vous deviez être le premier prévenu. »

Que faire quand un ami disparaît? Je m'étais déjà posé la question à la mort de Bogey. Il n'y a rien à faire. On est triste, on dépoussière ses souvenirs et on appelle le fleuriste.

Je me rappelai Flynn amoureux pendant son séjour à New York; je me rappelai Flynn m'annonçant que les médecins ne lui donnaient que peu de temps à vivre; je me rappelai surtout ses paroles : « L'Oncle, tu es le seul ami qu'il me reste. »

En raccrochant, je l'entendais encore. « Si je n'ai plus qu'une année à vivre, qu'elle soit joyeuse! » Douze ans s'étaient écoulés depuis, douze années de fête ininterrompue, sauf lorsqu'il avait des démêlés avec ses créanciers. Fidèle à son personnage, il mena grand train jusqu'à la fin. Et voilà qu'il n'était plus. Il ne m'appellerait jamais plus « l'Oncle ».

Patrice Wymore, sa ravissante épouse, fidèle et délaissée, lui fit un enterrement simple et discret. Seuls y assistèrent ses amis les plus proches. En écoutant le service funèbre à Forest Lawn, je revoyais Errol, affalé dans sa position favorite, une jambe par-dessus le bras de son fauteuil et tendant son verre de vin vers la lumière. Il ne plaisantait qu'à demi quand il m'avait dit : « L'Oncle, quand je casserai ma pipe, je veux être enterré dans les vignes suisses. »

Avant de mourir, il régla une affaire qui lui tenait très à cœur. Il veilla à ce que le *Zucco*, son cher yacht, fût mouillé dans les eaux canadiennes, là où le fisc américain ne pourrait pas le saisir. Mort, il roulait encore les autorités, comme il avait aimé le faire de son vivant (surtout quand il s'agissait de producteurs).

Les événements confirmèrent la superstition : Bogart disparut en 1957, Flynn en 1959 et Clark Gable l'année suivante.

J'avais entendu dire que Clark était en convalescence au Good Samaritan Hospital, à la suite d'une petite crise cardiaque. Il paraissait bien portant et me fit son grand sourire. « Je serai dehors demain », me déclara-t-il. « Tu arrives à temps, Skipper! »

Nous projetâmes d'aller chasser le puma dans l'Utah dès qu'il pourrait voyager. Mais juste avant que je parte, il m'avoua qu'il n'était pas certain de pouvoir m'accompagner. « Ces montagnes sont de plus en plus hautes. Descendons plutôt au Mexique pour pêcher en mer. » Je lui donnai mon accord et il me sourit une fois encore.

Deux jours plus tard, il était mort.

En 1961, ce fut le tour de Gary Cooper. Sa mort laissa un autre grand vide dans le monde du cinéma. A près d'un an d'intervalle, quatre grands acteurs, quatre grands hommes, avaient disparu. Le monde entier pleura leur mort. Leur grandeur à elle seule eût remplacé tout monument funéraire. Elle restera vivante tant que le monde en gardera le souvenir et jusqu'à ce jour, personne n'a pu les remplacer.

Un jour que je passais en voiture par la petite ville de Thousand Oaks en Californie, je m'arrêtai à Jungleland, dans un zoo où étaient parquées toutes sortes de bêtes sauvages. Comme j'aimais les animaux et que j'étais curieux de les voir, j'achetai un paquet de cacahuètes pour en donner aux éléphants et fis le tour du jardin. Je finis par m'arrêter devant une grande cage où une foule de spectateurs se pressait pour regarder une femme qui était en train de nourrir sept tigres. Ce métier me parut plutôt dangereux, surtout pour une femme qui ne semblait plus toute jeune. Si jamais elle perdait l'équilibre et tombait, les tigres se jetteraient sur elle et n'en feraient qu'une bouchée.

Je restai un moment à l'observer puis me dirigeai en flânant vers un snack-bar non loin de là, où je pris un café et m'assis à une grande table. Peu après, la dame aux tigres vint s'asseoir en face de moi et demanda à « Linda », la serveuse, de lui apporter une tasse de café. J'entamai la conversation en la complimentant sur la façon dont elle s'occupait des fauves. Elle me confia alors qu'une de ses bêtes, malade, lui causait du souci et qu'elle attendait le vétérinaire. Tandis qu'elle buvait son café à petites gorgées, je remarquai que sa main tremblait et que des cernes noirs sur son visage profondément ridé soulignaient ses yeux las.

La serveuse s'approcha de notre table et annonça que Jungleland avait été vendu — on allait y construire des immeubles, et dans un mois environ, on emmènerait les animaux. Lorsqu'elle entendit cette nouvelle, je crus que la dompteuse allait s'effondrer et quand je lui demandai s'il n'y avait pas un autre endroit où elle pourrait aller avec ses tigres, elle me répondit : « Où pourrait bien aller une femme de mon âge, sinon dans la tombe? »

Remarquant mon bandeau sur l'œil, Linda me demanda si j'avais eu un accident. Je lui racontai alors que cela m'était arrivé il y avait de nombreuses années, dans l'Utah où je tournais un film. Tandis que je parlais, je sentis les yeux de la dompteuse scruter mon visage et je notai son intérêt croissant pour la conversation. Linda me demanda ensuite si j'avais déjà été acteur, je lui répondis qu'en effet j'avais joué le rôle de John Wilkes Booth dans *Naissance d'une Nation.*

Un homme accourut à ce moment vers nous pour informer la dompteuse que le vétérinaire était arrivé. La femme se leva, contourna la table et me dit avec une grande douceur : « J'ai été contente de vous voir. » Comme je me levais à mon tour, elle me tendit la main et je crus soudain entendre l'écho très faible d'un souvenir lointain. Puis la femme s'éloigna très vite.

Quelques semaines plus tard, je lus dans le journal que les bêtes de Jungleland étaient vendues aux enchères. Je sautai dans ma voiture en me disant que je pourrais peut-être acheter un lionceau pour l'élever moi-même. Des années auparavant, j'avais déjà élevé un lionceau qui, devenu adulte, me suivait partout comme un saint-bernard. Mais comme les commerçants avaient fini par refuser de venir au ranch tant que Butch s'y promènerait en liberté, j'avais été obligé de le donner au zoo de Los Angeles.

Il y avait foule à Jungleland pour la vente aux enchères. Le commissaire-priseur avait déjà eu des offres pour quatre ou cinq éléphants. Un des gardiens m'apprit qu'il n'y avait pas de lionceau disponible. Déçu, je partis boire une tasse de café. Linda était au snack-bar et j'en profitai pour lui demander si la dompteuse comptait vendre ses tigres. « Je ne sais pas, me répondit-elle très calmement, parce qu'Olga s'est suicidée il y a trois jours. » Au nom d'Olga, je sursautai; pouvait-il s'agir de cette jolie petite Russe que j'avais connue il y avait près de soixante ans, quand j'étais arrivé à Hollywood pour la première fois?

Je confiai à Linda que j'étais presque certain d'avoir connu Olga des années auparavant, et que pourtant cette femme et moi nous nous étions assis l'un en face de l'autre sans nous reconnaître. « Ah! me dit Linda en souriant. Mais à moi elle a dit qu'elle vous avait connu. Le jour où vous preniez un café ensemble, elle a préféré ne rien vous dire pour que vous ne gardiez d'elle que le souvenir de sa jeunesse et non celui de sa vieillesse. »

Qui aurait cru que cette Olga usée avait été jadis si resplendissante de jeunesse, si amoureuse de la vie, si loin de songer à la vieillesse ou à la mort?

A présent que je savais l'avoir connue, j'avais peur de prononcer un mot de plus. Du moins me restait-il les souvenirs... les souvenirs sont en quelque sorte immortels... ils restent toujours jeunes. Je me levai et sortis tristement de Jungleland.

Quelques nuages moutonnés dans un ciel clair et bleu venaient lentement couronner les sommets enneigés du Nouveau-Mexique. Je me trouvais dans le désert aride de la réserve des Indiens Navajos. J'avais tourné beaucoup de films à cet endroit, même à l'époque du muet et j'avais acquis une grande connaissance des Indiens. J'arrivais même à parler un peu leur jargon. Je suis un frère de sang des Navajos et j'en donne la preuve avec la lettre suivante :

Moi, CHIEF TOM KEE, *du Conseil de la Tribu* NAVAJO, *certifie par le présent acte que*

RAOUL WALSH

Grand Réalisateur du Film La Vallée de la peur, *a été admis officiellement comme membre de la Tribu* NAVAJO, *sous le nom de Tribu Indien :* ETSAU YA APENTA, *ou* AIGLE DU SOLEIL LEVANT.

Et à présent, Aigle du Soleil Levant, Frère des Navajos, Félicitations!

Ton territoire, désormais, est celui de la Grande Plaine, des Hautes Montagnes, des Rivières d'Eau Vive et des Lacs Etincelants. Garde bien notre Héritage. Sois fier de nos Grandes Traditions.

Et, sur ce Document, je pose ma main.

CHIEF TOM KEE
Sorcier des Navajos

Navajo Reservation
China Springs, Gallup
New Mexico

Je venais de terminer une scène où figuraient cinq cents Indiens, leurs squaws, leurs enfants faméliques, leurs bêtes squelettiques et leurs chiens décharnés. L'histoire racontait comment le gouvernement américain les avait chassés de leurs terres fertiles pour les reléguer dans les déserts arides du Sud.

Mon assistant, Russ Saunders, annonça l'heure du déjeuner. Comme il n'y avait pas d'ombre, nous dûmes dresser quatre grandes tentes pour la troupe, l'équipe et les Indiens. Je pénétrai dans celle des Indiens qui était à l'écart. Ils faisaient la queue pour prendre leur plateau. La troupe et l'équipe déjeunaient sous une autre tente et avaient droit, elles, à un repas chaud.

Les Indiens, une fois servis, s'accroupissaient sur le sol et partageaient leur nourriture avec leurs femmes et leurs enfants sous le regard des chiens affamés. Je remarquai que leurs repas n'étaient guère copieux.

Je m'enquis alors auprès de Russ du nombre de repas qui avaient été commandés pour les Indiens. Il me répondit qu'il y en avait à peu près quatre cents, uniquement destinés aux hommes. Je lui demandai combien de femmes et d'enfants se trouvaient sur le terrain, et à son avis, il y en avait environ deux cents cinquante. Je lui dis que je tenais à ce qu'il commande dès le lendemain de quoi nourrir toutes les bouches supplémentaires ainsi que 150 litres de lait, 6 caisses de nourriture pour les chiens et 2 tombereaux de foin pour les bêtes, et de mettre le tout sur mon compte.

Après le déjeuner, le ciel se couvrit de gros nuages noirs et peu de temps après un violent orage éclata. Les hommes de l'équipe et les Indiens durent replier les tentes et les attacher au sol avec de grosses cordes. Les Indiens se mirent alors à entonner leur chant de la pluie pour invoquer le Grand Esprit. Ce dernier leur répondit en leur envoyant le déluge le plus gigantesque que j'aie jamais essuyé. Et il dura jusqu'au coucher du soleil.

Cette nuit-là, le directeur du studio, Tenny Wright, m'appela de Hollywood à l'hôtel où nous étions descendus. « Raoul, me dit-il, Russ Saunders m'a fait part de ton désir de nourrir les femmes et les enfants indiens. J'en ai parlé à Jack qui m'a chargé de te remercier pour l'intérêt que tu portes à ces gens. Tu peux commander tout ce que tu voudras pourvu que ce soit de la nourriture cascher. Le studio payera. » Je transmis à Russ la réaction de Warner et ajoutai à la commande le plus de glaces possible pour les enfants.

Le lendemain matin, après le passage de l'orage, je pus filmer les Indiens, leurs familles, le bétail et les chiens aux ventres vides, en train de traverser le terrain bourbeux avant que le soleil ne l'asséchât. La pause du déjeuner arriva. Je demandai à Deerfoot, mon interprète indien, de m'accompagner jusqu'à la tente où déjeunaient ses congénères. Je lui dis de transmettre à l'immense assemblée que chaque femme et chaque enfant aurait désormais de quoi manger, grâce à la bonté de Jack Warner. Ils se mirent à hurler : « *Yata Heye* », ce qui signifie « Bon, très bon! » Ce fut une grande joie pour moi de voir les squaws et les petits enfants ouvrir leurs propres plateaux. Je détachai alors une hachette de la ceinture de Deerfoot, j'ouvris les boîtes des chiens et répandis la nourriture par terre. Les bêtes se jetèrent littéralement dessus.

J'avais toujours eu une affection particulière pour les Indiens. Je suppose que je tenais cela de mon père, à l'époque où il était devenu l'ami des Sioux et leur avait fourni des vêtements à Pine Ridge.

Ce fut ensuite le moment de filmer les dernières scènes où les Indiens devaient regagner leurs pauvres campements disséminés dans une région désolée. Je montai sur mon cheval, criai « Moteur » et dis à Deerfoot de donner l'ordre de départ aux Indiens. Le cœur serré, je vis passer ces pauvres gens dépenaillés conduisant leurs misérables chariots vers leurs misérables cabanes dans le désert. Mary, ma femme, debout près de la caméra, regardait, les larmes aux yeux, les enfants à peine vêtus, pieds nus, tâcher de suivre la horde pitoyable qui s'éloignait dans la chaleur et la poussière.

Notre association d'aide aux pays sous-développés a dépensé des millions de dollars dans soixante régions du monde pour aider les hommes à améliorer leurs conditions de vie (irrigation, plantation et moisson, construction de maisons, soins et nourriture des bêtes, création d'écoles, offre de soins médicaux et dentaires). Pourquoi n'accorde-t-elle pas cette même aide aux Indiens d'Amérique? Comment peut-elle fermer les yeux et laisser ces malheureux souffrir et mourir sur leurs terres incultes? Honte à l'Amérique, honte pour la façon dont elle traite les Indiens!

Un nouveau drame frappa Hollywood : Marilyn Monroe fut trouvée morte chez elle. L'enquête du coroner conclut à une mort due à une trop forte dose de somnifères. Le monde entier pleura la disparition de son idole.

En 1960, dans *Les Désaxés,* elle avait eu pour partenaire Clark Gable. Selon lui, c'était une femme très malheureuse. Elle était profondément mécontente des films dans lesquels le studio voulait la faire jouer. Elle aurait aimé choisir elle-même ses metteurs en scène. « Elle a cité ton nom, Skipper, m'avait dit Clark, et je lui ai juré qu'il lui faudrait chercher un sacré bout de temps avant de trouver un meilleur cinéaste que toi. »

Après bien des accrochages avec son metteur en scène (qui s'avéra être l'un des meilleurs) au sujet de son rôle, Marilyn finit par jouer le dernier de ses films. Mais elle était si déprimée et ses crises d'hystérie interrompaient si souvent le tournage que les dirigeants du studio la firent venir pour la réprimander. Elle leur annonça qu'étant donné sa mésentente avec le réalisateur, elle ne voulait plus continuer le film. Il paraît que leurs personnalités ne s'accordaient pas et que lorsqu'on lui demanda avec qui elle voulait tourner, elle cita mon nom. On l'informa que je ne faisais que des films d'hommes et que dans la plupart d'entre eux les femmes avaient des rôles insignifiants. On ne se gêna pas pour lui dire enfin que des sommes considérables avaient déjà été engagées dans ce film et que par conséquent elle était tenue d'honorer son contrat jusqu'au bout. Elle quitta le studio et rentra directement chez elle. Le lendemain la nouvelle de sa mort était annoncée à la radio dans le monde entier.

A quatre-vingt-six ans, je refusai de m'installer sous un porche dans un rocking-chair; aussi je le balançai par-dessus la barrière du corral et m'envolai pour Paris où Pierre Rissient, un génial organisateur de festivals de cinéma, avait organisé un « Festival Walsh » qui présentait un bon nombre de mes films tournés dans les années 1930-1940.

Plus tard, un autre festival fut organisé en mon honneur par Robert Bookman, un jeune étudiant en droit de l'Université Yale. Bob était également un passionné de cinéma; il pouvait vous dire le nom du mécanicien du *Vol du Grand Rapide,* ou bien citer le nom des acteurs qui avaient des dents en or ou qui portaient des perruques, ou les actrices qui avaient de faux seins, etc. Je dus parler devant 1 500 étudiants et je fus de nouveau surpris de l'accueil qu'ils réservèrent à mes vieux films.

Je commençai à aimer ces festivals qui me donnaient l'occasion de rencontrer des jeunes, de répondre à leurs questions et de leur parler de mon métier.

Puis ce fut au tour de la Southern Methodist University de Dallas de me rendre hommage. Bill Jones et Penny Stallings se décarcassèrent pour obtenir dix de mes films tournés à l'époque de « l'Age d'or ».

Au cours de ces manifestations, je reçus le télégramme suivant :

Vos compatriotes texans vous rendent hommage pour une vie consacrée à l'art cinématographique. Je me joins à eux de tout cœur pour applaudir votre œuvre et je tiens à vous féliciter pour avoir apporté tout au long des années tant de joie à un si grand nombre de spectateurs.

Richard Nixon

Mon ami, Richard Schickel, écrivain et critique de cinéma, produisit, écrivit et réalisa en 1973 un film-portrait de quatre-vingt-dix minutes, intitulé *Raoul Walsh*. On y trouvait non seulement des scènes de bon nombre de mes films, mais aussi on m'y voyait en train de discuter avec les étudiants au cours de différents festivals. Ce documentaire fut présenté à la télévision et eut pour résultat de me faire « découvrir » par des spectateurs plus jeunes, dont certains prirent la peine de m'écrire. Entre-temps, j'avais commencé à écrire ce livre. Ce fut Richard qui lut le premier jet du manuscrit et le proposa à mes éditeurs.

Au printemps de 1974, le musée d'Art moderne m'invita à New York pour une rétrospective de mon œuvre, rétrospective qu'on ne peut qualifier que de gargantuesque. Elle dura trois mois et présenta soixante-sept de mes films. Ce fut Larry Kardish, le conservateur adjoint de la Cinémathèque, qui se chargea avec succès de ce gros travail, qui dénicha mes premiers films, obtint des copies et organisa le jamboree. Le 18 avril au soir, après la présentation de *The Sweet Country Mouse* (1913), un film de la Biograph où je jouais avec Blanche Sweet, et de *Gentleman Jim* (1942) avec Errol Flynn, un public chaleureux, contrairement à la réputation de froideur des New-Yorkais, me fit une véritable ovation. C'était comme s'ils fêtaient le retour de l'enfant prodigue à New York, et l'enfant prodigue savourait chaque instant de cet accueil.

Hollywood, la prestigieuse capitale du cinéma, avait été victime d'un étrange virement de bord. Les studios furent obligés de vendre des centaines de vieux films à la télévision. Finis, les grands terrains sur lesquels se dressaient les immenses plateaux; des milliers de gens étaient au chômage; le public américain voyait désormais du nu sur tous les écrans; puis la censure reprit le dessus et tous les films durent être passés au peigne fin.

Terminés, les galas, les magnifiques soirées, les prestigieuses premières où les stars descendaient de leur limousine à chauffeur devant le Chinese Theatre de Grauman, emmitouflées dans de somptueuses fourrures et revêtues des dernières créations de la mode parisienne ou londonienne. Il n'y a pas encore si longtemps, les starlettes débarquaient en veste de cuir et pantalon criard; par bonheur, cette mode sinistre a commencé à disparaître.

La fermeture des studios de la MGM porta un coup fatal au cinéma; le lion ne rugirait plus. Il ne restait plus qu'une ville fantôme : Hollywood était mort.

Comme le disait James FitzPatrick à la fin de ses conférences : « Ainsi, tandis que le soleil décline doucement à l'ouest, nous quittons ce merveilleux pays de rêveurs. » Ce pays appelé Hollywood était une abstraction mythique sans frontières; c'était tout à la fois Manhattan, une prairie du Nouveau-Mexique, la Sierra, Paris, Londres, les Alpes ou une orangerie aménagée à Los Angeles.

Je fus le témoin de sa naissance, de son âge d'or et de son déclin. Nous n'avions jamais été des rêveurs; nous n'avions pas cessé de travailler dur sous les projecteurs, sous le soleil brûlant, dans la neige et la pluie, allant même jusqu'à placer une caméra sur une banquise.

Je suis convaincu que le déclin de Hollywood n'est pas le résultat de la sénilité, mais qu'au contraire il est un retour (temporaire, je l'espère) à l'immaturité de l'adolescence. Il y a des exceptions, bien sûr, et quelques hommes de valeur comme Peter Bogdanovich. Mais les professionnels de la névrose ont envahi le cinéma, non point pour en extraire de l'or mais des montagnes d'ordures. Leur production nauséabonde a découragé des millions de spectateurs qui ne reviendront dans les salles, j'en suis sûr, que lorsque nous leur donnerons de bons films.

J'ai moi-même filmé ma part de scènes de meurtre, de viols et d'incendies; mais quelle différence avec la sodomie, le sadisme et la scatologie d'aujourd'hui! Mes héros n'ont jamais douté de leur virilité et un amant n'avait pas besoin de se déshabiller pour prouver qu'il était un homme; il lui arrivait même parfois de ne pas ôter son chapeau. Et soit dit en passant, le déshabillage de plus en plus fréquent à l'écran risque de briser certaines carrières. Que d'illusions perdues lorsque les fans découvrent que le tigre que leur héros a dans son moteur n'est qu'une souris! Il veut évidemment être pris sous le meilleur angle, mais même Max Factor ne peut pas transformer un petit cornichon en banane géante!

D'un autre côté, peut-être y a-t-il un nouvel humour à découvrir — ou plutôt à redécouvrir — dans ces situations délicates. Pour les anti-héros de *Au Service de la Gloire* et autres films du même genre, le sexe était drôle.

Il y a deux siècles et demi, Aristophane nous apprenait à rire du sexe et les Français ont fait une industrie nationale de l'amour « frustré ». Nos néophytes, pourtant, considérèrent trop souvent le sexe comme quelque chose de sinistre. Après tout, les garçons seront toujours des garçons et parfois les garçons seront des filles...

Je m'élève seulement contre l'infantilisme quand il se donne de grands airs. Je forme le vœu quelque peu optimiste qu'une nouvelle génération de cinéastes dépassera ces obsessions qui relèvent du « graffiti filmé » et apprendra les règles élémentaires du divertissement, lequel est à la base de cette denrée somme toute assez rare : l'art. Je crois vraiment qu'il y a une bonne chance pour que ces jeunes se forment à l'école de la vie et à celle de l'art, car chaque homme durant le temps que dure son existence joue de multiples rôles.

Filmographie de Raoul Walsh

Cette filmographie ne figurait pas dans l'édition originale de l'ouvrage. Elle tente de faire le point sur les recherches actuelles concernant l'œuvre de Walsh. Due à John Cocchi, Pierre Guinle et Jacques Lourcelles, elle est extraite d'un travail effectué pour *L'Avant-scène du cinéma*. Elle ne prétend en aucun cas à l'exhaustivité.

I

WALSH ACTEUR

1913(?) *The Banker's Daughter* (Réalisation : Emile Couteau).
A Mother's Love (R. : Emile Couteau).
Paul Revere's Ride (R. : Emile Couteau).

1914 *Sands of Fate* (R. : Donald Crisp).
The Availing Prayer (R. : Donald Crisp).
For his Master (R. : William Christy Cabanne).
When Fate Frowns (R. : William Christy Cabanne?).
The Gunman (R. : William Christy Cabanne ou Walsh?).
The Dishonored Medal (R. : William Christy Cabanne. Supervisé par Griffith).
The Double Knot (R. : Jack O'Brien et Walsh?).
The Great Leap (R. : Edgar Lewis ou William Christy Cabanne).
The Rebellion of Kitty Belle (R. : William Christy Cabanne).
The Angel of Contention (R. : Jack O'Brien).
The Only Clue (R.?).
Lest we Forget (R. : Jack O'Brien).
The Second Mrs. Roebuck (R. : Jack O'Brien. Supervisé par Walsh).
Sierra Jim's Reformation (R. : Jack O'Brien).
The Final Verdict (R. : Jack O'Brien et Walsh?).
The Unpainted Portrait (R. : ?).
Paid with Interest (R. : Edgar Lewis. Supervisé par Griffith).
The Little Country Mouse (R. : Jack O'Brien. Supervisé par Griffith).

They Never Knew (R. : ?).
The Exposure (R. : Fred A. Kelsey).
The Old Fisherman's Story (R. : Jack O'Brien).
Carmen (R. : William Christy Cabanne).
The Love Pirate (R. : ?).
Double Déception (R. : ?).

1915 *The Birth of a Nation* (R. : David Wark Griffith).

II

WALSH RÉALISATEUR

1913 *The Pseudo Prodigal.*

1914 *Home from the Sea — The Mystery of the Hindoo Image.*

1915 *The Death Dice — The Fatal Black Bean — His Return — The Greaser — The Artist's Wife — The Outlaw Revenge (In the Dawn of the New Republic) — The Fencing Master — A Man for All That — The Comeback — Life of Villa — The Smuggler — Eleven Thirty P.M. — Ghosts — Celestial Code — The Burned Hand — A Bad Man and Others — The Regeneration — Peer Gynt — Carmen.*

1916 *The Serpent — Blue Blood and Red — Pillars of the Society — The Honor System.*

1917 *The Lone Cowboy — The Silent Lie — The Innocent Sinner — Betrayer — The Conqueror — This Is the Life — The Pride of New York.*

1918 *Woman and the Law — The Prussian Cur — On the Jump — Every Mother's Son — I'll Say So — 18 to 45.*

1919 *Evangeline — Should a Husband Forgive?*

1920 *The Strongest — The Deep Purple — From Now On — Headin'Home.*

1921 *The Oath — Serenade.*

1922 *Kindred of the Dust.*

1923 *Lost and Found (On a South Sea Island)* (Drame en Polynésie) *Rosita.*

1924 *The Thief of Bagdad* (Le Voleur de Bagdad).

1925 *East of Suez* (A l'Est de Suez) — *The Spaniard.*

1926 *The Wanderer* (L'Errant ou le Fils prodigue).
The Lucky Lady — *The Lady of the Harem.*
What Price Glory (Au Service de la Gloire).

1927 *The Monkey Talks* — *The Loves of Carmen.*

1928 *Sadie Thompson* (Faiblesse humaine) — *The Red Dance* (La Danse rouge) — *Me Gangster.*

1929 *In Old Arizona* — *The Cock-Eyed World* (Têtes brûlées) — *Hot for Paris.*

1930 *The Big Trail* (La Piste des Géants).

1931 *The Man who Came Back* (Hors du gouffre).
Women of all Nations.
Yellow Ticket (Le Passeport jaune).

1932 *Wild Girl* — *Me and my Gal.*

1933 *Sailor's Luck* (Amour de marin).
The Bowery (Les Faubourgs de New York ou A l'ombre de Brooklyn).
Going Hollywood (Au pays du rêve).

1935 *Under Pressure* (Rivaux).
Baby Face Harrington.
Every Night a Eight (Nuit après nuit).

1936 *Klondike Annie* (Annie du Klondike).
Big Brown Eyes (Empreintes digitales).
Spendthrift.

1937 *O.H.M.S.* (Tourné en Angleterre; titre américain : *You're in the Army now).*
Jump for Glory (tourné en Angleterre; titre américain : *When thief meets thief*) (Les Deux Aventuriers).
Artists and Models (Artistes et Modèles).
Hitting a new High.

1938 *College Swing.*

1939 *St. Louis Blues.*
The Roaring Twenties (Les Fantastiques années 20).

1940 *Dark Command* (L'Escadron noir).
They Drive by Night (Une Femme dangereuse).

1941 *High Sierra* (La Grande Evasion).
The Strawberry Blonde.
Manpower (L'Entraîneuse fatale).
They Died with their Boots on (La Charge fantastique).

1942 *Desperate Journey* (Sabotage à Berlin) — *Gentleman Jim.*

1943 *Background to Danger* (Intrigues en Orient).
Nothern Pursuit (Du sang sur la neige).

1944 *Uncertain Glory* (Saboteurs sans gloire).
Objective Burma (Aventures en Birmanie).
Salty O'Rourke (Sa dernière course).
The Horn Blows at Midnight.

1946 *The Man I Love.*

1947 *Pursued* (La Vallée de la peur).
Cheyenne.

1948 *Silver River* (La Rivière d'Argent).
Fighter Squadron (Les Géants du ciel).
One Sunday Afternoon, remake de *The Strawberry Blonde.*

1949 *Colorado Territory* (La Fille du désert).
White Heat (L'Enfer est à lui).

1951 *The Enforcer* (signé Bretagne Windust) (La Femme à abattre).
Along the Great Divide (Le Désert de la peur).
Captain Horatio Hornblower (Capitaine sans peur).
Distant Drums (Les Aventures du capitaine Wyatt).

1952 *Glory Alley* (La Ruelle du Péché).
The World in his Arms (Le monde lui appartient).
Blackbeard the Pirate (Barbe-Noire le Pirate).

1953 *The Lawless Breed* (Victime du destin).
Sea Devils (La Belle Espionne).
A Lion is in the Streets.
Gun Fury (Bataille sans merci).

1954 *Saskatchewan* (La Brigade héroïque).

1955 *Battle Cry* (Le Cri de la Victoire).
The Tall Men (Les Implacables).

1956 *The Revolt of Mamie Stover* (Bungalow pour femmes).
Te King and Four Queens (Le Roi et quatre reines).

1957 *Band of Angels* (L'Esclave libre).

1958 *The Naked and the Dead* (Les Nus et les Morts).

1959 *The Sheriff of Fractured Jaw* (La Blonde et le Shérif).
A Private's Affair (Les Déchaînés).

1960 *Esther and the King* (Esther et le Roi).

1961 *Marines, Let's Go.*

1964 *A Distant Trumpet* (La Charge de la 8ᵉ brigade).

Index

ADOLPHI, Jack, 146.
A l'est de Suez (*East of Suez*), 185-188.
ALLER, Joe, 90.
ANDERSON, Judith, 303, 305.
ANDERSON, Maxwell, 191, 197.
Annie du Klondike (*Klondike Annie*), 261.
Artists and Models (*Artistes et modèles*), 188.
ASTOR, Mary, 277.
Au pays du rêve (*Going Hollywood*), 249, 252, 254-255.
Au service de la gloire (*What Price Glory?*), 191-198, 203, 231, 252, 336.
AUSSENBERG, 99-105, 109-110, 266-268.
Aventures du capitaine Wyatt (*Les*) (*Distant Drums*), 318-319.
Aventures en Birmanie (*Objective Burma*), 289-290, 292.

BACON, Cal, 42-44, 60, 150, 224.
Banker's Daughter (*The*), 71, 73.
BARA, Theda, 133-138, 140-141, 182-183.
BARNES, Al G., 91, 113.
BARRYMORE, Ethel, 14.
BARRYMORE, John, 14, 178, 215, 247-249, 255, 277, 279, 296-301.
BARRYMORE, Lionel, 14, 76, 199-200, 206-213, 224, 229, 299, 301.
BARRYMORE, Maurice, 14.
BAXTER, Warner, 225.
BEAR VALLEY CHARLEY, 82-84, 218, 220-221.
BEAVERBROOK, lord, 274-275.
BEERY, Wallace, 241-243.
BENOIT, George, 140.
BILLINGTON, Francinia, 89.
BIOGRAPH, 73, 75-76, 199, 277, 305.
BITZER, Billy, 78, 115-117, 128.
BEAUDINE, Billie, 146.
BOGART, Humphrey, 278-282, 325-326.
BOGDANOVITCH, Peter, 335.
BOND, Ward, 234, 236, 238-239, 302.
BOOKMAN, Robert, 333.
BOOTH, Edwin, 9, 14, 19, 65, 123.
BOOTH, John Wilkes, 9, 14, 114, 117, 123, 174, 209, 328.
BORZAGE, Frank, 162, 230-231.
BOW, Clara, 277.
BOX OFFICE, 305.
BOYD, Annet, 218, 226.
BOYLE, Kitty, 171.
BRADY, « Diamond Jim », 20-21.
BRENDEL, El, 201.
BRENNAN, Walter, 303.
BRENNER, Herb, 304.
BRENON, Herbert, 198.
BROCKWELL, Gladys, 155.
BROUGH, Elizabeth, *voir* WALSH, Elizabeth Brough.
BROWN, Nacio Herb, 249, 252.
BUCHANAN, Archie, 218, 221-223, 225, 237-239.
BURGESS, Dorothy, 225.
BURTON, Richard, 320.
BUSHMAN, Francis X., 151.
BUTLER, David, 230-231.

« Caballero's Way, The », 218.
CABANNE, Christy, 75-78, 81, 88, 94, 110, 118, 209.
CAGNEY, James, 277-278, 287-288, 313-314.
Capitaine sans peur (*Captain Horatio Hornblower*), 315-317.

Carmen, 136-141, 145.
CARRANZ, Venustiano, 93, 109.
CARSON, Jack, 287.
CARTER, Trixie, 242-243.
CARUSO, Enrico, 20.
CENTER, George, 65-66, 68-69.
Chanteur de Jazz (*Le*) (*Jazz Singer, The*), 215.
Chantons sous la pluie (*Singin' in the Rain*), 258.
CHAPLIN, Charlie, 86-87, 112, 158, 173, 176-177, 187, 224.
Charge de la brigade légère (*La*) (*Charge of the Light Brigade*), 295.
Charge fantastique (*La*) (*They Died with their Boots on*), 293, 295.
Charlot's Revue, 194.
CHASEN, George, 304.
CHURCHILL, Marguerite, 232, 234, 238.
CHURCHILL, Winston, 254-255, 258-259, 274-275.
Clansman (*The*), 65, 67.
CLEMENS, Samuel, *voir* Twain, Mark.
CODY, William, 20, 170-171.
COLLINS, James Finlay, 84-85, 90-91.
Columbia Studios, 287-288.
CONDON, « Jaffsy », 19.
Conqueror (*The*), 165-166, 168.
Consolidated Laboratories, 90.
Contes des Mille et Une Nuits (Arabian Nights), 173-174, 178, 181, 252.
CONWAY, Jack, 146, 168.
COOPER, Gary, 149, 232, 255, 278, 318-319, 322, 327.
COOPER, Jack, 241.
CORBETT, James J., 19, 301-303.
Cosmopolitan Pictures, 249, 252, 254-255.
COTTON, Ham, 43-44, 60.
COUTEAU, Emile, 71, 73-74.
CRAZY, Wolf, 80, 90-92, 118, 158-159, 198.
Cri de la victoire (*Le*) (*Battle Cry*), 320-321.
CRISP, Donald, 76, 78.
CROCKER, Harry, 258-259, 262-264, 271, 274-275.
CROSBY, Bing, 249-250, 252, 257.
CUMMINGS, Irving, 225.
CURTIZ, Michael, 295.
CUSTER, George, 12, 22, 293, 295.
DALTON, Dorothy, 87.
DALK, Mark, 45-46.
DAMITA, Lili, 201, 224.
DAVID, Brother, 82-83.
DAVIES, Marion, 249-250, 252, 254, 256-258, 274-275, 310, 317-318.
DAVIES, Rose, 317.
DAVIES, Bette, 277.
DAVIS, Sammy Jr., 321-322.
DE CARLO, Yvonne, 320.
DECKER, John, 296-297, 299, 301.
DEL RIO, Dolores, 193, 201-202, 224.
DEMILLE, Cecil B., 87, 136-137, 141, 181, 187.
Desaxés (*Les*) (*Misfits, The*), 332.
Devil with Women (*A*), 279.
DIAZ, Porfirio, 38.
DIETRICH, Marlene, 289.
DILLON, Eddie, 146.
DOMINGUEZ, Maria, 37-42, 44, 67-68.
Don Juan, 215.
D'ORSAY, Fifi, 252, 254.
DOUGLAS, Kirk, 307.
DRESSLER, Marie, 187.
DRISCOLL, Patty, 87.
DUBOIS, René, 316-317.
DUNCAN, Mrs. Griffith, 305-306.
Du sang sur la neige (*Northern Pursuit*), 303.
DWAN, Allan, 230-231.
DWYER, Bill, 310-313.

EARP, Wyatt, 111-112.
ECHINELLE, Dr René, 47-49, 51-53, 55-60, 63, 251.
Enfer est à lui (*L'*) (*White Heat*), 313-314.
Entraîneuse fatale (*L'*) (*Manpower*), 289.
EYTON, Charles, 185-186.

Faiblesse humaine (Sadie Thompson), voir aussi *Rain,* 205-214, 52.
FAIRBANKS, Douglas, 166-167, 173-181, 186, 203, 223-224.
FAIRBANKS, Robert, 178.
FALAISE, Marguis de la, 187, 204, 206, 209.
Famous Players, *voir aussi* Paramount, 77, 87, 132, 149, 181, 185, 187, 231.

Fantastiques années 20 (*Les*) (*Roaring Twenties, The*), 278.
FARNUM, William, 165-166, 168.
FARRAR, Geraldine, 136.
FARROW, Ed, 217.
Faubourgs de New York (*Les*) (*Bowery, The*), 241, 278.
FELLOWS, Rockcliffe, 124.
Femme dangereuse (*Une*) (*They Drive by Night*), 278-279.
FIELDS, W. C., 247.
Fille du désert (*La*) (*Colorado Territory*), 307-308.
Fine Arts, 77, 79-81, 84, 88, 110, 119-121, 136, 145-146, 150, 158, 168.
FITZPATRICK, James, 335.
FITZSIMMONS, Bob, 19.
FLYNN, Errol, 19, 201, 277-278, 288-293, 295-297, 299-303, 308-310, 314-315, 326, 334.
FORD, John, 230.
Fox Movietone News, 215-218.
Fox Studios, *voir* FOX, William.
FOX, William, 119-121, 124, 126, 128-130, 132-137, 141, 143, 145-147, 155-157, 162, 165, 167, 181, 191, 193, 195-196, 202-204, 215, 229, 231, 234, 241, 277, 279, 288.
FRANCIS, Angela, 321.
FRAWLEY, William, 302-303.
FREED, Arthur, 249, 252, 257-258.
FRIEDMAN, Buck, 84, 111.
FRIDERICI, Blanche, 206.

GABLE, Clark, 149, 232, 278, 286, 301, 322-324, 326-327, 332.
GARBO, Greta, 215.
GARIBALDI, 150-152, 195.
GAUDIO, Tony, 280.
Gaumont British, 229.
Gentleman Jim, 19, 301-303, 334.
GEORGE, Gladys, 278.
GERSH, Phil, 304.
GEST, Morris, 181.
GILBERT, John, 178, 215, 233.
GISH, Dorothy, 76, 78, 85.
GISH, Lillian, 76, 78, 85.
GŒBBELS, Joseph, 269, 271.
GŒRING, Hermann, 270-274.
GŒTZ, William, 241.
GOFF, Ivan, 313.
GOLDWYN, Samuel, 174.
Goldwyn Studios, *voir* GOLDWYN, Samuel.
GOODMAN, Theodosia, *voir* BARA, Theda.
Grande évasion (*La*) (*High Sierra*), 280, 325.
GRAUMAN, Sid, 298, 335.
GRAY, Mack, 244-245.
GREEN, Al, 230.
GREEN, Sid, 64-65.
GREEN, Ted, 195.
GREENSTREET, Sydney, 293.
GREGORY, James, 303.
GREGORY, William, 68.
GRETCHEN, 265-266, 268-269.
GRIFFIN, Lt-Col., 130-132.
GRIFFITH, D. W., 77-79, 81, 84, 88, 90-94, 110, 114-120, 124, 131, 136, 146, 165, 168, 173, 209, 224, 305-306.

HALE, Alan, 160-161, 278, 287, 289.
Hamlet, 248.
HANSEN, 163, 165-166.
HARRIS, Mildred, 158.
HARRIS, Mr., 94-95, 99, 106.
HARRISON, Rex, 149.
HART, William S., 87.
HATRICK, Ed, 249-252.
HAVILLAND, Olivia de, 287-288, 293.
HAWKS, Howard, 230-231, 295.
HAYES, Dr., 46-47.
Hays, Bureau de, 201, 205, 210, 212.
HAYWORTH, Rita, 288.
HEARST, William Randolph, 249-258, 262-264, 270-275, 299, 310-311, 313, 317-318.
HEFLIN, Van, 320.
HEMINGWAY, Ernest, 255-256.
HENABERY, Joseph, 117.
HENRY, O., 218-219, 232.
HICKOX, Sid, 290, 307, 318-319.
HILDA, 265-266, 268-269, 273-274.
HIMMLER, Heinrich, 269.
HITLER, 263-265, 269-274.
Home from the Sea, 88, 90, 119.
Honor System (*The*), 143, 147, 149, 153, 155-156.
HOOVER, J. Edgar, 255.
HOPPER, Hedda, 296.
HUDSON, Rock, 320.
HUGUES, Howard, 255.
HUGO, Victor, 168.
HULL, Henry, 303.

HUNT, Gouverneur, 148, 153-157.
HUNTER, Tab, 321.
HUSTON, John, 280.

Implacables (*Les*) (*Tall Men, The*), 322.
INCE, Thomas H., 87.
In Old Arizona, 218, 225-226, 232.
Intolérance, 119.
Intrigues en Orient (*Background to Danger*), 303.
IRVINE, Dr Ray, 225.

JAGGER, Dean, 303.
JAMES, Zack, 33, 35-36, 39-43, 61.
JEFFERSON, Reverend, 285.
JEFFRIES, Jim, 18-19.
JOHNSTON, Julanne, 175-176, 179.
JOLSON, Al, 215, 277.
JONES, Pat, 220.

KARDISH, Larry, 334.
KEATON, Buster, 258.
KEE, Chief Tom, 330.
KELLOGG, Virginia, 313.
KELLY, Patsy, 252.
KENNEDY, Arthur, 289, 293.
KETCHEL, Stanley, 142.
KEYSTONE, 86.
KIDD, Jim, 169-171.
KILGORE, Jim, 114-115.
KINGSTON, Sam, 126.
KIRSTEIN, Leonard, 278.
KODA, 149, 179.
KRUTCH, Joseph Wood, 197.

LADD, Alan, 307.
LANDERS, Sam, 90.
LANE, Charles, 206.
LANE, Priscilla, 278.
LANGE, Carl, 12, 15.
LARKIN, Dolly, 71-73, 129, 135.
LASKY, Jesse, 87, 181-187, 203.
LAWRENCE, Gertrude, 194.
LEISEN, Mitchell, 177.
Levitt and Sweeney, 139.
Life of Villa, voir aussi VILLA, Pancho, 110, 118-119, 124, 131, 156, 175, 195.
LILLIE, Beatrice, 194.
LLOYD, Frank, 168.
LLOYD, Harold, 187.
Lloydy Poo, 256-257.
Loew's Incorporated, 229.
LONDON, Jack, 111-112, 199.
Lone Cowboy (*The*), 158-159, 162, 166.
LORRE, Peter, 303.
Loves of Carmen (*The*), 201.
LOWE, Edmund, 193, 196, 201-202, 206.
LOWRY, Paul, 147-148.
LUBITSCH, Ernst, 180, 261-262.
LUPINO, Ida, 188, 278-280.

MACARTHUR, Douglas, 255.
MACAULEY, Richard, 289.
MACK, Bill, 238.
MACNAMARA, Ted, 196.
MAIN, Marjorie, 303.
MALLOY, Dick, 299-300.
MALLOY, Jack, 87.
MALONE, Dorothy, 321.
MANTLE, Burns, 192.
MARCUS, Jim, 206-207.
MARSHALL, Tully, 237.
MASSEY, Raymond, 303.
MAUGHAM, Somerset, 204, 208, 210-212, 255.
MAYER, Louis B., 257.
MAYO, Virginia, 307, 313, 315.
MCCARTHY, Nora, 52-53.
MCCREA, Joe, 307.
MCDANIEL, Hattie, 230.
MCGIRR, Felix, 25-26, 29-30.
MCHUGH, Franck, 303.
MCINTYRE, John, 303.
MCLAGLEN, Victor, 192-194, 201-202, 228.
MEDINA, Angelina, 27-28, 33.
MEDINA, Ignacio, 26-27, 33.
MEDINA, Luisa, 27-28.
MENZIES, William Cameron, 174, 177, 205-206, 210.
MGM, 185, 241, 249, 254, 257-258, 335.
MILES, A. H., 305.
MILLIGAN, Nutsy, 45-50, 53, 58-59, 66.
Misérables (*Les*), 168.
MITCHELL, Thomas, 303.
MITCHUM, Robert, 304-305, 307.
MIX, Tom, 156-163, 166, 223-224, 232.
MONROE, Marilyn, 332-333.
MOOREHEAD, Agnes, 303.
MORRISON, *voir* WAYNE, John.
Mother's Love (*A*), 72-73.

Movietone, *voir* Fox Movietone News.
Mutual Film Company, 93-94, 99-100, 110.

Naissance d'une nation (*Birth of a Nation*), 88, 114, 118-120, 123, 174, 209, 274, 305, 328.
Nation, The, 197.
NEGRI, Pola, 181-189, 191, 203-204.
New York Times (*The*), 181, 197, 289, 308.
NILSSON, Anna Q., 124, 128.
NISSEN, Greta, 202.
NOLAN, Ed, 220.

OBREGON, Alvaro, 106, 108, 110.
O'BRIEN, Edmond, 313.
O'BRIEN, Pat, 277.
O'BRIEN, Tommy 113, 115-116.
O'CONNELL, Bridget, 12-13, 16, 18, 67, 123, 199, 275-276.
O'HANLON, Dr. Philip, 18.
O'HANLON, Virginia, 18-19, 21, 27, 67, 95, 292.
Oklahoma Charlie, 53-55, 255-256.
OLAND, Warner, 277.
OLSON, Nancy, 321.
ORTEGA, Manuel, 95-100, 102-109.
ORTEGA, Miguel, 99-103, 105-106, 108-110.
Outlaw's Revenge (*The*), 92.

PADGIN, Jack, 234, 236-238.
PAGE, Charles, 15.
PANCHO, 253.
Paramount, 87, 149, 180-182, 185, 188, 231, 261.
PARKS, Art, 304.
Pathé, 68-69, 74, 76, 129.
Paul Revere's Ride, 73-76, 129.
PECK, Gregory, 278, 315-317.
PETROVICH, Olga, 113-114, 121, 329.
PICKFORD, Jack, 77-78, 80, 86, 149-154, 188.
PICKFORD, Lottie, 77-78, 149-150.
PICKFORD, Mary, 76-78, 80, 86, 131-132, 149, 173, 177, 252.
PICKFORD, Mrs, 86, 132, 149, 151-152, 154, 177-178.
PIKE, Charles, 188.
PINCUS, Joe, 288.
Piste des géants (*La*) (*Big Trail, The*), 232-239.
PLUMMER, Zack, 165-166.

Quatre cavaliers de l'Apocalypse (*Les*) (*Four Horsemen of the Apocalypse, The*), 187.
QUINN, Anthony, 293-294.

RADCLIFF, Steven, 291.
RAFT, George, 241-242, 244-246, 278-280, 289.
Rain, voir aussi *Faiblesse humaine*, 204-205, 207.
Rain-In-The-Face, 167.
RAMIREZ, 31-33, 35, 43, 68, 75, 77, 253.
RAY, Aldo, 320.
REAGAN, Ronald, 289.
Regeneration (*The*), 124, 128-130, 139, 242.
REID, Wallace, 120.
REMINGTON, Frederic, 22.
RENSLAW, Eugene Von, 263-267, 269-273.
REYNOLDS, Sid, 141.
RIBBENTROP, Joachim Von, 263-264.
RISSIENT, Pierre, 333.
RKO, 149.
Roaring Twenties (*The*), 278.
ROBERTS, Ben, 313.
ROBINSON, Edward G., 277, 289, 303.
RODNEY, John, 305.
ROGERS, Will, 255, 306.
ROOSEVELT, Theodore, 15, 22.
RUBEN, Howard, 304.
RUDOLPH, Wolfgang, 266.
Running Buffalo, 168, 171.
RUSSELL, Jane, 322-323.
RUSSELL, Lillian, 20-21.
RYAN, Robert, 303.

Sabotage à Berlin, 288-289.
Saboteurs sans gloire, 303.
Sadie Thompson, voir aussi *Rain* et *Faiblesse humaine*.
SAUNDERS, Russ, 294, 307-308, 330-331.
SCANLON, Sarsfield, 45-53, 55, 58-61.
SCHACHT, Hjalmar, 274.
SCHENCK, Joseph, 202-206.
SCHICKEL, Richard, 334.
Selig, 156, 162.
SENNETT, Mack, 82, 87, 112, 146, 156, 187.
SENNETT, Ted, 295.
Serpent (*The*), 134-136, 138.

Sex, 261.
SHAW, Frank, 136.
SHEEHAN, Winfield, 119-121, 127, 132-134, 136, 145, 191, 199, 201-202, 216-221, 223, 225-227, 230-235, 241, 249, 288.
SHERIDAN, Ann, 278, 287.
SHIVERS, Hattie, 298-299.
SIEGMAN, George, 76.
SILLS, Milton, 155.
SIMPSON, Adolph, 284-285.
SIMPSON, grand-père, 282-285.
SIMPSON, Mary Edna, *voir aussi* WALSH, Mary Edna, 283-285.
SIMS, Jake, 171.
Sinner's Holiday, 278.
Siren of Seville (*The*), 132, 135.
SLATTERY, Mike, 47.
SMITH, Alexis, 301.
SMITH, Mrs., *voir aussi* PICKFORD, Mrs., 77.
So-Jin, 176, 179-180.
SPARKS, Ned, 252.
SPIGELGASS, Leonard, 146, 156.
STACK, Robert, 307.
STAFFORD, Eddie, 85.
STALLINGS, Laurence, 191-192, 197.
STANTON, Will, 206.
STANWYCK, Barbara, 277.
STERN, Jack, 65.
STEUBEN, Friedrich Von, 272-274.
STEWART, Donald Ogden, 249, 254.
Stinking Bear, 167-168.
Strawberry Blonde (*The*), 287-288.
STYLES, Mrs., 151-152.
SULLIVAN, John L., 19-21, 301-303.
SWANSON, Gloria, 187, 203-206, 208-212, 214, 224.
SWEET, Blanche, 76, 85, 334.
Sweet Country Mouse (*The*), 334.

TATUM, Buck, 82-83.
TAYLOR, Elizabeth, 320.
TEARLE, Godfrey, 185.
TEMPLE, Shirley, 231.
TERRY, Alice, 187.
Têtes brûlées (*Cock-Eyed World, The*), 201.
TILDEN, Bill, 178.
Times, The, 147, 197, 288.
TIMMONY, Jim, 261.
TRACY, Spencer, 301.
TWAIN, Mark, 21-22.
Twentieth Century Fox, 241-242, 287, 322.
TWIST, John, 147-149.

UFA, 266-267.
United Artists, 173-174, 176, 180, 202-203, 211-212.

VALENTINO, Rudolf, 181, 183-184, 186-189, 215.
Vallée de la peur (*La*) (*Pursued*), 304, 330.
VALVERDE, 139-140.
VAN FLEET, Jo, 303.
Variety, 136.
VESTER, Pegg, 81-83.
VILLA, Luz, 312.
VILLA, Pancho, 93-111, 114, 147, 209, 266, 311-313, 322-323.
Vitaphone, 215, 278.
Vol du grand rapide (*Le*) (*Great Train Robbery, The*), 69, 333.
Voleur de Bagdad (*Le*) (*Thief of Bagdad, The*), 174-177, 180, 182, 205, 252.

WALD, Jerry, 289.
WALLIS, Hal, 277.
WALSH, Alice, 11, 123, 147, 149, 179-180.
WALSH, Elizabeth, 11, 20, 68, 123.
WALSH, George, 11, 13, 23, 66-67, 110, 118, 123, 130, 134-135, 138, 147, 275-276.
WALSH, grand-père, 10.
WALSH, Kevin, 10-11.
WALSH, Mary Edna, *voir aussi* SIMPSON, Mary Edna, 286, 308, 310, 326-327, 332.
WALSH, Matthew, 10-12, 15, 24-33, 35-37, 67-68, 198.
WALSH, mère, 9, 11, 16-17, 21-23, 36, 59, 67, 69, 123, 178, 188.
WALSH, Patrick, 10, 15.
WALSH, Thomas, 9, 19-24, 35, 61, 66-67, 76, 110, 123, 130, 147, 149, 177-180, 203, 224, 226, 254, 275-276, 332.
WALTHALL, H. B., 76, 78, 117, 120.
WANGER, Walter, 249, 252.
Warner Brothers, 185, 215-216, 241, 278, 280, 288-289, 292-293, 307, 309, 315.

Warner Brothers Presents, 295.
WARNER, Jack, 277, 280, 282, 287-288, 290-292, 295, 308, 320-322, 331.
WASSERMAN, Lou, 295.
WAYNE, John, 149, 231, 233-236, 238-239.
WELLMAN, William, 230.
WELLS, Dr. Carlton, 227.
WEST, Mae, 261-262.
WHITMORE, James, 303, 320.
WILLETS, Anna, 141-143.
Women of all Nations, 202.
WOODS, Ella, 173-174.
WOODS, Franck, 78-82, 84, 90-91, 93-94, 110, 112, 114, 117-118, 120-121, 136, 145-146, 173, 224.
WRAY, Fay, 241.
WRIGHT, Tenny, 331.
WRIGHT, Teresa, 305.
WURTZEL, Ben, 234.
WURTZEL, Harry, 173-174, 180-181, 191, 224, 249-250, 254.
WURTZEL, Sol, 145-146, 148, 152, 156-158, 162-163, 165-168, 173, 181, 183-184, 188, 191, 195, 203, 224-225, 227, 241.
WYCHERLY, Margaret, 313-314.
WYMORE, Patrice, 326.

ZANUCK, Darryl, 241-243, 249.
ZAPATA, Emiliano, 108.
ZUKOR, Adolph, 188.

Table des matières

Débuts dans la vie 9
En route pour Cuba 25
Big Hole ou la mine de Mark Daly 45
Monsieur Mañana 61
Magnifique! 71
La naissance de Hollywood 79
Viva Villa! 93
« Ces "messieurs" de la censure nous pendront » 123
L'amateur de dynamite 145
L'été indien 165
Il était une fois un tapis volant 173
Les sergents-majors sont éternels 191
Cyclope 215
Christophe Colomb n'a découvert que l'Amérique 229
Le jour où Steve Brodie n'a pas sauté 241
Un grand seigneur 247
Comment exaspérer un nazi 261
Mon amitié avec Warner 277
Les stars et moi 287
Coups et contre-coups 307
Un temps pour rire, un temps pour pleurer 325
Filmographie de Raoul Walsh 337
Index 343

4200
MU 6/76

LA COMPOSITION, L'IMPRESSION ET LE BROCHAGE DE CE LIVRE
ONT ÉTÉ EFFECTUÉS PAR FIRMIN-DIDOT S.A.,
POUR LE COMPTE DES ÉDITIONS CALMANN-LÉVY
ACHEVÉ D'IMPRIMER LE 21 MAI 1976

Dépôt légal : 2e trimestre 1976
N° d'édition : 10435 — N° d'impression : 8984